신학박사 논문시리즈 37

The Life-Theology of Jürgen Moltmann

몰트만의 생명신학

박성권 지음

기독교문서선교회

기독교문서선교회(Christian Literature Center: 약칭 CLC)는 1941년 영국 콜체스터에서 켄 아담스에 의해 시작되었으며 국제 본부는 미국 필라델피아에 있습니다.

국제 CLC는 59개 나라에서 180개의 본부를 두고, 약 650여 명의 선교사들이 이동도서차량 40대를 이용하여 문서 보급에 힘쓰고 있으며 이메일 주문을 통해 130여 국으로 책을 공급하고 있습니다.

한국 CLC는 청교도적 복음주의 신학과 신앙서적을 출판하는 문서선교 기관으로서, 한 영혼이라도 구원되길 소망하면서 주님이 오시는 그날까지 최선을 다할 것입니다.

The Life-Theology of Jürgen Moltmann

Written by
Park, Sung-Kwon

Korean Edition
Copyright © 2017 by Christian Literature Center
Seoul, Korea

추천사 1

김 균 진 박사
연세대학교 명예교수, 전 한국조직신학회 회장

    본 추천자의 제자 박성권 박사가 연구한 독일의 위르겐 몰트만(Jürgen Moltmann, 1926-현재)은 생존하는 세계적인 조직신학자이다. 1964년에 출간된 『희망의 신학』(Theologie der Hoffnung) 이후로 몰트만 박사는 일약 세계적인 신학자로 주목 받는데, 20세기 후반 세계 조직신학계에서 칼 바르트(Karl Barth, 1886-1968) 이후 가장 큰 영향력을 행사한다. 20세기 후반의 여러 상황신학들, 예를 들어 미국의 흑인신학, 남미의 해방신학, 한국의 민중신학 그리고 최근의 여성신학, 생명-생태신학 등은 몰트만 신학의 직·간접적인 영향과 신학적 대화 가운데 생성되고 발전된 것이다.
    몰트만 신학은 성서의 중심인 메시아니즘을 방법론으로 취하면서, 기독교 전통에 충실한 동시에 현대의 각종 문제를 적극적이고 개혁적으로 치유하고자 지속적으로 노력해 왔다.
    지금까지 세계적 수준의 탁월한 신학 작품들을 펴낸 90세가 넘은 몰트만은 현재까지도 "삶의 기쁨"(the Joy of Life) 가운데 왕성한 저술과 강연 활동 등을 하고 있다.
    본인이 몰트만 박사의 지도 가운데 박사 과정을 시작한 이래, 몰트만은 지난 40여 년 동안 "한국 팬(fan)"으로 잘 알려져 있고, 지금까지 한국을 10회 이상 방문하였는데 그 때마다 한국 교회에 필요한 인상적이고 감동적인 강연과 설교를 하곤 하였다. 이러한 관계 가운데 몰트만의 대표 저작들은 출간 즉시 한국어로 번역되곤 하였는데, 일부 작품들은 영역본이나 기타 번역본보다 빨리 번역되기도 하였다.

특히, 올해(2017년)에는 지금까지 출간된 몰트만의 60여 편의 단행본들과 500여 편의 논문들이 엄선되어 17권의 『몰트만 선집』이 우리나라에서 출간되었는데, 이는 최근에 독일에서 발간된 『몰트만 선집』에 비해 훨씬 규모가 큰 것으로서, 몰트만 신학에 대한 한국 교회의 관심과 사랑을 잘 보여주는 예라고 할 수 있다.

박성권 박사의 『몰트만의 생명신학』은 20세기 후반부터 현재까지 세계 교회와 조직신학계에 큰 영향력을 발휘하고 있는 몰트만 신학 전체를 생명을 주제로 고찰함으로써, 총체적인 위기 상황에 처한 생명 세계의 그리스도인들에게 바른 기독교적 하나님 이해와 생명 이해를 제시하고자 한다.

박성권 박사는 몰트만이 생애 후기에 들어와서 생명-생태신학적인 전향을 한 것이 아니라, 『희망의 신학』 이후로 계속해서 이를 일관성 있게 전개하였음을 논증한다. 사실, 몰트만의 종말론적 신학은 처음부터 메시아적 새 창조 세계를 지향하며, 구원론이 창조론의 관점에서 이해되는 메시아적 방법을 취하기 때문에, 몰트만의 생명신학은 초기부터 후기까지 일관되게 그의 신학 체계에 나타난다.

물론, 그의 초기 신학에는 역사(Geschichte)와 미래(Zukunft)가 보다 더 강조되고, 후기 신학에는 자연(Natur)과 안식일(Sabbath)이 더 강조되는 차이점이 나타나기는 한다. 그러나 이것은 몰트만 신학의 전혀 새로운 변화라기보다는 시대적 상황과 과제에 따른 강조점의 변화와 차이로 이해되어져야 하는데, 이러한 전반적인 몰트만의 생명신학이 박성권 박사의 연구를 통해 잘 확인된다는 점에서 이 연구의 의미가 찾아질 수 있다.

범세계적으로 생명 세계가 위협받는 현대 상황에서, 담임목회와 신학

연구를 병행하면서 기존의 학위 논문을 성실하게 상당 부분 수정하고 보완하여 발간한 박성권 박사의 『몰트만의 생명신학』을 통해, 생명력으로 충만한 신적 삶이 독자들은 물론, 한국 교회와 한국 사회에 임하기를 바라며 본 추천자는 이 책을 강력히 추천한다.

추천사 2

정 용 한 박사
연세대학교 교목, 미국 Graduate Theological Union 성서학(Ph.D.)

몰트만 신학은 20세기 후반부터 현재까지 조직신학 분야는 물론, 다른 신학 분야에도 상당한 영향력을 발휘하고 있다. 이것은 몰트만 신학이 성서와 기독교 전통에 대한 관심을 잃지 않으며 실천적 성격까지 견지하기 때문이라고 판단된다. 영국의 저명한 신약학자 리처드 보컴(Richard Bauckham, 1946-현재)도 이런 점에서 몰트만 신학을 높게 평가하고 있다(The Theology of Jürgen Moltmann, 1995). 몰트만의 영향력을 고려할 때 또 한 사람의 성서학자로서, 나는 생명신학을 중심으로 한 박성권 박사의 몰트만 연구가 너무나 반갑다.

몰트만에 의하면, 성서의 중심은 그리스도론으로서 이것은 구약성서와 신약성서의 핵심이다. 사실, 모든 신구약 성서(창세기-요한계시록)는 메시아(Messiah), 즉 예수 그리스도(Jesus Christ)의 도래를 통한 하나님 나라의 완성을 약속하는데, 몰트만은 성서에 약속된 하나님의 구원 세계를 자신의 신학적 지향점이자 방법론으로 삼아, 성서적 종말론을 신학 역사상 그 누구보다 체계적으로 잘 전달한 신학자이다.

현대의 생태학적 위기(ecological crisis) 속에서 몰트만이 내세우는 구원론, 신론, 삼위일체론과 그리스도론이 성서에서 증언된 종말론적 구원 세계를 잘 표현한다는 것을 박성권 박사는 설득력 있게 논증한다. 현대의 그리스도인들은 성서가 증언하며 몰트만이 조직신학적으로 제시하는 구원의 생명 세계에 주목한다면, 생동감 넘치는 풍성한 삶을 누릴 수 있을 것이다. 나는 생명을 주제로 박성권 박사가 정리한 몰트만 신학이, 독자들로 하여금 생명 세계에 적대적인 상황들을 극복하게 하고, 하나님의 열린 메시아적 교제에 참여하도록 도울 것이라고 확신한다.

저자 서문

박 성 권 박사
장항동부성결교회 담임목사

    필자는 일전에 한 중진 신학 교수의 인터뷰 기사를 읽은 적이 있었는데, 그 내용의 일부는 다음과 같았다. 즉, 대개의 우리나라 신학자들의 연구는 평생토록 자신의 박사학위 논문의 범위에서 크게 벗어나지 않는다는 것이다. 이것은 박사학위 논문의 영향력이 그만큼 상당하다는 점을 가리킨다. 이와 함께, 필자는 박사학위 논문을 끝낸 후에 그 내용을 두 번 다시 보고 싶지 않았다는 어느 소장파 신학 교수의 토로도 들은 바 있다. 치열한 연구의 결과물로 나온 박사 논문의 분야를 다시 연구하는 일은 당시의 힘든 기억을 떠올리게 해서 당사자에게 달갑지 않을 수 있다.
    위의 두 신학자들의 이야기는 박사학위 논문이 가진 영향력과 거부감의 양면성을 잘 보여준다.
    필자는 2009년 8월에 박사학위(Ph.D.)를 취득한 후 8년이 조금 더 지난 지금에야 학위 논문을 출간하게 되었다. 이렇게 된 데에는 몇 가지 이유가 있겠으나, 필자가 본서를 내는 것에 부족함을 느껴 출판을 연기한 것이 가장 큰 이유이다. 그 사이에 필자는 목회 현장에 충실한 동시에 틈틈이 몰트만 신학을 다시 연구하고, 학술 논문들도 펴내고, 논찬과 심사 등의 학회 활동도 하면서 단행본 출판을 위해 나름대로 준비하였는데 이제야 출간하게 되었다. 사실, 이러한 이야기들은 뒤늦게 단행본이 나온 것에 대한 변명이라 해야 옳을 것이다.

현재의 단행본은 이전의 박사학위 논문 분량의 1/3 이상이 삭제되고 첨가되어 완성되었다. 또한, 필자는 "한국적인 신학"을 지향하면서 한국 학자들의 문헌을 적극 반영하였으며, 논리적인 내용 전개를 위해 제목과 목차 그리고 문장에 대한 수정을 감행하였다. 먼저, 필자는 제목을 학위 논문의 "몰트만의 신론 연구"가 아닌 "몰트만의 생명신학"이라고 수정하였는데, 그 이유는 사실 이것이 애초의 논문 제목이었으며 이 제목이 현재의 서적 내용을 잘 부각시킨다고 판단하였기 때문이다.

다음으로 목차에 대해 언급하자면, 필자는 목차의 처음이자 마지막을 약속의 하나님 이해와 새 창조의 하나님 이해로 구성하였는데, 그 이유는 이것들이 몰트만 생명신학의 알파와 오메가로 판단했기 때문이다. 처음과 마지막을 제외한 나머지 순서는 몰트만 저서들의 출판 순서를 따랐는데 이점이 현재 목차와 과거 목차와의 차이이며, 이외에도 세부적인 목차 변경 사항들이 있다.

각 주제의 장이나 절 혹은 항의 분량에서 차이가 나는 것은 몰트만 문헌의 편중성에 주로 기인한다. 전반적으로 보완된 많은 분량의 각주 사용법에 대해 필자가 설명하자면, 독자는 각주를 생략하고 본문만 읽어도 되겠지만 본문에 대한 보충 이해를 위해서 이를 참고해도 무리가 없으리라 생각된다. 전체적인 내용 이해를 위해서 해당 분야와 관련된 다른 곳 어디를 참조하라는 내용도 각주에 표기되어 있다.

지도교수의 가르침에 따라, 논문 제작 이전부터 출간을 지향한 본서의 가치는 무엇보다 몰트만의 번역 서적들은 풍족한 데 반해 몰트만 신학에 대한 국내의 체계적인 연구 문헌은 소수에 불과하다는 희소성에서 찾을 수 있다. 예를 들어, 신약학자 리차드 보컴의 『몰트만의 신학』은 학술적으로 뛰어난 서적이다. 그런데 보컴 스스로 밝힌 바와 같이, 이 책은 체계적인 몰트만 연구서라기보다는 보컴의 입장에서 몰트만 신학의 특징들을 자유로이 제시한 문헌이기 때문에, 초심자에게는 쉽지 않은 전문 서적이다. 무엇보다 보컴의 책이 출간될 당시는 몰트만의 『오시는 하나님』과 그 이후의 작품들이 출간되기 이전이었기 때문에, 몰트만 신학 전체가 조망되기에는 제한점이 있다.

한 가지 예를 더 들자면, 신옥수 박사의 몰트만 연구 문헌은 몰트만 신학 전공자가 펴낸 뛰어난 작품이기는 하지만, 그 구성상 논문집이라는 한계를 가진다. 이에 비해, 본서는 전체적인 몰트만 신학을 생명의 관점에서 나름대로 소개하고자 하였는데, 이러한 종류의 몰트만 연구 서적은 국내에서 찾아보기 힘들다. 그러나 신옥수 박사의 작품과 보컴의 작품 그리고 그 외의 몰트만 신학에 대한 많은 학술 논문들이 필자에게 중요한 통찰과 지식을 제공했음은 부인될 수 없다.

본서는 학부 이상의 과정에서 몰트만 신학을 소개하는 교재 등으로 사용될 수 있으리라 생각된다. 또한, 본서는 한국에 출간된 상당 분량의 몰트만 번역서에 용이하게 접근하게 하는 안내서 역할도 담당할 수 있는데, 특히 필자는 올해(2017년) 초에 출간된 17권의 『몰트만 선집』 세트와 함께 본서가 몰트만 신학에 대한 바른 이해에 도움이 되리라 기대한다. 필자는 여기에서 평가나 비판보다는 정확하고 체계적인 몰트만 신학을 소개하기 위해 힘썼는데, 그 이유는 몰트만 신학의 체계적 연구서가 부족한 국내 상황에서 이것이 보다 더 중요하기 때문이다.

필자는 몰트만 신학이 평신도, 신학생, 목회자 등 모든 그리스도인들에게 새로운 도전과 희망이 될 것이라고 확신한다. 왜냐하면 물론, 몰트만 신학도 일부 제한점을 가지지만, 20세기 후반부터 지금까지 세계 교회와 조직신학계에 가장 큰 영향력을 발휘하는 신학자들 가운데 한 명으로서 몰트만의 생명신학은 우리에게 희망과 통찰을 제공하기 때문이다.

본서가 나오게 된 데에는 무엇보다 김균진 교수님의 지론이 크게 작용했다. 박사 과정 때부터 완성된 학위 논문을 단행본으로 출간하라는 학생들을 향한 교수님의 일관되고 지속된 요구는 필자에게 도전이 되었다. 몰트만에게서 동양인 최초로 박사학위를 받고 몰트만의 주요 서적들을 번역한 교수님은 귀한 추천사까지 기꺼이 써 주셨다. 감사하다. 또한, 현재 연세대학교 교목으로 봉직하는 정용한 박사님에게도 귀한 추천사를 써 준 점에 대해 감사의 말씀을 전한다.

이와 함께, 여러 가지 부족함에도 불구하고 한국조직신학회의 일원으로서 필자가 연구 논문을 발표하고, 논찬자로 활동하며, 학술지 심사위원으로 위촉되었던 일들은 출간을 위한 좋은 자극제가 되었는데, 관련자 분들에게도 지면으로나마 다시 한 번 감사의 말씀을 드린다.

특히, 본서 6장의 일부는 요약 정리되어 학술지에 발표되었는데, 해당 부분 각주에 정확한 출처가 기재되어 있다. 또한, 필자는 인용된 모든 문헌의 저자들은 물론, 사정상 열거되지 못한 분들에게도 지면으로나마 감사의 말씀을 드리고 싶으며, 열악한 출판 시장 상황에도 불구하고 기꺼이 출판을 허락해 준 CLC(기독교문서선교회)의 박영호 목사님 이하 관계자 모든 분들에게도 감사의 말씀을 전하고 싶다.

필자가 개인적으로 어려운 시간 중에서도 학위 논문을 단행본으로 제작하는 작업에 매진하도록 도움을 주신 분들이 있다. 먼저, 필자가 사랑하고 존경하는 부모님(박유수 장로님과 오남순 권사님)에게 진심으로 감사의 말씀을 전하고 싶다. 또한, 장인 장모님(마효락 목사님과 민명자 사모님) 그리고 처가 이모님에게도 감사드린다.

그리고 사랑하는 두 아들 경배와 윤배에게도 감사한데, 두 아들은 곤란한 상황 가운데에 있던 아빠로 하여금 호탕하게 웃게 만든 놀라운 장본인들이었다. 출간 준비로 인해 함께하지 못하고 시간을 나누지 못한 점에 대해서는 아들들에게 미안하게 생각한다. 아내 마선경 사모는 고맙게도 두 아들을 잘 보살펴 줬고, 남편이 일에 매진할 수 있도록 아들들을 위한 아빠의 자리까지 채워 주었다.

아울러, 구원의 확신을 주시고, 목회자로 불러 주셔서 신학 공부하는 기쁨도 허락하셨으며, 지금처럼 앞으로도 목회 현장에서 필자를 사용하실 우리 주 하나님에게 모든 영광을 올려 드린다. 필자의 첫 저술인 본서를 부모님에게 드리고 싶다.

2017년 9월 연세대학교 중앙도서관에서

목차

추천사
1 | 김균진 박사(연세대학교 명예교수, 전 한국조직신학회 회장)   5
2 | 정용한 박사(연세대학교 교목)   8

저자 서문   10

제1장 서론 — 19

1. 연구 동기와 연구 목적   19
2. 선행 연구사와 최근 연구 동향   30
3. 연구 범위와 연구 방법   37

제2장 구원의 새 생명 세계를 약속하는 하나님 — 43

1. 하나님의 약속 세계와 "옛 세계"와의 관계   44
   1) 묵시사상적 파멸이 아니라 종말론적 샬롬에서 이해되는 관계   45
   2) 세계의 허무성을 극복하는 메시아적 희망   52
   3) 현실 도피의 영혼 구원에 저항하는 구원 역사의 종말론적 희망   56
   4) 메시아적 약속 공동체의 성화(聖化)의 과제   62

2. 구약성서의 구원 역사에 계시된 약속의 하나님   66
   1) 뿌리 경험으로서의 출애굽 사건과 이스라엘의 약속의 하나님   67
   2) 메시아적 시대로서의 새 출애굽과 메시아에 대한 하나님의 약속   70
   3) "새 하늘과 새 땅"에 대한 궁극적인 약속   73

3. 구원자 예수 그리스도 안에서 계시되는 약속의 하나님   76
   1) 예수 그리스도의 구원 역사에서 드러나는 약속의 성취   77

2) 약속된 메시아적 구원 이해를 밝혀주는 십자가 사건　　82
　　3) 부활 사건에서 시작하는, 죽음이 폐기된 궁극적인 생명　　85
　　4) 종말론적 세계를 선취하고 약속의 새 창조를 향하는 부활 사건　　89

　4. 하나님의 존재 규정으로서의 미래 지향성　　93
　　1) 종말론적 미래에서 역사적 시간으로 도래하는 약속의 하나님　　94
　　2) 일방적 진보주의와 질적으로 구분되는 메시아적 지향성　　97
　　3) 메시아적 미래의 새로움을 약속하는 하나님　　101
　　4) 성서적 역사 이해와 미래의 독립적 우월성　　105

제3장 세계의 고난과 고난당하는 하나님 — 110

　1. *Deus apatheticus* 대 *Deus sympatheticus*　　111
　　1) 성서에 계시된 정열(*pathos*)과 사랑의 하나님　　112
　　2) 하나님의 자기 구분적인 사랑　　117

　2. 구원자 하나님과 고난당하는 세계와의 연대성　　124
　　1) 죄인들과 함께하는 메시아 예수　　125
　　2) 신음하는 세계의 탄식을 듣는 성령　　130
　　3) 희생자를 기억하고 순교자와 연대하는 선교 공동체　　135

　3. 고난 가운데 있는 하나님의 구원과 능력　　140
　　1) "고난받는 하나님의 종"을 통한 구원　　141
　　2) 겟세마네의 거절당한 그러나 투쟁적인 기도　　147
　　3) 거짓 종교에 대한 "십자가에 달린 하나님" 신앙의 우상 파괴성　　152

제4장 미래를 계시하고 세계를 치유하는 삼위일체 — 162

1. 십자가 사건에서 계시되는 하나님의 삼위일체 　　　　　　　164
　1) 십자가 사건의 삼위일체론적 해석 　　　　　　　　　　　164
　2) 삼위일체론의 근거로서의 메시아 예수의 이야기 　　　　　169
　3) 신학적 자유론으로서의 십자가 사건의 삼위일체론 　　　　175
　4) 일신론에 대한 치유로서의 삼위일체의 십자가 사건 　　　　179

2. 삼위일체 하나님에 대한 순환론적 해석 　　　　　　　　　　184
　1) 삼위일체 통일성에 대한 단일신론적 해석과 순환론적 해석의 차이　184
　2) 신적 인격의 실체, 친교, 상호침투를 포함하는 순환의 삼위일체론　191
　3) 삼위일체의 사회적 해석과 성령 출현(*filioque*)의 문제 　　196

3. 삼위일체론적 역사를 통해 계시되는 개방적인 세계 　　　　　205
　1) 삼위일체론적 역사 속에 계시되는 세계 개방성 　　　　　　206
　2) 삼위일체론적 왕국론과 영광의 나라에서 계시될 삼위일체의 통일성　210
　3) 세례 예배 공동체에 의해 찬양되고 인식되는 삼위일체 하나님　213

제5장 생명의 영으로 계신 하나님 — 219

1. 거룩한 생명력으로서의 하나님의 영 　　　　　　　　　　　221
　1) 생명과 창조 에너지의 원천으로서의 하나님의 영 　　　　　222
　2) 자기 초월적 "진화의 원리"로서의 하나님의 영 　　　　　　227
　3) 피조물을 잃어버리지 않는 전능한 부활의 영 　　　　　　　230
　4) 이원론적 세계관을 거부하는 통전적인 원리로서의 생명의 영　235

2. 닫힌 세계를 개방하고 세계와 교제하는 하나님의 영   239
　　1) "넓은 공간"과 "개방적인 하늘"로 표현되는 해방과 친교의 영   240
　　2) 폐쇄적 교직 제도가 아니라 카리스마적 봉사 공동체를 세우는 성령   245
　　3) 자유의 영으로 인해 열리는 인간과 자연의 교제   252

제6장 메시아적 창조 공동체를 향한 새 창조의 하나님 – 257

 1. "전제가 있는 창조"로서의 구원의 새 창조   258
　　1) 태초창조를 완성하는 종말론적 새 창조   259
　　2) 새 창조의 메시아적 구원의 범주   265
　　3) 새 창조의 구원론에서 새롭게 이해되는 죽음과 묵시사상적 고난   270

 2. 구원 사역에서 확인되는 새 창조의 메시아적 희망   275
　　1) 부활(復活)과 칭의(稱義)에서 드러나는 구원의 새 창조   275
　　2) 부활 사건으로 시작하는 새 창조의 우주적 그리스도론   283
　　3) 메시아적 세계를 지향하는 "시작하는 새 생명(거듭남)"   294

 3. "모든 것 안에 모든 것이 될" 만유의 주 하나님과 창조의 완성   298
　　1) 하나님의 자기 제한으로부터의 해방   299
　　2) 창조의 목적으로서의 하나님의 안식   303
　　3) 창조의 완성인 영광의 나라   310

제7장 결론 – 315

 1. 요약   315
 2. 평가   324

제1장

서론

1. 연구 동기와 연구 목적

이 연구는 독일의 현대 신학자 위르겐 몰트만(Jürgen Moltmann, 1926-현재)의 하나님 이해가 어떻게 생명 세계와 연관되어 전개되는지를 고찰하는 성격을 가진다. 이러한 관점이 취해지는 동기는 생명 세계의 생존 자체가 심각하게 위협 받으며, 생명 연속성의 균열 위험이 증폭되는 최근 상황에서 이 입장이 가장 시의적절하기 때문이다. 생명으로 신학의 관심 주제를 정하는 관점은 생태학적 위기(ecological crisis)가 범세계적인 상황에서 제일 적합하다고 판단된다.[1]

---

[1] 몰트만(Jürgen Moltmann)은 자연 환경 문제의 역사에 대해 다음과 같이 언급한다. "언제 환경 의식이 생겼고, 언제 '녹색 운동'이 시작되었는지 정확하게 알 수 없다. 생태계 문제가 세계적인 주목을 받게 된 것은 아마도 1960년대 말, 미국에서 카슨(Rachel Carson, 1907-1964)이 1962년에 쓴 『침묵의 봄』(Silent Spring) 때문에 조사 위원회가 조직되고, 1972년 로마 클럽(The Club of Rome)의 보고서 '성장의 한계'가 발표된 때일 것이다. (중략: 필자) 첫 번째 '생태학적 신학'은 미국의 과정신학자 캅(John Cobb, Jr., 1925-현재)과 독일의 구약학자 리드케(Gerhard Liedke, 1937-현재)에 의해 탄생하였

불과 최근까지만 하더라도 정치-경제적인 남미의 해방신학(Theology of Liberation)과 한국의 민중신학(Minjung Theology)이 세계 신학계의 주목을 받았다. 또한, 정치-경제적으로 지배하는 자와 지배당하는 자의 구도 가운데 세워진 해방신학과 민중신학은 비교적 최근에 생성된 것이기 때문에, 지금도 여전히 그 사상적 동기는 일정 부분 수용할 만하다.[2] 그러나 신학은 오직 해방의 관점에서만 논의되어야 한다는 해방신학과 민중신학은, 다각화된 현대 사회에서 그 영향력을 크게 상실하였기 때문에 상당 부분 변형된 채 전개되고 있다.[3]

는데, 리드케는 1979년 『물고기 뱃속에서: 생태학적 신학』(*Im Bauch des Fisches: Ökologishe Theologie*)이라는 책을 썼다. 그 후 『자연과의 화해』 등 새로운 창조의 영성에 관한 일련의 교회 문서들이 발표되었다. (하략: 필자)" 위르겐 몰트만, 『그리스도가 계신 곳에 생명이 있습니다』, 채수일 옮김 (서울: 대한기독교서회, 1997), 118-119. 이하로는 『그리스도가 계신 곳에 생명이 있습니다』로 기재. 또한 Jürgen Moltmann, *The Coming of God: Christian Eschatology*, trans. Margaret Kohl (Mineapolis: Fortress Press, 1996), 208f 참조. 생태학적 위기 상황에 대해서는 곽미숙, 『현대 세계의 위기와 하나님의 나라』(서울: 한들 출판사, 2007), 23f 참조. 이 책에는 우리나라의 환경 문제, 생태계 문제가 심각할만한 수준임이 여러 통계와 수치를 통해 제시된다. 박만 박사에 의하면, 우리나라에서 환경 문제에 대한 신학적 성찰이 본격적으로 이뤄진 시기는 1990년대이다. 박만, "생태계 신학," 『최근 신학 연구』(서울: 나눔사, 2002), 251f 참조. 건톤(Colin E. Gunton, 1941-2003)은 창조론을 생태학적으로 이해하는 몰트만에 대해 지나치게 인간학적으로 접근한다는 평가도 내리지만 그것은 무리한 비판이다. Colin E. Gunton ed., *The Doctrine of Creation: Essays in Dogmatics, History and Philosophy* (Edinburgh: T. & T. Clark, 1997), 230. 오히려 파렌홀츠(Geiko Müller-Fahrenholz, 1940-현재)의 주장처럼, 몰트만 창조론이 생태학적 창조론, 즉 거주로서의 창조론을 주장하는 까닭은 범세계적인 생태학적 위기의 배경하에 이뤄진 것이기 때문에, 그의 창조론은 시의적절한 분석이라고 인정받아야 한다. Geiko Müller-Fahrenholz, *The Kingdom and The Power: The Theology of Jürgen Moltmann*, trans. John Bowden (Minneapolis: Fortress Press, 2001), Chapter 9 참조. 특히 153-156.

2   현재 우리나라에서 갑(甲)―을(乙) 관계로 표현되는 계급 갈등도 경제적이고 사회적인 지배자와 피지배자의 시스템에서 발생한다고 이해된다.

3   여기에서 구체적인 사건들이나 서적들이 다 열거되기는 어렵지만 먼저, 남미의 해방신학은 한국의 민중신학을 비롯해서 흑인신학, 여성신학, 생명-생태신학 등과 같은 다양

해방신학을 예로 들자면, 바닥 공동체(base community)가 생성된 브라질의 소작농들에게는 매일의 삶을 유지하기 위한 소득이 다른 무엇보다 중요하였는데, 이는 남미의 해방신학에서 당연하게 여겨졌다. 그러나 20세기 후반 해방신학은 경제와 생태계가 서로 상관없지 않고 오히려 불가분리의 관계임을 배우게 되는데, 특히 삶의 기반으로서의 자연 환경을 소모하는 것은 자살적인 행위임을 깨닫게 된다.[4] 과거에 중시되지 않던 세계 보존이 최근에는 중요하게 취급되는 가운데, 현재의 해방신학에서는 세계 보존의 차원에서 자연을 인간 지배에서 해방시키고 자연과 문화를 통합시키려는 생명신학적 시도가 이뤄지고 있다.[5] 최근에는 환경 정치와 관계된 생태학적 해방신학도 모색되고 있는데, 보프(Leonardo Boff, 1938-현재)가 내세우는 지구 생명 윤리도 이러한 모색들 가운데 하나이다.[6]

한 상황신학을 파생시킨 것으로 평가받고 있다. 또한, 민중신학도 1세대가 운명한 뒤에 2세대 민중신학자들이 민중신학의 다른 측면들을 발전시키는 특징을 보이는데, 이들은 대개 과정신학, 통일신학, 한국신학, 생명신학과 민중신학의 연계를 통해 민중신학의 새 활로를 모색하는 것으로 판단된다. 한편, 김균진 박사에 의하면, 해방신학과 민중신학 등의 상황신학은 몰트만 신학의 직·간접적인 영향력 가운데 생성되었다. 김균진, "좌절과 희망을 넘어서는 희망의 정신," 「기독교사상」 704호 (2017, 8), 200.

4 『그리스도가 계신 곳에 생명이 있습니다』, 127-128.
5 비단 남미의 해방신학자들만이 아니라 보편적이고 범세계적으로 지구의 모든 생명체가 하나의 "운명 공동체"의 일원임이 인식되면서, 현대인들은 생명 세계의 현실에 주목한다. 인권 선언이 발표된 지 반세기도 지나지 않아 자연권 선언의 때가 도래한다. 경제력을 가진 부유한 국가나 그렇지 못한 국가나 속도에서 차이가 날 뿐, 그들 모두는 지구 내 생명 보존이라는 공동의 과제를 인정하지 않을 수 없게 되었는데, 지구 온난화 현상이 잘 보여주는 바와 같이 국가 사이의 국경은 있어도 지구 생명들의 운명에는 경계가 없기 때문이다. 내쉬(James A. Nash, 1938-2008)에 의하면, 지구 온난화에 대한 정확한 표현은 "인간에 의해 야기된 기후 변화"이며 이것은 공해의 한 형태이다. 제임스 내쉬, 『기독교 생태윤리』, 이문균 옮김 (서울: 한국 장로교 출판사, 1997), 44f.
6 이와 관련된 서적으로 레오나르도 보프, 『생태신학』, 김항섭 옮김 (서울: 가톨릭 출판사, 1996).

에큐메니칼(ecumenical)[7] 분야에서도 생명신학적 논의가 활발한데, 1961년 시틀러(Joseph Sittler, 1904-1987)에 의해 "우주적 그리스도론"(cosmic Christology)[8]이 본격적으로 주창된 이래 지금까지, 에큐메니칼적 관점에서 이뤄지는 생명 논의가 활발히 진행 중이며,[9] 이러한 현상은 1990년대를 지나면서 급속하게 확산되고 있다.[10] 교황 요한 바오로 2세(John Paul II, 1920-2005)는 1995년에 "생명의 복음"이라는 교서를 발표하고 아직 출생하지 않은 생명체에 대한 관심을 표현한다.

또한, 개신교의 세계교회협의회(WCC)의 일치 분과는 1993년 키프로스(Republic of Cyprus)의 라나카(Larnaca)에서 생명신학을 위한 연구 프로그램을 착수하기로 결정하고 창조신학적이고 평화신학적이며 해방신학적인 관점을 통합하고자 한다. 이 외에도, 해방신학자 구티에레즈

---

[7] 교회 일치 운동을 뜻하는 에큐메니칼(ecumenical)이라는 단어는 "특수한 사고를 보편적 사고 속에서 지양하는 것이며, 더 이상 자신의 일부를 전체로 여기지 않고 자신의 전체를 공동적인 전체 속에 끼워 넣는 것"을 의미한다. 한스 큉·데이비드 트레이시 편집, 『현대 신학은 어디로 가고 있는가』, 박재순 옮김 (서울: 한국신학연구소, 1989), 29-30 참조.

[8] 몰트만의 우주적 그리스도론에 대해서는 본서 제6장 2절 2항의 "부활 사건으로 시작하는 새 창조의 우주적 그리스도론"을 참조하라.

[9] 시틀러(Joseph Sittler)에 의하면, 생명-생태신학은 다음의 네 가지 명제를 가진다. 첫째, 실재(reality)에 대한 질문은 그 자체로 하나의 생태학적 질문이다. 둘째, 관계로서의 실재는 현상을 타당하게 바라보도록 요구한다. 셋째, 관계의 존재론은 "관계성 안에서 바라봄"을 낳고 이것은 더 나아가 "관계성 안에서의 사고"를 낳는다. 넷째, 생태학은 유일하게 은총의 교리를 현대적으로 재해석할 수 있는 최적의 영역이다. J. 시틀러, "생태학적 신학," 「기독교사상」 149호 (1970. 10), 111-118.

[10] 그 이전에도 생명-생태신학적인 모색들이 있었는데 이에 대한 일례로서, 1970년대에 독일에서 발생한 생태학적 정치신학이 여기에서 언급될 수 있다. 정치신학에 대한 시대적 상황과 정치신학자들의 간략한 입장 표명에 대해서는 위르겐 몰트만 편집, 『나는 어떻게 변하였는가?: 20세기 신학 거장들의 자서전』, 이신건 옮김 (서울: 한들 출판사, 1998)의 멧츠(Johann Baptist Metz, 1928-현재)와 죌레(Dorothee Sölle, 1929-2003)의 해당 부분을 참조하라.

(Gustavo Gutiérrez, 1928-현재)는 헐벗고 굶주리며 병든 생명에 관심을 기울이고,[11] 몰트만은 이른바 "제1세계" 사람들의 무감각한 삶을 변화시키는 데에 관심을 가지고 통전적 생명신학을 진행한다.[12]

근대에는 인간과 자연을 이분법적으로 이해하는 시각이 우세했고, 이러한 이원론적 이해는 당시의 무분별한 자연 착취를 가능하게 하였다. 그러나 현대인은 이러한 근대의 이원론적 사고를 거부할 수밖에 없는데,[13] 그 이유는 자연이 더 이상 "주인 없는" 재산이나 인간의 소유물이 아니라는 상당한 공감대가 현대 사회에 조성되었기 때문이다.[14]

---

11 구스타보 구티에레즈, 『생명이신 하나님』, 황종렬 옮김 (왜관: 분도 출판사, 1994).
12 Jürgen Moltmann, *The Source of Life: the Holy Spirit and the Theology of Life*, trans. Margaret Kohl (Minneapolis: Fortress Press, 1997), 18.
13 데카르트(René Descartes, 1596-1650) 이원론에 기초한 근대 과학 기술의 기계론적 방법론에 대한 신학적 비판과 그 대안에 대해서는 김균진, 『자연 환경에 대한 기독교 신학의 이해: 현대 자연과학과 대화 속에서』(서울: 연세대학교 출판부, 2006) 참조. 또한 곽미숙, 『현대 세계의 위기와 하나님의 나라』, 59f 참조. 최인식 박사에 의하면, 생태계의 파괴는 데카르트적인 이원화와 그로 인한 강자의 약자에 대한 지배에 기인한다. 이에 대한 해결 방안으로서 예수 그리스도의 생태학적 지도력이 제시된다. 최인식, "21세기 한국 교회를 향한 예수의 생태학적 리더십," 「한국기독교신학논총」 35집 (2004, 10), 363-393. 특히 385.
14 인간과 자연과의 친밀한 관계가 회복됨으로써 지구 공동체의 건강이 치유되어야 한다는 입장으로는 전현식, 『에코페미니즘과 신학』(서울: 한들 출판사, 2003), 176f 참조. 몰트만 성령론에 의하면, 이신론(deism)적인 세계 이해와는 달리 하나님은 생명의 영으로 이 세계에 함께한다. 이러한 하나님의 영의 만유재신론(panentheism)적인 세계 내적 임재에 대한 몰트만의 주장은 현재의 생태학적 위기 현실에 시의적절하다. 세계 속에 스며든 하나님의 영과 그로 인한 "세계의 거룩함"이 과거 제대로 조명 받지 못했기 때문에, 자연은 인간중심주의로 인해 "주인 없는 물건"으로 취급 받았고, 이런 인간 중심적이고 이원론적인 세계 이해는 현재의 생태학적 위기 상황의 사상적 원인을 제공했다. 그러나 성서에 의하면, 이 세계의 주인은 하나님이며 주의 영이 현존하는 세계는 거룩하다. 한편, 많은 비난을 받던 이신론(deism)이 안식의 신학의 차원을 가진다는 것이 후기 몰트만에 의해 새롭게 조명된다. 위르겐 몰트만, 『희망의 윤리』, 곽혜원 옮김 (서울: 대한기독교서회, 2012), 405-406.

인간과 자연에 대한 이원론적 해석은 물론이고, 세계에 대해 적대적인 결과를 초래할 수 있는 사고들에 대한 전면적인 수정이 불가피하다. 이에 대한 대표적인 예로서 세계가 마지막에 파멸된다는 묵시사상(apocalyptism)이 꼽힐 수 있는데, 이 사상은 성서의 생명 존중 사상이 변형되어 나타난 것이기 때문에 수정되어야 할 것으로 판단된다.[15]

변화와 수정 없는 묵시사상은 세계에 대한 무책임한 태도를 촉진시킬 뿐이지만, 묵시사상은 메시아적 세계, 즉 약속된 세계로서의 "새 하늘과 새 땅"의 구원 이해가 첨부될 때에야 비로소 책임적이고 온전해질 수 있다.[16] 파국을 생각하는 것만큼 생명 세계에 더 치명적인 것은 없기 때문에, 폐기를 말하는 묵시사상적 근본주의[17]는 새 창조를 말하는 몰트만의 메시아적 생명신학[18]에 의해 수정되어 이해되어야 한다.

---

15 파멸을 말하는 묵시사상적 이해와는 달리 현실 세계와 메시아적 새 창조 세계 사이의 연속성은 변증법적으로 유지된다. 현실 세계와 종말론적 세계 사이의 변증법적 동일성에 대해서는 리처드 보컴, 『몰트만의 신학』, 김도훈·김정형 옮김 (서울: 크리스천 헤럴드, 2009), 312-314 참조.
16 몰트만 신학은 구약성서의 묵시사상(apocalyptism)을 받아들이지만, 하나님의 의가 십자가 사건과 부활 사건에서 이미 나타났고 종말론적인 하나님 나라도 그리스도의 구원 사건으로 인해 이미 시작되었다고 강조한다는 점에서 묵시사상과 차이점을 보인다. 무엇보다 몰트만은 묵시사상과는 달리, 하나님을 이 세계를 폐기하는 존재로 설명하지 않는다. 이에 대해서는 본서 제2장 1절 1항의 "묵시사상적 파멸이 아니라 종말론적 샬롬에서 이해되는 관계"를 참조하라.
17 자연과학의 대파국적 종말 이해에 대해서는 존 폴킹혼·미하엘 벨커 편집, 『종말론에 관한 과학과 신학의 대화』, 신준호 옮김 (서울: 대한기독교서회, 2002)의 1장을 참조하라.
18 몰트만은 인류의 미래가 생태계의 한계 안에서만 존재 가능하다는 사실을 1972년에야 비로소 알게 되었다고 고백한다. 1973년에 처음으로 창조론 강의를 한 몰트만은 1972년과 1973년이 자신의 신학의 전환기가 아닌 확장된 시기라고 언급한다. 위르겐 몰트만, 『몰트만 자서전』, 이신건 외 2인 옮김 (서울: 대한기독교서회, 2011), 299-301. 이형기 박사에 의하면, 몰트만은 1972년의 로마 클럽(The Club of Rome)의 보고서 '성장의 한계'가 발표된 이후에 창조와 자연에 대해서 관심을 갖게 된다. 이형기, 『알기 쉽게 간추린 몰트만의 후기 저서들』(서울: 여울목, 2015), 4 또한 472.

이와 더불어, 과학 기술로 유토피아(utopia)가 가능하다는 진보주의적 사고도 생명신학적 관점에서 거부된다.[19] 우리가 과학 기술에 의한 진보주의 신앙을 갖기에는 그로 인해 파괴된 생태계의 상황이 너무나 심각하고 치명적이다. 과학 기술로 인해 진보와 유토피아가 가능하다는 입장은 지나치게 단순한 접근이라는 비판점을 가지는데, 이것은 그러한 접근이 인간악으로 인해 불가능하다는 것이 이미 역사적으로 분명히 밝혀졌기 때문이다.

죽음에 대한 이론들도 생명신학적 사고에 의해 새롭게 해석되는데, 먼저 죽음에 대한 이론들 가운데 인간의 "타락"과 관계가 없는 시간적인 창조의 결과로서의 자연적 죽음을 내세우는 입장이 있다.[20] 또한 이와는 반대로, 죽음은 인간의 "죄"의 결과로 생겼다고 주장하는 전통적인 입장도 있다. 이러한 입장들에 반하여, 몰트만은 죽음을 세계에 슬픔을 야기하며 영원한 생명에 대한 동경을 불러일으키는 것으로 이해한다.[21] 몰트만의 생명신학의 출발점에는 부활한 예수 그리스도가 있는데, 왜냐하면 죽음이 폐기되는 약속의 새 생명 세계는 부활한 예수 그리스도에게서 시작하기 때문이다. 부활의 예수 그리스도는 현재의 그리스도인들이 죽음

---

19 신학적 진보주의(progressivism)의 대표 인물로는 진화론을 주창하는 샤르댕(Pierre Teilhard De Chardin, 1881-1955)이 있다. 샤르댕 진화론의 신학적 의미와 그에 대한 비판에 대해서는 본서 제2장 4절 2항의 "일방적 진보주의와 질적으로 구분되는 메시아적 지향성"을 참조하라.
20 20세기 초반의 변증법적 신학(dialectical theology)이 이러한 죽음 이해를 보인다. 김균진, 『죽음의 신학』(서울: 대한기독교서회, 2002), 228-270 참조.
21 몰트만은 이러한 자신의 신학을 가리켜 메시아적 신학이라고 표현한다. 몰트만에 의하면, 메시아적 세계에 대한 종말론적 희망은 그리스도인으로 하여금 현실 세계에 대해 체념하지 않고 저항하면서 궁극적인 새 창조를 동경하게 한다. Jürgen Moltmann, *Theology of Hope: On the Ground and the Implications of a Christian Eschatology*, trans. J. W. Leitch (New York: Harper & Row, 1967), 33f.

이 폐기될 종말의 새 창조 세계를 갈망하고 희망하면서 하나님에게 "마라나타"의 기도를 외치게 하는 존재이다.

몰트만 신학에서 중요한 위치를 차지하는 메시아적 사고[22]는 묵시사상의 영향을 받았기 때문에,[23] 그의 신학은 종말론적이고 메시아적인 체계를 가진다.[24] 이 체계는 지금의 고난보다는 나중의 구원을 더 가치 있게 여기는 묵시사상의 영향력 가운데 있기 때문에 현재보다 미래에 더 주목

---

22 김명용 박사에 의하면, 몰트만의 수많은 저술들은 모두 메시아적 신학을 고수한다. 비록, 교회론과 그리스도론의 작품 부제에만 "메시아적"이라는 단어가 붙어 있고 다른 작품들에 이런 표현이 없다고 해도, 나머지 작품들이 메시아적 신학 저술이 아닌 것은 아니다. 김명용, "21세기와 개혁 신학," 『21세기 신학의 과제』(서울: 대한기독교서회, 2006), 47.

23 구약성서와 신약성서의 관계에 대해서는 위르겐 몰트만, 『오늘의 신학 무엇인가』, 차옥숭 옮김 (서울: 한국신학연구소, 1989), 41f 참조. 이 책에서 몰트만은 이 둘의 관계에 대한 입장을 다음과 같이 신학사적으로 네 가지로 정리한다. 첫째, 신약성서와 구약성서는 무관하다는 입장에서 구약성서는 단지 우연적으로 신약성서에 첨부되었을 뿐이다. 슐라이어마허(Friedrich Ernst Daniel Schleiermacher, 1768-1834)가 이를 대변한다. 둘째, 신약성서와 구약성서의 대조(contrast)가 구원에 필요하다는 입장을 대변하는 학자는 불트만(Rudolf Bultmann, 1884-1976)이다. 그는 이신칭의(以信稱義)의 신앙을 부각시키기 위해 하나님의 선택에 대해 제대로 반응하지 못한 이스라엘의 역사를 "좌절의 역사"라고 부른다. 셋째, 교회를 구속사의 상속자로 보는 입장에서 구약성서는 신약성서의 이전 단계에 불과하다. "교회가 참된 하나님의 백성"이라고 주장하는 알트하우스(Paul Althaus, 1888-1966)가 이 입장을 대표한다. 넷째, 이스라엘을 교회의 이웃으로 바라보는 입장은 요아킴(Joachim de Fiore, 1132-1202)이 대표적인 인물이다. 여기에서 구약성서와 신약성서, 이 두 성서는 모두 하나님 나라를 지향하는 것으로 이해되는데, 이로 인해 구약성서의 가치가 비로소 신학적으로 인정받는다. 폰 라트(Gerhard von Rad, 1901-1971)와 침멀리(Walter Zimmerli, 1907-1983)가 말하듯이, "구약신학"은 유대인과 그리스도인을 공통의 미래로 이끄는 안내자이며 공동의 근원에 이르게 하는 다리이다.

24 김균진 박사에 의하면, 몰트만은 자신의 신학 전체를 통해 메시아니즘(Messianism) 실현에 최선을 다하는데, 20세기의 종교-사회주의(Religio-Sozialismus)를 제외하면 몰트만만큼 여기에 충실한 인물이나 학파는 발견되기 어렵다. 김균진, 『현대 신학 사상: 20세기 현대 신학자들의 삶과 사상』(서울: 새물결플러스, 2014), 473-475. 또한 544-546.

하는데, 여기에서 시간은 일반적으로 이해되듯이 현재에서 미래로 흘러가는 것이 아니라 미래에서 현재로 오는 것으로 생각된다. 아울러, 여기에서 시간의 통일성은 종말의 미래에 드러날 것으로 이해되는데, 이러한 이해는 이스라엘에게 생소한 것이다. 동일한 "시간들"만을 말하는 이스라엘과는 달리, 몰트만은 종말의 궁극적인 미래를 시간의 통일성으로 간주하여 시간은 미래에서 통일성을 확보한다고 생각한다.[25]

몰트만에 의하면, 성서에서 약속하는 바와 같이 현실 세계는 새 창조 세계를 통해 완성되는 성격을 가진다. 이러한 몰트만의 주장은 성서에서도 그 근거를 발견하지만,[26] 폰 라트(Gerhard von Rad, 1901-1971), 베버(Otto Weber, 1902-1966) 그리고 이반트(Hans Joachim Iwand, 1899-1960) 등 몰트만의 신학 스승들에게서도 근거를 발견한다. 몰트만은 폰 라트에게서 구약성서에 대한 구속사적인 이해를, 베버에게서 종말론적인 영광

---

[25] 이정배 박사에 의하면, 몰트만이 주장하는 시간의 통일성으로서의 미래와 미래의 종말론은 세계의 역사를 완성하는 동인으로 작용한다. 이정배, "메시아적 종말론과 진화론: 몰트만의 자연신학 연구," 「몰트만과 그의 신학: 희망과 희망 사이」(한국조직신학논총) 12집 (2005, 2), 117-146. 특히 119. 이러한 몰트만의 종말론적 시간 이해는 기존의 것들이 발전되어 유토피아가 도래한다는 진보주의적 주장과 그 성격을 달리하는데, 왜냐하면 진보주의가 과거를 현재와 미래보다 더 우월한 것으로 파악하고 진보의 희생자들에 대한 관심을 가지지 않는 반면, 시간의 통일성으로서 미래를 내세우는 메시아적 신학은 성서에 기초하여 희생자들에 대한 하나님의 의가 종말에 이뤄질 것을 선포하기 때문이다.

[26] 힉(John H. Hick, 1922-2012)은 자신의 책 *Death and eternal Life*에서 몰트만이 성서에 등장하는 종말의 상징들을 무비판적이고 수사학적으로 사용한다고 비판한다. John Hick, *Death and eternal Life* (New York: Harper, 1976), 215. 그러나 밀리오리(Daniel L. Migliore, 1935-현재)에 의하면, 성서의 종말론적 상징에 대한 몰트만의 해석에는 많은 질문들이 있을 수 있으나 그것이 힉이 말하는 것처럼 성서 비평학 이전의 수준은 아니라고 반박한다. Daniel. L. Migliore, "Life beyond Death: Preview," *Theology Today* 34, no. 2 (July 1977), 178-187.

의 나라에 대한 개혁신학을, 그리고 이반트에게는 헤겔 철학을 배운다.[27] 이러한 학문적 배경 가운데 몰트만은 자신의 신학 방법론을 전개하고 일련의 메시아적 신학 작품들을 출판한다.[28]

예수 그리스도 메시지의 핵심은 "하나님 나라"(막 1:14)이며 하나님 나라의 사상은 구약성서의 묵시사상으로부터 유래한다는 것이 몰트만에 의해 재차 강조된다. 또한, 세계 신학계는 몰트만 신학으로 인해 과거의 변증법적 신학(dialectical theology)이 주목하지 못한 종말론에 주의하고,[29] 종말론의 근원으로서 구약성서의 묵시사상에 대한 새로운 관심을 갖게 된다. 예수 그리스도의 사상적 배경은 구약성서의 묵시사상(apocalyptism)이기 때문에 예수 그리스도의 구원 사건은 당연히 묵시사상의 배경하에서 해석되어야 하며, 이것은 예수 그리스도의 구원 사건이 약속된 메시아적 세계의 선취로 해석되어야 함을 의미한다.

---

27 이에 대해서는 몰트만, 『몰트만 자서전』, 61-82 참조.
28 몰트만의 신학적 배경에 대해서는 위르겐 몰트만, 『신학의 방법과 형식』, 김균진 옮김 (서울: 대한기독교서회, 2001), 101-107 참조.
29 이러한 주장은 변증법적 신학의 대표자인 바르트의 신학이 구약성서에 무관심하다는 것을 의미하는 것은 아니다. 잘 알려진 바와 같이, 바르트(Karl Barth, 1886-1968)는 구약성서에 대해 깊은 관심을 가지고 있다. 다만, 여기에서는 메시아적 사상이 과거 변증법적 신학에서는 제대로 고찰되지 못하였음이 지시된다. 한편, 구약성서에 긍정적인 바르트에게 영향을 받은 본회퍼(Dietrich Bonhoeffer, 1906-1945)도 옥중편지(1943년 12월 5일)에서 구약성서에 대해 다음과 같이 말한다. "어쨌든 나는 점점 더 구약성서적으로 생각하고 느끼는 것 같네. 그래서 나는 지난 몇 달 동안 신약성서보다 구약성서를 더 많이 읽었지. (중략: 필자) 사람이 삶과 땅을 진정으로 사랑하여 그것들과 더불어 모든 것을 상실하고 생명을 버릴 수 있을 때에만 죽은 자들의 부활과 새로운 세계를 믿을 수 있다네. 사람이 하나님의 율법을 자신에게 타당한 것으로 받아들일 때에만 은총에 대해서도 말하는 것이 허락되며, 자신의 적에 대한 하나님의 진노와 복수가 타당한 현실로 남아 있을 때에만 용서와 원수 사랑 같은 것이 우리 마음에 와 닿을 수 있다네. 너무 성급하고 직접적으로 신약성서적이 되고 또 그렇게 생각하기를 원하는 자는, 내 생각에는, 그리스도인이 아닐세." 강안일, "디트리히 본회퍼의 묵상," 「신학사상」 165집 (2014, 여름), 266의 각주 7에서 재인용.

범세계적인(global) 재난을 통해서도 확인되듯이, 현실 세계는 아직 하나님의 영광으로 충만한 세계가 아니다. 성서에 의하면, 고난당하는 세계의 현실은 하나님의 의를 기다리는데, 이 점에서 몰트만의 생명신학과 묵시사상은 일치한다. 하나님의 의(righteousness)에 대한 질문에서 나온 묵시사상은, 왜 의로운 자가 고난을 당하고 불의한 자가 복을 받는지에 대해 의문을 가지며 신적 의(義)를 탐구한다.[30]

세계 역사가 고난 가운데 종결된다면, 어떻게 하나님이 의로운 분이며 그가 역사의 주인이라고 고백될 수 있는가?

이에 대해 묵시사상은 하나님의 통치가 임할 종말론적 미래를 바라봐야 한다고 대답하는데, 이점에서 몰트만은 묵시사상과 일치한다. 몰트만 신학은 하나님의 의가 온전하게 드러날 약속된 종말의 메시아적 새 창조 세계를 희망한다.[31]

이 연구는 몰트만의 생명신학을 체계적이며 효과적으로 파악하기 위해 다음의 세부 논제들로 나눠 고찰한다.

첫째, 몰트만 신학은 하나님의 존재 규정을 무엇이라 정의하는가?

둘째, 몰트만은 고난당하는 세계와의 관계에 있어서 하나님을 어떻게 이해하는가?

셋째, 몰트만 신학에서 삼위일체 하나님은 생명 세계에 어떠한 존재로 묘사되는가?

---

30 하나님의 의(義)를 묻는 신정론(theodicy) 일반에 대해서는 박봉랑, 『신의 세속화: 신의 죽음의 신학과 현대 신론의 과제와 전망』(서울: 대한기독교서회, 1983), 601f 참조.

31 블랙(C. Clifton Black)은 몰트만의 메시아적 새 창조 세계의 패러다임으로서 십자가와 부활 사이에서 유지되는 예수 그리스도의 변증법적 정체성을 언급하면서, 몰트만의 종말론적 창조론은 본질적으로 그리스도론적이라고 평가한다. C. Clifton Black, "*God will be All in All*: The Eschatology of Jürgen Moltmann Preview," *Theology Today* 59, no. 2 (July 2002), 287-291.

넷째, 영으로서 세계에 초월하면서 동시에 내재하는 하나님은 세계에 어떻게 기능하는가?

다섯째, 몰트만은 세계의 목적이자 완성으로서의 종말론적 새 창조 세계와 관련하여 하나님을 어떻게 이해하는가?

이 연구는 이러한 구체적인 다섯 가지 질문을 통해 몰트만 신학 전체에 대해 접근하고자 하며, 몰트만의 생명신학이 오늘날 생명 현실의 위기 상황 가운데 주는 구체적인 의미들을 모색하고자 한다

2. 선행 연구사와 최근 연구 동향

지금까지 몰트만 신학, 특히 몰트만의 생명신학에 대한 연구는 국내외적으로 다른 주제들에 비해 적게 취급되었다. 먼저 2009년 봄까지, 대한민국 국회 도서관 전자 검색란에 "몰트만"이 기록되었을 때 등장하는 국내 석/박사학위 논문은 총 477편이다. 이 가운데 생명신학 혹은 생명-생태신학적인 성격을 가진 논문은 박사학위 논문 1편과 석사학위 논문 9편, 총 10편에 불과하다.

이를 학교별로 분류하면 장로회신학대학교에서 3편, 연세대학교에서 2편 그리고 서울신학대학교, 감리교신학대학교, 이화여자대학교, 한신대학교, 호서대학교에서 각각 1편의 논문이 출간된 것으로 표시된다. 몰트만 생애의 전기(前期)는 물론이고 후기(後期)에 이르러 생명-생태신학적 성향이 점점 강하게 나타남에 반해, 이에 대한 연구는 상대적으로 미흡한 편이다.

앞의 논문들 가운데 우선, 우리는 노정환의 논문에 주목할 필요가

있다.³² 그는 생명신학의 관점에서 몰트만의 "메시아적" 개념을 연구하는데, "메시아적" 개념의 성서적 의미, 신학적 배경 등에 대해 고찰한다. 또한, 그는 메시아적 세계 선교, 그리스도인의 메시아적인 삶, 환경 보존 등과 같이 몰트만 신학에 나타나는 메시아적 윤리도 추적한다. 그의 논문은 몰트만의 생명신학에 대해 구체적인 접근을 하고 이에 대해 주의를 환기시킨다는 점에서 주목받을 만하지만, 몰트만 신학 전체에 나타난 생명신학을 부각시키기에는 다소 부족한 면이 있다.

석사학위 논문들 가운데 몇 편이 언급되자면, 마은희의 논문이 우선적으로 분석될 수 있다.³³ 그는 생태학적 위기에 대한 신학적 반성 그리고 생명 사상에 대한 성서적이고 철학적이며 역사적인 고찰을 시도하며, 슈바이처(Albert Schweitzer, 1875-1965)와 몰트만의 생명 사상도 비교 제시한다. 또한, 이송우는 틸리히(Paul Tillich, 1886-1965)와 몰트만의 생명과 성령의 관계에 대한 입장을 비교 진술하면서 과정신학적 이해도 첨부한다.³⁴

몰트만 신학에 대한 국내 단행본은 대체로 찾아보기 힘들며, 특정 주제하에 몰트만 신학을 고찰한 단행본이 몇 권 존재한다. 먼저, 이형기 박사의 『모더니즘과 포스트모더니즘 논의에 비추어 본 몰트만 신학』이 있는데, 여기에서는 포스트모더니즘(post-modernism)의 상황에서 몰트만 신학을 비판하는 논쟁자들과 그에 대한 몰트만의 반박이 소개된다.³⁵

---

32 노정환, "몰트만 신학에 나타난 '메시아적' 개념 연구: 생명신학의 관점에서" (천안: 호서대학교 대학원 박사학위 논문, 2006).

33 마은희, "생명 사상에 대한 신학적 고찰" (서울: 장로회신학대학교 대학원 석사학위 논문, 2002).

34 이송우, "현대 신학에 나타난 성령과 생명의 관계 이해" (서울: 감리교신학대학교 신학대학원 석사학위 논문, 2001).

35 이형기, 『모더니즘과 포스트모더니즘 논의에 비추어 본 몰트만 신학』(서울: 한들 출판사, 2006).

"희망의 신학"에 대한 논문집이 발간되기도 하는데, 이 논문집은 몰트만의 『희망의 신학』 출간 40주년을 기념한 몰트만 신학 대토론회의 결과물로 편찬된 것이다.[36] 몰트만의 제자인 김도훈 박사는 "몰트만의 생태신학"이라는 제목의 글을 생태신학에 관한 단행본에 발표하기도 한다.[37]

우리는 다음으로 언급될 몰트만에 대한 해외 연구 논문들에 대해, 그것들이 크게 두 가지 학문적인 방향을 가지고 있다고 평가할 수 있다.

첫째, 몰트만 신학 전체에 걸쳐 창조자 하나님이 창조론적이고 성령론적이며 종말론적으로 어떻게 생명의 하나님으로 이해되느냐라는 방향이다.

둘째, 삼위일체론적 역사와 종말론적인 관점에서 세계의 완성으로 제시되는 하나님의 쉐키나(shekinah, 내주), 즉 만유의 주(主)로서 "만유 안에서 만유가 될"(고전 15:28) 하나님의 영원한 안식(sabbath)에 대한 방향이다. 전자가 보다 포괄적이면서 전체적인 성격을 가지는 반면, 후자는 종말론적인 만유재신론에 집중하는 성격을 갖는다.

보쿰(Richard Bauckham, 1946-현재)에 의하면, 1995년까지 발표된 몰트만 신학에 대한 2차 문헌의 수는 150개를 넘어선다.[38] 그것들 가운데 창조론적이고 성령론적이며 종말론적인 성격의 몰트만 연구 문헌들은 다음과 같다.

먼저, 보쿰은 몰트만 창조론에 나타난 창조와 진화의 관계를 연구하고,[39] 클레이브룩(D. A. Claybrook)은 자신의 박사학위 논문에서 몰트만

---

36 한국조직신학회 편집, 「몰트만과 그의 신학: 희망과 희망 사이」(한국조직신학논총) 12집 (2005, 2).
37 김도훈 외, 『현대 생태신학자의 신학과 윤리』(서울: 대한기독교서회, 2006).
38 보쿰, 『몰트만의 신학』, 423-435.
39 R. J. Bauckhaum, "Evolution and Creation in Moltmann's Doctrine of Creation," *Epworth Review* 15 (1988), 74-81.

성령론에 대해 고찰하며,[40] 다브니(D. L. Dabney)는 몰트만이 그의 생애 후기에 성령론적으로 전환되었음에 주목하면서 몰트만의 성령 강림 이해에 대해 연구한다.[41] 몰트만 신학에 생태학적 관점으로 접근하는 딘-드럼먼드(Celia A. Deane-Drummond, 1956-현재)는 몰트만 창조론에 대해 비판적인 글들을 발표한다.[42]

프렌치(W. French)는 몰트만 종말론의 강조점이 역사에서 자연으로 전환된 데에 주목하면서 그의 종말론적 창조론에 대해 연구하며,[43] 하프슈타트(K. Hafstad)는 몰트만 창조론의 핵심이 "자연 안에 있는 하나님"(Gott in der Natur)이라고 정리하며,[44] 링크(Christian Link, 1938-현재)는 몰트만이 책임 편집자로 있는 학술 잡지 *Evangelishe Theologie*에 몰트만의 메시아적 창조론에 대한 논문을 발표한다.[45] 맥퍼슨(J. MacPherson)은 몰트만의 『창조 안에 계신 하나님』에 드러난 생명, 우주, 만물에 대해 연구하고,[46]

---

40 D. A. Claybrook, "The Emerging Doctrine of the Holy Spirit in the Writings of Jürgen Moltmann" (Ph.D. diss., Southern Baptist Theological Seminary, 1983).
41 D. L. Dabney, "The Advent of the Spirit: The Turn to Pneumatology in the Theology of Jürgen Moltmann," *Asbury Theological Journal* 48 (1993), 81-108.
42 C. A. Deane-Drummond, "Critique of Jürgen Moltmann's Green Theology," *New Blackfriars* 73 (1992), 554-565. 또한, 동일 저자의 "Moltmann's Ecological Theology: A Manifesto for the Greens?," *Theology in Green* 1 (1992), 21-27.
43 W. French, "Returning to Creation: Moltmann's Eschatology Naturalized," *Journal of Religion* 68 (1988), 78-86.
44 K. Hafstad, "Gott in der Natur: Zur Schöpfungslehre Jürgen Moltmanns," *Evangelische Theologie* 47 (1987), 460-466.
45 C. Link, "Schöpfung im messianischen Licht," *Evangelishe Theologie* 47 (1987), 83-92.
46 J. MacPherson, "Life, the Universe and Everything: Jürgen Moltmann's *God in Creation*," *St. Mark's Review* 128 (1986), 34-46. 몰트만의 『창조 안에 계신 하나님』(*Gott in der Schöpfung: Ökologische Schöpfungslehre*)은 1984/85년의 기포드(Gifford) 강연집인데, 생태학적 창조론(An Ecological Doctrine of Creation)이라는 부제가 달려있지만, 생태학 분야를 넘어서는 창조론에 관한 다양하고 전반적인 내용을 소개한다. 기포드 강연자들 가운데 독일어권 신학자들로는 바르트(Karl Barth, 1938년), 틸리히(Paul

몰너(P. Molnar)는 몰트만의 생태학적 창조론에 드러난 삼위일체 기능에 대해 고찰하며,[47] 슈어먼(D. Schuurman)은 몰트만의 신학과 윤리학을 창조, 종말, 윤리의 개념하에서 분석한다.[48] 또한, 월스(B. J. Walsh)는 희망의 신학과 창조론을 중심으로 몰트만 신학을 평가한다.[49]

이와는 다른 측면, 즉 역사적이고 종말론적인 측면에서 몰트만 신학을 연구한 문헌들은 다음과 같다. 애버트(D. Abbott)는 몰트만과 틸리히의 신정론에 드러난 신적 참여와 종말론을 자신의 학위 논문에서 연구하고,[50] 보컴은 몰트만의 십자가 종말론에 대해 연구 발표하며,[51] 콘이어스(A. J. Conyers)는 몰트만의 하나님, 희망, 역사 개념에 대해 조명하고,[52] 벨커(Michael Welker, 1947-현재) 등이 편집한 몰트만 60회 생일 기념 논문집은 "하나님의 미래, 세계의 미래"라는 제목하에 출간된다.[53]

올슨(Roger E. Olson, 1952-현재)은 몰트만과 판넨베르크(Wolfhart Pannenberg, 1928-2014)의 삼위일체론과 종말론에 등장하는 하나님의 역사

Tillich, 1948년), 브룬너(Emil Brunner, 1950년), 불트만(Rudolf Bultmann, 1957년) 이후로 몰트만이 최초이다. 몰트만, 『몰트만 자서전』, 417.

47 P. Molnar, "The Function of the Trinity in Moltmann's Ecological Doctrine of Creation," *Theological Studies* 51 (1990), 673-697.

48 D. Schuurman, "Creation, Eschaton and Ethics: An Analysis of Theology and Ethics in Jürgen Moltmann," *Calvin Theological Journal* 22 (1987), 42-67.

49 B. J. Walsh, "Theology of Hope and the Doctrine of Creation: An Appraisal of Jürgen Moltmann," *Evangelical Quarterly* 59 (1987), 53-76.

50 D. Abbott, "Divine Participation and Eschatology in the Theodicies of Paul Tillich and Jürgen Moltmann" (Ph.D. diss., University of Virginia, 1987).

51 R. J. Bauckham, "Moltmann's Eschatology of the Cross," *Scottish Journal of Theology* 30 (1977), 301-311.

52 A. J. Conyers, *God, Hope and History: Jürgen Moltmann and the Christian Concept of History* (Macon: Mercer University Press, 1988).

53 H. Deuser, G. M. Martin, K. Stock, M. Welker, ed., *Gottes Zukunft-Zukunft der Welt: Festschrift für Jürgen Moltmann zum 60. Geburtstag* (München: Christian Kaiser Verlag, 1986).

적 존재에 대해 연구한다.[54] 탕(S. -K. Tang)은 자신의 학위 논문에서 몰트만 신학에 드러나는 하나님의 삼위일체론적 역사에 대해 발표하고,[55] 조용수(Y. S. Jo)는 몰트만의 종말론적 시간 이해에 대해 평가하는데[56] 그에 의하면, 몰트만에게 상대적 영원의 시간으로서 이해되는 에온(aeon)은 일반 시간과 비교될 때 그 속성과 연속성에서 모두 차이점을 나타낸다.

또한, 최근에 영국과 미국의 주요 대학교에서 발간한 박사학위 논문들 가운데 몰트만의 생명-생태신학과 관련된 것들은 다음과 같다. 먼저, 이정우(J. -W. Lee)는 삼위일체론적인 생태신학의 원형으로서 몰트만의 만유재신론(panentheism)을 연구한다.[57] 그에 의하면, 몰트만의 만유재신론은 삼위일체론적인 생태신학에 공헌을 하는데, 특히 하나님의 영이 피조물의 고난에 함께한다는 몰트만의 만유재신론적 하나님 이해는 범세계적인 생태학적 위기에 효과적일 수 있다.

존슨(A. J. Johnson)도 하나님의 쉐키나(*shekinah*) 연구를 통해 하나님의 초월과 내재 사이의 긴장을 해결하고자 한 몰트만의 만유재신론적 신학에 대해 평가한다.[58] 필립스(B. B. Phillips)도 몰트만의 만유재신론에 대해 창조 세계의 위기 해결을 위한 통찰이라고 일부 긍정하는 반면, "무로부

---

54 R. Olson, "Trinity and Eschatology: The Historical Being of God in Jürgen Moltmann and Wolfhart Pannenberg," *Scottish Journal of Theology* 36 (1983), 213-227. 또한, 번역된 올슨의 삼위일체론으로서는 로저 올슨/이세형 옮김, 『삼위일체』(서울: 대한기독교서회, 2004).

55 S. -K. Tang, "God's History in the Theology of Jürgen Moltmann" (Ph.D. diss., University of St. Andrews, 1994).

56 Y. S. Jo, "An Evaluation of Jürgen Moltmann's View of Eschatological Time" (Ph.D. diss., The Southern Baptist Theological Seminary, 2002).

57 J. -W. Lee, "Toward a Trinitarian Ecological Theology: A Study in Jürgen Moltmann's Panentheism" (Ph.D. diss., University of St. Michael's College, 2007).

58 A. J. Johnson, "*Shekinah*: The Indwelling of God in the Theology of Jürgen Moltmann" (Ph.D. diss., Luther Seminary, 2003).

터의 창조"(*creatio ex nihilo*) 교리로 대표되는 전통적인 태초창조(the original creation)가 몰트만의 만유재신론보다 고전적인 창조 개념에 더욱 적합하다고 비판한다.[59]

기타 주제의 연구들로서, 웨틀리(C. M. Westley)는 존슨(Elizabeth A. Johnson, 1941-현재), 맥페그(Sallie McFague, 1933-현재)와의 여성 신학적 대화 가운데 몰트만 성령론을 연구한다.[60] 또한, 차두레크츠키(K. Zathureczky)는 벤야민(Walter Benjamin, 1892-1940)의 메시아 철학을 통해 몰트만 신학을 비판하는데, 벤야민 철학을 해석학의 틀로 삼아 몰트만 신학의 메시아적 차원을 비판한다.[61]

앞서 언급된 바와 같이, 몰트만 신학의 일부를 창조론과 연결시켜 생태학적인 측면에서 연구한 저술들은 발견되지만, 몰트만 신학 전체를 생명신학적 관점에서 연구한 문헌은 찾아보기 힘들다. 대개의 문헌들은 몰트만 신학을 창조론이나 성령론 혹은 종말론 등에 국한시킴으로써 몰트만 신학의 전체적인 생명신학적 전망을 차단하여, 몰트만 신학 전반에 나타나는 생명신학적 특징을 일정 범위로 축소시켜 버린다. 지금까지의 연구는 몰트만 신학 전체에 나타나는 그의 체계적인 생명신학을 드러내는 데에 한계를 보이고 있다.

---

59 B. B. Phillips, "The Crisis of Creation: A Critical Analysis of Jürgen Moltmann's Panentheism" (Ph.D. diss., Southwestern Baptist Theological Seminary, 2003).

60 C. M. Westley, "The Spirit of Life: The Pneumatology of Jürgen Moltmann in Dialogue with the Feminist Theologies of the Spirit of Elizabeth A. Johnson and Sallie McFague" (Ph.D. diss., University of St. Michael's College, 2006).

61 K. Zathureczky, "A Critique of the Messianic Theology of Jürgen Moltmann through the Messianic Philosophy of Walter Benjamin: Staying with the Negative" (Ph.D. diss., Southern Methodist University, 2005).

3. 연구 범위와 연구 방법

본서는 몰트만의 생명신학을 고찰하기 위하여 문헌을 중심으로 한 문헌 연구법을 채택하고, 몰트만 저작에 기초를 두는 충실한 신학적 기술이 되고자 한다. 결론적으로, 본서는 몰트만 작품에 대해 저작 내재적인 접근을 실시한다.

필자가 연구 방법론에서 어떠한 전제와 관점을 취하느냐 하는 것도 중요하지만, 주어진 주제에 대해 어떠한 텍스트들을 선택하여 연구하느냐 하는 것도 중요하다. 한 신학자의 사상은 폭넓은 범위를 가지기 때문에, 연구 범위를 제한시키지 않으면 동일한 방법론하에서도 전혀 다른 결과물이 나올 수 있다. 이러한 배경하에 필자는 『희망의 신학』에서 시작하는 이른바 "3권 시리즈"와 함께 "조직신학 시리즈" 전체를 연구 범위로 삼는다는 것을 밝힌다.

몰트만의 초기 "3권 시리즈"가 출간 연도별로 나열된다면 『희망의 신학』,[62] 『십자가에 달리신 하나님』,[63] 『성령의 능력 안에 있는 교회』[64]가

---

[62] Jürgen Moltmann, *Theologie der Hoffnung: Untersuchungen zur Begründung und zu den Konsequenzen einer christlichen Eschatologie* (München: Christian Kaiser Verlag, 1964). 영역으로는 *Theology of Hope: On the Ground and the Implications of a Christian Eschatology*, trans. J. W. Leitch (New York: Harper & Row, 1967). 국역으로는 『희망의 신학』, 이신건 옮김 (서울: 대한기독교서회, 2002). 이하로는 *Theology of Hope*로 기재.

[63] Jürgen Moltmann, *Der gekreuzigte Gott: das Kreuz Christi als Grund und Kritik christlicher Theologie* (3 Aufl.; München: Christian Kaiser Verlag, 1976). 영역으로는 *The Crucified God: The Cross of Christ as the Foundation and Criticism of Christian Theology*, trans. R. A. Wilson and J. Bowden (New York: Harper & Row, 1973). 이하로는 *The Crucified God*으로 기재. 국역으로는 『십자가에 달리신 하나님』, 김균진 옮김 (서울: 한국신학연구소, 1979).

[64] Jürgen Moltmann, *Kirche in der Kraft des Geistes: Ein Beitrag zur messianischen Ek-*

된다. 또한, 1980년부터 1999년까지 몰트만이 "조직신학적 기여"의 기획물로 출판한 "조직신학 시리즈"로는 『삼위일체와 하나님의 나라』,[65] 『창조 안에 계신 하나님』,[66] 『예수 그리스도의 길』,[67] 『생명의 영』,[68] 『오시는 하나님』,[69] 그리고 『신학의 방법과 형식』[70]이 있다.

---

    klesiologie (München: Christian Kaiser Verlag, 1975). 영역으로는 *The Church in the Power of the Spirit: A Contribution to Messianic Ecclesiology*, trans. Margaret Kohl (New York: HarperSanFrancisco Press, 1991). 이하로는 *The Church in the Power of the Spirit*으로 기재. 국역으로는 『성령의 능력 안에 있는 교회』, 박봉랑 외 4인 옮김 (서울: 한국신학연구소, 1980).

[65] Jürgen Moltmann, *Trinität und Reich Gottes* (München: Christian Kaiser Verlag, 1980). 영역으로는 *The Trinity and the Kingdom*, trans. Margaret Kohl (New York: HarperSanFrancisco Press, 1991). 이하로는 *The Trinity and the Kingdom*으로 기재. 국역으로 『삼위일체와 하나님의 나라』, 김균진 옮김 (서울: 대한기독교서회, 1982).

[66] Jürgen Moltmann, *Gott in der Schöpfung: Ökologische Schöpfungslehre* (München: Christian Kaiser Verlag, 1985). 영역으로는 *God in Creation: An Ecological Doctrine of Creation*, trans. Margaret Kohl (London: SCM Press, 1985). 이하로는 *God in Creation*으로 기재. 국역으로는 『창조 안에 계신 하나님』, 김균진 옮김 (서울: 한국신학연구소, 1987).

[67] Jürgen Moltmann, *Der Weg Jesu Christi: Christologie in messianischen Dimension* (München: Christian Kaiser Verlag, 1989). 영역으로는 *The Way of Jesus Christ: Christology in Messianic Dimensions*, trans. Margaret Kohl (Mineapolis: Fortress Press, 1993). 이하로는 *The Way of Jesus Christ*로 기재. 국역으로는 『예수 그리스도의 길』, 김균진 · 김명용 옮김 (서울: 대한기독교서회, 1990).

[68] Jürgen Moltmann, *Der Geist des Lebens: Eine ganzheitliche Pneumatologie* (München: Christian Kaiser Verlag, 1991). 영역으로는 *The Spirit of Life: A Universal Affirmation*, trans. Margaret Kohl (London : SCM Press, 1992). 이하로는 *The Spirit of Life*로 기재. 국역으로는 『생명의 영』, 김균진 옮김 (서울: 대한기독교서회, 1992).

[69] Jürgen Moltmann, *Das Kommen Gottes: Christliche Eschatologie* (München: Christian Kaiser Verlag, 1994). 영역으로는 *The Coming of God: Christian Eschatology*, trans. Margaret Kohl (Mineapolis: Fortress Press, 1996). 이하로는 *The Coming of God*으로 기재. 국역으로는 『오시는 하나님』, 김균진 옮김 (서울: 대한기독교서회, 1997).

[70] Jürgen Moltmann, *Erfahrungen theologischen Denkens: Wege und Formen christlicher Theologie* (München: Christian Kaiser Verlag, 1999). 국역으로는 『신학의 방법과 형식: 나의 신학 여정』, 김균진 옮김 (서울: 대한기독교서회, 2001). 이하로는 『신학의 방법과 형식』으로 기재.

이외에도 몰트만의 문헌들은 많이 있지만, 몰트만의 모든 저서들과 논문들을 다 포함시키기에는 본서 지면에 제한이 따른다.[71] 다만, 필자는 본서와 직접적인 관계가 있는 그리스도론 문헌의 개정판으로서 『오늘 우리에게 그리스도는 누구신가』,[72] 성령론 문헌의 개정판으로서 『생명의 샘』,[73] 그리고 생명에 대한 주제 강연집인 『그리스도가 계신 곳에 생명이 있습니다』[74]를 연구 범위에 포함시키도록 하겠다.[75] 몰트만은 생존해 있기에 그의 작품 분량은 지금도 확장 중이다. 그러므로 필자는 두 "시리즈" 문헌들과 그 개정판 문헌들로 연구 범위를 제한하되, 논의 전개상 필요한 경우에는 이외의 문헌들도 참고할 것이다.

---

71 2009년 봄 현재 필자가 개인적으로 조사한 바에 따르면, 몰트만 국역 단행본의 분량은 8,000페이지를 넘는다.

72 Jürgen Moltmann, *Wer ist Christus für uns heute?* (Gütersloh: Christian Kaiser Verlag, 1994). 영역으로는 *Jesus Christ for Today's World*, trans. Margaret Kohl (Mineapolis: Fortress Press, 1997). 이하로는 *Jesus Christ for Today's World*로 기재. 국역은 『오늘 우리에게 그리스도는 누구신가』, 이신건 옮김 (서울: 대한기독교서회, 1997).

73 Jürgen Moltmann, *Die Quelle des Lebens: der heilige Geist und die Theologie des Lebens* (Gütersloh: Christian Kaiser Verlag, 1997). 영역으로는 *The Source of Life: the Holy Spirit and the Theology of Life*, trans. Margaret Kohl (Minneapolis: Fortress Press, 1997). 이하로는 *The Source of Life*로 기재. 국역으로는 『생명의 샘』, 이신건 옮김 (서울: 대한기독교서회, 1996).

74 위르겐 몰트만, 『그리스도가 계신 곳에 생명이 있습니다』, 채수일 옮김 (서울: 대한기독교서회, 1997).

75 연구 범위의 선정에 대한 추가 설명이 필요하다면, 몰트만의 출판 방식이 답변으로 제시될 수 있다. 몰트만은 "조직신학 시리즈" 뒤에 이를 보충하는 책자들을 발간하는데, 예를 들면 『삼위일체와 하나님의 나라』를 보충하는 『삼위일체와 하나님의 역사』(Jürgen Moltmann, *In der Geschichte des dreieinigen Gottes*)가 대표적이다. 국역으로는 『삼위일체와 하나님의 역사』, 이신건 옮김 (서울: 대한기독교서회, 1998). 그는 조직신학 저술을 출간한 지 약 10년 뒤에 해당 저술 후에 발표된 강연집이나 논문 등을 수집하여 문헌으로 출간하는데, 필자는 "조직신학 시리즈" 저술 후에 출판된 몰트만 문헌들 가운데 일부와 본서와 관련 있는 문헌 일부를 연구 범위에 포함시킨다.

이와 같이 몰트만의 생명신학이 그의 저작들을 중심으로 고찰될 것인데, 이미 제기된 논제들에 따라 다음과 같은 내용들이 순서대로 전개될 것이다.

첫째, 몰트만 신학을 다루는 데 있어서 중요한 기준이 되는 몰트만의 하나님 존재 규정이 고찰된다(제2장).

몰트만의 하나님 존재 규정은 몰트만 신학의 다른 주제들도 쉽게 이해하게 만드는 몰트만 신학의 단초이며 생명신학의 중심이다. 몰트만의 하나님 존재 규정으로서 약속의 하나님은 하나님의 약속 세계와 "옛 세계"와의 관계, 구약성서의 구원 역사에 계시된 약속의 하나님, 구원자 예수 그리스도 안에 계시되는 약속의 하나님, 그리고 하나님의 존재 규정으로서 미래 지향성을 통해 상세하게 분석될 것이다.

둘째, 극복되어져야 할 고난이 세계에 엄연히 존재한다는 것과 고난당하는 세계에 공감하는 하나님에 대한 내용이 진술된다(제3장).

세계의 고난에 대해 무감각한 하나님이 아니라 "공감의 하나님"(Deus sympatheticus)으로서 고난당하는 하나님은 자기 구분적인 사랑 가운데 세계와 연대하는데, 하나님의 고난은 역설적이고 신적인 방식으로 구원의 능력으로써 구원 사건을 초래하는 것으로 이해된다.

셋째, 미래를 계시하고 세계를 치유하는 삼위일체 하나님이 전개된다(제4장).

몰트만 신학은 세계와 사회의 문제에 적극적으로 반응하는 중재신학으로서 치료의 기능을 가지는데, 그의 삼위일체론도 예외가 아니며 여기에서는 친교의 원형으로서 순환의 삼위일체론이 제시된다. 순환(perichoresis) 개념을 중심으로 하는 삼위일체에 대한 몰트만의 사회적 해석은 과거 일신론적 삼위일체론에 대한 대안이며 신학적 자유론으로도 기능한다. 또한, 하나님의 삼위일체론적 역사를 통해 세계가 개방되어져 있음이 계시되기 때문에, 폐쇄적이고 결정론적인 세계 이해는 거부된다.

넷째, 몰트만은 "거짓된 생명" 안에 "참 생명"이 있다고 생각하는데, 이것은 세계에 대한 거룩한 하나님의 영의 임재를 의미하기도 한다(제5장).

이러한 생명신학적 세계관은 인간중심주의적 세계관과 충돌하는 동시에 그것의 대안이 되기도 하는데, 왜냐하면 여기에서 자연은 "주인 없는 물건"이 아니라 생명의 영으로서의 하나님이 현존하는 "경외할 만한" 공간으로 받아들여지기 때문이다. 하나님은 자신의 영을 통해 세계와 교제하는 존재로서 이해되고, 세계는 생명의 원천으로서의 초월적인 하나님의 영에게서 생명과 생명력을 받아 살아 숨 쉬는 피조물로서 이해된다.

다섯째, 메시아적 창조 공동체를 지향하는 새 창조의 하나님이 진술된다(제6장).

하나님의 새 창조 세계는 "전제가 있는 세계," 즉 태초창조를 완성하는 궁극적인 구원의 세계이다. 새 창조의 생명신학에서는 현실 세계의 죽음과 묵시사상적 고난도 구원을 동경하고 희망하는 성격을 가진 것으로 이해되는데, 이 희망은 객관적 구원 사건으로서 부활(復活)과 칭의(稱義)의 사역에서 확인된다.

세계의 완성은 하나님이 "만유 안에서 만유의 주가 되는 것"(고전 15:28)에 있고, 이를 위해 먼저 하나님은 자기 제한으로부터 해방되어야 하는데, 왜냐하면 세계는 하나님의 자기 제한(zimzum)을 통해 창조되었기 때문이다. 종말에 하나님은 세계를 영원한 영광의 나라로 변화시키고 여기에 안식할 것인데, 이 때 세계는 예수 그리스도의 재림(parousia) 이후에 시간에서 영원(aeon)으로의 전이(transition)를 경험하게 된다.

앞서 언급된 본서의 전개 순서와 논리적 구성을 통해, 몰트만 신학이 그 전체에 걸쳐 일관성 있게 생명신학적인 방법론을 가지고 있음이 밝혀진다. 본서의 방법적 구성을 통해, 몰트만의 작품은 모두 새 창조의 구원을 지향하는 메시아적인 관점에서 저술되었고, 몰트만의 생명신학적인 입장은 초기 저작부터 후기 저작에 이르기까지 일관적임이 분명히 드러난다. 물론, 이러한 생명신학적 입장은 몰트만의 후기 저작에서 보다 두드러지지만, 후기에 전혀 새롭게 등장한 것이 아니라 초기부터 후기까지 몰트만 신학의 일관된 특징이라는 점이 본서를 통해 명확하게 확인된다.

제 2 장

구원의 새 생명 세계를 약속하는 하나님

이스라엘의 하나님 체험은 다른 민족에게서는 발견될 수 없는 독특한 역사의식을 가능하게 하였다. 이스라엘의 역사 이해는 동양적인 윤회(輪回)의 역사관과는 다른 목적 지향적인 직선(直線)형을 나타내는데, 여기에서 그 최종 목적은 약속된 메시아적 생명 세계이다.

구약성서의 하나님은 고난당하는 자신의 백성에게 궁극적인 생명 세계를 약속하면서, 역사 가운데 돌입하여 자신의 약속을 성취하는 신실한 구원자로 이스라엘에 의해 고백된다. 이스라엘의 고백은 신약성서의 신앙 공동체에게도 전승되지만, 이 전승과는 달리 종말론적 새 세계는 단지 기다림이 아니라 예수 그리스도의 부활로 인해 이미 시작되었고 그리스도의 재림이 있을 종말에 완성될 대상으로 받아들여진다.

여기에서는 메시아적 생명 세계를 제시하는 약속의 하나님이 다음과 같이 기술된다.

첫째, 약속의 하나님 이해로 말미암아 생성된 약속된 세계와 "옛 세계"와의 관계가 무엇인지 설명된다.

둘째, 구약성서의 구원 역사에 계시된 약속의 하나님이 진술된다.

셋째, 예수 그리스도에게서 계시되는 약속의 하나님이 제시된다.

넷째, 성서의 하나님은 자신의 존재 규정으로서 미래 지향성을 갖는다는 것, 즉 하나님은 구원의 미래에서 현재로 도래하는 구원자임이 전개될 것이다.

1. 하나님의 약속 세계와 "옛 세계"와의 관계

약속된 메시아적 미래와 현재의 세계는 어떠한 관계를 가지는가?

종말론적 새 세계, 즉 약속된 세계가 우리 앞에 놓여있으므로 현재의 삶, 즉 약속 세계에 의해 낡아진 것으로 이해된 "옛 세계"는 무가치한가?

이처럼 약속된 미래와 현실 세계의 관계에 대한 질문은 충분히 제기될 수 있지만, 약속된 세계 이해는 그리스도인으로 하여금 현재의 삶을 더욱 긍정하게 하고 메시아적 미래를 향해 나아가게 한다고 몰트만은 강조한다.

몰트만에 의하면, 약속된 메시아적 세계를 제시하는 기독교 종말론은 이원론적 묵시사상과 차이점을 보인다. 왜냐하면 역사의 마지막에 있을 총체적인 세계 파괴를 이야기하는 묵시사상과는 달리, 기독교 종말론은 구원받은 새 세계, 즉 샬롬(*shalom*)의 새 세계를 말하기 때문이다.

이와 함께, 몰트만은 신실한 하나님의 약속 안에 메시아적 세계가 존재한다는 것을 강조함으로써 현대의 허무주의적 세계관을 극복하고자 한다. 또한, 그는 부정적인 세계관과 역사관으로 인해 구원을 현실 도피적 영혼 구원으로만 협소하게 접근하는 전통적 이해에 저항하면서, 성서가 증언하는 세계의 질적 변화로서 종말론적 구원 역사의 희망을 제시한다. 아울러, "대조의 공동체"로서 메시아적 약속 공동체에게 주어진 세계를 향한 성화(sanctification)의 과제도 여기에서 제시된다.

1) 묵시사상적 파멸이 아니라 종말론적 샬롬에서 이해되는 관계

흔히 종말론(eschatology)은 "마지막 사물들에 관한 이론" 혹은 "만물의 마지막에 관한 이론"으로 알려져 있다. 그러나 몰트만에 의하면, 이것은 전적으로 묵시사상적 이해이지 기독교적인 이해는 아니다.[1] 묵시사상(默示思想, apocalyptism)은 사물의 마지막을 추구하는데, 왜냐하면 묵시사상은 현역사가 가진 모호성이 언젠가는 밝히 드러나야 하며 허무로 가득한 역사적 시간이 멈춰져야 한다고 생각하기 때문이다.[2] 이러한 묵시사상의 영향을 받은 종말론은 역사의 마지막이 다뤄져야 한다고 왜곡하여 이해하지만,[3] 마지막만을 추구하는 사람은 언제나 현재의 삶에 충실하지 못한다. 이는 그가 가능성이 가진 자유를 말살함으로써 역사의 잠정성을 거부하기 때문이다.

몰트만에 의하면, 묵시사상은 여러 내용이 뭉친 결과물로서 그 중심에는 하나님의 의가 승리할 것이라는 기대감이 있는데,[4] 일례로서 세례 요

---

1 *The Coming of God*, x.
2 몰트만에 의하면, 현대의 근본주의(fundamentalism)는 묵시사상적 파멸과 긴밀하게 관련되어 있다. 근본주의는 현대 세계에 대한 부정적 반동이다. 예를 들어, 이슬람 근본주의는 서구 세계를 거대한 사탄으로 해석한다. 『그리스도가 계신 곳에 생명이 있습니다』, 161 참조.
3 세계 멸망에 대한 묵시사상적 표상은 후기 예언서에 가서야 비로소 나타난다. 여기에 나타난 정치적 묵시들은 세계의 열강이 이스라엘을 억압하던 상황 가운데 생성되었는데 이 묵시들에 의하면, 하나님이 자신의 날에 자신의 나라를 세울 때에 무신론적 세계의 열강은 몰락할 것이다. *The Coming of God*, 227f.
4 *Jesus Christ for Today's World*, 108.

한은 묵시사상적으로 하나님 나라가 가까이 왔음을 선포한다.[5] 예수 그리스도가 선포한 임박한 하나님 나라도 묵시사상적 성격을 갖기도 하지만,[6] 세례 요한과는 달리 묵시사상을 거부하는 예수 그리스도는[7] 의인과 죄인에게 내려질 의와 불의가 아니라 죄인을 의인으로 만드는 하나님의 창조적 의를 선포한다.[8] 또한, 예수 그리스도의 십자가와 부활 사이의 관계는 묵시사상적 단절이 아니라 세계의 질적 변화로서 전이를 의미하며,[9]

---

[5] 세례 요한은 묵시사상적으로 금욕생활을 하면서 하나님의 심판을 선포하고 이를 기다린다. *The Trinity and the Kingdom*, 69 참조.

[6] 예수 그리스도의 칭호 가운데 "사람의 아들"(人子)은 묵시사상에만 속하지 않고 다니엘서와도 관련된다(단 7:13; 10:16). 폰 라트(Gerhard von Rad, 1901-1971)의 주장과 달리, 다니엘서는 예언자적 전통에 서 있기 때문에 다니엘서의 역사 이해는 예언서의 역사 이해와 다르지 않다고 몰트만은 주장한다. *The Way of Jesus Christ*, 13f.

[7] 몰트만에 의하면, 예수 그리스도의 말씀과 묵시사상의 차이점은 다음과 같다. 첫째, 예수 그리스도가 선포한 하나님은 세계 심판자가 아니라 "아빠"(abba)와 같은 존재이다. 둘째, 예수 그리스도는 하나님 나라의 가까움의 표징을 세례 요한과는 달리, 금욕이 아니라 은혜로 나타낸다. 셋째, 예수 그리스도가 선포한 시간은 최후 심판(The Last Judgment) 이전의 마지막 시간이 아니라 온갖 얽매임에서 해방되는 완성의 시간(갈 4:4-5 참조)이다. *Ibid.*, 90-91.

[8] *The Crucified God*, 177. 몰트만에 의하면, 묵시사상적인 "죽은 자들의 부활"은 의인과 죄인을 구분하는 최후 심판의 성격을 가지는 데 반해, 예수 그리스도의 "죽은 자들로부터의 부활"은 하나님의 의가 모든 이들에게 차별 없이 적용되는 복된 희망의 성격을 가진다. *Ibid.*, 176. 몰트만에 의하면, 십자가에서 처형당하고 부활한 예수 그리스도는 종말에 "심판주"로 재림할 것이지만, 악인을 벌하고 선인을 보상하기 위해서가 아니라 모든 자에게 하나님의 구원의 의를 부여하고 만물을 바로 잡기 위해 심판할 것이고, 이런 의미의 "심판주"일 때에만 우리는 예수 그리스도의 재림을 위해 간절히 기도할 수 있다. *The Church in the Power of the Spirit*, 88

[9] 성서에서 예수 그리스도의 부활은 전이(transition), 즉 넘어감으로 이해되는데, 부활을 의미하는 모든 개념들, 예를 들어 "일어남," "살리심," "변용," "변화" 등이 모두 여기에 해당한다. *The Way of Jesus Christ*, 257. 몰트만에 의하면, 전이로서의 그리스도의 부활은 다음 네 가지의 차원을 가진다. 첫째, 예수 그리스도의 부활은 로마 형벌인 십자가 사건과 함께 역사적인 차원을 가진다. 둘째, 죽은 예수 그리스도가 부활한 것은 인간의 사멸성과 함께 자연적 차원을 가진다. 셋째, 부활의 예수 그리스도가 영광스럽게 된 것은 인류의 영광스러운 미래의 차원을 가진다. 넷째, 부활로 인해 새 창조 세계

그리스도의 종말론적 구원 사건은 새 창조의 성격을 가진다.[10]

몰트만에 의하면, 현대적 묵시사상은 현대 문명의 파괴적이고 종말론적 현상에만 주목하는데,[11] 여기에는 핵무기 발달로 인해 인류가 언제든지 멸망할 수 있다는 종말 의식이 강박적으로 나타난다.[12] 실제로 인류는 핵 위협 앞에 역사상 최초로 공동 운명적 상황에 놓이게 되는데,[13] 소수 국가만이 보유한 핵무기로 인해 온 인류는 이미 파멸의 위기에 노출되었다.[14] 핵무기에 대한 미국의 근본주의자들의 반응은 매우 비관적인데,[15] 그들은 발생 가능한 핵전쟁을 "아마겟돈"(Armageddon)이라 명명하고,[16] 그 전쟁이 발발하는 날을 "전능하신 이의 큰 날"(계 16:14)이라고 일

가 열리게 된 것은 모든 피조물이 영원한 신적인 빛 속으로 옮겨지게 되는 우주적 차원을 가진다. *Ibid.*, 259.

[10] 묵시사상의 우주적인 파국이 예상되었지만, 예수 그리스도의 부활 사건으로 인해 죽음이 폐기된 영원한 생명이 종말론적 구원의 결과로 약속된다. *The Source of Life*, 173.

[11] 『그리스도가 계신 곳에 생명이 있습니다』, 173-174.

[12] 후쿠야마(Francis Fukuyama, 1952-현재)는 정치-경제적으로 종말을 분석하면서 대안 없는 종말이 자유민주주의와 세계적 시장화에서 이미 시작되었다고 주장한다. *The Coming of God*, 149. 그러나 몰트만에 의하면, 이와 같은 종말에 대한 근본주의적이고 정치적인 해석은 책임적이지 못하고 회피적일 뿐이다. *Ibid.*, 153.

[13] *The Way of Jesus Christ*, 66-67.

[14] 핵무기가 불안을 계속해서 증폭하고 인류의 안전 욕구를 이용하는 유사 종교로 작용하기 때문에 이러한 현상이 등장한다고 몰트만은 분석한다.

[15] 근본주의와 현대 사상의 관계에 대해서는 몰트만, "근본주의와 현대 정신," 「기독교사상」 414호 (1993, 6), 124-130. 몰트만은 근본주의와 현대의 진보 사상의 관계에 대해 다음과 같이 말한다. "근본주의는 진보주의의 선적 시간 개념에 반대하며, 삶의 전체를 영원의 범주에 놓고 믿음의 '무시간적 진리'와 도덕성의 '절대적 계명'을 탐구한다." 미국의 근본주의자들은 종말에 대한 마니교적인 표상을 통해 현대적이고 환상적인 최후의 전투 시나리오를 발전시킨다. 위르겐 몰트만, 『하나님의 이름은 정의이다』, 곽혜원 옮김 (서울: 21세기 교회와 신학 포럼, 2011), 206-207.

[16] 몰트만은 아마겟돈이 골고다를 대신할 수 없다고 강조하는데, 왜냐하면 기독교 신앙이 일어서고 넘어짐은 종말에 있을 마지막 전쟁(아마겟돈)이 아니라 메시아 예수의 십자가 사건(골고다)에 좌우되기 때문이다. *The Coming of God*, 232-233.

컬으면서 모든 책임을 하나님에게 전가한다.[17] 여기에는 책임 의식 대신에, 종말의 심판이 일어나기 전에 믿는 자가 하늘나라로 옮겨지게 될 것이라는 도피주의가 등장한다.[18]

근본주의자들은 하늘에 계신 초월적인 하나님만을 신뢰하는데,[19] 그들은 세계 대전 중의 원자폭탄 투여와 20세기 후반의 체르노빌(Chernobyl) 방사능 유출 이후에 시대와 대지에 대한 신뢰를 상실한다. 무엇보다 두 차례에 걸친 세계 대전과 아우슈비츠(Auschwitz) 대학살 이후에 인간에 대한 신뢰는 철저히 파괴된다.[20] 이러한 배경 가운데 근본주의자들은 초월적 하나님만을 믿음의 대상으로 삼는데, 그들의 영혼에 영원한 평안과 확신을 줄 수 있는 대상은 하늘의 하나님뿐이다.[21]

몰트만에 의하면, 이러한 묵시사상은 근거가 없는 사고인데 이것은 묵시의 뜻을 통해 쉽게 확인된다. 묵시(apocalypse)는 "드러내다," "껍질을 벗기다," "분명하게 하다"를 뜻하며,[22] 여기에서는 세계가 하나님의 심판 앞에 명백하게 드러나게 될 것이 전제되어 있다. 다시 말해, 묵시는 숨

---

17 인간의 책임을 하나님에게 넘기는 자세는 무신성과 무책임성의 극치이다. *Ibid.*, 218.
18 몰트만에 의하면, 파멸적인 묵시사상을 미국처럼 신봉하는 나라는 세계 그 어디에도 없다. *Ibid.*, 169-170.
19 『그리스도가 계신 곳에 생명이 있습니다』, 171.
20 *The Coming of God*, 4-5. 사람은 자신과 일치하지 않을 때 사회적 신뢰성을 스스로 파괴한다. 왜냐하면 사회적인 사람은 성실과 신뢰의 과정을 통해서만 성립 가능하기 때문이다. *God in Creation*, 262.
21 몰트만에 의하면, 현대 개신교 신학은 "하늘"에 대한 충분한 주의를 기울이지 못했다. 이로 인해 하늘은 하나님으로 위축되어 이해되고 땅은 묵시사상적 세계 파멸로 오해되는데, 묵시사상적 근본주의가 이에 대한 대표적인 예다. 현대 근본주의자들과 같이 하늘을 하나님이나 하나님 나라로 오해하는 사람은 세상에 대한 절망에 빠지게 된다. *Ibid.*, 181. 신약성서, 특히 마가복음에 등장하는 하늘 개념에 대해서는 김희성, "'하늘'과 하나님의 나라 비유를 통해 본 하나님의 나라," 「신학과 선교」 38집 (2011, 5), 12-14 그리고 18-21 참조.
22 *The Coming of God*, 218.

어있는 심판자 하나님이 진리의 시간에 자신을 드러내고 세계가 심판자 앞에서 자신을 나타냄을 지시하기 때문에, 묵시는 세계 멸망과 아무런 관계가 없다.

또한, 묵시사상의 지평은 예수 그리스도의 부활 이후의 종말론을 드러내기에는 불충분하다고 몰트만은 언급한다.[23] 왜냐하면 묵시사상과는 전혀 다른, 결정적이고 종말론적인 사건이 예수 그리스도에게서 일어났기 때문이다.[24] 기대된 묵시사상적 시대의 전환은 역사의 마지막이 아니라 예수 그리스도 당시 시대 한 복판에서 발생했다.[25] "밤이 깊고 낮이 가까이"(롬 13:12) 왔다는 성서의 말씀은 부활 사건 이후에 시작된 종말론적 새 날의 도래를 잘 표현한다.

파멸과 전쟁이 가득한 묵시사상적 세계 이해[26]와는 달리, 메시아 예수(Messiah Jesus)의 산상수훈(마 5-7장)에는 폭력으로부터의 해방과 적대 관계의 극복이 나타난다.[27] 이 설교의 중심에는 원수 사랑이 있는데, 이것은 온갖 폭력의 악순환에서 인간을 해방시킨다.[28] 원수 사랑은 사랑의 하

---

23 *Theology of Hope*, 82f.
24 *The Coming of God*, 231.
25 현재와 과거의 묵시사상가들은 현실의 거짓된 생명 속에는 참된 생명이 없다고 주장한다. 그러나 메시아 예수의 부활 사건을 목격하고 믿는 신앙 공동체는 현실 생명 속에도 참 생명이 존재할 수 있음을 고백한다. 물론, 온전한 메시아적 생명은 종말의 때에 충만하게 될 것이다. *The Source of Life*, 72 참조. 참된 생명이 거짓된 생명 가운데 존재하지 않는다면, 우리는 삶의 거짓에 대해 전혀 깨닫지 못할 것이라고 몰트만은 강조한다. 몰트만, 『희망의 윤리』, 401.
26 몰트만에 의하면, 묵시사상적 세계 이해는 노아(Noah)의 홍수 이야기까지 소급된다. *The Way of Jesus Christ*, 127. 또한, 다니엘 7장은 카오스(chaos)적 세계의 제국들에 대해 말하는데, 이 본문은 세계의 제국들의 무신성과 멸망을 계시한다. *The Coming of God*, 142.
27 *The Way of Jesus Christ*, 127f.
28 몰트만에 의하면, 폭력으로부터의 해방이 탈정치화나 권력 포기를 의미하는 것은 아닌데, 권력(power)이 힘의 정당한 사용임에 반해 폭력(violence)은 힘의 정당하지 못한

나님에게 상응하는 완전한 이웃 사랑이며, "칼을 쳐서 보습을"(사 2:1-4; 미 4:1-5) 만드는 평화(shalom)의 세계로 향하는 명확한 길이다.[29]

몰트만에 의하면, 메시아 예수를 통해 폭력이나 적대 관계만이 아니라 창조 세계의 사멸성도 극복되는데,[30] 왜냐하면 부활 사건으로 인한 새 창조의 희망은 죽음을 영원한 삶의 긍정에 통합시키기 때문이다.[31] 이 희망은 죽음의 충동을 생명의 충동으로 변화시키며 니체(Friedrich Nietzsche, 1844-1900)의 주장과는 달리,[32] 죽음에 대한 공포에도 불구하고 신앙 공동체가 이 땅에 충실하게끔 만든다.[33] 부활 사건으로 인해 죽음이 삶의 끝이 아니라 삶 전체를 밝히는 사건으로 이해된다면, 부활은 죽음 후에 나타

사용이라는 점에서 이 둘은 분명히 구분되기 때문이다. *Ibid.*, 129-130. 이와 유사하게 틸리히(Paul Tillich)는 권력에는 그 개념상 정의(justice)가 수반되고 정의에는 권력이 내포되어 있다고 강조한다. 파울 틸리히, 『평화신학』, 신상길·정성욱 옮김 (서울: 한국 장로교 출판사, 2000), 95f.

29 *The Way of Jesus Christ*, 130f. 하나님이 자신의 영을 사람의 마음에 주면(겔 11:19; 36:26), 그는 돌처럼 굳어진 마음을 버리고 살처럼 부드러운 마음을 얻을 수 있다. 하나님의 샬롬(shalom)의 영은 사람을 포함한 모든 피조물을 안식의 새 세계로 인도할 것이다(사 11장 참조). *The Source of Life*, 34. 몰트만에 의하면, 평화(shalom)와 안식은 서로 밀접한 관계를 맺는데 안식일은 모든 창조 세계를 위한 평화의 질서이다. *God in Creation*, 285. 종말론적 안식일에 대해서는 본서 제6장 3절 2항의 "창조의 목적으로서의 하나님의 안식"을 참조하라.

30 *The Way of Jesus Christ*, 258.

31 *Ibid.*, 260.

32 니체(Friedrich Nietzsche)는 그리스도인을 낙타로 빗대어 표현하는데 그에 의하면, 그리스도인은 모든 것을 긍정함으로써 삶을 부정하는 자이다. 프리드리히 니체, 『차라투스트라는 이렇게 말했다』, 이경신 옮김 (서울: 민음사, 1995), 312f 참조.

33 몰트만에 의하면, 신앙은 위기 앞에서 흔들리는 인간을 바로 세우며 희망은 "존재에의 용기"(틸리히)와 "땅에 대한 충성"(니체)을 가능하게 한다. *The Church in the Power of the Spirit*, 165f 참조. 본회퍼(Dietrich Bonhoeffer, 1906-1945)는 기독교의 철저한 차안성을 언급하면서, 체념하고 정열 없이 살아가는 이들의 진부한 차안성에 적극 반대한다. *Ibid.*, 282-283. 몰트만의 본회퍼 윤리 이해에 대해서는 위르겐 몰트만, 『본회퍼의 사회 윤리』, 김균진 옮김 (서울: 대한기독교서회, 1969)를 참조하라.

나는 내용으로 위축될 수 없고, 오히려 삶을 긍정적으로 받아들이게 하는 근거이자 삶에 적극적으로 참여하게 하는 원동력이 된다.[34] 신앙 공동체는 부활 희망을 통해 죽음의 공포에서 해방되어 현실에 집중할 수 있다.

묵시사상적 불안 때문에 파멸을 기다리는 사람은 창조자 하나님을 실질적으로 부인하는 자라고 몰트만은 강조한다.[35] 왜냐하면 하나님 신앙은 세계 폐기에 대한 묵시사상적 파괴와 일치하지 않고, 오히려 세계 변화의 메시아적 희망과 일치하기 때문이다. 그럼에도 불구하고, 묵시사상은 새 창조를 동경하는 세계의 고난을 언급한다는 점에서[36] 기독교 종말론에 속한다.[37]

또한 몰트만에 의하면, 묵시사상은 기독교 종말론을 경박한 낙관주의로부터 보호하는 역할도 담당한다.[38] 그것은 "평강하다, 평강하다 하

---

[34] *The Coming of God*, 66.
[35] *God in Creation*, 93.
[36] *The Coming of God*, 233. 이에 대해서는 본서 제6장 1절의 "'전제가 있는 창조'로서의 구원의 새 창조"를 참조하라.
[37] 몰트만에 의하면, 유대와 기독교는 모두 "종말 시대의 진통"을 말한다는 점에서 일치한다. 아기의 탄생이 어머니의 산통과 연결되듯, 새 창조는 종말론적 고난과 관계한다. *The Coming of God*, 229.
[38] *Ibid.*, 234. 이와는 달리, 칭의(稱義)로서의 창조 이해가 죽음과 죄, 마귀와 같은 현실 세계의 "그림자 측면"을 지시한다고 바르트(Karl Barth)는 주장한다. 바르트에 의하면, 하나님이 옳다고 인정한 칭의로서의 창조 이해를 통해서만 세계의 어두운 측면에 대한 지식이 가능해지는데, 이것이 기독교신학과 18세기 낙관주의의 결정적인 차이점이다. 칼 바르트, 『교회 교의학』 III/1, 신준호 옮김 (서울: 대한기독교서회, 2015), 522. 라이프니츠-볼프(Leibniz-Wolff) 철학과 그와 관련된 대중적인 문헌에 나타난 18세기 전반의 낙관주의를 바르트가 이해하고 비판한 내용에 대해서는 *Ibid.*, 499f. 바르트에 의하면, 이 낙관주의와 기독교신학의 낙관론은 하나님의 칭의에 기반하는가 그렇지 않은가에서 결정적인 차이를 보인다. 또한 그에 의하면, 예수 그리스도의 죽음과 부활에 기초한 기독교적 낙관론은 첫째, 현실의 어두운 측면을 인식하게 하며, 둘째, 그러나 그 어두운 측면이 빛의 측면에 의해 극복됨을 지시하며, 셋째, 인간은 이러한 하나님의 결정에 대해 대립적인 위치에 설 수 없다는 의미와 진리를 가리킨다. *Ibid.*, 533.

나 평강이 없"(렘 8:11)는 거짓의 사람으로부터 우리를 보호하는데, 왜냐하면 종말론은 역사의 "해피 엔딩"(happy ending)에 관한 이론이 아니며, 경박한 위로는 미래에 대한 부정적 태도와 마찬가지로 위험하기 때문이다. 그러나 종말론적 희망은 그리스도인으로 하여금 무(無)로부터 세계를 창조하고 부활 사건을 통해 죽음에서 새 생명을 창조한 하나님을 고백하게 하고, 메시아적 미래를 향한 구원의 새 세계가 이미 출발하였음도 신뢰하게 한다. 이러한 이유로 인해 기독교 종말론을 희망하는 사람은 죽음의 강력함에도 불구하고 현재의 삶을 절대적으로 긍정한다.[39]

2) 세계의 허무성을 극복하는 메시아적 희망

피조물의 허무성은 보편적인 현상이다.[40] 많은 현대인들은 어리석게도 허무감에 대해 채워질 수 없는 욕망으로 대처하지만, 욕망에 매인 현대인은 가지면 가질수록 더 원하게 되는 모순적인 상황에 빠지게 된다. 이러한 현상은 근본적으로 현대인의 죽음에 대한 공포심 때문이다.[41]

이와 함께, 현대 사회의 허무주의(nihilism)는 광활한 우주 인식에 의해서도 발생하는데,[42] 과학 기술의 발달로 인해 무한한 우주를 생각할 수 있게 됨으로써 인류는 무한한 공간 안에서 자신의 근거를 상실하였다는

---

39 몰트만에 의하면, 믿음 가운데 삶을 사랑하는 자는 모든 불안에도 불구하고 자신의 삶을 긍정한다. *The Spirit of Life*, 105.
40 *God in Creation*, 68. 피조물의 탄식(롬 8:22)은 피조물이 허무한 현실로부터 해방되기를 희망하는 것에 대한 부정적인 표현이다. *Theology of Hope*, 291.
41 *The Source of Life*, 139. 그러나 바울은 피조물의 허무성에 대해 형이상학적 해석이 아니라 메시아적 해석을 시도한다(롬 8:20). 피조물은 허무에 예속되지만 그것은 예속시킨 하나님으로 인해 그렇게 된 것이기 때문에 세계 내 희망은 여기에서도 가능하다. *God in Creation*, 68.
42 *Ibid.*, 141.

허무주의적 느낌을 가질 수 있다. 니체는 이러한 느낌을 "신의 죽음"[43]이라고 표현하는데, 이것은 인간 근거에 대한 모든 형이상학적 시도를 무력화한다.

아울러, 허무주의와 관련된 러시아 출신의 프랑스 과학사학자 쿠아레(Alexandre Koyré, 1892-1964)의 분석이 몰트만에 의해 소개된다.[44] 그에 의하면, 인간 정신의 혁명은 유한한 세계 이해에서 무한한 세계 이해로 넘어가는 과정 중에 발생한다. 고향으로서의 세계 이해가 파괴됨으로써 세계는 인류에게 정복의 대상이 되지만, 무한한 우주는 인류에게 소외감을 일으킴으로써 결론적으로 허무주의가 발생한다고 쿠아레는 주장한다.

이에 반해 몰트만에 의하면, 허무주의의 결정적인 원인은 다른 무엇이 아니라 체념이다.[45] 프로이트(Sigmund Freud, 1856-1939)는 허무에 굴복하는 인간 심리, 다시 말해 현실이 주는 허무주의와 인간 체념 사이의 관계를 날카롭게 분석한다. 프로이트에 의하면, 인간은 모든 꿈들이 다 이뤄지는 것이 아니라 거의 모든 꿈들이 시간과 함께 허물어진다는 것을 점차 깨닫게 되기 때문에, 인간에게는 유토피아(utopia)와 종교 대신에 현명한 체념이 자연스럽게 들어선다. 프로이트는 이른바 "체념된 용기" 혹은 "용감한 체념"이라는 태도를 고집하는데, 이 체념은 현실 속에서 쉽게 발견될 수 없는 가능성 때문에 생긴다.[46] 프로이트에게는 "현명한 체

---

43 이 말은 헤겔(Georg Wilhelm Friedrich Hegel, 1770-1831)과 니체에 의해, 하나님의 아들이 십자가에서 사망하는 성(聖) 금요일의 허무주의적 인식 가운데 등장한다. *Theology of Hope*, 84. 몰트만에 의하면, "신 죽음의 신학"은 나사렛 예수의 개인적 죽음이 아니라 "하나님의 어두움"(마르틴 부버[Martin Buber], 1878-1965), 세계의 암담함과 실존의 불합리성에 대한 묘사이다. *The Crucified God*, 217.

44 *God in Creation*, 152.

45 *The Crucified God*, 308f. 피퍼(Josef Pieper, 1904-1997)에 의하면, 절망의 또 다른 모습으로서의 체념은 하나님이 기대하는 것을 인간이 성급하게 취하는 것이다. 절망과 체념은 희망의 점진성을 폐기해 버린다. *Theology of Hope*, 23.

46 *Ibid.*, 24.

념"을 통해 "유아적 쾌락 원리"인 희망을 극복하고 자아(self)를 구성하는 일이 중요한 과제였고,[47] 성숙한 자아는 희망이 아니라 허무를 알게 하는 체념을 통해 가능하다고 프로이트는 생각했다.

이에 대해, 몰트만은 성숙함이 체념적인 현실주의를 의미하는 것은 아니라고 비판하면서,[48] 희망으로 생기는 계몽은 분명한 소원으로 인도하지 그것과 작별하게 하지 않는다고 설명한다. 왜냐하면 인간에게는 희망을 통해 자아를 발견하고 스스로를 발전시키는 일이 충분히 가능하기 때문이다.[49]

또한 블로호(Ernst Bloch, 1885-1977)[50]에 의하면, 프로이트가 비판하는

---

[47] *The Crucified God*, 311. 투르니에(Paul Tournier, 1898-1986)에 의하면, 프로이트 학파는 인간이 성인(成人)이 되고 스스로 책임을 지는 것을, 융(Carl Gustav Jung, 1875-1961) 학파는 자신의 전체성을 이룩하는 것을, 아들러(Alfred W. Adler, 1870-1937) 학파는 자신의 한계를 받아들이는 것을 각각 자신들의 이상으로 삼는다. 폴 투르니에, 『모험으로 사는 인생』, 정동섭 · 박영민 옮김 (서울: IVP, 2005), 336.

[48] *The Crucified God*, 313. 계 21:8의 죄인들 목록에서 두려워하는 자는 믿지 않는 자, 살인자, 우상 숭배자, 기타의 사람들보다 앞서 최초로 등장한다. 몰트만에 의하면, 죄악은 하나님과 같이 되려는 교만보다 하나님이 기대하는 존재가 되지 않으려 하는 약함, 소심, 낙담에 있다. *Theology of Hope*, 22. 이와는 달리, 틸리히에게 있어서 죄는 존재의 근거인 하나님으로부터 "돌아서는 것"을 뜻하며 이것은 휘브리스(hybris), 즉 교만이다. 파울 틸리히, 『파울 틸리히의 그리스도교 사상사』, 송기득 옮김 (서울: 한국신학연구소, 2001), 173f 참조. 또한, 다음의 교만에 대한 틸리히의 설명도 참조하라. "만약 어떤 이가 비극적 주인공들의 잘못이 무엇이냐고 묻는다면, 그 대답은 그들이 자신을 자기 초월이 지향하고자 하는 것, 즉 위대함 자체와 동일시함으로 자기 초월의 기능을 왜곡시켰다는 것이다. (중략: 필자) 그는 생명의 자기 초월을 나타내는 자신의 힘에 사로잡혀 버린 것이다." Paul Tillich, *Systematic Theology*, vol. 3 (Chicago: University of Chicago Press, 1963), 94. 남성민, "폴 틸리히의 구원론 연구"(서울: 연세대학교 대학원 박사학위 논문, 2009), 181에서 재인용.

[49] 몰트만에 의하면, 희망은 세계가 가능성으로 충만하고 유동적일 때에야 비로소 활동할 수 있는데, 왜냐하면 원인과 결과의 인과율만 존재하는 폐쇄적 체계로서의 세계에는 체념과 포기만이 존재할 수밖에 없기 때문이다. *Theology of Hope*, 92.

[50] 블로호(Ernst Bloch)의 대표적인 작품은 에른스트 블로호, 『희망의 원리』, 박설호 옮김 (서울: 열린 책들, 2004). 블로호의 희망과 유토피아 이해에 대해서는 박설호, "에른스

"유아적 쾌락 원리"로서의 희망에 대한 포기는 성숙한 사람으로 하여금 젊은 시절에 대해 무감각하게 만드는 문제점을 가지는데,[51] 그러한 체념의 사람은 스스로를 가난하게 만들 뿐이다. 그러나 희망은 유약함이 아니라 새로움과 관계한다.[52] 왜냐하면 희망은 특정 이념으로 고착되거나 왜곡되지 않으면 "대낮의 꿈"으로서 사람에게 새로운 미래를 지시하기 때문이다.[53]

몰트만에 의하면, 희망의 종교로서의 기독교는 프로이트가 생각한 것보다 훨씬 더 양립 가치적이다.[54] 왜냐하면 기독교는 "유아기적" 희망과 함께 메시아적 미래를 향한 세계 개방성[55]을 고수하기 때문이다. 기독교는 메시아의 부활로 시작된 궁극적인 미래에 희망을 두기 때문에 체념과

트 블로흐의 의식된 희망, 종교 그리고 유토피아," 「오늘의 문예비평」 48호 (2003, 3), 106-126. 블로흐는 오해를 종종 불러일으키는 유토피아 개념 대신에, "대낮의 꿈," "경향성과 잠재성," "새로운 무엇," "전선," "의식된 희망," "목표" 등의 용어를 사용한다. 블로흐는 희망을 인간과 세계 속에 내재한 경향성으로 이해한다. Ibid., 107.

[51] The Crucified God, 310f.

[52] 몰트만에 의하면, 새로움의 범주는 과거적 미래, 즉 futurum으로서의 미래가 아니라 강림절적인 미래, 즉 adventus에서 나온다. 왜냐하면 과거적 미래, 즉 "아직 오지 않은 과거"로서의 미래(futurum)에서는 시간이 지날수록 만물은 늙어버리기 때문이다. The Coming of God, 29. 강림으로서의 미래는 현실 세계가 "옛 세계"임을 드러낸다. Ibid., 44f. 종말론적 새로움에 대해서는 본서 제2장 4절 3항의 "메시아적 미래의 새로움을 약속하는 하나님"을 참조하라.

[53] 우리는 희망이 없이도 살 수 있지만, 희망이 있을 때에야 비로소 생동감 있게 살 수 있다. 한편, 희망이 과연 하나님에게서 오는 것인지 아니면 인류에게서 나오는 것인지의 문제에서 무신론적 희망의 철학자와 신앙의 그리스도인 사이에 극명한 차이가 드러난다고 생각된다. 바르트에 의하면, 인간의 모든 비참은 인간에 대한 희망에서 나온다. "인간적 삶의 모든 비참은 건전한 인간 오성 및 저 '자연이 가르친다(natura docet)'가 (중략: 필자) 능력을 갖지 못한다는 사실과 관계한다." 바르트, 『교회 교의학』 III/1, 466.

[54] The Crucified God, 311.

[55] 이에 대해서는 본서 제4장 3절 1항의 "삼위일체론적 역사 속에 계시되는 세계 개방성"을 참조하라.

포기에서 발생하는 허무주의를 극복한다. 피조물이 죽음의 위협과 허무의 세력에 굴복하는 것은 보편적인 현상이지만, 그리스도인은 부활 사건으로 시작된 약속된 메시아적 미래를 향한 믿음 때문에 세계를 향한 희망을 붙들 수 있다.[56] 메시아의 십자가와 부활을 통해 확인된, 새 생명 세계를 약속하고 성취하는 하나님에 대한 희망은 그리스도인으로 하여금 변화될 종말론적 새 세계를 기대하며 현실 세계에 충실하게끔 만든다.[57]

3) 현실 도피의 영혼 구원에 저항하는 구원 역사의 종말론적 희망

역사는 흘러가는 시간이 인지될 때에야 비로소 생성 가능하고,[58] 시간 인식도 과거와 현재의 차이가 부각될 때에야 비로소 성립 가능하다. 마찬가지로, 희망이 존재하지 않으면 기억은 사라지고 기억이 존재하지 않을 때 희망도 사라지는데, 이로써 희망은 역사를 가능하게 하는 조건이라고 이해된다.

미래의 차원이 결핍된 고대 그리스 사상에는 역사적 사고가 존재하지 않음이 많은 이들에 의해 지적되었는데,[59] 『펠로폰네소스 전쟁사』의 투키디데스(Thucydides, B.C. 465-400)조차 변하지 않는 것을 끊임없이 찾았다

---

56 *Theology of Hope*, 94.
57 *The Way of Jesus Christ*, 293. 몰트만에 의하면, 부활 사건에는 메시아를 부활시킨 존재로서의 약속의 하나님이 계시되는데 여기에서 메시아적 희망이 나온다. *God in Creation*, 90-91 참조.
58 *The Way of Jesus Christ*, 236.
59 *Theology of Hope*, 259. 이러한 이유에서 미래는 역사의 핵심적 개념이라고 몰트만은 강조한다. 『그리스도가 계신 곳에 생명이 있습니다』, 101-102. 이와 마찬가지로, 네덜란드의 역사가 호이징가(Johan Huizinga, 1872-1945)도 역사 개념은 목표와 미래가 있는 곳에서만 가능하기 때문에 미래가 역사적 사고의 본래적 범주라고 말한다. *Theology of Hope*, 262-263.

는 사실은 고대 그리스인에게 역사의식이 부재했다는 대표적인 증거라 할 수 있다. 고대 그리스 사상은 영원하고 변하지 않는 것을 추구했지만 역사는 변화를 의미하고 영원하지 않기 때문에, 영원을 추구한 고대 그리스인은 역사 속에서 영원한 존재를 간파할 수 없었으며, 영원하지 않은 역사 안에 가치 있는 것이 존재하는지도 몰랐다.

이에 반해, 성서의 하나님은 영원이 아니라 역사의 사건들 가운데 자신의 백성에게 자신을 계시한다고 몰트만은 강조한다.[60] 구약성서에서 "아브라함과 이삭과 야곱의 하나님"은 자신의 백성에게 자신을 계시하면서 그들을 약속 장소로 파송하는데, 대표적으로 하나님은 모세를 파송하여 약속된 출애굽의 구원 역사를 성취하며 "젖과 꿀이 흐르는" 약속의 땅으로 백성들을 인도한다. 또한, 신약성서에서 하나님은 부활 사건을 통해 십자가에 달려 죽은 나사렛 예수를 일으키고 그에게 새 생명을 허락한다. 이와 같이, 성서의 하나님은 영원의 하나님이 아니라 역사의 하나님[61]이며 약속의 하나님이다.

그럼에도 불구하고, 초대 교회가 고대 그리스-로마 문화에 동화되면 될수록 기독교는 역사가 아닌 구속의 종교로 변질되었다.[62] 초기 기독교는 종말론적 희망을 포기하는 대신, 고대 그리스의 플라톤(Plato, B.C. 427-347)이 주장하는 영혼과 육신의 이원론과 영지주의의 육체 멸시에 영향을 받

---

60 『그리스도가 계신 곳에 생명이 있습니다』, 101. 몰트만에 의하면, 신 현현(epiphany)의 종교는 의식을 통해 역사에 대한 공포심을 제거하는 "반역사적"(엘리아데[Mircea Eliade], 1907-1986) 성격을 가짐에 반해, 역사의 하나님을 고백하는 기독교는 역사적 성격을 가진다. *Theology of Hope*, 100.

61 노르웨이의 구약학자 모빙켈(Sigmund Mowinckel, 1884-1965)에 의하면, 종말론의 뿌리는 이스라엘의 독특한 하나님 이해, 즉 하나님을 역사의 하나님으로 보는 데에 있다. *The Way of Jesus Christ*, 8.

62 *The Source of Life*, 102f.

으며 점차 구속의 종교로 바뀌게 된다.[63] 초기 기독교는 차안적인 메시아적 희망 대신에 피안적인 영원의 기다림을 더욱 강조하는데, 대표적으로 성령은 "생명의 샘"(*fons vitae*)이 아니라 사멸할 감옥인 몸에서 성도들의 영혼을 구속하는 구원의 영으로 받아들여진다.[64]

몰트만에 의하면, 아우구스티누스(Augustinus, 354-430) 이래로 교회에서 하나님과 영혼은 같은 영역에 속하였고[65] 기독교 신앙의 궁극적 주제는 영혼의 심판이었다. 이것은 두 가지 원인 때문이었다.

첫째, 제국 교회가 성서에 나타난 천년왕국적 희망(계 20장)을 무시한 까닭이다.

둘째, 제국 교회가 스스로를 천년왕국으로 이해함으로써 천년왕국론

---

63 몰트만은 플라톤이 추구하는 피안 지향적인 세계관 대신에, 보에티우스(Boethius, c. 480-525)의 생명의 개념을 통해 형성된 영원의 세계관을 제시한다. 보에티우스에 의하면, 영원은 생명의 무제한적이고 전체적이며 동시적이며 완전한 향유를 의미한다. 몰트만, 『하나님의 이름은 정의이다』, 98. 또한 몰트만, 『희망의 윤리』, 119-120.

64 기독교의 "플라톤화"로 인해 지금까지도 많은 교회에서 영성은 신체에 대한 적대성, 세계로부터의 분리, 영혼의 내적 경험으로 축소되어 이해된다. *The Spirit of Life*, 8. 또한, 지금도 서양 철학은 지속적으로 초월적 반성을 통한 인간 본질을 추구한다. *Theology of Hope*, 336. 이와는 달리, 포이어바하(Ludwig Feuerbach, 1804-1872)는 물질주의적으로 인간의 본질을 파악하여 "인간은 그가 먹는 바의 것이다" 혹은 "음식이 사람을 만든다"라고 말하지만, 이러한 포이어바하의 물질주의적 태도 역시 생명의 구체성을 약화시키고 모든 것을 뭉뚱그리면서 "본질을 추구"한다는 점에서는 이전의 서양 철학과 전혀 다르지 않다.

65 *The Coming of God*, xv. 교회에서 하나님 나라의 현실주의적 종말론이 약화될수록 하늘은 점점 더 영혼 구원의 장소로 강조되어 해석되었다. 하나님 나라가 이 땅에도 오기를 바라는 주의 기도는 피안의 하늘나라로 가기를 바라는 교회의 소원으로 대체되었다. *God in Creation*, 181. 그러나 박노훈 목사에 의하면, 주의 기도는 단순히 영적이고 예배적이며 피안적인 성격만을 가진 것이 아니라 하나님 나라의 정치-경제적인 관점에서 "기도가 담아내는 굶주림과 시험, 시련으로부터의 탄원은, 주의 기도가 예배의 형식을 넘어 당시 로마 제국의 현실 속에 감추인 절실한 필요들을 드러내고 있다고 할 수 있다." 박노훈, "When the Prayer Becomes Politics: Revisiting the Lord's Prayer in Our Present World," 「대학과 선교」 24집 (2013), 71-95. 인용문은 71.

의 희망을 저버린 까닭이다.⁶⁶

무엇보다 로마의 제국 교회가 스스로를 그리스도의 왕국으로 이해한 결과⁶⁷ 종말론은 구원에 대한 심령화로 위축되어 이해되는데, 여기에서 교회의 현재와 영원의 미래 사이에 어떤 역사적인 것도 있을 수 없고,⁶⁸ 하나님 나라로서의 교회는 세계의 마지막까지 이른다는 확신이 성립된다.

아우구스티누스 이후 확산된 피안의 종말론은 제국 교회가 천년왕국론을 독점함으로써 더욱 고착화되어,⁶⁹ 하나님의 구원은 더 이상 역사적

---

66 에베소 공의회(431년)는 천년왕국의 희망을 저주하며, 고전 15:28에 반하여 은폐된 현실로서의 예수 그리스도의 통치는 영원하며 끝이 없다고 주장한다. *The Coming of God*, 154. 또한, 초기 기독교가 국가 종교가 되어 국가의 주장을 대변하면 할수록, 당시 교회의 종말론과 역사에 대한 비판의 몫은 열광주의자들에게로 넘어가게 된다. *Theology of Hope*, 15.

67 *The Coming of God*, 182. 틸리히에 의하면, "교회가 땅 위에 있는 그리스도의 천년왕국에 대한 묵시사상의 비전을 실현한다"는 로마 교회의 자기 해석은 자신에게 소위 신적인 면모와 악마적인 면모를 동시에 허락한다. 불행하게도, 이 자기 해석은 역사적으로 메시아를 기다리는 유대인과 그리스도인이 아닌 자들에 대한 무자비한 박해를 초래했다. *Ibid*., 179–180. 그러나 지상의 교회는 그것이 무엇이든지 간에, 성령의 능력 안에서 하나님 나라의 역사적 선취(anticipation)이지 하나님 나라 그 자체는 아직 아님이 분명하다고 몰트만은 강조한다. *The Church in the Power of the Spirit*, 196 참조.

68 몰트만에 의하면, 이러한 입장은 천년왕국론과 종말론에 대한 오해에서 발생하는데, 왜냐하면 천년왕국론은 종말론의 차안과 역사를, 종말론은 천년왕국론의 피안과 영원을 지시하기 때문이다. 역사적인 천년왕국론은 보편적인 종말론을 지향하지 그것을 폐기하지 않는다. *The Coming of God*, 230 참조.

69 몰트만에 의하면, 천년왕국론의 또 다른 용어인 메시아니즘(Messianism)이 의미하듯이, 천년왕국은 구약성서에서 유래하고, 하나님 나라에 대한 차안의 신정적 희망과 관계한다(단 2, 7장). 다니엘서가 말하는 차안적인 메시아와 피안적인 "사람의 아들"(人子)은 기독교 종말론에서 결합하지만, 여기에서도 천년왕국론의 피안 지향적 성격은 드러날 수 없다. *Ibid*., 148. 몰트만은 그리스도의 칭호로서 "사람의 아들"의 의미를 다음과 같이 설명한다. 첫째, "사람의 아들"은 한 명의 아들로서 하나님을 계시하는 개별자이다(겔 1:26). 둘째, "사람의 아들"은 사람다운 사람이며 동시에 신적 존재이다. 오랫동안 기대된 참 사람으로서 "사람의 아들"은 하나님에게서 온다(단 7:13 참조). *The Church in the Power of the Spirit*, 101. 복음서에 나타난 "사람의 아들" 칭호에 대해서는 김세윤, 『그 '사람의 아들(人子)': 하나님의 아들』, 홍성희 · 정태엽 옮김 (서울: 엠마오, 1992) 참조.

인 것이 아니라 영혼 구원의 현실 도피적인 것으로 이해된다. 이러한 피안적인 구원 이해는 현재까지도 영향을 미치는데, 도래하는 하나님 나라에 대한 역사적인 희망 대신 피안적인 "하늘"을 기다리는 영생의 신비주의가 계속적으로 교회에 등장한다.[70]

몰트만에 의하면, 성서가 증언하는 역사적인 희망의 하나님은 최근까지 제대로 고찰되지 못했는데, 그 이유는 기독교가 "공적 종교"가 아니라 성서가 상상할 수 없었던 "사적 종교"로 변질되어 버렸기 때문이다.[71] 역사적인 희망의 하나님을 외면하고 피안의 "하늘나라"만을 주목한 "사적인" 기독교는 개인의 경건한 내면의 종교로 전락하고 만다. 20세기 실존주의 신학에서도 사정은 이와 크게 다르지 않은데, 여기에서 하나님은 역사의 하나님이 아니라 현존하는 초월자이자 탈세계화된 존재로 이해된다.[72]

이러한 피안적이고 개인적인 구원 이해에 반하여, 몰트만은 구원의 역사적이고 종말론적인 측면을 강조한다.[73] 그에 의하면, "종말론적"(eschatological)이라는 말은 미래에 있을 역사적 구원, 즉 그리스도의 재림을

---

[70] *The Source of Life*, 103. 영생의 신비주의에서는 영혼 구원이 번데기에서 나오는 나비나 하늘 고향으로 되돌아가는 천사의 모습으로 그려진다.

[71] *Theology of Hope*, 310. 몰트만에 의하면, 사회적 상황과 구조적 변화 없이 개인의 내적 변화가 가능하다고 여기는 자세는 한낱 관념주의적 환상이기에, 기독교의 공적 측면은 회복되어야 한다. *The Crucified God*, 23. 이와는 별개로, 개인적인 결단, 회개 촉구 등이 몰트만에게는 약하게 드러나는데 반해, 바르트의 변증법적 신학은 증인의 삶을, 불트만(Rudolf Bultmann, 1884-1976)의 실존론적 신학은 신앙의 결단을 강조한다.

[72] 몰트만에 의하면, 20세기 실존주의 신학에는 낭만적인 주체성의 종교적 이데올로기와 사회적 책임에 무관심한 사적 종교가 될 수 있는 위험이 있다. *Theology of Hope*, 316 참조. 현대 신학은 개인적 차원을 넘어 역사, 사회, 자연을 포괄하는 공적 차원으로 나갈 필요성을 가진다고 몰트만은 주장한다. *Jesus Christ for Today's World*, 107. 그러나 몰트만 신학, 특히 후기의 그의 신학에는 개인 변화의 측면이 부족하다는 단점이 나타나는데, 이에 대해서는 김균진, 『20세기 신학 사상』 II권 (서울: 연세대학교 출판 문화원, 2012), 277 참조.

[73] *The Way of Jesus Christ*, 70f.

통해 메시아적 시대(Messianic age)가 실현되는 세계 구원의 특성을 지시한다.[74] 또한, "종말론적 역사"는 구원의 삼위일체 하나님이 자신의 백성을 선택하여 부르고 계약과 파송함을 통해 그들에게 구체적으로 보이는 현재적이면서 동시에 미래적인 구원을 의미한다.[75]

몰트만에 의하면, 구원 역사의 종말론적인 성격은 메시아 예수의 파루시아(parousia)에 잘 나타난다.[76] 일반적으로 미래에 있을 것은 아직 존재하지 않기 때문에 이미 존재하는 것 속으로 침투하지 못하지만,[77] 메시아의 도래(parousia)는 단순히 미래만이 아니라 과거와도 관계한다는 특징을 가진다. 왜냐하면 메시아 재림의 순간은 역사적으로 존재했던 만물에 영원(aeon)의 새 창조로서의 종말을 가져오므로, 모든 시간들에 침투하여 동시에 임하는 "모든 날의 그 날"이 되기 때문이다. 구원은 단지 개인적이고 피안적인 현실 도피의 영혼 구원으로 축소되지 않고 오히려 역사적이며, 세계 내적으로 종말론적 미래에서 현재로 도래하고 만물에 침

---

74 몰트만에 의하면, 하나님의 종말론적 구원은 하나님의 백성을 모든 억눌린 과거로부터 해방시킬 것이다. *Ibid*., 24. 몰트만에게 있어서, 메시아 예수에 대한 긍정은 메시아적 미래를 향한 열린 자세를 의미한다. *Jesus Christ for Today's World*, 135 참조.
75 삼위일체 하나님의 통치는 현실을 메시아적 시대로 규정한다고 몰트만은 주장한다. *The Way of Jesus Christ*, 97f.
76 *Ibid*., 316f. 파루시아(parousia)는 문자적으로 임재, 재림이라는 의미를 가진다. 메시아의 재림은 신학사적으로 제대로 대접을 받지 못했는데, 먼저, 재림에 대한 기다림은 이른바 "재림 지연" 용어로 인해 불신을 받아왔다. 철저 종말론 학파(Konsequenz-eschatologie-Schule)는 그리스도의 재림에 대한 초기 기독교의 임박한 기다림은 역사에 의해 추월당했다고 주장하는데, 일례로 슈바이처(Albert Schweitzer, 1875-1965)는 종말론의 철저한 폐기를 주장한다. 그러나 몰트만에 의하면, "재림 지연"에 대한 실망은 재림 기다림 문제의 핵심을 찌르지 못하고 인간에게서 약속의 하나님을 분리시키는 율법적 대응일 뿐이다. 또한, 바르트와 알트하우스(Paul Althaus)에게 메시아의 재림은 시간적이지 않은, 초시간적이고 영원한 미래의 사건으로 이해되지만, 이러한 입장도 성서에 등장하는 "마란아타, 우리 주여 오시옵소서!"(고전 16:22)라고 부르짖는 역사적이고 미래적인 종말 소망에 대한 폐기를 의미할 뿐이다. *Theology of Hope*, 105.
77 *The Way of Jesus Christ*, 317.

투하는 하나님의 종말론적인 역사로 이해되어야 한다.

4) 메시아적 약속 공동체의 성화(聖化)의 과제

몰트만에 의하면, 성서는 약속의 하나님을 말하기 때문에 약속은 계시의 성격을 가지며 계명과도 관련된다.[78] 계시로서 약속이 가진 특징은 유목민의 생활을 통해 쉽게 이해될 수 있는데,[79] 하나님의 약속은 하나님의 백성에게 처음부터 장소 이동이나 실존 변화와 관련된 순종을 요구하기 때문에, 약속된 구원이 성취되기를 원하는 사람은 하나님에게 순종해야 한다.

몰트만은 말하기를, 메시아적 약속 공동체로서의 교회는 예수 그리스도에게 순종해야 하고 그리스도를 뒤따르는 제자는 자신의 십자가를 져야 하는데,[80] 왜냐하면 제자의 길은 구원을 향한 메시아적 열정과 고난에 적극적으로 참여함을 의미[81]하기 때문이라고 한다. "예수 그리스도를 따름"(nachfolge)이 없는 신앙은 신학적 이론을 수용하는 것, 종교 의식을 지키는 정도의 "싸구려 은혜" 수준으로 전락한다.[82] 제자도(弟子道)로서의

---

78 *Theology of Hope*, 88. 계명은 법적 조건이나 율법이 아니라 약속의 윤리적 뒷면이라고 몰트만은 주장한다. 약속과 마찬가지로 계명은 미래적인 성격을 가지며 하나님과의 사귐을 통해 획득되는 인간 존엄성을 목표로 삼아 그 성취를 향해 나아간다. *Ibid.*, 122. 신약학자 브라운(Herbert Braun, 1903-1991)에 의하면, 신약성서의 인간은 하나님의 계명대로 살아야 할 존재이다. H. Braun, "Die Problematik einer Theologie des Neuen Testaments," *Zeitschrift für Theologie und Kirche* 58 (1961), 12. 국역으로는 헤르베르트 브라운,『신약신학의 문제성』, 허혁 · 김경희 옮김 (서울: 대한기독교서회, 1971).

79 *Theology of Hope*, 120.

80 *Jesus Christ for Today's World*, 47-48.

81 이에 대해서는 본서 제3장 2절 3항의 "희생자를 기억하고 순교자와 연대하는 선교 공동체"를 참조하라.

82 *The Crucified God*, 59.

신앙은 신앙의 개인화와 정신화의 문제까지도 극복해야 한다.[83]

칭의론도 순종의 차원을 가진 약속의 관점에서 해석되어야 하는데, 왜냐하면 칭의 사건은 하나님의 의(義)에 대한 약속이기 때문이다.[84] 몰트만에 의하면, 하나님은 십자가 사건을 구원 사건이라 믿고 고백하는 죄인에 대해 의인이라고 선포함으로써 죄인은 물론, 하나님 자신까지도 의를 획득한다. 이와 같이 하나님이 칭의 사건을 통해 자신의 의를 획득한다면, 칭의는 하나님이 종말론적 구원의 통치를 시작한다는 것과 신앙으로 인해 의인이 된 그리스도인이 약속된 의로운 존재로 살도록 하나님에게 순종해야 한다는 것을 동시에 나타낸다.

몰트만에 의하면, 인간은 하나님의 구원 약속에 대한 신앙을 통해 하나님의 형상에 도달한다.[85] 하나님의 형상(imago Dei)은 신학적 인간학의 전통적 개념이지만,[86] 기본적으로 근원의 신화적 개념에 가까웠으며 이 용어가 가진 메시아적 성격은 자주 간과되었다.[87] 이에 반해, 사도 바울

---

83 Ibid., 63.
84 Theology of Hope, 207-208.
85 몰트만에 의하면, 인간은 기독교 신앙을 통해 참 자아에 도달할 수 있고, 그 때에야 비로소 세계에 대해서도 열린 눈을 가지게 되어 소외된 상태의 창조 세계를 깨달을 수 있다. The Church in the Power of the Spirit, 212-213.
86 몰트만에 의하면, 구약성서의 이 규정은 아직 드러나지 않은 인간 본질에 대한 성서의 약속이다. Ibid., 100f. 이 규정을 단지 자연 지배권의 신탁만으로 이해하려는 자세는 일방적이지만, 오히려 하나님의 형상은 약속으로서 계시의 측면을 가지는데, 왜냐하면 "닮음"이라는 형상의 의미에는 이러한 측면이 내포되어 있기 때문이다. God in Creation, 219. 곽미숙 박사에 의하면, 하나님의 형상에 대한 전통적인 해석은 첫째, 자연에 대한 인간의 정복이라는 잘못된 시각에서 출발하며, 둘째, 전인적인 인간이 아닌, 영혼만이 인간의 전부라고 여기는 잘못된 이원론에 기반하며, 셋째, 관계적인 존재가 아닌 독립된 실체로서의 인간만을 파악하는 문제점을 가진다. 곽미숙, 『현대 세계의 위기와 하나님의 나라』, 108-114. 몰트만의 하나님의 형상 이해에 대해서는 Dominic Robinson, Understanding the "Imago Dei": The Thought of Barth, von Balthasar and Moltmann (London and New York: Routledge, 2016, c2011)의 chapter 4 참조.
87 God in Creation, 215. 아우구스티누스 이래로 하나님의 형상으로서의 인간은 신적 형

은 부활한 메시아 예수를 하나님의 형상으로 나타내기 위해 이 개념을 사용하는데 그에 의하면, 메시아는 참된 하나님의 형상이며 그리스도인은 메시아와의 사귐과 칭의의 신앙 가운데 의인으로서 하나님의 형상이 된다.[88] 여기에서는 칭의의 신앙과 성화(聖化)의 순종 가운데 약속된 인간 영화로서의 하나님의 형상이 나타나는 것으로 이해된다.[89]

로마서 8장 29절에 의하면, 그리스도인의 인격은 "아들의 형상"을 닮으며 메시아의 뒤를 따름(nachfolge)으로써 메시아적 형태로 성장한다.[90] 우리가 하나님의 형상을 얻게 되는 것은 메시아 예수를 따르는 순종 가운데에서 가능하다.[91] 그리고 궁극적으로는 하나님만이 그리스도인을 하나님의 형상으로 변화시킬 수 있는데, 구체적으로는 로마서 8장 30절이 말씀하는 선택과 소명과 칭의와 영화의 구원론적 과정을 통해서이다.[92] 이와 같이, 하나님의 형상은 약속인 동시에 명령이며, 희망인 동시에 과

상의 원형을 추론 가능하게 한다고 생각되었다. 그러나 죄인인 인간은 칭의의 신앙을 통해 하나님의 형상이 되기 때문에, 하나님의 형상이 인간에게 존재론적으로 내재한다는 주장은 비성서적이라고 몰트만은 강조한다. *The Trinity and the Kingdom*, 154. 몰트만에 의하면, 인간에게는 하나님의 형상이라는 종말론적인 약속이 존재한다. *God in Creation*, 221.

88 몰트만에 의하면, 하나님의 형상 규정은 하나님이 인간의 타락이라는 조건하에서도 인간에 대한 신실한 관계를 유지한다는 은혜의 증거가 된다. *Ibid.*, 233.

89 몰트만에 의하면, 성화의 목적은 하나님의 형상(*imago Dei*) 회복이다. *The Spirit of Life*, 175.

90 *God in Creation*, 226-227. 박봉랑 박사(1918-2001)에 의하면, 본회퍼의 작품 *Nachfolge*만큼 성화에 대한 일관되고 강력한 연구 문헌은 존재하지 않는다. *Nachfolge*는 개신교 전통에서 성화 신학의 부활이자 성화의 신학적 수립이라는 의미를 가진다. 박봉랑, 『그리스도교의 비종교화: 본회퍼 연구』(서울: 대한기독교서회, 1998), 383f. 본회퍼의 영향을 받은 몰트만도 자신의 작품에서 성화(聖化)에 대한 깊은 관심을 나타낸다.

91 *The Church in the Power of the Spirit*, 102.

92 몰트만 구원론에 대해서는 신옥수, "몰트만의 통전적 구원론," 「한국조직신학논총」 95집 (2015, 1), 127-154. 특히 134-140 참조.

제라고 몰트만은 주장한다.[93]

몰트만에 의하면, 하나님 나라와 의에 대한 약속은 무신론적 세계에 사는 그리스도인으로 하여금 하나님의 의를 추구하게 한다.[94] 다시 말해, 하나님의 약속과 그에 대한 신앙은 그리스도인으로 하여금 메시아적 의를 향한 순종과 투쟁의 삶으로 인도한다.[95] 이러한 투쟁의 예로는 핵 체제에 맞서는 투쟁, 정의에 기초한 평화를 위한 투쟁, 제3세계 국가에 대한 착취와 부채 놀이에 맞서는 투쟁, 그리고 자연 파괴에 대항하는 투쟁 등이 있다.[96] 사회에 대한 "대조의 공동체"(Gegengesellschaft, 로핑크[Gerhard Lohfink], 1934-현재)로서 메시아적 약속 공동체는,[97] 모든 형태의 죽음과 폭력의 악순환을 깨뜨리면서[98] 생명을 살리는 데 최선을 다해야 한다.

---

93 몰트만에 의하면, 그리스도인은 칭의의 신앙 그리고 희망과 순종을 통해 자신 안에 있는 하나님의 형상을 발견한다. *Theology of Hope*, 91 참조.

94 웰치(Claude Welch, 1922-2009)는 하나님 나라와 교회와의 관계에 대해서 다음과 같이 네 가지로 설명한다. 첫째, 하나님 나라는 교회 안에 현존하지만, 교회가 하나님 나라는 아니다. 둘째, 하나님 나라는 예수 그리스도 안에 있는 하나님의 주권을 의미하지, 교회의 법규를 의미하지는 않는다. 셋째, 하나님 나라의 심판은 그리스도 안에 있는 하나님에게 속하지, 교회에 속하지는 않는다. 넷째, 교회의 경계는 예수 그리스도와 관계하는 보이는 역사적 공동체와 관련된다. Claude Welch, *The Reality of the Church* (New York: Charles Scribner's Sons, 1958), 209-216.

95 *Theology of Hope*, 225. 이러한 맥락에서 기독교 공동체는 구원받지 못한 세계의 모순을 인식하고 이를 구원하기 위해 하나님의 계명에 순종하는 모임이라고 몰트만은 언급한다. *Ibid.*, 195 참조.

96 *Jesus Christ for Today's World*, 47-48. 몰트만에 의하면, 통속적인 이해와는 달리 그리스도인의 성화 운동은 모두 사회 혁명적이다. *The Source of Life*, 23. 김균진 박사에 의하면, 현대 신학자들 가운데 몰트만처럼 사회 개혁에 대해 적극적으로 발언하는 세계적인 신학자는 찾아보기 힘들다. 김균진, 『20세기 신학 사상』 II권, 272.

97 *The Way of Jesus Christ*, 125f. 이신건 박사에 의하면, Gegengesellschaft는 다음의 두 가지 의미를 내포한다. 즉, 그것은 부정적인 의미로서 "세상과 마주보는 다른 세상을 만든다"는 것과 긍정적인 의미로서 "세상 안에서 다른 세상을 만든다"는 것이다. 이신건, "교회는 과연, 그리고 어떤 공동체인가?," 「기독교사상」 573호 (2006, 9), 27.

98 몰트만에 의하면, 억눌리고 낮은 지위에 있는 자들이 체험하는 폭력과 죽음의 다섯 가

메시아 예수의 뒤를 따르는 약속 공동체의 특성은 결코 간과될 수 없는데,[99] 그 이유는 교회가 메시아와의 관계 가운데 창조되었기 때문이라고 몰트만은 주장한다. 특히, "타자를 위한 존재"(Sein für andere, 본회퍼)인 메시아 예수의 뒤를 따르는 성화(聖化)의 공동체에게는 타자(他者)를 받아들이는 유연한 태도가 중요하다. 말과 행동 또는 생각의 획일성을 상대에게 강요함으로써 한계를 정하는 것은 교회를 지루한 장소로 만든다.[100] 메시아적 약속 공동체로서 교회는 획일적인 사회 가운데 있지만 그와는 대립적인 입장에서, 다양성을 위한 일치를 추구함으로써 성화(聖化)의 공동체가 될 수 있다.[101]

2. 구약성서의 구원 역사에 계시된 약속의 하나님

이스라엘 공동체는 역사적으로 출애굽 사건과 함께 탄생했다. 이스라엘의 하나님 야웨는 이집트 제국에서 노예 생활하던 그들에게 찾아와,

---

지 악순환은 다음과 같다. 첫째, 경제적 차원의 가난의 악순환. 둘째, 가난의 악순환 안에 존재하는 정치적 차원의 폭력의 악순환. 셋째, 가난과 폭력의 악순환 속에 내재하는 인종적이고 문화적인 소외의 악순환. 넷째, 가난, 폭력, 소외의 악순환과 결합된 산업적 차원의 자연 파괴의 악순환. 다섯째, 정치적, 경제적, 문화적, 산업적 차원의 악순환 속에 내재하는 더 포괄적인 억압으로서의 무의미와 "하나님으로부터 버림받음"의 악순환. *The Crucified God*, 329-332 참조.

[99] *The Way of Jesus Christ*, 379.
[100] 몰트만에 의하면, 한계는 테두리일 뿐만 아니라 교제의 가능성이기도 하다. 폐쇄된 생명체는 죽을 수밖에 없지만, 살아 있는 생명체에게 있어서 한계는 언제나 개방성을 의미한다. *God in Creation*, 144.
[101] *The Source of Life*, 60. 다양성 안에 있는 일치만이 교회를 획일적인 사회를 치료하는 개방적 공동체가 되게 한다고 몰트만은 주장한다. 성서에 의하면, 성령은 하나이지만 은사는 다양하다(고전 12:4 참조).『그리스도가 계신 곳에 생명이 있습니다』, 79. 교회는 카리스마적 다양성을 지니면서 성령의 일치 가운데 있는 자유롭고 평등한 사람들의 모임이다(갈 3:28 이하). *The Church in the Power of the Spirit*, 10.

그들을 해방시키기 전에 "젖과 꿀이 흐르는" 가나안을 약속하고, 그 약속을 믿고 따른 그들에게 그 약속을 성취한다. 하나님은 처음부터 이스라엘에게 약속의 하나님, 즉 구원의 생명 세계를 약속하고 이를 역사적으로 성취하는 존재였다.

또한, 하나님은 포로기의 절망적인 이스라엘에게 예언자들을 통해 새 구원 역사를 이룰 메시아를 약속하는데, 메시아는 출애굽의 지도자 모세를 능가하는 자로서 종말론적인 새 출애굽을 성취할 자이다. 또한, 이 시기에 메시아적 시대이자 종말론적인 새 생명 세계로서 "새 하늘과 새 땅"도 약속된다. 약속된 세계는 현실의 온갖 부정적인 것들이 부정되는 샬롬(shalom)의 장소로서, 하나님의 백성은 종말의 구원 사건을 통해 얽매인 모든 것들로부터 해방될 것이 약속된다.

1) 뿌리 경험으로서의 출애굽 사건과 이스라엘의 약속의 하나님

구약성서에서 하나님의 대표적인 명칭으로서는 "하나님"(Elohim)과 "주"(YHWH)가 있는데,[102] 족장 전통에 따라 "아브라함의 하나님, 이삭의 하나님, 야곱의 하나님"(출 3:15), 즉 족장 신으로서의 "하나님"이 먼저 등장한다. 반면, "주"(YHWH)는 족장 전통이 아니라 출애굽 사건과 결부되어 있는데 십계명의 제1계명에 의하면, 하나님은 이스라엘의 해방자로서 "주님"(출 20:2-3)이다.[103] "주(主)," 즉 야웨(YHWH)는 이집트의 독재자 파라

---

102 *The Spirit of Life*, 102.
103 *Ibid.*, 101. 이와 같이 구약성서의 하나님 "주"(主)는 노예화가 아니라 해방과 관계하는데, 해방의 주 하나님은 하나님의 백성의 외적인 지배로부터의 해방만이 아니라 내적인 미성숙으로부터의 해방과도 관계한다고 몰트만은 주장한다. *Ibid.*, 270-271. 또한 몰트만에 의하면, 구약성서는 하나님의 해방의 두 가지 형태로서 출애굽과 안식일을 제시하는데, 먼저, 노예에서 자유인으로 신분이 바뀐 히브리인이 약속의 땅에 정착할 수 있게 한 출애굽 사건은 히브리인의 외적인 자유를, 모든 노동의 해방을 선포하는 안식일

오의 폭력으로부터 노예 히브리인들을 해방시켜 그들에게 자유를 선사한 히브리인들의 구원자이다. 출애굽 사건과 시내산 계약을 통해 하나님은 이스라엘의 주 하나님으로, 이스라엘은 하나님의 백성으로 정의된다.[104]

출애굽은 역사적으로 반복되지 않는 유일회적 사건이지만, 이와 동시에 이 사건은 후대의 모든 이스라엘 세대들을 출애굽 세대와 같은 하나님의 백성으로 결정짓는 뿌리 경험이다.

또한, 이스라엘은 출애굽의 신앙을 통해 하나님을 역사의 구원자일 뿐만 아니라 세계의 창조자로 받아들인다.[105] 이스라엘은 출애굽 사건, 시내산 계약, 그리고 가나안 정착과 같은 일련의 사건들과 그에 대한 신앙적 해석들을 통해 세계를 하나님의 창조로 믿고 고백한다. 출애굽 사건을 통해 세계는 창조의 내재적인 측면을, 창조는 세계의 초월적 측면을 지시하는 것으로 이해된다.[106]

몰트만에 의하면, 이스라엘은 신화적 창조 사건을 계승하여 이를 구원의 근원적 형태로 현재화하거나 이상화하지 않는다.[107] 오히려, 이스라엘

은 히브리인의 내적인 자유를 가리킨다. 출애굽과 안식일은 상호 보완하는데, 왜냐하면 약속의 땅이 없는 해방은 존재하지 않으며 자유의 날로서 안식일이 없는 해방은 의미가 없기 때문이다. *God in Creation*, 287. 구약학자 크뤼제만(Frank Crüsemann, 1938-현재)에 의하면, 최근의 십계명 연구에는 자유 개념이 전면에 등장하는데 이것은 하나님 계명의 대표로서의 십계명의 본질이 자유와 해방임을 잘 보여주는 좋은 증거이다. 프랑크 크뤼제만, 『자유의 보존』, 이지영 옮김 (서울: 크리스천 헤럴드, 1999), 18.

104 *God in Creation*, 119.
105 *Ibid.*, 54. 이러한 주장이 표명되는 이유는 출애굽의 신앙을 창조 신앙 이전에 위치시키는 폰 라트의 견해를 몰트만이 수용했기 때문이다. 이 견해에 의하면, 히브리인들을 이집트에서 탈출시킨 구원자 야웨 하나님은 세계를 카오스로부터 이끌어 낸 창조자이기도 하다. *The Trinity and the Kingdom*, 106.
106 *The Source of Life*, 121. 몰트만에 의하면, 하나님의 백성이 세계를 창조라고 부른다면, 이것은 인간의 자연 파괴에 맞서는 가장 강력한 신적 표현이 된다.
107 *God in Creation*, 297.

은 자신들의 본질을 결정한 사건을 계승하고 이를 구원의 표상으로 이해한다. 다시 말해, 이스라엘은 신화적인 태고 시대가 아니라 출애굽과 가나안 정착 역사를 통해 야웨 하나님을 역사의 구원자이며 세계의 창조자로 고백하면서, 약속의 하나님 신앙으로 현재와 미래를 희망 가운데 바라본다.[108]

구약성서에는 이스라엘에게 구원의 미래를 약속하고 이를 성취하는 신실한 약속의 하나님이 일관되게 등장한다.[109] 또한, 구원은 하나님의 약속이 미래에 성취되는 것으로서 이해되기 때문에, 구원을 원상태로의 복귀라고 여기는 것은 성서적으로 옳지 않다.[110] 이스라엘은 역사적 시간으로서의 미래를 무시하면서 시간의 근원으로서의 태고를 바라보는 것이 아니라 오히려 구원의 시간으로서 미래에 약속이 성취될 것을 바라보기 때문에,[111] 계시의 약속을 붙들며 구원의 미래를 향해 나아간다.[112] 구약성서에 계시된 구원의 하나님은 세상 가운데 존재하는 "영원한 현재"(eternal now, 틸리히) 혹은 "엘"(El)이 아니라[113] 말씀에 순종하는 하나님의 백성에게 구원의 미래를 여는 약속의 이름이다.

---

108 하나님 체험은 현재적 삶의 해방을 지향하기 때문에, 구원의 뿌리 경험인 출애굽 사건에 대한 회상은 단순한 과거 회상이 아니라 현재적 구원을 향한 회상적 차원을 갖는다고 몰트만은 주장한다. *The Spirit of God*, 111 참조.
109 몰트만에 의하면, 최근의 비교 종교학 연구를 통해 이스라엘의 약속 종교와 근동의 이방 종교 사이의 차이점이 점점 더 분명하게 나타나는데, 그 본질적 차이는 약속의 하나님이다. *Theology of Hope*, 42–43.
110 *God in Creation*, 208.
111 *Theology of Hope*, 298.
112 *Ibid.*, 32.
113 *Ibid.*, 30. 몰트만에 의하면, 기독교 종말론은 영원보다는 약속을 더 강조한다. *Ibid.*, 40–41.

2) 메시아적 시대로서의 새 출애굽과 메시아에 대한 하나님의 약속

구약성서는 하나님의 백성에게 출애굽 사건을 절기적으로 기념할 것을 명령하지만, 왕권과 제사장직이 박탈된 포로기 시대에는 새 출애굽에 대한 메시아적 희망이 예언자들에 의해 선언된다.[114] 일례로, 제2이사야는 포로기 백성에게 메시아적 시대로서의 새 출애굽 사건을 선포하는데,[115] 이것은 새 출애굽이 민족적 차원만이 아니라 우주적 차원까지도 지니는 구원 사건이 될 것임을 지시한다.

성서에 의하면, 새 출애굽의 비전은 얽매였던 하나님의 백성이 과거 출애굽의 경우처럼 황급히 탈출하지 않고 축제 시기와 같이 여유롭게 나올 것이며, 비단 하나님의 백성만이 아니라 모든 창조 세계까지도 궁극적 해방의 기쁨에 동참할 것임을 보여준다(사 49:13; 55:12). 새 출애굽의 때에 하나님의 백성은 야웨 하나님을 자신의 구원자요 능력으로 온전히 인식

---

114 *The Trinity and the Kingdom*, 101. 몰트만에 의하면, 후기 예언자들에 의해 선포된 메시아적 구원 희망으로서의 새 출애굽은 하나님 체험에 대한 새로운 이해로 인해 생긴 것이다. 구체적으로, 육체의 부활에 대한 기다림(겔 37장)은 과거 하나님의 영 체험을 에스겔이 새롭게 해석한 결과이며, 하나님의 영을 통한 율법의 완성에 대한 희망(렘 31장)은 자신의 백성을 향한 하나님의 신실에 대한 회상을 예레미야가 발전시킨 것이다. *The Spirit of Life*, 52-53.

115 구약학자 앤더슨(Bernhard W. Anderson, 1916-2007)은 사 40-55장에 등장하는 새 출애굽의 이미지들을 다음과 같이 제시한다. 첫째, 광야의 대로(40:3-5). 둘째, 광야의 변형(41:17-20). 셋째, 자신의 백성이 알지 못하는 곳으로 인도하시는 야웨(42:14-16). 넷째, 불과 물 통과(43:1-3). 다섯째, 광야의 길(43:14-21). 여섯째, 바벨론으로부터의 탈출(48:20-21). 일곱째, 약속된 땅으로의 입성(49:8-12). 여덟째, 바다에서의 새로운 승리(51:9-10). 아홉째, 새 출애굽(52:11-12). 열째, 기쁨과 평화 가운데 나아갈 이스라엘(55:12-13). Bernhard W. Anderson, Walter Harrelson ed., *Israel's Prophetic Heritage: Essays in Honor of James Muilenburg* (New York: Harper & Brothers, 1962), 181-182. 김선욱, "바다를 잠잠케 한 이적 이야기(막 4:35-41)에 나타난 새 출애굽 연구: 바다에 대한 공간 이해를 통한 출애굽 이미지 분석,"「신약논단」21집 2호 (2014, 6), 375의 각주 19에서 재인용.

할 것이며(사 45:14 이하), 메시아적 해방의 기쁨에 동참하는 창조 세계에도 "광야에서 물이 솟겠고 사막에서 시내가 흐를 것"(사 35:6)이 약속된다. 이사야 11장에서 메시아적 시대는 다음과 같이 심화되어 나타난다.

> 그 때에 이리가 어린 양과 함께 살며, 표범이 어린 염소와 함께 누우며, 송아지와 어린 사자와 살진 짐승이 함께 있어 어린 아이에게 끌리며, 암소와 곰이 함께 먹으며, 그것들의 새끼가 함께 엎드리며, 사자가 소처럼 풀을 먹을 것이며, 젖 먹는 아이가 독사의 구멍에서 장난하며, 젖 뗀 어린 아이가 독사의 굴에 손을 넣을 것이라(사 11:6-8).

그리고 9절은 이렇게 말한다.

> 이는 물이 바다를 덮음 같이 여호와를 아는 지식이 세상에 충만할 것임이니라 (사 11:9).

몰트만에 의하면, 약속된 메시아적 미래는 그것이 비록 종말에 완성될지라도 역사 안에서 그러할 것이다.[116] 우리가 메시아적 구원의 미래를 "절대적 미래"(부버[Martin Buber], 1878-1965)로 생각한다면, 그것은 어떠한 시간 속으로도 들어올 수 없을 것이고 역사와 아무런 상관이 없는 도피와 폐기에 가까운, "역사의" 구원이 아닌 "역사로부터의" 구원이 될 것이다.[117]

---

[116] *The Way of Jesus Christ*, 21-22.
[117] 몰트만에 의하면, 메시아 희망은 부버가 심리학적으로 해석한 것처럼 역사적 실망 때문이 아니라, 하나님의 백성이 아시리아(Assyria) 제국에 의하여 정복당하여 노예가 되는 역사적 사건과 그에 대한 해석으로 인해 생성되었다. 다시 말해, 나라의 회복이라는 역사적 희망이 메시아에 대한 종말론적 희망으로 바뀌게 된 것은 약속에 대한 실망 때문이 아니라, 포로기 역사 체험을 야웨의 심판으로 이해한 신앙적 해석 때문이다. *Theology of Hope*, 128 참조.

그러나 새로운 영원의 시대, 즉 새 에온(aeon)의 시대와 하나님의 영광스럽고 절대적인 영원은 구분되어야 하는데, 메시아적 시대는 역사 내재적인 동시에 초월적인 상대적 영원으로서의 에온의 시대이기 때문이다.[118]

야웨 하나님은 메시아적 시대로서 새 출애굽뿐만이 아니라 하나님의 종이며 구원자인 메시아도 약속한다.[119]

> 그러므로 주께서 친히 징조를 너희에게 주실 것이라. 보라 처녀가 잉태하여 아들을 낳을 것이요 그의 이름을 임마누엘이라 하리라(사 7:14).

임마누엘로서의 메시아는 다윗 가문에서 출생될 것임이 약속되는데, 그는 하나님을 거역하는 남유다의 왕 아하스(Ahas, B.C. 735-715)와는 달리 하나님에게 순종하는 왕이다.

임마누엘(Immanuel), 즉 약속의 메시아는 다윗을 전제하지만 다윗을 초월한다는 점에서 다윗과 구분되는데, 이 구분은 아시리아에 의한 예루살렘 성(城) 파괴에서 잘 나타난다고 몰트만은 설명한다.[120] 새로운 다윗의 자손, 즉 메시아는 다윗 이상의 존재이기 때문에, 메시아의 희망은 단순한 영광스러운 과거 회귀가 아니라 그것을 능가하는 것이다. 그

---

118 에온(aeon)은 성서적 의미로 "연장된 시간이나 영원"(prolonged Time or Eternity) 혹은 "세상의 시간"(the Time of World)이라는 의미로 사용된다. Gerhard Kittel ed., *Theological Dictionary of the New Testament*, vol. 1 trans. G. W. Bromiley (Grand Rapids: Eerdmans, 1972), 200f. 올슨(Roger E. Olson)에 의하면, 에온적 시간은 세계가 하나님의 집이고 성전이며 고향이자 안식일이 되는 때로서 페리코레시스(*perichoresis*)가 이뤄지는 때이지만, 하나님의 절대적 영원을 의미하는 것은 아니다. Roger. E. Olson, *The Journey of Modern Theology: From Reconstruction to Deconstruction* (Downers Grove: IVP, 2013), 472 참조.

119 *The Way of Jesus Christ*, 8-9.

120 *Ibid.*, 9-10.

러나 회상으로서의 역사와 희망으로서의 역사는 모순이 아닌 보완의 성격을 가지는데,[121] 왜냐하면 회상은 희망을 배제하지 않으며 희망도 회상 가운데 생성되기 때문이다.

몰트만에 의하면, 구원자 메시아와 메시아적 시대에 대한 희망은 두 가지 우주적 차원을 가진다.[122]

첫째, 메시아적 시대는 하나님의 새 창조 시대라는 것이다. 과거 출애굽 사건이 하나님의 백성에게 하나님을 만물의 주님으로 증명하였듯이, 메시아에 의해 이뤄질 새 출애굽 사건은 우주적 변화로서의 새 창조(a new creation)와 함께 일어날 것이다.

둘째, 구원자 메시아는 하나님의 의를 사람들에게는 물론 모든 창조 세계에도 세운다는 것이다. 왜냐하면 메시아가 인간에게는 물론 땅에게도 안식일을 가져오지 않는다면(레 26장), 그는 창조 세계의 구원자로서 종말론적 메시아가 아닐 것이기 때문이다.

3) "새 하늘과 새 땅"에 대한 궁극적인 약속

몰트만은 하이델베르크 요리문답(Heidelberger Katechismus, 1563년)에는 메시아적 종말론의 성격이 부족하다고 비판한다.[123] 여기에는 성서적 종

---

[121] *The Crucified God*, 113. 몰트만에 의하면, 사 9:6 이하에는 메시아가 다윗 가문에서 출생하는 것으로 기록되어 있지만, 다윗에 대한 기억과 메시아에 대한 희망 사이에는 무시할 수 없는 차이가 존재하며, 이 차이는 양자의 연속성을 거부한다. 그러나 다윗에 대한 기억과 메시아에 대한 희망은 모순적이지 않고 상호 보완적이다.

[122] *The Spirit of Life*, 54.

[123] *The Church in the Power of the Spirit*, 69. 하이델베르크 요리문답에 대한 설명으로는 자카리아스 우르시누스, 『하이델베르크 요리문답 해설』, 원광연 옮김 (파주: 크리스천 다이제스트, 2016).

말론의 기초로서 새 창조 차원, 즉 "새 하늘과 새 땅"에 대한 희망이 결여되어 있기 때문인데, 이 문답서는 종말론적 희망이 새 창조 세계와 무관한 것으로 생각하지만, 성서적 종말론은 창조 질서가 새롭게 정립될 메시아적 새 창조 세계에 기초하여 있다.

몰트만에 의하면, 창조 사건은 처음부터 궁극적인 새 창조의 지평(사 65:17)을 가지고 있다.[124] 이스라엘은 출애굽 사건의 하나님 체험을 통해 창조에 대한 근원적 이해만이 아니라, 창조에 대한 종말론적 이해, 즉 "영원한 안식일"을 향해 열린 창조로서의 새 창조 이해까지 발전시키는데,[125] 출애굽의 구원자 하나님은 창조의 하나님인 동시에 종말에 세계를 "새 하늘과 새 땅"으로 변화시킬 새 창조의 하나님으로 고백된다.

신약성서의 요한계시록 21장 등에는 새 창조 세계로서의 "새 하늘과 새 땅"이 등장하는데, 이 표현이 유래하는 이사야 65장 17절 이하에는 종말론적 새 창조로서의 세계 변화가 다음과 같이 제시된다.[126]

> 거기는 날 수가 많지 못하여 죽는 어린이와 수한이 차지 못한 노인이 다시는 없을 것이라. 곧, 백 세에 죽는 자를 젊은이라 하겠고 백 세가 못되어 죽는 자는 저주 받은 자이리라(사 65:20).

몰트만에 의하면, 성서가 말하는 "새 하늘과 새 땅"으로서의 메시아적 미래는 먼저 "부정적인 것의 부정"(Negation der Negation, 헤겔)으로 드러나는데,[127] 왜냐하면 메시아적 미래의 모습은 현실의 부정적 요소들이 폭로되

---

124 *God in Creation*, 54.
125 이에 대해서는 본서 제6장 3절 2항의 "창조의 목적으로서의 하나님의 안식"을 참조하라.
126 *The Coming of God*, 275.
127 *Theology of Hope*, 215. 몰트만에게 이 헤겔적인 "부정의 부정"은 신학적 동력으로 작

는 곳에서 분명해지기 때문이다. 하나님이 약속하는 "새 하늘과 새 땅"의 표상은 기존 현실(status quo)을 극복하고 변혁하는 성격을 가지는데 일례로, 다니엘 7장에서 무신론적 세계의 제국들은 새 창조 세계에 "부정적인 것"으로서 "새 하늘과 새 땅"을 세우는 하나님으로 말미암아 파괴된다.[128]

몰트만에 의하면, "새 하늘과 새 땅"은 최초의 하늘과 땅 사이에 연속성을 가진다. 물론, "새 하늘과 새 땅"은 이전 것과 비교될 때 차이점을 가지지만, 성서는 하나님의 성실성에 대한 신뢰 가운데 종말론적 새 창조와 태초창조 사이의 유비에 주목한다.[129] 하나님의 성실성에 기초한 구약성서의 종말론은 세계 파괴적 종말이 아닌 세계 변화의 새 창조를 발견하고, 메시아적 미래는 "새 하늘과 새 땅"의 비전 가운데 과거를 자신의 배경으로 삼는다.

용한다. 김균진, "몰트만의 생애와 사상," 「기독교사상」 274호 (1981, 4), 18–19. 최대열 박사에 의하면, 헤겔의 부정의 원리는 다음과 같은 모습을 가진다. "이것을 가리켜 '부정의 원리'(das Prinzip der Negation)라고 이름한다. 이것은 (중략: 필자) 부정적인 것을 부정함으로써 보다 더 자기 자신을 알아가며 실현시켜 가는 과정의 원리를 말한다. (중략: 필자) 헤겔은 이렇게 부정의 부정을 통하여 고양되는 방법을 역사의 '변증법'이라고 파악하였다." 최대열, "헤겔의 삼위일체론 연구: 판넨베르크와 몰트만의 신학과 관련하여"(서울: 연세대학교 대학원 박사학위 논문, 2002), 151.

[128] *The Coming of God*, 142.
[129] *God in Creation*, 120–121. 몰트만에 의하면, 과거 속에 있는 미래는 미래의 전망을 가져오기도 하는데, 이에 대한 좋은 예는 1525년의 독일 농민 전쟁과 뮌처(Thomas Münzer, 1490?–1525)가 독일인의 역사의식 속에 행사한 기능이다. 루터의 종교개혁과 독일의 봉건제도의 어두운 역사에 대한 회상은 과거 300년간 억압되고 배제되었지만, 자유—평등—형제애의 희망이 프랑스 혁명과 함께 미래의 지평 위에 등장하자, 쉴러(Johann Christoph Friedrich von Schiller, 1759–1805)는 스위스인들의 투쟁으로부터 자유의 사상을 수용한다. 또한, 1848년의 시민 혁명으로 독일에서 국민 주권과 민주주의의 가능성이 실제화될 때, 독일인은 1525년 농민의 좌절된 희망을 회상하고 그 희망을 다시 받아들인다. 이후 엥겔스(Friedrich Engels, 1820–1895)는 1848/49년에 처음으로 농민 전쟁사를 썼고, 오랫동안 반란자라고 저주받은 뮌처는 1921년 블로흐에 의해 최초의 혁명 신학자로 평가받는다. *Ibid*., 131f.

그럼에도 불구하고, 태초창조와 새 창조는 구분된다고 몰트만은 강조한다. 왜냐하면 태초창조로서의 하늘과 땅은 하나님의 온전한 통치 장소나 영광의 장소에 아직 이르지 못하였음에 반해, "새 하늘과 새 땅," 즉 메시아적 미래로서의 새 창조는 종말에 있을 하나님의 충만한 세계 내 현존을 의미하기 때문이다. 몰트만은 이러한 현존을 가리켜 영광의 나라라고 부르는데, 이 나라는 궁극적 새 창조를 지시하며,[130] 태초창조의 하늘과 땅이 영원(aeon)의 장소이자 하나님의 환경으로서 "새 하늘과 새 땅"으로 변화됨으로써 생기는 것으로 이해된다.[131]

3. 구원자 예수 그리스도 안에서 계시되는 약속의 하나님

예수 그리스도가 "하나님 나라 자체"(*autobasileia*, 오리게네스), "삼위일체 하나님의 자기 계시"(바르트)라고 받아들여지는 것들과는 달리, 몰트만은 예수 그리스도를 약속의 하나님의 계시 사건으로 이해한다. 몰트만에 의하면, 약속의 하나님은 예수 그리스도를 통해 구체적으로 계시된다.

여기에서는 이와 관련된 다음의 내용들이 전개된다.

첫째, 예수 그리스도는 구약성서의 약속된 메시아로서 약속을 성취한다는 것과 함께 십자가 사건을 통해 구약성서에서 약속된 메시아적 구원의 진리가 무엇인지도 밝혀진다.

둘째, 부활 사건을 통해 죽음이 폐기된 궁극적인 생명이 메시아 예수에게서 시작되었다는 것이 드러난다.

---

[130] *Ibid.*, 183.
[131] 이에 대한 자세한 설명으로는 본서 제6장 3절의 "'모든 것 안에 모든 것이 될' 만유의 주 하나님과 창조의 완성"을 참조하라.

셋째, 메시아 예수의 부활 사건은 종말에 있을 "죽은 자들의 부활"의 첫 열매로서 하나님의 공의와 능력을 믿는 자들에게 영원한 생명을 약속한다는 것이 제시된다.

1) 예수 그리스도의 구원 역사에서 드러나는 약속의 성취

몰트만 그리스도론의 출발점은 부활의 그리스도가 다름 아닌 십자가에 달린 나사렛 예수이며 십자가의 나사렛 예수가 부활한 주(主)라는 역사적 사실에 있다.[132] 몰트만에 의하면, 이 사실 때문에 부활절의 증인들은 부활하여 살아있는 자신들의 주를 십자가에서 죽은 나사렛 예수와 동일시할 수 있었고, 현존하는 그리스도를 과거의 예수와 동일시하고, 장차 올 재림의 주를 이미 왔던 그와 동일시할 수 있었다.[133]

다시 말해, 나사렛 예수는 단지 부활절 이후에만 공동체의 주(kyrios)로서 믿어진 게 아니라 이미 부활절 이전에 부활절의 표징이 그에게 있었기 때문에, 메시아 예수의 삶에 포함된 "함축적 그리스도론"(콘첼만[Hans Conzelmann], 1915-1989)이 부활절 이후에 명시적인 그리스도론으로 발

---

132 *The Way of Jesus Christ*, 137. 몰트만은 자신의 그리스도론을 메시아 예수의 역사에서 시작함으로써 불트만에 대해서는 명백한 거부를, 케제만(Ernst Käsemann, 1906-1998)과 보른캄(Günther Bornkamm, 1905-1990)에 대해서는 분명한 지지를 표명한다. 또한, 나사렛 예수와 부활의 그리스도가 변증법적 동일성을 유지한다는 성서의 증언은 가현설(Docetism), 에비온주의(Ebionism), 양태론(Modalism)에서 벗어나게 한다는 점뿐만 아니라, 창조 세계에 대한 하나님의 신실을 나타낸다는 점에서 몰트만에게 중요하다. Geiko Müller-Fahrenholz, *op. cit.*, 52.

133 *The Way of Jesus Christ*, 75-76. 몰트만에 의하면, 성서에서 제자들이 부활한 메시아를 목격하였다고 할 때, 그것은 그들이 피안적 엑스타시(ecstasy)에 빠졌다는 것이 아니라 십자가에 달리고 부활한 메시아 예수(Messiah Jesus)의 얼굴에서 도래하는 구원자 하나님을 목격한 뒤, 그들이 하나님의 영광의 능력을 통해 도래하는 세계의 변화에 사로잡혔음을 의미한다. *The Crucified God*, 167-168.

전된 것으로 이해되어야 한다.[134]

몰트만에 의하면, 메시아 예수의 공생애 사역은 신적 생명력으로 충만한데 이는 메시아 예수를 통해 참 생명이 세계 안에 들어왔기 때문이며,[135] 메시아 예수가 있는 곳에서 환자는 치료를 받고 악령은 축출 당하는 하나님의 통치(*Basileia tou Theou*)가 시작한다.[136] 메시아 예수를 믿음으로 만난 사람은 예외 없이 치료를 받는데, 여기에서 치료는 파괴된 사귐이 회복된 것을 의미한다. 먼저는, 치료를 통해 환자의 세포와 기관이 다음으로는, 몸과 영혼의 사귐이 마지막으로는, 파괴된 사회적이고 신적인 관계가 회복된다.[137] 치료는 메시아 예수와 환자 사이의 믿음과 의지와 같은 상호 작용 가운데 발생하는데, 이것은 치료가 하나님이 원하는 때에 발생하고, 치료 규정은 따로 존재할 수 없음을 가리킨다. 다만, 환자 치료는 약속된 메시아에 대한 분명한 표징(sign)으로 작용한다.

유대교 종말론에 의하면, 하나님의 대리자로서 약속된 메시아가 창조 세계 안에 머물게 되면, 세계는 메시아의 영성으로 충만해지기 때문에[138] 악령은 사라지고 환자는 건강해진다.[139] 메시아 예수는 하나님 나라를 치료 행위를 통해 가져오며, 메시아의 기적적인 치료[140]는 약속된 하나님

---

134 *The Way of Jesus Christ*, 140.
135 『그리스도가 계신 곳에 생명이 있습니다』, 64.
136 *Ibid.*, 65. 몰트만에 의하면, 이 하나님의 통치 안에는 인격적이고 우주적인 구원이 모두 담겨 있는데, 왜냐하면 병자 치료는 인격적인 구원 사건이며 마귀 추방은 우주적인 구원 사건이기 때문이다. *The Way of Jesus Christ*, 109.
137 *The Source of Life*, 78.
138 일반적인 의미에서 영성(spirituality)은 하나님이 주는 기쁨 가운데 있는, 새로운 생동감이며 삶의 즐거움이라고 몰트만은 언급한다. *The Spirit of Life*, 178. 기독교 영성적인 생명 윤리에 대해서는 오성현, "기독교적 영성과 생명 윤리," 「생명연구」 20집 (2011), 33-64. 특히 42-59 참조.
139 『그리스도가 계신 곳에 생명이 있습니다』, 86.
140 치료는 병을 고치고 나빠진 건강을 회복시키지만 죽음을 극복하는 능력을 가지지는

나라의 표징으로 기능한다.[141] 또한, 메시아 예수의 치료는 메시아가 자신을 증명하고 계시하는 표징이기도 한데,[142] 왜냐하면 약속된 메시아 예수는 하나님의 능력 안에서 하나님의 백성에게 표징과 기적을 드러낼 수밖에 없기 때문이다.[143] 그러나 하나님 나라의 표징은 단지 기적에 국한되지 않는데, 왜냐하면 하나님 나라의 모습은 기적과 치료 외에도 다양하게 존재하기 때문이다.[144]

몰트만에 의하면, 메시아 예수의 약속된 구원 사역의 성취는 치료 외에 안식일 선포에도 나타나는데(눅 4:18 이하 참조),[145] 매주 반복되는 안식일(sabbath)은 모두 메시아적 시대의 선취이며, 메시아는 종말론적인 "영원한 안식일"을 앞당기고 완성하는 존재로 이해되어야 한다. 신약성서에 의하면, 메시아 예수는 자신의 구원 역사에서 종말론적인 "영원한 안식일"[146]을 앞당기며 안식일을 삶의 축제로 선포한다.[147] 누가에 의하면, 메시아는

못한다. 이에 반해, 구원은 그 완성에 있어서 죽음의 파괴로서의 영생을 지시하며, 이런 점에서 구원의 병리학적 의미는 죽음으로 인한 분리가 치료되는 것에 있다고 몰트만은 주장한다. *The Way of Jesus Christ*, 108-109.

[141] 메시아적 시대는 표징과 함께 온다. *The Church in the Power of the Spirit*, 217

[142] 이것은 자유주의적 그리스도론에 대한 거부로서, 자유주의 신학(liberal theology)은 예수 그리스도를 단지 윤리적 모범으로 파악함에 반해, 몰트만은 나사렛 예수를 약속된 메시아로 이해한다. *The Trinity and the Kingdom*, 61-62.

[143] *The Church in the Power of the Spirit*, 217. 그러나 몰트만에 의하면, 우리는 표징과 기적에 대해 오해해서는 안 되는데, 왜냐하면 메시아가 나타날 때 표징과 기적이 나타나지만 그 역은 반드시 진리는 아니기 때문이다. *The Crucified God*, 19-21 참조.

[144] *The Source of Life*, 65.

[145] *God in Creation*, 6.

[146] 창조의 목적이자 완성으로서 종말론적인 "영원한 안식일"에 대해서는 본서 제6장 3절 2항의 "창조의 목적으로서의 하나님의 안식"을 참조하라.

[147] *The Church in the Power of the Spirit*, 270. 몰트만에 의하면, 메시아적 안식일 선포는 메시아로 인해 하나님이 우리 가운데 안식한다는 의미를 가리킨다. 『그리스도가 계신 곳에 생명이 있습니다』, 90.

자신의 구원 사역을 메시아적 안식일 선포와 함께 시작하는데,[148] 이로써 이사야 61장 1-3절에서 약속된 메시아적 시대는 성취된다.[149]

여기에 메시아적 시대의 샬롬(*shalom*)도 함께 언급될 수 있다.[150] 스가랴 9장 9절과 10절은 메시아적 샬롬의 나라를 묘사하고 미가 4장 1-4절까지의 말씀도 이와 유사하게 말하는데, 이 구절들은 칼을 쳐서 보습을 만들고 창을 쳐서 낫을 만드는 궁극적 구원의 총괄 개념으로서 샬롬이 메시아의 왕국에 나타날 것임을 약속한다. 샬롬은 메시아적 시대의 표징으로서 평화를 의미한다. 신약성서에 의하면 메시아 예수는 이 평화를 자신의 인격과 구원 사역을 통해 성취한다(골 1:19-20 등 참조).[151]

몰트만에 의하면, 약속된 메시아 인격의 성취는 나사렛 예수의 "아빠" (*abba*) 기도를 통해서도 확인된다.[152] 이 기도를 통해 하나님은 예수 그리

---

148 *God in Creation*, 6, 290.
149 약속된 하나님 나라의 성취가 메시아 예수에게서 이뤄지지만, 이미 역사의 예수는 미래적인 종말론이 있음도 인식한다. 메시아 예수는 임박한 미래적인 종말을 기대하는데, 막 9:1과 13:30 그리고 마 10:23이 이에 대한 고전적인 구절이다. 메시아 예수에게서 성취된 하나님 나라는 완성을 기다린다. "이미"(already)와 "아직 아니"(not yet) 사이의 긴장이 이미 역사의 예수에게서 나타나며, 철저 종말론이 주장하듯이 종말론은 지나가 버린 것이 아니다. 철저 종말론 학파 가운데 바이스(Johannes Weiss, 1863-1914)와 슈바이처 이론의 소개와 그에 대한 신약성서적 비판에 대해서는 배종수, "요한복음의 종말론에 대한 제 이론(1): 철저적 종말론과 실현된 종말론을 중심하여," 「신학과 선교」 20집 (1995), 64-80 참조.
150 *The Way of Jesus Christ*, 11-12 참조.
151 교회는 하나님과 화해된 세계의 출발점이 된다고 몰트만은 언급한다. *Jesus Christ for Today's World*, 93.
152 *The Way of Jesus Christ*, 73. 전경연 박사(1916-2004)에 의하면, 메시아 예수의 기도가 가진 새로움은 다음 세 가지로 나열될 수 있다. 첫째, 하나님에 대한 메시아 예수의 호칭은 전통적인 유대교 기도에 비해 한결 간결하고 직접적인데, 이는 하나님에 대한 메시아 예수의 무한한 신뢰를 가리킨다. 둘째, 메시아 예수의 기도는 중보의 기도가 많은데, 여기에는 제자들(눅 22:31-32), 어린이들(막 10:16), 이스라엘(마 10:6과 최후 만찬)을 위한 기도가 있다. 셋째, 감사 기도의 성격을 놓치지 않는데, 메시아 예

스도의 "아빠"임이 계시되며, 예수 그리스도는 자신이 하나님의 "외아들"임을 계시한다. "아빠"가 지칭하는 하나님과의 관계는 예수 그리스도의 정체성의 근거인데 복음서(막 3:31-35 등)에 의하면, 이 관계는 예수 그리스도가 가족을 버리고 가난한 백성 안으로 들어가는 급진적 행동의 기초이다.[153] 예수 그리스도는 성령으로 충만한 세례와 소명 사건을 통해 하나님을 "아빠"라고 부르는데, "아빠" 칭호는 아버지와 아들과의 친밀성을 잘 드러낸다.[154] 하나님의 이름을 "아빠" 혹은 아버지라고 계시하는 여기에 예수 그리스도 인격의 독특성이 있다.[155]

몰트만에 의하면, 나사렛 예수의 메시아적 인격은 하나님만이 아니라 성령과의 관계를 통해서도 분명히 나타난다.[156] 메시아 예수의 공생애는 성령이 임할 때에 비로소 시작되는데, 나사렛 예수가 "기름 부음을 받은 자," 즉 메시아로 등장하는 때는 성령이 그에게 임할 때이다. 복음서는 나사렛 예수를 하나님에 의해 보냄을 받고, 성령으로 기름 부음을 받은 메시아로 묘사한다.[157] 이스라엘의 메시아 전승에 의하면, 나사렛 예수에게 성령이 무한히 부어지고 성령이 그 위에 머물렀다는 사실(요 3:34 등)은 그가 약속된 메시아라는 확실한 증거가 된다.[158]

수는 마 11:25의 침체적인 전도 상황에서도 하나님의 선하신 의지가 이뤄질 것을 믿고 감사하며 찬양하는 기도를 올린다. 전경연, "예수의 기도,"「기독교사상」292호 (1982, 10), 42.

153 *The Way of Jesus Christ*, 143.
154 이에 대해서는 요아킴 예레미아스,『신약신학』, 정충하 옮김 (서울: 새순 출판사, 1991), 70 참조. 이러한 독특한 메시아 예수의 모습은 묵시사상적으로 약속된 하나님 나라가 메시아 자신에게서 시작되었음을 본 스스로 인지하였다는 증거가 된다.
155 *The Trinity and the Kingdom*, 69.
156 *The Way of Jesus Christ*, 73.
157 *The Church in the Power of the Spirit*, 53.
158 *The Way of Jesus Christ*, 90.

2) 약속된 메시아적 구원 이해를 밝혀주는 십자가 사건

역사의 예수는 자신을 묵시사상적 세계 심판자로 이해하였는가 아니면 종말론적이고 신정적인 메시아로 이해하였는가 하는 것은 신약신학의 핵심 질문이다.[159] 몰트만은 이 질문과 관련하여 십자가 사건에 주목하고 다음의 질문과 해설로 그 대답을 찾는다.[160]

즉, 왜 나사렛 예수는 자신의 생애 마지막에 예루살렘으로 향하는가? 이것은 그가 예루살렘에 메시아적 메시지를 목숨을 걸고 전하기 위함이다. 이에 대한 증거는 예루살렘의 시민들이 처음에는 그를 메시아로 열렬히 환영했으나, 얼마 안 되어 그는 "유대인의 왕"이라는 죄패가 박힌 십자가에 달려 죽게 되었다는 사실이다. "유대인의 왕," 즉 메시아는 로마 제국의 황제 숭배와 정면으로 충돌하기 때문에, 메시아 예수는 예루살렘에서 로마인들에 의해 반역자로서 정치적인 죽임을 당한다.[161]

몰트만에 의하면, 명패에 기록된 "유대인의 왕"은 유대인의 메시아에 대한 로마식 표현이다.[162] 나사렛 예수의 메시아로서의 자아 주장은 당시 로마 통치권에 저촉되고 로마법에서 십자가형은 반란자에 대한 형벌이

---

159 *Ibid.*, 141.
160 *Ibid.*, 160f.
161 *The Crucified God*, 136-137.
162 *The Way of Jesus Christ*, 160-161. 타이센(Gerd Theissen, 1943-현재)에 의하면, 복음서는 나사렛 예수를 왕적인 메시아로 이해한다. 복음서는 전체적으로 나사렛 예수와 "다윗의 자손"(막 10:47-48 등)을 연결시키며, 특히 수난 이야기는 예수의 왕적 메시아직을 전제하기 때문에 복음서에서 메시아의 왕적 권위는 당연하다. Gerd Theissen, "The Political Dimension of Jesus' Activities," Wolfgang Stegemann, Bruce J. Malina, Gerd Theissen ed., *The Social Setting of Jesus and the Gospels* (Minneapolis: Fortress Press, c2002), 225f. 타이센에 의하면, 예수 그리스도는 공생애 당시에 이미, 자신에 대한 대중의 메시아적 통치자 기대에 직면해 있었다. *Ibid.*, 243.

기 때문에, 여기에서 나사렛 예수는 폭력적인 로마 통치권자에 의한 정치적 희생자로 이해된다.[163] 나사렛 예수가 스스로를 메시아라고 인식하고 주장한 것인지는 성서적으로는 명확하지 않으나 그가 메시아의 구원 희망을 그의 백성에게 불러일으킨 것은 확실한데, 제사장들의 공포심과 로마인들의 일사불란한 행동이 이에 대한 반증이다.

십자가 사건에 있어서 또 다른 논쟁적 주제는 십자가 위에서의 외침으로,[164] 모든 기독교신학은 메시아 예수의 외침에 대한 바른 의미를 발견하려 노력한다. 몰트만에 의하면, 하나님의 아들이 아버지에게 버림 당하면서 죽었다는 역설(paradox)을 지킬 때에만 이 문제의 해결점이 발견될 수 있다.

분명한 사실은 메시아 예수가 골고다에서 하나님에게 버림 당하면서 죽임을 당했다는 것으로, 이것은 구약성서에 나타난 것이었으나 죽임당한 자가 제일 먼저 부활한 사실은 전혀 예상될 수 없었던 새로운 종말론적인 사건이다.[165] 메시아의 부활 사건은 구약성서에서는 전혀 기대될 수 없던 것이었지만, 십자가에서 버림 당한 나사렛 예수가 하나님의 능력으로 부활의 그리스도가 되었다는 확신 가운데, 죄인을 의인으로 만드는 하나님의 창조적이고 종말론적 의의 사건은 그리스도의 구원 사건 이

---

[163] *The Crucified God*, 136. 몰트만에 의하면, 당시 십자가형은 국가 모반에 대한 형벌이지 일반적 형벌이 아니었기 때문에, 나사렛 예수의 십자가 사건은 로마 제국의 질서를 어지럽히는 선동에 대한 처벌로서의 성격을 가진다. 로마 제국의 확장은 로마의 평화(*Pax Romana*) 이념과 결부되어 있는데, 로마의 평화는 황제의 숭배를 요구하는 특징을 가지고 있다.

[164] *The Way of Jesus Christ*, 166f.

[165] 몰트만에 의하면, 부활의 그리스도는 종말론적 구원의 현재적 대표자이며 미래적 담지자이다. *The Crucified God*, 129 참조.

후에 발생한다.[166]

몰트만에 의하면, 메시아 예수의 구원 사건과 그리스도인의 칭의는 긴밀하게 연결돼 있다. 사도 바울도 부활한 그리스도의 생명과 새 창조의 칭의 사건을 하나로 보는데,[167] 십자가와 부활 사건 뒤에야 비로소 신앙 공동체는 예수 그리스도를 믿음의 눈으로 바라볼 수 있고, 예수 그리스도의 새 창조적 구원 사건으로서 "죽은 자들로부터의 부활"도 언급할 수 있게 된다. 이것들은 하나님의 종말론적 구원의 의가 메시아 예수의 십자가와 부활에서 시작되었다는 성서의 상징적 표현들이다.[168]

또한, 하나님의 새 창조적 의가 십자가에 달렸으나 사흘 만에 부활한 예수 그리스도에 대한 종말론적 믿음을 통해 가능해진다면, 가해자는 희생자에 대해 궁극적으로 승리하지 못하며 희생자도 자신의 가해자에 대해 승리를 거두지 못하는 것이 지시된다고 몰트만은 언급한다.[169] 다시 말해, 십자가 사건에 계시된 새 창조적 의를 통해 복수의 악순환은 깨뜨려지며, 부활한 메시아는 종말에 최후 심판이 아니라 구원의 의로움을

---

[166] 몰트만에 의하면, 하나님의 새로운 의(義)는 죄인을 의인으로 만들 뿐만 아니라 죄인의 회개까지도 가능하게 만든다. 예수 그리스도로 인한 하나님 나라의 가까움은 죄인이 어둠의 행실을 벗어 버리고 빛의 갑옷 입는 것을 필연적인 사건으로 만든다 (롬 13:12 이하). *The Way of Jesus Christ*, 128-129. 몰트만에 의하면, 하나님의 의 (righteousness) 없이는 그 무엇도 존재할 수 없으며 모든 것은 허무 가운데 빠진다. *Theology of Hope*, 204f.

[167] *Ibid.*, 146. 이에 대해서는 본서 제6장 2절 1항의 "부활과 칭의에서 드러나는 구원의 새 창조"를 참조하라. 또한 몰트만에 의하면, 메시아의 십자가와 부활로 인한 칭의 사건은 다음 요소들을 포함한다. 첫째, 죄 용서. 둘째, 악의 세력으로부터 해방. 셋째, 하나님과 만물 사이의 화해. 넷째, 의를 위하여 봉사하는 삶. 다섯째, 새 창조의 상속권. 여섯째, 새로운 의로움을 위하여 세계에 개입하는 하나님. *The Church in the Power of the Spirit*, 88.

[168] *The Crucified God*, 169.

[169] *Ibid.*, 178. 전통적인 칭의론이 죄인에게만 집중하는 데 반해, 몰트만 칭의론은 죄인에 의해 희생당한 사람까지도 주목한다. 몰트만 칭의론에서는 가해자에 대한 칭의론적 의미도 중단되지 않을 뿐만 아니라 피해자에 대한 칭의론적 의미도 새롭게 제기된다.

창조하기 위해 자신의 백성과 창조 세계에 재림하는 것으로 이해된다.[170]

3) 부활 사건에서 시작하는, 죽음이 폐기된 궁극적인 생명

몰트만에 의하면, 고대 이스라엘에서 개인은 집단의식의 틀 안에서만 생각하고 활동했기 때문에, 개인은 사망과 함께 그의 조상에게 돌아간다고 간주되었다.[171] 이러한 죽음 이해는 포로기 이후 철저히 수정된다. 하나님은 조상의 하나님이 아니라 약속의 하나님이며 하나님의 임재는 축복이고 하나님의 부재는 저주와 죽음을 의미하기 때문에, 하나님의 약속은 복된 삶으로 성취되어야 하는 것으로 받아들여진다. 하나님은 죽은 자가 아니라 산 자의 하나님이고, 죽음은 삶의 자연적인 끝

---

[170] *Ibid.*, 142. 하늘의 성도는 지옥으로 간 죄인들의 아우성을 기쁘게 듣는다고 테르툴리아누스(Tertullianus, 155-240)는 주장하지만, 이것은 복수의 비전일 따름이며 "지옥의 고문"은 지상의 고문을 정당화하는 문제점도 가진다고 몰트만은 비판한다. *The Church in the Power of the Spirit*, 78-80. 김명용 박사에 의하면, 몰트만은 불신자들까지 포함한 모든 사람이 종말에 "죽은 자들의 부활"에 참여할 것이라고 주장하는데, 이러한 몰트만의 입장은 만유구원론(universalism)으로까지 이어진다. 김명용, "몰트만의 종말론," 「몰트만과 그의 신학: 희망과 희망 사이」, 267-270. 몰트만은 최후 심판에 대한 상이한 전통들이 서로 조화될 수 없다는 것을 인정하면서, 이에 대한 바른 이해를 위해 희생자에 대한 하나님의 정의의 측면이 결정적으로 중요하게 작용되어야 한다고 강조한다. 몰트만, 『하나님의 이름은 정의이다』, 216. 고전 15장과 계 21장에 의하면, 종말에 근본적인 우주적 변화가 나타날 것이며 이는 하나님이 행하는 만유의 영광의 성격을 가진다. 이 영광은 "인간의 만유의 화해(All-Versöhnung)와 만물이 새롭고 영원한 창조 안으로 돌아가는 일이 포함될 것"이다. 왜냐하면 그렇지 않다면 하나님은 만유의 주로서 만유의 하나님이 아닐 것이기 때문이다. *Ibid.*, 204-205. 자신의 마지막 조직신학 저서에 해당하는 『하나님의 이름은 정의이다』에서 몰트만은 자신과 관련된 논쟁점들에 대해 과감하게 자신의 의견을 표출하는데, 우리는 여기에서 일반적으로 생각되는 "만유화해론"이 아니라 희망의 차원으로서의 "만유화해"가 등장하고 있음을 확인할 수 있지만, 종말론적 구원 결과에 대한 애매한 측면이 몰트만에게 있음도 부정하기 어렵다.

[171] *The Coming of God*, 79.

이 아니라 하나님에 대한 적대적인 세력으로 이해된다.

이스라엘은 죽음을 미화하는 다른 근동의 세계관과는 전혀 다른 세계관을 가진다.[172] 이스라엘 전통에서 죽음은 삶의 모순이며 그것의 치명성은 한탄과 슬픔의 대상일 뿐이다. 여기에서는 죽음이 창조 질서에 속한다고 해도 결코 "자연적"이지 않고,[173] 죽음이 "자연적"이라 해도 죽음의 현실은 결코 궁극적인 것으로 여겨지지 않으며, 완성되지 못한 태초 창조에 대한 표시로 간주된다.

몰트만에 의하면, 그리스도인은 최초의 부활절을 새 창조의 첫 날로 파악하여[174] 예수 그리스도의 부활과 함께 메시아적 새 생명이 시작하는 것으로 받아들인다.[175] 이 새 생명은 과거의 회복이나 근원에서부터 다시 태어남이 아니라 전례가 없는 새로움의 성격을 가진다. 그리스도의 부활과 함께 시작되었고 재림과 함께 완성될 종말론적 구원의 세계에서는 죽음이 그 힘을 잃고 태초의 하늘과 땅은 영원(aeon)의 세계로 변화될 것이다.[176]

부활한 그리스도는 이스라엘의 메시아적 시대 요구를 놀라운 방식으로 성취하는데,[177] 왜냐하면 부활 사건은 개인적이고 역사적인 사건일 뿐만 아니라 새 창조의 시작으로서 보편적이고 우주적인 사건이기 때문이라고 몰트만은 강조한다.

부활 사건이 개인이나 인간의 차원에 한정되어 이해될 수 없는 까닭은

---

172 *Ibid.*, 80-81. 이러한 이스라엘의 세계 이해는 인간을 "죽음을 향한 존재"(Sein zum Tode)로 파악하는 하이데거(Martin Heidegger, 1889-1976)의 죽음의 철학과는 분명한 차이를 보인다.
173 *Ibid.*, 91.
174 *The Source of Life*, 122.
175 『그리스도가 계신 곳에 생명이 있습니다』, 30.
176 *Ibid.*, 123 참조.
177 *The Way of Jesus Christ*, 171.

부활의 개방성 때문이다.[178] 성서에서 부활 사건은 예수 그리스도 개인을 넘어 인류, 더 나아가 만물에게 확장되는 것으로 이해된다. 부활 사건은 종말론적으로 약속된 "죽은 자들의 부활"이 예수 그리스도에 의해 이미 시작하였음을 의미하는데,[179] "죽은 자들의 부활"은 부활한 예수 그리스도에게서 이미 시작되었으나 아직 완성되지 못하였고 재림으로 도래하는, 죽음이 폐기될 종말에 가서야 비로소 완성될 것이다.[180]

몰트만에 의하면, 현실과는 전혀 다른 범주와 차원을 가지는 부활 사건은 메시아적 새 창조 약속의 성취이자 그 완성을 향한 시작이기 때문에, 시간의 세계가 영원(aeon)의 세계로 변화되는 종말의 전주곡(prelude)이 된다.[181] 예수 그리스도의 부활 사건은 궁극적인 세계 변화의 시작으로,[182] 고난당하는 자연이 구원받고 해방되어 영원의 메시아적 생명으로 충만하게 되는 우주적 변화의 출발점이 된다.

---

[178] 몰트만은 부활의 개방성을 온전히 파악하기 위해 칸트(Immanuel Kant, 1724-1804)의 세 가지 질문, 즉 "나는 무엇을 알 수 있는가?"의 이론적인 질문, "나는 무엇을 행해야 하는가?"의 실천적인 질문, 그리고 "나는 무엇을 희망할 수 있는가?"의 종말론적 질문을 분리시키지 말고 함께 답변하는 것을 신학 규칙으로 삼아야 한다고 강조한다. *Ibid.*, 242 참조.

[179] *Ibid.*, 221.

[180] 부활 신앙은 죽임당한 나사렛 예수가 깨어나 다시 이 삶으로 돌아옴을 의미하지 않는다. 그것은 부활이 현재 삶의 연장이 아니기 때문이다. 그러므로 사도 바울은 "그리스도께서 죽은 자 가운데서 살아나셨으매 다시 죽지 아니하시고 사망이 다시 그를 주장하지 못할 줄을 앎이로라"(롬 6:9)라고 말한다. *The Crucified God*, 169f. 종말에 우주적 구원 사건으로서 "죽은 자들의 부활"이 일어나지 않는다면, 신적 삶을 향한 인간의 자기 초월(칼 라너[Karl Rahner], 1904-1984)이 이뤄진다 해도 그것은 전체 구원의 파편이자 구원받지 못한 세계의 흐릿한 희망의 불빛에 불과할 것이라고 몰트만은 주장한다. *The Way of Jesus Christ*, 425f.

[181] *The Source of Life*, 135f.

[182] *Ibid.*, 162-163. 새 창조 세계로 넘어감으로서의 부활 사건은 우주적 차원을 가지는데, 왜냐하면 부활 사건으로 인해 부활은 종말론적 새 창조 세계의 우주적 법칙이 되기 때문이다. *The Way of Jesus Christ*, 258.

부활 사건의 우주적 성격은 십자가 사건에서도 암시된다. 나사렛 예수의 죽음은 하나님에 의해 파송된 메시아의 죽음이며, 그러므로 "하나님의 죽음"[183] 다시 말해, 심판받아 하나님에게서 버림받은 아들의 죽음으로 이해된다. 이와는 대조적으로, 예수 그리스도의 부활은 하나님에게서 버림 당한 상태의 극복으로서 모든 "부정적인 것들에 대한 부정"이자, 모든 믿는 자의 영생의 근원이며, 약속으로서의 영생의 실현으로 이해된다.

몰트만에 의하면, 부활 사건이 가리키는 종말론적 "죽은 자들의 부활"의 비전은 죽음이 사라질 것을 주장하는 묵시사상과 관련되어 있다(사 25:8; 26:19 등).[184] 그럼에도 불구하고, 그리스도의 부활 사건은 전승사적으로도 매우 독특한데, 왜냐하면 구약성서는 메시아든 그 누구든 개인의 우선적인 부활을 말하지 않기 때문이다. 이로 인해 "죽은 자들의 부활"이라는 구약성서의 묵시사상적인 비전은 신약성서에서 "죽은 자들로부터의 부활"이라는 기독교적 비전으로 변한다.[185]

몰트만에 의하면, 부활과 관련된 성서의 비전은 이 세계에 개입하는 하나님에 관한 신화적 표상에서 유래하지만 이것은 오직 외면상으로만 그러한데, 왜냐하면 부활 신앙은 고난당하는 자와 애통하는 자의 하나님 신앙이란 점에서 결코 신화가 아니기 때문이다.[186] 죽음이 생명의 마

---

183 *Theology of Hope*, 210–211.
184 *The Way of Jesus Christ*, 222–223. 몰트만에 의하면, 약속된 "죽은 자들의 부활"은 묵시사상에 이르러서야 비로소 보편적인 것으로 이해되는데, 여기에서 "죽은 자들의 부활"은 약속을 믿고 죽은 이들에게 종말론적으로 나타날 약속 성취의 사건이다. *Theology of Hope*, 209–210.
185 기독교적 부활 표상은 유대적이고 묵시사상적인 부활 표상을 전제하지만, 역으로 메시아 예수의 죽음과 부활에 근거하여 유대교의 부활 사상은 기독교 안에서 변형된다고 몰트만은 강조한다. *The Coming of God*, 81.
186 *Jesus Christ for Today's World*, 4. 초대 교회는 십자가에 달린 나사렛 예수가 부활의 주(主)라고 선포한다. 이는 비교적 확실한 역사적 증거로 인해 확인 가능하다. 첫째, 역사적으

지막이라면 하나님은 언제나 살아 있는 자의 하나님이지만,[187] 그것이 아니라 죽음이 심판의 결과라면, 하나님의 구원 사건으로서의 메시아 사건은 죽음의 극복이 되어야 한다. 죽음이 하나님의 심판이라면 하나님의 구원 능력은 죽음까지도 초월해야 하기 때문에, 예수 그리스도의 부활 사건은 죽음을 초월한 하나님의 능력과 새 창조의 시작이자 성취이며 완성을 향한 종말론적 약속으로 이해된다.

4) 종말론적 세계를 선취하고 약속의 새 창조를 향하는 부활 사건

몰트만에 의하면, 예수 그리스도의 재림에 대한 희망은 단순히 먼 미래의 차원만이 아니라 현재화된 미래의 차원도 가진다.[188] 물론, 영광의 재림은 종말에 발생하지만 메시아의 재림과 세계의 종말은 하나님의 약속과 성령에 의해 앞당겨 현재 체험되는 것으로 이해되는데,[189] 왜냐하면 메시아적 삶이 부활한 메시아의 여명의 시간 가운데 있기 때문이다.[190] 부활 사건에서 시작된 메시아적 시대는 장차 올 것을 현재에 미리 취하

로 입증 가능한 것은 빈 무덤에서 부활 소식을 들은 여인들의 고백과, 갈릴리에서 부활한 예수 그리스도가 나타난 것을 보았다는 제자들의 보고이다. 둘째, 고린도전서에서 사도 바울은 예수 그리스도가 베드로, 12제자들, 그리고 500명의 형제들과 자신에게 출현했다는 기록을 제공하는데 이 또한 부활 사건에 대한 역사적 증거이다. *Ibid.*, 73-74.

187 *Theology of Hope*, 131f.
188 *The Church in the Power of the Spirit*, 80. 몰트만에 의하면, 예수 그리스도의 부활은 이미 하나님의 영광 가운데 일어났기 때문에 부활한 그리스도의 재림은 현재적이다. *Ibid.*, 58.
189 종말론적 하나님의 현존은 성령의 임재 가운데 앞당겨 현재적으로 체험된다고 몰트만은 언급한다. *The Trinity and the Kingdom*, 211.
190 *The Church in the Power of the Spirit*, 193. 예수 그리스도의 부활과 함께 역사의 마지막 날은 시작된다. "밤이 깊고 낮이 가까웠으니"(롬 13:12). 그러므로 성서 기자들은 예수 그리스도를 "죽은 자 가운데서 다시 살아나사 잠자는 자들의 첫 열매"(고전 15:20)가 된 자, "죽은 자들 가운데서 먼저 나신 이"(골 1:18)라고 선포한다. *The Trinity and the Kingdom*, 85.

는 선취의 성격을 가진다.[191]

선취(anticipation) 개념은 성취가 아니라 성취에 대한 선수금을 의미한다고 몰트만은 강조한다.[192] 선취 개념은 역사와 종말론 사이의 바른 관계를 수립한다.

첫째, 선취 개념은 하나님 나라가 이 세계에 현존하며 우리는 이미 부활했다는 열광주의적 태도를 방지한다.[193]

둘째, 선취 개념은 세계가 구원받지 못했고 만물은 여전히 서로 적대적이라는 계몽주의적 비관주의도 거부한다. 이러한 입장들과는 달리 우리는 선취 개념을 통해 현재 가운데 있는 종말의 메시아적 미래를 붙들 수 있다.[194]

몰트만에 의하면, 선취 개념이 전체를 위한 부분(*pars pro toto*)으로 이해될 때, 선취된 부분은 전체에 앞설 뿐만 아니라 전체를 보증할 수도 있다.[195] 선취는 미래에 올 전체를 대표하지 선취 그 자체를 대표하지는 않는데, 그렇지 않다면 희망이 아니라 자기 성취가 되어 오류에 빠질 것이지만, 선취

---

191 *God in Creation*, 134.
192 *The Church in the Power of the Spirit*, 193. 몰트만에 의하면, 선취 개념은 메시아적 영역, 즉 궁극적이고 영원한 하나님 나라와 시간적인 역사 사이에 있는 첫 번째 중재의 범주이다. 성서에 의하면, 하나님 나라는 메시아 예수에게서 성취되었으나 종말에 이르러야 완성된다.
193 선취 개념으로 미래를 이해하고자 한 피히트(Georg Picht, 1913-1982)도 미래에 대한 열광주의적 태도를 경계한다. 게오르그 피히트, 『인류의 미래』 손규태 옮김 (서울: 한국신학연구소, 1975), 19 참조.
194 몰트만에 의하면, 선취 개념은 세례와 성만찬을 통해 교회 안에서도 인식된다. 메시아적 시대의 표징으로서의 세례는 종말에 보편적으로 나타날 하나님의 영광의 미래에 대한 선취적 사건이며, 성만찬은 하나님 나라에서 먹고 마심에 대한 선취적 사건이다. *The Church in the Power of the Spirit*, 240, 243.
195 *Ibid*., 194f.

는 언제나 다른 사람이나 사물을 위한 대리적인 성격을 가진다.[196]

몰트만은 예수 그리스도의 부활을 종말론적 새 창조의 선취적 사건으로 이해하는데, 이것은 변증법적 신학의 부활 이해에 대립적이다.[197] 우선, 몰트만은 바르트가 그리스도의 초월성에는 진지하나 그리스도의 도래에는 진지하지 못하다고 비판하는데, 왜냐하면 바르트의 부활 이해에는 탈역사화의 위험이 내재하기 때문이다.[198] 또한, 바르트에게 그리스도의 부활은[199] 단지 하나님의 자기 계시로만 이해되는데, 이렇게 부활의 의미를 축소시키는 것은 새 창조를 향한 부활한 그리스도를 무의미하게 만든다.[200] 그러나 몰트만에 의하면, 부활 사건은 종말론적 새 창조를 시작하고 완성으로 나아가게 하는 선취적 성격을 갖는다.

몰트만에 의하면, 또 다른 변증법적 신학자 불트만(Rudolf Bultmann)[201]에게도 희망과 선취의 개념은 희박하다. 불트만은 칸트(Immanuel Kant)의 영향을 받아 실존론적으로 하나님을 생각하며,[202] 자아의 본래성을 회복

---

196 몰트만에 의하면, 예수 그리스도는 전체를 대표하는 대리자로서 요한에게서 세례를 받는다. *The Way of Jesus Christ*, 94.
197 20세기 초기 신학에 대한 반동의 결과로서의 "희망의 신학"에 대해서는 박봉랑, "J. 몰트만의 신학," 「신학연구」 14집 (1973, 6), 91-188 참조.
198 *Theology of Hope*, 57. 몰트만에 의하면, 바르트는 후기에 이르러 변증법적 시대의 초월적 종말론을 스스로 수정한다.
199 바르트의 부활 이해에 대해서는 박성권, "칼 바르트의 부활 이해"(부천: 서울신학대학교 신학대학원 석사학위 논문, 2005)를 참조하라.
200 *The Way of Jesus Christ*, 230-232.
201 몰트만은 자신의 초기 작품에서 불트만도 변증법적 신학자로 분류한다. Jürgen Moltmann, *Anfänge der dialektischen Theologie: Rudolf Bultmann, Friedrich Gogarten, Eduard Thurneysen*, vol. 2 (München: Christian Kaiser Verlag, c1963).
202 *Theology of Hope*, 61f. 칸트에 의하면, 하나님은 신앙인에게 자신의 존재를 입증한다. 그러나 이것은 엄밀한 의미에서의 하나님 존재 증명이 아니라, 본래의 자아를 회복시킴으로써 하나님을 증명하려는 실존론적인 시도라고 몰트만은 비판한다. 이렇게 실존론적으로 하나님을 증명하는 사고방식은 역사적으로 아우구스티누스(Augustinus)에게

함으로써 하나님을 증명하고자 하지만, 이러한 해석에는 기독교적 희망이나 메시아적 미래가 결핍되어 있기 때문에[203] 성서의 예언자적 미래상도 상실된다.

다음으로, 몰트만과 동시대인인 판넨베르크(Wolfhart Pannenberg, 1928-2014)에게서도 새 창조는 부각되지 못한다.[204] "보편사"(Universalsgeschichte)[205]를 주장하는 판넨베르크에게 기독교신학은 역사와 이성 안에서 증명되는 성격을 갖지만, 여기에서 예수 그리스도의 부활 사건은 역사적이며 상징적인 증명일 뿐, 그 어떤 새로운 것도 제시하지 못할 것이라고 몰트만은 비판한다.[206]

몰트만에 의하면, 하나님의 계시는 자신의 약속에 대한 하나님의 신실함 가운데 잘 드러나며,[207] 판넨베르크가 주장하듯이 일련의 역사적 사건들이 하나님을 계시한다고 말해질 수 없다.[208] 왜냐하면 성서에서 계시는

까지 거슬러 올라가며, 이러한 사고는 서구인의 의식 속에 깊이 잠재해 있다. *Ibid*., 62. 칸트의 도덕론적 신 증명과 그에 대한 비판으로는 김균진, 『헤겔과 바르트』(서울: 대한기독교 출판사, 1995)의 1장 "헤겔과 칸트의 신 존재 증명"을 참조하라. 또한, 자아의 확실성에서 신 존재의 확실성으로 넘어가는 사고에 대한 내용과 그에 대한 평가에 대해서는 한스 큉, 『신은 존재하는가?』, 성염 옮김 (왜관: 분도 출판사, 1994), 35 참조.

203 현대적 자아도취증(narcissism)은 모든 것을 자아와 관련시키기 때문에, 모든 것은 자아 종말과 함께 끝난다. *The Coming of God*, 50-52.

204 *The Way of Jesus Christ*, 235-236.

205 판넨베르크(Wolfhart Pannenberg)의 역사와 계시 이해에 대해서는 다음 문헌을 참조하라. 볼프하르트 판넨베르크, 『역사로서 나타난 계시』, 전경연·이상점 공역 (서울: 한국신학대학 출판부, 1979).

206 몰트만에 의하면, 예수 그리스도의 부활은 약속으로서만 이해될 수 있는데, 이러한 해석에는 약속을 인식하는 자가 약속의 미래로 나아가게끔 하는 장점이 있다. *Theology of Hope*, 190.

207 *Ibid*., 115.

208 몰트만에 의하면, 역사가 온전히 파악되지 못하는 까닭은 미래를 볼 수 있는 인간 능력이 부족하기 때문이라기보다는, 역사가 아직 그 마지막에 도달하지 못하여 선취적이고 단편적으로만 인식될 수밖에 없기 때문이다. 하나님 나라는 선취를 통해서만 파악될 수 있다. *Ibid*., 245.

현실을 합리적으로 해명하는 증명의 성격이 아니라, 본질적으로 약속과 종말론의 성격을 가지기 때문이다.[209] 약속의 계시는 선수금으로서 궁극적인 진리의 미래를 선포하며, 구원이 필요한 현실과의 갈등 가운데 종말론적 미래로 나아가는 과정을 개방한다.[210]

4. 하나님의 존재 규정으로서의 미래 지향성

하나님이 누구인가, 즉 하나님의 존재 규정이 무엇이냐 하는 것은 신학적으로 중요하다. 왜냐하면 그것이 신학의 방향 전체를 결정하기 때문이다. 판넨베르크의 경우처럼 하나님을 "역사의 하나님"이라고 규정하면, 전체적인 신학 구도는 역사에 초점이 맞춰진다. 그러나 몰트만에 의하면, 하나님은 자신의 존재 규정으로서 미래 지향성을 가지며, 약속된 메시아적 미래에서 현재의 역사로 도래하면서 궁극적 새로움을 세계에 가져오는 구원자이다.

몰트만에 의하면, 구원의 미래는 세계와 차원을 달리하는 궁극적 새로움을 그 특징으로 갖는다. 이것은 단순히 시간이 쌓여 등장하는 일방적이고 진보주의적인 미래가 아니라, 오시는 하나님으로 인해 생성된 신적인 차원을 갖는 전적으로 새로운 미래이며, 눌리고 억압된 자들을 해방하는 자유의 미래이다. 하나님의 약속에 의해 생성되는 종말론적인

---

209 복음 선포는 선취적인 성격을 갖기 때문에 종말론적 미래는 이성적인 방식이 아니라, 선취적인 방식으로 설명되어야 한다고 몰트만은 언급한다. *Ibid*., 142f.

210 *Ibid*., 86. 몰트만에 의하면, 하나님의 이름은 바르트가 말하듯이 단순한 하나님의 자기 계시일 수 없고 종말론적 약속으로 이해되어야 한다. 약속의 차원을 가진 하나님의 이름과 계시는 하나님이 장차 어떤 존재일지 우리에게 알려준다. *Ibid*., 116.

미래는 시간의 초월성이자 통일성이라는 점에서 다른 시간에 대해 독립적 우월성을 가지며, 이러한 하나님의 구원의 미래로 인해 현실 세계는 개방성을 획득하여 구태의연함을 벗고 궁극적인 새로움을 입는데, 이로써 궁극적인 새 창조 세계가 기대된다.

1) 종말론적 미래에서 역사적 시간으로 도래하는 약속의 하나님

몰트만에 의하면, 현대 신학의 종말론들 사이의 긴장과 갈등은 흔히 현재적 종말론과 미래적 종말론 사이의 대립으로 생각되었다.[211] 다시 말하여, 양측의 입장은 종말은 이미 왔기에 완전히 현재적이거나 아니면 그 반대로 완전히 미래적이라는 것으로 정리되어 설명될 수 있다. 이러한 대립은 종말에 대한 "이미"(already)와 "아직 아니"(not yet)의 시간적 구분을 통해 다음과 같이 타협되어 왔다. 즉, 종말론의 총괄 개념으로서 하나님 나라는 은폐된 방식으로 "지금 이미" 현존하지만 명백한 방식으로는 "아직" 존재하지 않기 때문에, 기독교 희망은 아직 존재하지 않는 것이 존재하게 되는 데에 있다는 것이다.[212]

그러나 이러한 두 종말론 사이의 타협은 매우 피상적인데, 왜냐하면 생성하는 모든 것은 지나가며 아직 존재하지 않는 것도 결국 사라지기 때문이다. 간단히 말해, "지금 이미"와 "아직 아니"라는 구도의 직선적 시간 이해로는 하나님 나라의 종말론은 제대로 파악될 수 없다.[213]

---

211 *The Coming of God*, 6.
212 "이미"와 "아직"의 신학 구도를 가진 인물로는 쿨만(Oscar Cullmann, 1902-1999)이 유명하다. 오스카 쿨만, 『그리스도와 시간』, 김근수 옮김 (서울: 나단, 1987), 86 등 참조.
213 몰트만에 의하면, 직선적 이해들 가운데 하나가 로마 교회의 구속사적 종말 이해이다. 제2차 바티칸 공회에 등장한 "교회의 비기독교적 종교와의 관계에 대한 선언"은 구원

역사와 종말론은 차안과 피안처럼 가시적으로 명확히 구분될 수 없는 동시에, 단순하게 종말론적 순간에 하나로 되지도 않는다고 몰트만은 주장한다.[214] 그러나 메시아의 부활로 시작된 하나님 나라는 메시아적 시대로서 현재를 결정하고, 그리스도인으로 하여금 옛 시대 가운데 새 시대의 빛을 경험하게 한다. 몰트만에 의하면, 하나님의 종말론적 미래는 직선적이지 않은, 비판적이고 메시아적인 방식으로 현재를 지배하고 역사적으로 현존하는 특징을 가진다.

몰트만에 의하면, 종말론은 계시를 드러내는 보편사(판넨베르크)가 아니라 메시아적 세계를 드러내고 결정하는 계시의 미래이다.[215] 그러나 종말을 시간적으로 계산하는 행동은 적절하지 못하다. 왜냐하면 역사적 시간은 온전히 종말을 드러낼 수 없으며[216] 이와는 반대로 종말이 시간을 결정하고 세계를 드러내기 때문이다. 종말론적 미래는 과거의 연속이거나 그것의 연속적인 발전일 수 없고, 약속과 성취의 하나님에 의해 결정되는 것으로 이해되어야 한다.[217]

구약성서의 야웨 하나님은 출애굽한 이스라엘 백성과 함께 유리하고 그들을 곤경에서 구원한다.[218] 고대 그리스 신화의 신들과는 달리, 야웨

사를 변증법적이지 않고 직선적으로 바라보는데, 제2차 바티칸 공회로 대표되는 현대의 로마 교회는 교회의 보편성과 하나님 나라의 보편성 사이의 차이를 충분히 파악하지 못하고 있다. *The Church in the Power of the Spirit*, 146-147.

214 *Ibid.*, 192f.
215 *Theology of Hope*, 194-195.
216 하나님의 역사는 세계를 그 지평으로 가지지만, 세계가 온전한 하나님의 역사 지평인 것은 아니다. *The Crucified God*, 218f.
217 *God in Creation*, 120. 고대 그리스 철학과는 달리 성서에 나타난 메시아적 세계는 개방적인 성격을 가지는데, 이것은 창세기의 파라다이스와 요한계시록의 새 창조 세계와의 차이점을 통해서도 쉽게 확인된다. *Ibid.*, 208.
218 *The Church in the Power of the Spirit*, 122f. 이에 대해서는 본서 제3장 1절 1항의 "성서에 계시된 정열과 사랑의 하나님"을 참조하라.

하나님은 천상의 실체가 아니라 역사적인 인격으로서 자신의 백성을 약속의 땅으로 인도한다. 이스라엘 민족과 함께 움직일 때, 야웨 하나님은 "나는 나다" 혹은 "나는 존재할 자로 존재할 것이다"라는 비밀스러운 이름으로 소개되는데(출 3:14), 이 이름에 대한 첫째 번역은 하나님의 신실성을, 둘째 번역은 하나님의 미래성[219]을 의미한다고 몰트만은 설명한다.

몰트만에 의하면, 성서에 계시된 하나님은 세계 내재적이거나 초월적인 하나님이 아니라 희망의 하나님(롬 15:13)으로서 미래를 자신의 존재 규정으로 가진다.[220] 하나님은 우리 안이나 위가 아니라 우리 앞에서[221] 다시 말해, 자신의 백성에게 구원의 미래를 약속하고 종말론적 미래에서 역사의 현재로 움직이면서 구원을 성취하는 존재이다.[222]

'미래'가 아니라 '도래'의 범주가 성서의 하나님에게 적합하다고 몰트만은 강조한다. 전자의 라틴 단어는 *futurum*, 후자의 단어는 *adventus*인데,[223] *futurum*으로서의 미래는 과거와 현재로부터 생기며 과정 속에 존재하는 미래이다. 이와 같이 미래가 *futurum*으로 이해될 때에는 어떠한 새로운 희망도 가능하지 않은데, 왜냐하면 여기에서 미래는 낡은 "미래적인 과거" 혹은 "아직 지나가지 않은 과거"에 불과하기 때문이다.

---

219 블로흐에 의하면, 하나님은 자신의 존재 규정을 미래로 삼는다. *The Coming of God*, 24. 구약성서에 나타난 유대인의 하나님 이해는 고대 그리스의 파르메니데스(Parmenides, B.C. 515?–445?)의 "존재자의 영원한 현존," 플라톤(Plato, B.C. 427–347)의 "최고 이데아," 아리스토텔레스(Aristoteles, B.C. 384–322)의 "부동의 동자"와 같은 신 이해와는 전혀 다르다. 왜냐하면 성서의 하나님은 움직이지 않는 고대 그리스 철학의 신들과는 대조적으로, 약속의 미래에서 역사의 현재로 "오시는 분"이기 때문이다.

220 *Ibid.*, 31. 몰트만에 의하면, 기독교 계시는 세계 현실에 대한 해명이 아니라 인간으로 하여금 하나님의 구원의 미래에 자신을 개방하게 하는 것을 그 목적으로 가진다. *Ibid.*, 86 참조.

221 *Theology of Hope*, 16.

222 *Ibid.*, 30.

223 *God in Creation*, 132f.

이에 반하여, 도래, 즉 *adventus*로서의 미래는 약속의 영광 가운데에서 현재로 오는 것을 의미한다.[224] 도래는 메시아적 구원의 총괄 개념으로서 요한계시록 1장 4절과 5절에서 다음과 같이 사용된다.

> 이제도 계시고 전에도 계셨고 장차 오실 이 … 예수 그리스도로 말미암아 은혜와 평강이 너희에게 있기를 원하노라(계 1:4-5).

여기에도 존재의 미래가 아니라 도래의 미래가 나타나는데, 이와 같이 하나님의 존재는 되어감이 아니라[225] 도래 가운데 있다.

2) 일방적 진보주의와 질적으로 구분되는 메시아적 지향성

몰트만에 의하면, 메시아적 지향성은 미래에서 현재로 움직이는 구원의 역사를 말한다는 점에서 과거에서 미래로 나아가는 진화와는 다르다.[226] 무엇보다, 진화(evolution)는 낙오된 과거의 희생자에 대해 무관심

---

[224] *Ibid*., 133 참조. 하나님의 존재가 도래 가운데 있다면, 도래는 초월의 신학적 패러다임이 될 수밖에 없다. *The Coming of God*, 24. 몰트만에게 하나님의 초월성(transcendence)은 그의 도래에서 가장 분명하게 표현된다. "하나님의 존재가 오심 가운데 있다면, 도래(Zu-kunft)가 초월의 신학적 패러다임이 되어야 한다." 인용문: "Ist Gottes Sein im Kommen, dann muß Zu-kunft zum theologischen Paradigma der Transzendenz werden." Jürgen Moltmann, *Das Kommen Gottes: Christliche Eschatologie* (2 Aufl.; Gütersloh: Christian Kaiser Verlag, 2005), 41.

[225] 몰트만과는 달리, 융엘(Eberhard Jüngel, 1934-현재)은 자신의 바르트 해설서에서 하나님은 되어감 속에 있다고 주장한다. 에버하르트 융엘, 『하나님의 존재는 되어감 속에 있다』, 백철현 옮김 (서울: 그리스도교신학연구소, 1988). 융엘의 되어감으로서의 삼위일체론에 대해서는 정기철, "융엘의 삼위일체론: 문화적 삼위일체론의 필요성," 「신학사상」139집 (2007, 겨울), 169-173.

[226] *The Crucified God*, 256. 몰트만에 의하면, 우리는 진화에 역행하여 발생하는 구원 활

한 채 앞으로 나아감에 반해,[227] 메시아적 지향성은 종말의 새 창조에 희생자들과 죽은 자들이 누락됨 없이 기억되고 다시 살아난다는 종말론적 미래를 말한다는 점에서 진화와는 전혀 다르다.

몰트만 신학의 종말론적인 특징은 뢰비트와 드로이센에 대한 다음의 비판에서 첨예하게 나타난다.[228] 먼저 뢰비트(Karl Löwith, 1897-1973)에 의하면, 유대교와 기독교에서 역사의 목적은 역사의 마지막으로서 폐기로 이해된다.[229] 이와 같이 역사 폐기가 역사의 목적으로 파악될 경우 역사는 이 폐기로서의 목적을 향한 단계들로 전락한다는 문제점이 발생한다.[230]

몰트만은 뢰비트 철학이 일방적인 진보 신앙이라고 비판한다.[231] 약속은 성취를 통해 역사적 사건 속으로 들어가지만, 사건 안에서 결코 사라지지 않고 미래적 차원을 가리킨다는 점에서 성취 범위를 넘어서기 때

동을 가리켜 종말론이라고 말할 수 있는데, 왜냐하면 종말론적 구원의 역사는 과거로부터 미래가 아니라 미래로부터 현재를 거쳐 과거로 흐르기 때문이다. *The Way of Jesus Christ*, 303.

[227] 진화론에 영향을 받았으나 만물의 상호 부조를 강조하는 크로포트킨(Pjotor Alekseevich Kropotkin, 1842-1921)에 대해서는 표트르 A. 크로포트킨, 『만물은 서로 돕는다』, 김영범 옮김 (서울: 르네상스, 2005) 참조. 여기에서 그는 동물과 야만인, 미개인과 근대인, 그리고 중세 도시의 상호 부조에 대해 설명한다. 한편, 근래의 사회생물학(Scoiobiology)이 지닌 문제점들이 김흡영 박사에 의해 다음과 같이 다섯 가지로 제시된다. 첫째, 자연주의적 오류. 둘째, 범주적 착오. 셋째, 언어 유비의 오류. 넷째, 과학적 환원주의의 일반적 모순. 다섯째, 과학이 아닌 또 다른 신화를 창설함. 김흡영, "기상목회: 사회생물학(Sociobiology)," 「기독교사상」 512호 (2001. 8), 166.

[228] *The Way of Jesus Christ*, 238.

[229] 몰트만에 의하면, 미래와 과거를 동일한 시간선상에 있다고 가정하는 것은 선취가 아니라 투사의 입장이며, 여기에서 미래는 현재의 연장일 뿐이다. *Jesus Christ for Today's World*, 171f.

[230] *The Coming of God*, 137-138.

[231] 몰트만에 의하면, 진화 과정은 긍정적으로 표현될 때 선적 진보가 아니라 확산에 가깝다. 이것은 가지가 주변 세계로 세분화되는 나무나 확산되는 숲에 비유될 수 있으며, 사귐을 그 목적으로 가진다. *The Spirit of Life*, 228.

문에, 뢰비트의 동일한 시간 개념을 기초로 한 일방적 진보 신앙과는 달리, 미래는 과거에 대해 언제나 독립적인 우월성을 점하는 것으로 이해되어야 한다.[232] 미래와 과거의 질적 차이를 무시하며, 시간들을 양적으로만 구분하는 뢰비트 철학과 같은 선적 시간 이해는 근대 자연과학적 이해[233]이지 성서적인 이해는 아니다.

또한 드로이센(Johann Gustav Droysen, 1808-1884)에 의하면, 모든 변화는 목표로 나가는 운동으로[234] 그에게서 기독교 종말론은 윤리적 목적론으로 바뀌어 이해된다. 그에게 역사 완성에 대한 성서적 약속은 수용되지만, 약속된 종말론적 사건으로서 "죽은 자들의 부활"은 거부된다. 몰트만에 의하면, 드로이센의 목적론은 생명을 다루지 않기 때문에 엄밀한 의미에서 기독교적이지 않다.[235]

또 다른 진보주의 사상가 샤르댕(Pierre Teilhard De Chardin, 1881-1955)에게도 드로이센과 유사한 문제점이 나타나는데,[236] 왜냐하면 샤르댕이 진화 신앙 때문에 진화의 이중성을 간과하기 때문이다. 샤르댕은 진화 운동에서 낙오된 희생자에 대해서 전혀 관심을 보이지 않을 뿐만 아니라, 오히려 자연 재난이나 대량 학살을 긍정적으로 간주하여 거기에서 진화론적인 의미를 찾고자 한다.

---

232 *Theology of Hope*, 109.
233 근대주의는 하나의 메시아적 개념이며 중세의 요아킴(Joachim de Fiore, 1132-1202) 종말론에까지 소급된다고 몰트만은 주장한다. *The Coming of God*, 219. 요아킴은 역사에 있어서 질적 도약을 문제 삼지만, 사람들은 언제나 그에게서 긍정적인 진보주의만을 수용한다. *Ibid.*, 143-144.
234 *Theology of Hope*, 251-253.
235 *Ibid.*, 265.
236 *The Way of Jesus Christ*, 294.

몰트만에 의하면, 샤르댕에게 있어서 보다 더 큰 신학적 문제는 그의 그리스도론에 있다. 샤르댕은 구원의 창조적인 면을 위해 "진화자 그리스도" 개념을 고안한다.[237] 이 개념은 전통적 그리스도론에서 간과된 구원의 창조적 특성을 온전히 나타내기 위해 제기되었지만, 구원자가 아닌 진화자 그리스도는 잔인한 "도태시키는 자 그리스도"(Christus selector)가 될 뿐이기 때문에 이 시도는 실패로 끝난다. 그러나 예수 그리스도가 무고한 희생자들 가운데 한 명으로 인식될 때에야 비로소 진화는 창조의 완성자로서의 예수 그리스도와 바른 관계를 맺을 수 있다.[238]

근대의 역사 이해는 흔히 진보주의적이라고 받아들여지며,[239] 여기에서 역사는 그것의 목표에 가까워지는 과정으로 생각된다. 이러한 진보주의적 역사 이해는 정복자의 지배 이데올로기로 변질될 위험[240]에 노출되어 있으며, 역사의 진보는 희생자 없이는 불가능하기 때문에, 강자와 약자 혹은 인간과 자연이 공존하기 위해서는 일방적인 진보주의 역사관은 수정되어야 한다.[241] 자연이나 약자 혹은 미래 세대를 희생시켜야만 가능한

---

237 *Ibid*., 296. 샤르댕에 의하면, 우주는 복잡화(complexification)의 과정으로서의 진화를 거치면서 오메가 포인트(Omega Point)를 향해 진화한다. 샤르댕 신학이 가진 문제점에 대해서는 김균진, "진화론과 창조신앙은 모순되는가?,"「과학과 신학의 대화」(한국조직신학논총) 9집 (2003, 10), 29-30. 박봉랑 박사(1918-2001)에 의하면, 샤르댕의 특이한 점은 하나님과 세계 사이에 있는 중보자로서의 예수 그리스도를 새로운 방식으로 설명한 데에 있다. 박봉랑,『교의학 방법론』(서울: 대한기독교서회, 1986), 242.
238 이에 대해서는 본서 제3장 2절 3항의 "희생자를 기억하고 순교자와 연대하는 선교 공동체"를 참조하라.
239 *God in Creation*, 124-125.
240 발전과 진보로만 해석되는 역사는 정복자의 역사일 뿐이다. *The Way of Jesus Christ*, 24. 몰트만에 의하면, 현대의 역사 철학은 일종의 계몽주의적 천년왕국론으로 그 목적은 역사 안에서 역사를 종료하는 것이다. *Theology of Hope*, 264.
241 *God in Creation*, 138.

진보는 기만적인 것이며 더 큰 재난을 초래하는 비극일 뿐이다.[242]

몰트만에 의하면, 기만적이고 열광주의적인 진보주의가 아니라[243] 약속된 미래에서 현재로 향하는 메시아적 지향성이 기독교 종말론의 범주이다. 역사는 본질적으로 고난이기 때문에 역사 그 자체가 메시아적 역사로 이해될 수는 없지만,[244] 미래에서 현재로 오는 구원의 하나님을 통해서 메시아적 구원 역사가 비로소 가능해진다. 기독교신학은 약속이 이미 성취되었다는 열광주의나 과거로부터 미래가 생성된다는 진보주의가 아니라, 하나님의 약속에서 출발하는 메시아적 지향성을 제시한다.[245]

3) 메시아적 미래의 새로움을 약속하는 하나님

몰트만에 의하면, 피조물에게 있어서 최고의 해방은 죽음의 운명에서 벗어나 영원한 새 생명을 얻는 것으로,[246] 이것은 예수 그리스도의 부활 사건에서 시작되었으며 종말에 우주적으로 확대되어 발생할 것으로 성서는 약속한다. 새 생명이 죽음에 대한 해방으로서 메시아적 영원(aeon)을 획득하는 것은 아직 약속의 차원에 머물러 있기 때문에,[247] 기독교 종말론은 실증주의적 역사 이해와 실존적 역사 이해에 대립하는 성격을 가진다.

---

242 *The Way of Jesus Christ*, 68.
243 몰트만의 메시아적 시간 이해는 진보주의의 역사관이 주장하는 목적을 향해 미리 결정된 역사적 방향으로서의 역사의 통일성을 주장하지 않는다. *The Coming of God*, 225–226.
244 *The Crucified God*, 83. 몰트만에 의하면, 구원의 종말론적 미래는 역사 그 자체로부터 생겨날 수 없다. *Theology of Hope*, 221.
245 *The Crucified God*, 256.
246 *The Way of Jesus Christ*, 241.
247 *Theology of Hope*, 125.

실증주의적 역사 이해는 역사를 계산 가능한 현실로 환원시킴으로써 현실의 가능성을 보지 못하며, 실존적 역사 이해는 비록 현존재의 가능성을 바라보기는 하지만 이것이 메시아의 부활에 기초한 하나님의 약속을 통해서만 가능하다는 진리를 알지 못한다. 이와는 대조적으로, 하나님의 약속된 미래에서 역사를 인식하는 기독교 종말론은 역사적 시간에 메시아적 미래에 대한 개방성과 그로 인한 새로움이 있음을 꿰뚫어 볼 수 있다.[248]

몰트만에 의하면, 메시아적 차원을 가진 궁극적 생명은 관념주의와 낭만주의에 대해서도 비판적 입장을 취하는데, 왜냐하면 세계는 관념주의가 주장하듯 자기실현의 파라다이스도 아니며 낭만주의의 주장처럼 자기소외의 지옥도 아니기 때문이다. 성서에 의하면, 현실 세계는 메시아적 미래의 지평 안에 위치하면서 개방성과 새로움을 그 본질로 가진다.[249]

메시아적 미래가 가진 새로움의 지평을 통해 이 세계의 낡은 것은 밝히 드러날 뿐만 아니라 시야에서 사라지게 된다고 몰트만은 주장한다.[250] 메시아적 새로움을 발견한 사람은 낡은 것과 함께 있을 수 없고 낡은 것에 저항하기 때문인데, 새로움의 범주[251]를 가진 종말론적 미래는 먼저,

---

[248] *God in Creation*, 63. 역사의 새 지평을 여는 예수 그리스도의 부활은 불트만이 주장하는 것과는 달리, 단순히 실존적인 의미로 축소되어 이해될 수 없고 보편적이고 우주적인 의미를 가진 것으로 폭넓게 이해되어야 한다. *Theology of Hope*, 220. 불트만에게 있어서 신앙에 결정적인 요인은 인간의 역사이지 세계의 역사가 아니다. Rudolf Bultmann, "Geschichte und Eschatologie im Neuen Testament," *Glauben und Verstehen*, vol. 1 (6 Aufl.; Tübingen: J. C. B. Mohr, 1966), 102. 정기철, "불트만의 종말론과 시간 개념"「한국개혁신학」 5집 (1999), 271에서 재인용.

[249] *Theology of Hope*, 338.

[250] *Ibid.*, 165.

[251] 몰트만은 새로움의 범주를 종말론의 역사적 범주로 삼는다. *The Coming of God*, 22. 이러한 몰트만의 입장은 신적인 범주는 새로움이 아니라 영원이라고 주장하는 불트만의 입장에 대립한다. *Ibid.*, 27.

현실의 "부정적인 것에 대한 부정"으로 드러난다.[252] "다시는 사망이 없고 애통하는 것이나 곡하는 것이나 아픈 것이 다시 있지 아니"(계 21:3-4)할 곳으로서의 하나님 나라 표상, 부활의 영을 통해 우리의 몸이 썩지 않을 몸으로 변하게 되는(고전 15:35 이하) 종말론적 표상은 메시아적 미래를 제시하는 단편들로서 기존 현실을 극복하는 성격을 가진다.[253]

몰트만에 의하면, 후기 예언서에 등장하는 메시아적 미래의 새로움은 두 가지 상반되는 특징을 나타낸다.[254]

첫째, 메시아적 미래의 새로움은 옛 것에 대한 심판으로 나타난다. 그것은 옛 것에서 유래하지 않고 오히려 옛 것을 옛 것으로 만듦으로써 심판하는데, 오직 하나님의 창조 사역에서만 배타적으로 사용되는 히브리어 *barah*는 이것을 잘 나타낸다.[255]

둘째, 하나님이 약속한 메시아적 미래는 역사 가운데 유비를 가지는데,[256]

---

252 *Theology of Hope*, 215.
253 현실에 안주하고 "더 이상 바라지 않으려"(카뮈[Albert Camus], 1913-1960) 하는 태도를 가리켜 뮤질(Robert Musil, 1880-1942)은 "현상 유지"(*status quo*)의 유토피아라고 부른다. Ibid., 23. 판넨베르크도 현실의 임시성을 인정하지만 몰트만과 달리, 하나님 나라의 규범성을 인정하지 않는다는 점에서 차이점을 보인다. 볼프하르트 판넨베르크, 『기독교 윤리의 기초』, 오성현 옮김 (서울: 한들 출판사, 2007), 94-95. 이런 점에서 판넨베르크는 몰트만에 비해 개혁적이지 않고 "보수적"이라는 평가를 받을 수 있다. 일례로, 세계의 문제에 대해 기독교가 할 수 있는 것이 무엇이냐는 김균진 박사의 질문에, 당시 한국을 처음이자 마지막으로 방문한 판넨베르크는 기독교가 할 수 있는 것은 별로 없으며, 세계의 문제는 종말에 있을 하나님 나라에서 극복될 성격의 것이라고 그 나름대로 대답한다. 볼프하르트 판넨베르크 · 김균진/조현철 옮김, "신학과 철학 그리고 과학의 대화," 「과학사상」 39호 (2001, 11), 32.
254 *The Coming of God*, 27.
255 제사장 문서에서 이 동사는 오직 하나님의 창조에만 사용된다. 이것은 하나님의 창조가 철저히 새로운 것으로서 현실을 "옛 것"으로 만든다는 것을 잘 보여준다. *God in Creation*, 73.
256 역사적 새로움이란 결코 전혀 새로울 수 없는데, 왜냐하면 비교될 수 없는 새로움은 진술조차 될 수 없기 때문이다. *The Crucified God*, 117f. 복음이 약속과 관련을 맺지

메시아적 미래로서의 새 출애굽, 새 계약, 새 예루살렘의 이미지들 속에서 새로운 것은 상실된 것 가운데 다시 나타난다.

이러한 메시아적 미래의 새로움은 메시아 예수의 부활 사건에서 결정적으로 계시된다.[257] 신약성서는 십자가에 달린 나사렛 예수와 부활한 그리스도 사이의 연속성과 단절을 함께 이야기하는데, 이로써 우리는 종말의 "죽은 자들의 부활" 이후에 새로워진 자신에게로 다시 그리고 영원히 돌아온다는 것을 배우게 되었다. 그러나 "자기 자신에게 구부러진 사람"(루터)이 아니라 자기로부터 나간 사람, 즉 자신의 공로가 아닌 메시아의 십자가 공로를 의지하는 자만이 종말에 새로워진 자기 자신에게로 돌아올 수 있음을 신약성서는 가르친다.[258]

몰트만에 의하면, 메시아적 시대를 모르는 자의 하나님은 고대 그리스의 파르메니데스(Parmenides, B.C. 515?-445?)의 하나님일 뿐이다. 다시 말해, 메시아적 희망을 이야기하지만 희망으로 인한 메시아적 시대를 보지 못하는 자는, 미래를 자신의 존재 규정으로 가지는 하나님이 아닌 "존재자의 영원한 현존"으로서의 파르메니데스적인 하나님을 아는 것이다. 키르케고르(Søren Aabye Kierkegaard, 1813-1855)가 "시간의 충만"을 약속의 지평에서 분리하면서 이를 영원이라고 지칭할 때에 이러한 모습이 나타나지만,[259] 그리스도인은 약속의 말씀에 자신을 개방하면서 약속하는 하나

않는다면, 복음은 종말론적인 미래와 관련이 없을 것이며, 맹신적인 신앙으로 변질될 것이다. *Theology of Hope*, 152.

[257] *The Coming of God*, 67-68.
[258] 몰트만에 의하면, 자신 속에 갇히는 것은 죽음의 저주 아래에 놓이게 된 것이고 이로써 타인도 죽음의 강력한 영향력 아래에 놓이게 된다. *The Church in the Power of the Spirit*, 194.
[259] *Theology of Hope*, 29.

님을 믿고 말씀에 나타난 메시아적 미래의 새로움을 따라야 한다.[260]

4) 성서적 역사 이해와 미래의 독립적 우월성

출애굽의 하나님은 말씀으로 이스라엘이 갈 길을 인도하는데, 이 말씀은 최종적 계시가 아니라 길 안내이며,[261] 좀 더 넓은 시각으로 이해되면 다가오는 메시아적 미래에 대한 안내이다. 계시로서의 하나님의 말씀은 현실 세계를 향해 도래하는 메시아적 미래의 성격을 가진다.

구원 공동체를 향한 메시아적 미래로서의 하나님의 말씀은 종교사학적으로 독특한 위치를 차지하는데, 왜냐하면 엘리아데가 말하듯이 고대 인류는 현실을 전혀 역사로 경험하지 못했기 때문이다. 그들에게는 지나가는 일상의 시간과 즐기는 축제의 시간만이 존재하는데, 여기에서 시간은 일상의 삶 속에서는 낡아지는 데 반해 축제를 통해서는 그 근원으로부터 새롭게 태어나는 것으로 이해된다. 일상 가운데 허무와 카오스(chaos)가 발견되고 축제 가운데 근원적인 영원의 시간이 회복된다. 고대적 시간 이해에는 동일한 것의 순환만이 존재하고 새로움의 역사는 존재하지 않음에 반해,[262] 메시아적 미래의 말씀을 받은 이스라엘에게는 역사의식이 존재한다.

몰트만에 의하면, 구약성서적 역사 이해는 신약성서 시대에 이르러 더욱 확장되고 심화되는데, 이는 종말론적 새 시대가 메시아 예수의 부활

---

260 *Ibid.*, 58.
261 *Ibid.*, 325-326.
262 고대 그리스의 아리스토텔레스에게서도 시간은 원과 같은 것으로 이해되며, 시간의 흐름은 과녁을 향해 날아가는 화살이 아닌 회전하는 원 운동으로 묘사된다. *God in Creation*, 109.

을 통해 시작되었기 때문으로,[263] 여기에서는 옛 시대에서 새 시대로의 전환이 부활 사건을 통해 일어난 것으로 이해된다. 그런데 메시아적 시대는 부활 사건을 통해 시작되었으나 아직 완성되지는 않았기 때문에, 구원 공동체는 메시아의 재림으로 도래할 구원의 완성으로서 하나님 나라를 기다린다.[264] 우리는 종말론적 시간, 즉 시작되었지만 아직 완성에 도달하지 않은 구원의 시간을 메시아적 시간이라 부를 수 있으며, 이로써 성서의 역사 이해는 종말론적으로 확대된다.

 메시아적 공동체로서 교회에 계시된 종말론적 시간은 유대교의 묵시사상적 시대 구분을 전제하는 동시에 이를 초월한다고 몰트만은 언급한다.[265] 먼저, 예수 그리스도의 죽음과 부활은 두 시대에 대한 묵시사상적 표상 가운데 시대적 전환으로 이해되는데, 왜냐하면 십자가 사건은 옛 시대가 끝남을, 부활 사건은 새 시대가 시작함을 지시하기 때문이다. 이와 함께 기독교 종말론은 예수 그리스도와 함께 종말론적 시대가 출발한다고 선포한다는 점에서 묵시사상과의 차이점도 보인다. 기독교 종말론은

---

[263] *Ibid.*, 121f.

[264] *The Trinity and the Kingdom*, 91.

[265] *God in Creation*, 122. 묵시사상은 하나님의 의(義)를 묻는 희망으로서, 이 희망은 포로기의 고난으로 인한 이스라엘의 신앙 위기 가운데 생성된다. 묵시사상은 하나님의 의가 어디에 있는지에 대한 질문에 대해 그것은 희망이라고 대답하는데, 이런 점에서 묵시사상은 고난 상황 가운데 해방을 선포하는 메시아적 희망과도 관련된다. *The Coming of God*, 149f. 김균진 박사에 의하면, 묵시사상은 다음의 일곱 가지 기본적 사고를 가진다. 첫째, 세계사의 과정과 마지막에 대한 비관주의. 둘째, 역사의 결정론. 셋째, 역사의 이원론. 넷째, 보편주의적 역사 이해와 하나님 이해. 다섯째, 하나님 중심의 역사 이해. 여섯째, 신정(theodicy, 하나님의 옳으심)의 관철. 일곱째, 구원 문제에 있어서 개인주의. 하나님의 의와 관련된 신정으로서의 묵시사상은 다음의 의미를 가진다. "인간의 모든 의와 불의가 하나님 앞에 드러날 것이며, 하나님의 '최후의 심판'을 받을 것이다. 이리하여 역사 전체에 대한 하나님의 옳으심이 관철될 것이며 그의 의가 성취될 것이다." 김균진, "오늘 우리에게 묵시사상은 무엇을 말하는가?," 「신학논단」 33집 (2003, 11), 87-93. 인용문은 92.

종말론적 새 시대가 지나가는 현시대 속으로 들어와 그것을 낡은 시대로 만든다고 말한다는 점에서 묵시사상과는 전혀 다른 역사 이해를 가진다.

몰트만에 의하면, 메시아적 역사 이해로 인해 과거가 다른 시간들보다 우월하다는 아우구스티누스의 입장은 반박된다.[266] 아우구스티누스는 미래적 천년왕국론자들을 반대하는데, 왜냐하면 로마 제국의 교회를 천년왕국적으로 이해하는 그에게 미래의 차원을 갖는 다른 세계가 존재할 여지는 없었기 때문이다.[267] 또한 아우구스티누스에 의하면, 시간들 중에 영원에 가장 가까운 시간은 과거인데, 모든 시간이 흐르면서 과거가 된다면 과거는 다른 시간들에 비해 우월성을 가진다고 이해될 수 있기 때문이다.[268] 그러나 이것이 시간의 원리이자 운명이라면, 하나님은 세계를 죽음을 위해 창조하였고 시간적 지배를 받는 창조 세계에는 피안을 향한 탈출만이 영원한 과제로 남는다는 성서적이지 않은 결론이 도출된다.

이후 경건주의 운동에서는 종교개혁의 기본 명제인 "오직 성서"(*sola scriptura*)가 성서주의적이고 구원사적인 기본 명제로서 "전체 성서"(*tota scriptura*)로 바뀌게 된다.[269] "전체 성서"를 내세우는 경건주의적 성서론은 천년왕국적 희망을 달력 시간으로 표상함으로 인해 큰 혼란을 야기하였

---

266 *God in Creation*, 117.
267 *The Coming of God*, 181.
268 아우구스티누스는 시간의 피조성을 강조하면서 시간 자체보다는 영원에 대한 시간의 관계에 더욱 큰 관심을 기울인다. "모든 시간의 영원한 창조주이시여, 만세 전이나 어떤 시간도 당신과 영원히 공존하지 못합니다." Augustine, *Confessions*, Henry Chadwick, *St. Augustine: Confessions* (Oxford: Oxford University Press, 2008), XI. 30, 40. 정용석, "플로티노스와 아우구스티누스의 시간론," 「대학과 선교」 30집 (2016), 90에서 재인용.
269 *The Coming of God*, 145f. 이러한 입장은 종교개혁 이후 영국과 네덜란드 그리고 북독일에서 유행하는데, 로마 교회에서 성서와 전통이 함께 속하는 것처럼 이들 지역의 구원사 신학에서는 성서와 세계사가 상응한다.

는데 이는 충분히 예상된 것이었다.[270] 그러나 몰트만에 의하면, 종말론적 구원의 메시아적 시대의 도래는 하나님의 섭리 계획이 아니라 약속의 하나님에게 전적으로 달려 있다.

몰트만에 의하면, 하나님의 약속에 기초한 기독교 종말론의 가장 큰 특징은 과거와 미래의 질적 구분이다.[271] 종말론적 사건으로서 메시아의 부활이 옛 시대의 마지막인 동시에 새 시대의 출발이라고 한다면, 흘러가는 시간은 옛 세계의 결과물이며 달력 시간 안에 있는 미래성은 허무한 것으로 드러나는 반면, 달력 시간을 초월하여 역사 속으로 도래하는 약속의 메시아적 미래는 새 창조의 성격을 가진 것으로 기대된다.[272]

몰트만에 의하면, 종말론적인 관점에서 시간은 과거에서 미래가 아니라 미래에서 과거로 움직이는데,[273] 이는 가능성이 현실성으로 되는 것이지 현실성이 가능성으로 되는 것이 아닌 것과 같은 원리이다. 그럼에도

---

[270] 경건주의 신학자 벵엘(Johann Albrecht Bengel, 1687－1752)이 종말의 날짜를 1836년 6월 18일로 계산한 것은 이러한 배경 가운데 이뤄진 것이며, 이로 인해 독일의 뷔르템베르크(Württemberg) 주는 굉장한 혼란을 경험하였다. 그러나 메시아적 시대는 메시아의 재림과 함께 시간 안에 있는 모든 것은 물론이고 시간 자체를 변화시킬 것이기 때문에, 허무의 시간에 속하는 달력 시간으로 종말론적 새 시대의 시작을 고정시키는 것은 잘못이라고 몰트만은 강조한다. *Ibid.*, 199-200. 계몽주의적 신학으로서 하나님의 구원 계획에 근거한 구원사 신학은 언젠가 달력이 예수 그리스도의 날을 가져올 것이라고 주장하지만, 여기에서 하나님의 자유와 생동적 현존은 발견되기 어렵다. 이와는 달리 몰트만에 의하면, 달력에 나타난 "최후의 날"이 그리스도의 재림을 가져오는 것이 아니라, 반대로 그리스도의 재림이 "최후의 날"을 가져오며, 그리스도는 시간과 함께 오는 것이 아니라 시간의 변화를 위하여 도래한다. *Ibid.*, 13. 몰트만에 의하면, 희망을 통한 선취는 가능하지만 하나님의 자유까지 침해될 수는 없다. *Theology of Hope*, 120.

[271] *The Coming of God*, 139.

[272] *Ibid.*, 284.

[273] *God in Creation*, 201-202. 몰트만에 의하면, 하나님은 폐쇄적인 피조물을 위해 구원의 미래를 개방하는데, 이것은 피조물의 미래에 대한 하나님의 희망 때문이다. *The Trinity and the Kingdom*, 209-210.

불구하고, 과거는 단지 끝난 것으로 이해될 수 없는데, 왜냐하면 과거는 아직 실현되지 않은 가능성을 상당 부분 지니고 있으므로, 우리는 과거를 과거적인 미래로 받아들임으로써 과거로부터 상실된 가능성도 되돌려 받을 수 있기 때문이다.[274]

몰트만에 의하면, 여기에서 미래의 두 차원도 함께 고려될 수 있는데, 왜냐하면 미래가 다른 시간들에 비해 독립적 우월성을 갖는 이유가 여기서 해명될 수 있기 때문이다. 피히트(Georg Picht, 1913–1982)와 함께, 시간 양태로서의 미래와 시간의 원천이자 통일성으로서의 미래가 구분될 수 있다.[275] 전자가 순간적인 미래라면 후자는 궁극적인 메시아적 미래인데, 종말론적 미래는 순간적인 미래와 동일하지 않고 모든 시간에 대해 현재적으로, 즉 시간의 통일성으로서 종말에 모든 시간의 사건들의 의미를 드러낸다.[276] 종말에 시간적 역사의 의미를 밝힐 통일성이자 메마르지 않는 종말론적 새로움을 가능하게 하는 원천으로서의 궁극적이고 메시아적인 미래는 다른 시간들에 대해 독립적인 우월성을 가진다.

---

274 *The Coming of God*, 140 참조.
275 *Ibid.*, 287.
276 이스라엘은 시간을 동질적인 것으로 생각하지 않았으므로 시간의 통일성에 대해서 알지 못하며, 그들은 구원과 관련된 카이로스적인 시간 이해만을 갖고 있다. *God in Creation*, 118–119. 뮐렌버그(James Muilenburg, 1896–1974)에 의하면, 70인역 성서(Septuagint)의 시간 용어는 대부분 크로노스(*chronos*)가 아니라 카이로스(*kairos*)이다. James Muilenburg, "The Biblical View of Time," *Harvard Theological Review* 54 (1961), 235–236. 정용석, "플로티노스와 아우구스티누스의 시간론," 76의 각주 3에서 재인용.

———— 제 3 장

세계의 고난과 고난당하는 하나님

　고대 그리스인은 무감정의 상태(*apatheia*)로서의 고통 없는 세계를 이상향으로서 동경하였다. 고대 그리스 철학에 의하면, 감각과 감정을 가진 불완전한 인간에 반해 신(神)은 고통을 느끼지 않는 무감각하면서 완전한 존재이다. 이에 반해, 성서의 하나님은 하나님의 백성의 고난에 정열(*pathos*)과 사랑으로 반응하고 눌린 자를 해방하는 "살아있는 분"이다. 무엇보다 하나님은 삼위일체적 자기 구분과 성령의 임재 가운데 "십자가에 달린 하나님"으로서 아들의 십자가 고난에 동참하고 이후 부활 사건을 성취한다.

　십자가에서 처형당한 예수 그리스도는 단순히 무기력하게 죽임을 당한 것이 아니라, 세계의 거짓된 정치와 사상 그리고 종교 등에 대한 우상 파괴자로서의 역할을 담당하는데, 자신을 우상화하려는 인간의 모든 욕망은 모든 것을 검증하는 십자가 사건 앞에서 비판적인 대상이 된다. 이에 반해, 예수 그리스도를 따라 십자가의 길을 걸은 순교자는 종교적이고 정치적인 절대주의에 대항한 그리스도의 교회의 정당한 기초로 이해된다.

　몰트만이 고대 그리스 철학과 각종 절대주의에 반대하며 내세우는

"공감의 하나님"(Deus sympatheticus) 이해는 하나님과 고난당하는 세계 사이의 연대성을 강조하는데, 구체적으로 죄인들과 함께하는 메시아 예수와 신음하는 세계의 탄식을 듣는 성령이 제시된다. 여기에서 하나님은 고난받는 자들을 외면하지 않고 그들과 하나가 되고자 하는 사랑의 존재이며, 고난당하고 탄식하는 모든 피조물과 연대하고 이들을 능력으로 구원하는 존재로서 이해된다.

특히, 이 능력은 "고난받는 하나님의 종"을 통한 구원, 비록 거절당했으나 투쟁적인 성격을 갖는 겟세마네의 기도, 그리고 십자가의 우상 파괴성으로 나눠져 설명된다. 또한, 하나님을 믿고 그리스도를 따르는 성령의 전(展)으로서의 교회는 희생자를 기억하고 순교자와 연대해야 하는 공동체로 이해된다.

여기에서는 세계의 고난에 대해 공감하면서 세계와 연대하며 세계를 구원하는 하나님의 생명신학적인 의미가 고찰되는데, 세계 고난에 대해 자기 구분 가운데 함께 고난당하는 사랑의 하나님, 피조물과 하나님 사이의 연대성, 그리고 세계 죄악에 대해 고난 사건으로 저항하고 피조물을 구원하는 하나님의 역설적인 능력이 제시된다.

1. *Deus apatheticus* 대 *Deus sympatheticus*

하나님은 세계에서 발생한 사건과 재난에 영향을 받는가?

하나님이 영향을 받는다면, 절대자로서 하나님의 초월과 자유는 어떻게 보장받을 수 있는가?

창조주 하나님은 세계와 어떤 관계를 맺는 존재로 이해되어야 하는가?

이러한 질문들은 하나님의 사랑과 세계의 고난을 관련지을 때 필연적으로 등장하는데, 이에 대해 몰트만은 하나님을 "공감의 하나님"(*Deus sympatheticus*)으로 파악하면서, 자기 구분적인 사랑을 통하여 초월성이 보장되는 가운데 하나님은 고난당하는 세계와 함께하고 세계를 구원한다고 답변한다.

몰트만에 의하면, 하나님의 고난은 예수 그리스도의 십자가 사건에서 가장 잘 드러나며, 십자가는 하나님의 삼위일체적 사랑을 결정적으로 계시한다. 십자가 사건에서 아버지는 자기 구분 가운데 성령을 통해 아들의 고난에 동참하는데, 죽임 당하는 아들에 대해 자기 구분적인 사랑 가운데 고난받는다는 아버지 하나님 개념을 통해 세계의 고난에 공감하고 세계를 구원하는 하나님 이해가 가능해진다.

1) 성서에 계시된 정열(*pathos*)과 사랑의 하나님

몰트만에 의하면, 우리가 "공감의 하나님" 이해를 말함에 있어서 제일 먼저 다뤄야 할 신학 주제는 "무감정의 공리"이다.[1] 이 공리는 하나님이 허무한 세계와 같은 방식으로 고난에 매여 있지 않음을 말하고자 하지만, 이것은 비교 진술에 불과하기 때문에[2] 이 진술이 하나님이 고난받을 수 있

---

1 *The Trinity and the Kingdom*, 23. 고대 그리스 당시 무감정은 물리학적 불변성, 심리학적 무감정성, 윤리학적 자유 등을, 그리고 정열은 욕구, 부자유, 의존성, 저급한 격정, 원하지 않는 고난 등을 의미하였다. 기독교신학이 플라톤(Plato, B.C. 427-347)과 아리스토텔레스(Aristoteles, B.C. 384-322) 등 고대 그리스 철학자들에게 영향을 받은 이후, 하나님의 형이상학적이고 윤리적인 완전성은 "무감정"이란 용어로 표현된다. *The Crucified God*, 267f.
2 니케아 신조(*Symbolum Nicaenum*, 325)는 아리우스(Arius, 250 or 256-336)에 반대하여 하나님은 변할 수 없다고 정당하게 말하지만, 이 말은 비교 진술에 불과하기 때문에 하나님이 내면까지도 변하지 않는다는 결론으로 오도될 수는 없다고 몰트만은

음을 배제하는 것은 아니다. 하나님이 결코 고난을 받을 수 없다면 사랑의 능력도 가지지 못할 것이며, 사랑할 수 없는 하나님은 이미 "죽은" 하나님이지만 성서가 증언하는 "살아 있는" 하나님은 사랑의 하나님이다.[3]

스토아 철학에서 무감정은 신적 본질이자 인간 구원의 총괄 개념이다.[4] 이 철학은 양자택일적으로 본질적 고난 불가능성과 고난의 숙명적 종속밖에 모른다. 그러나 이에 대한 대안으로서 능동적이며 열정적인 사랑의 고난도 있다고 몰트만은 강조한다. 또한, 하나님이 고난을 받

주장한다. *Ibid*., 229. 니케아 신조의 교회 정치사적 성격과 그 변화에 대해서는 염창선, "아타나시우스와 니케아 신조(325): 신학적 교회 정치사적 입장 변화 연구," 「한국교회사학회지」 16집 (2005), 85-112 참조.

[3] 몰트만에 의하면, 사랑의 하나님은 자신의 생동감을 고난 가운데 입증한다. *The Trinity and the Kingdom*, 386. 하나님에 대한 성서의 최고 명제는 "하나님은 사랑이다(요일 4:8, 11 등)"는 것이다. *God in Creation*, 85. 과거에 에로스(*eros*)와 아가페(*agape*), 아모르(*amor*)와 카리타스(*caritas*), 감성적 사랑과 정신적 사랑 사이에 구분이 지어진 이유는 사랑의 적용이 구분되어야 하는 당위와 의도 때문이었다. 안더스 니그렌, 『아가페와 에로스』, 고구경 옮김 (고양: 크리스챤 다이제스트, 1998), 507. 여기에서 니그렌(Anders Theodor Samuel Nygren, 1890-1978)은 다음과 같이 말한다. "카리타스(*caritas*)는 위쪽으로 향하는 사랑이다. 쿠피디타스(*cupiditas*)는 아래쪽으로 향하는 사랑이다. 카리타스는 하나님에 대한 사랑이며, 쿠피디타스는 세상에 대한 사랑이다." 그러나 몰트만에 의하면, 이 구분은 하나님 체험과 사랑 체험을 분리시키고 사랑의 이중계명을 쪼개버리지만, 본래 이 계명은 하나님과 이웃을 포괄하는 하나의 사랑을 가리킨다. *The Spirit of Life*, 260. 몰트만에 의하면, 고대 그리스 이후로 에로스(*eros*)는 좁은 의미의 이성 간의 사랑에 국한된 것이 아니라 우주 안에 있는 "모든 사물들의 영적 교감"(sympathy)으로 불려졌다. 위르겐 몰트만, 『사랑과 정의의 하나님』, 김균진 옮김 (서울: 서울신학대학교 출판부, 2014), 37.

[4] *Jesus Christ for Today's World*, 44-45. 스토아 철학은 충동으로부터의 자유, 즉 무감정을 강조하는데 여기에서는 무감정을 통해서만 덕이 획득된다고 가르친다. *The Coming of God*, 60. 헤셸(Abraham Joshua Heschel, 1907-1972)에 의하면, 스토아 철학은 *homo apatheticus*(무감정의 인간)를 인간론의 이상으로 삼지만, 유대교와 기독교의 전통은 *homo sympatheticus*(공감적인 인간)를 인간의 특성으로 파악한다. *The Trinity and the Kingdom*, 26f.

을 수 없다면 그는 자신만 사랑할 뿐 타자는 사랑할 수 없을 것이지만,[5] 하나님이 타자를 사랑할 수 있다면 이는 하나님이 타자의 고난에 개방적이며 사랑으로 이를 극복함을 의미하기 때문에, 이러한 의미에서 하나님은 무감각하지 않고 열정적이며 자기 구분적인 사랑으로 세계의 고난에 대해 공감하는 것으로 받아들여진다.

오리게네스(Origenes, 185?-254?)는 사랑으로 고난당하는 하나님을 말한 최초의 신학자인데[6] 그에 의하면, 메시아 예수는 타자를 위해 대리적 고난을 당한다.[7] 이와 같은 대리적 고난은 메시아 예수가 겪은 고난의 특징이자 그가 당한 고난을 잘 표현하는 개념이다. 그는 메시아 고난을 죄인인 "우리를 위한" 또한 신음하는 "세계를 위한" 것으로 이해하는데, 메시아의 희생과 고난은 신약성서에서 하나님의 사랑의 사건으로 계속해서 강조된다.[8]

---

5 아리스토텔레스는 이러한 태도를 가리켜 끼리끼리 모이는 낡은 사회성이라고 부른다. *The Church in the Power of the Spirit*, 188. 그러나 이러한 배타적인 사귐이 타자를 품고 사랑하는 하나님의 사귐이 될 수는 없다고 몰트만은 비판한다. *The Source of Life*, 98.

6 *The Trinity and the Kingdom*, 23f. 오리게네스(Origenes)에 의하면, 우리는 하나님의 고난에 대해 말하는 그 순간부터 하나님을 삼위일체론적으로 말할 수밖에 없다. 다시 말해, 우리는 고난당하는 하나님에 대해 삼위일체론적이고 자기 구분적으로 이야기할 수밖에 없다. *Ibid*., 24-25. 오리게네스는 유스티니아누스(Justinianus, 483-565)에 의해 제5차 콘스탄티노플 공회(553년)에서 이단으로 정죄된다. 이에 대한 15개의 정죄 명목이 있지만, 이 정죄는 현대 오리게네스 연구에 의해 상당히 애매한 논리의 결과라고 판단되기 때문에, 근래에 오리게네스는 정통 신학자들 가운데 한 명으로 해석되는 경향이 우세하다. 박순경, "카톨릭 신학의 대립자, 오리게네스," 「기독교사상」 143호 (1970, 4), 98.

7 *The Church in the Power of the Spirit*, 74. 성서에 의하면, 타자(他者)가 대신해서 죄를 받는 경우는 다음의 세 가지로, 첫째, 이스라엘의 죄가 속죄 염소(아사셀, 레 16:8, 10)에게 옮겨지고 다시 그 염소의 죄가 보내진 광야로 옮겨지는 경우이며, 둘째, 백성의 죄가 그를 대신하는 "고난받는 종"에게 옮겨지는 경우이고, 셋째, 믿음 가운데 온 인류의 죄가 예수 그리스도의 십자가 사건에서 씻김 받는 경우이다. *The Spirit of Life*, 134.

8 *The Church in the Power of the Spirit*, 95.

메시아 고난은 세계를 향한 하나님의 열정적 사랑을 계시한다.[9]

몰트만에 의하면, 사랑은 선의 자기 전달이자 자기 헌신이며,[10] 모든 자기 전달이 그렇듯 사랑도 나와 남의 구분을 전제하는 동시에 동일화의 능력도 가진다. 하나님이 세상을 사랑한다(요 3:16)는 명제는 이러한 자기 구분과 자기 동일화의 능력이자 세계에 대한 하나님의 자기 전달로서의 사랑을 지시한다.[11]

하나님의 사랑을 받는 세계는 하나님과 무관하지 않고 오히려 하나님의 정열적 관심의 대상이다.[12] 하나님이 세계에 영향을 미치는 방식과 동일하게는 못하지만 세계도 자신만의 방식으로 하나님에게 그렇게 하며, 이렇게 하나님과 세계는 서로 자기 방식대로 영향을 주고받는다. 하나님이 사랑(요일 4:8)이라면, 그는 흘러넘칠 뿐만 아니라[13] 타자의 사랑을 필요로 한다.

무감정의 하나님(*Deus apatheticus*) 이해를 거부하는 헤셸(Abraham Joshua Heschel, 1907-1972)에 의하면, 구약성서에 계시된 하나님의 정열(*pathos*)

---

9 *The Spirit of Life*, 299. 몰트만에 의하면, 이 고난의 역사는 골고다 십자가의 길에 한정되지 않는데, 왜냐하면 메시아 예수의 대리적 고난은 그의 치료 사역에서도 잘 드러나기 때문이다. "이는 선지자 이사야를 통하여 하신 말씀에, 우리의 연약한 것을 친히 담당하시고 병을 짊어지셨도다 함을 이루려 하심이더라"(마 8:17). 메시아의 치료 능력은 초능력이 아닌 이 대리적 고난에 있다.

10 *The Church in the Power of the Spirit*, 57.

11 몰트만에 의하면, 성육신 사건은 세계에 대한 하나님의 사랑, 즉 하나님의 완전한 자기 전달이다. *The Trinity and the Kingdom*, 116. 자기 전달은 고독한 주체만 있는 환경에서는 있을 수 없다. 그러나 하나님이 사랑이라면, 그는 사랑하는 자이며 사랑받는 자요, 또한 사랑 자체임을 의미한다. *Ibid*., 57.

12 *Ibid*., 99.

13 여기에서 몰트만 성령론의 "신플라톤주의적 유출" 개념이 암시되는데, 이 개념은 하나님이 피조물 가운데에서 영광을 받고 피조물은 성령과 함께 "신격화"(deification) 됨을 지시한다. *The Spirit of Life*, 177.

은 그의 자유를 드러내는데[14] 하나님은 이스라엘 역사에 적극적이고 정열적으로 참여함으로써 그들과 자유로운 사귐을 가진다. 고대 그리스의 완전하고 움직이지 않는 신 이해와는 달리, 구약성서에 계시된 야웨 하나님은 세상에 대한 부동적인 입장이 아니라 절대적 자유 가운데 하나님의 백성의 역사에 주도적으로 개입하는 역동적인 입장을 취한다.

이스라엘의 제의와 신학에 의하면, 자신의 계약 백성을 사랑하는 하나님은 그들의 계약 파기로 인해 상처를 입는다.[15] 이스라엘의 계약 파기 이후 구약성서에 나타나는 하나님의 분노는 다름 아닌 하나님의 상처받은 사랑으로서,[16] 하나님은 불성실한 백성으로 인한 불의와 "폭력"을 당하면서도 그들을 여전히 사랑한다. 여기에서 하나님의 사랑은 자신에게 주어진 고난을 "극복함으로써" 자신의 분노를 극복해야 하는 성격을 가진다고 몰트만은 주장한다.

성서에서 하나님은 때로 "소멸하는 불"로 묘사되며(신 4:24),[17] "열정

---

14   *The Trinity and the Kingdom*, 25–26. 몰트만에 의하면, 움직일 수 없는 무감각의 하나님은 인간 자유의 근거가 될 수 없는데, 왜냐하면 하늘에만 있는 절대 군주는 땅의 자유를 원하지 않기 때문이다. 그러나 세계에 대한 정열 가운데 고난당하는 하나님은 인간에게 자유를 부여할 수 있다. *Ibid*., 218.

15   *The Spirit of Life*, 133–134. 계약은 본질적으로 당사자 둘 사이에 이뤄지는 쌍방의 성격을 가진다. 발터 아이히로트, 『구약성서신학』 1권, 박문재 옮김 (서울: 크리스찬 다이제스트, 1994), 36 참조.

16   몰트만에 의하면, 하나님의 분노라는 표현은 신인동형론(anthropomorphism)이 아니라 하나님의 정열(*pathos*)을 묘사한다. 하나님의 분노는 자신의 백성에 의해 상처받은 하나님의 사랑이며, 사랑은 하나님의 분노의 원천이며 근거이다. 분노는 하나님이 여전히 하나님의 백성을 사랑하고 있음을 말하는데, 왜냐하면 사랑의 반대는 분노가 아니라 무관심이기 때문이다. 물론, 분노와 사랑은 동일한 가치를 지니지 않는데, 왜냐하면 "그의 분노는 잠깐"이기 때문이다. 요나서가 말하는 바와 같이, 사랑의 하나님은 죄인이 회심할 때 자신의 분노를 거둔다. 하나님은 자신의 백성에 대한 사랑과 정열로 인해 고난을 당한다. *The Crucified God*, 271–272.

17   *The Spirit of Life*, 279–280.

적인" 하나님으로서 그의 분노는 불과도 같다(시 79:5; 89:46; 습 1:18; 히 12:29). 하나님이 "불길"로 일컬어질 때 이것은 그의 분노를 가리키지만, 이 분노는 사랑의 반대가 아니라 상처받은 사랑을 의미한다. 하나님의 정열과 사랑은 불성실한 백성들 앞에 분노로 표현되지만, 그들의 죄악으로 인해서도 치명적인 분노로까지 변하지는 않는다고 몰트만은 언급한다.

2) 하나님의 자기 구분적인 사랑

초대 교회는 시리아(Syria)의 단성론자들에 반대하여[18] 하나님은 고난당할 수 없다는 입장을 취하며,[19] 몰트만도 피조물이 병과 고통과 죽음에 노출되어 고통당하듯이, 하나님이 그렇게 고난을 당한다고 생각하지는 않는다.[20] 그렇다고 해서, 하나님이 어떠한 경우에도 고난을 당하지 않는다는 것은 아닌데, 그 이유는 몰트만에 의하면, 사랑의 하나님은 자기 구분 가운데 세계의 재난에 자신을 개방하며 사랑의 힘으로 그것을 극복

---

18 몰트만에 의하면, 시리아의 성부수난설(Patripassionanism)은 "한 분 하나님"에 대한 오해 때문에 발생한다. "아버지는 자기 자신을 아들로 만들었다. 그리하여 아버지 자신이 육으로 나타나 고난을 당하였고 죽었으며 자기를 부활시켰다." 이 문장은 예수 그리스도 구원 역사의 주체를 삼위일체 하나님이 아닌 "한 하나님"으로 오해한 결과이다. *The Trinity and the Kingdom*, 135 참조.

19 *The Crucified God*, 229–230. 초대 교회는 절대자 하나님은 죽을 수도, 변화될 수도, 고난받을 수도 없다고 전제하면서 하나님에 대한 질문을 인간의 한계 상황과 불멸성의 희망 가운데 출발한다. *Ibid.*, 88.

20 우리가 기독교신학에 나타나는 "무감정의 공리"를 재고할 때, "무감정"은 현재의 무감각이나 무관심과 같은 병의 징후가 아니라, 세계에 대한 하나님의 우월성이라고 생각할 수 있다. *Ibid.*, 269. 몰트만에 의하면, 기독교신학은 "무감정의 공리"에 대한 동경을 하나님의 자유와 구원받은 인간의 해방을 인식하기 위한 전제로서만 받아들일 수 있다. *Ibid.*, 274–275. 몰트만의 공감 이해 혹은 공감론에 대해서는 신문궤, "공감의 학제적 담론에서 공감 신학의 실천으로," 「신학과 실천」 52호 (2016, 11), 847–850.

하기 때문이다.[21]

기독교신학이 고대 그리스 철학의 영향 가운데 형성된 이래, 사람들은 예수 그리스도의 비밀을 고대 그리스적 신 이해에서 풀고자 하여[22] 하나님의 본질이 고대 그리스 철학이 말하는 신적 속성으로서의 영속성, 불변성, 고난 불가능성 등으로 이해되었다. 이로 인해, 예수 그리스도 안에서 발생한 삼위일체 하나님의 구원 사역이 온전히 설명될 수 없었다.[23]

이에 반해 신약성서에 의하면, 아버지는 사랑하는 아들이 십자가형을 당할 때에 아무런 고난과 고통을 당하지 않은 것이 아니라, 아들이 버림 당함으로 인해 자신의 영 가운데 신적 고난을 당한 것이다.[24]

성서에 의하면, 아버지가 아들을 내어준 십자가 사건은 삼위일체 하나님의 자기 구분적인 사랑을 계시한다.[25]

첫째, 로마서 8장 32절과 갈라디아서 2장 20절은 예수 그리스도의 버림 당함을 하나님의 자기 구분적인 내어줌으로, 그리고 이 내어줌을 하나님의 사랑으로 표현한다.

둘째, 같은 맥락에서 요한복음은 이에 대해 "하나님이 세상을 이처럼 사랑하사 독생자를 주셨으니, 이는 그를 믿는 자마다 멸망하지 않고 영생을 얻게 하려 하심이라(요 3:16)"고 증언한다.

---

21 하나님은 세계를 향한 사랑에서 자기 자신으로 존재하기 때문에, 그 사랑 가운데에서 완전히 자유롭다. *The Trinity and the Kingdom*, 54-55.
22 *Theology of Hope*, 140.
23 몰트만에 의하면, 삼위일체 하나님의 본질은 십자가 사건에서 파악되어야 하는데, 왜냐하면 그래야만 십자가에 달린 예수 그리스도의 신비가 온전히 드러날 수 있기 때문이다. *The Crucified God*, 190. 김균진 박사에 의하면, 십자가 사건을 전통적인 양성론이 아니라 삼위일체론적으로 해석하는 몰트만 신학은 바르트 삼위일체론을 적극적으로 전개하면서 그 뒤를 따르는 성격을 가진다. 김균진, "몰트만의 생애와 사상," 27-28.
24 *The Crucified God*, 192.
25 *Ibid.*, 244.

셋째, 요한일서는 십자가 사건 안에서 하나님의 실존을 발견하여 "하나님은 사랑"(요일 4:16)이라고 선언한다.

초대 교회는 성서의 기록대로 십자가에서 처형당한 예수 그리스도를 아들 하나님으로 고백하면서 하나님의 고난을 선포함에도 불구하고, "무감정의 공리"를 고집한다.[26] 이것은 하나님의 본질적인 고난 불가능성을 통해 죽음과 허무에 지배당하는 피조물과 하나님을 구분하기 위함이며,[27] 또한 "영원하고 고난당하지 않는" 하나님에 의해 구원받은 인간에게 불멸성과 고난 불가능성을 보장하기 위함이다. 이러한 논리는 본질적인 고난 불가능성과 고난에 대한 숙명적 복종이라는 두 가지 형식만을 알지만, 몰트만은 고난에 대한 또 다른 방식으로 자발적 고난으로서 삼위일체 하나님의 사랑의 고난이 있다고 주장한다.

몰트만에 의하면, 지금까지 기독교 신론의 기본 개념은 고난이 아닌 "무감정의 공리"였다.[28] "무감정의 공리"가 강하게 주장될수록 고난당한 예수 그리스도와 절대자 하나님이 일치하는 가능성은 점점 희박해지는데, 왜냐하면 하나님이 고난당할 수 없다면 예수 그리스도의 고난은 단순한 인간적 비극으로 끝나버리기 때문이다. 이와 같이 예수 그리스도

---

26 *The Trinity and the Kingdom*, 23.
27 몰트만에 의하면, 저항론적 무신론자들은 이러한 주장에 대해 강력히 반발하는데, 왜냐하면 그들은 무고한 어린이조차 고난당하는 현실에 대해 "입장표를 반납하기를"(도스토예프스키[Fyodor Mikhailovich Dostoevskii], 1821-1881) 원하기 때문이다. 저항적 무신론자들은 불의하고 불합리한 세계 가운데 하나님의 얼굴이 아니라 무(無)를 인식한다. *The Crucified God*, 219-220. 그 이유는 뷔히너(Georg Büchner, 1813-1837)에 의하면, 고난이 무신론의 기반인데 고난의 문제는 "건강한 세계"를 주장하는 모든 유신론을 파괴하기 때문이다. *The Trinity and the Kingdom*, 48.
28 *Ibid*., 43 이하. 여기에서 예외가 있다면 루터(Martin Luther, 1483-1546) 정도인데, 그는 상호소통성 혹은 상관의 원리에 입각하여 그리스도의 고난과 하나님의 고난 사이에는 논리적 필연성이 존재한다고 주장한다. 파울 틸리히, 『파울 틸리히의 그리스도교 사상사』, 313-317 참조.

의 고난이 인간학적으로 제한될 경우 하나님은 침묵하고 사랑받지 못하는 하늘의 권세자로 머물게 되지만,[29] 이러한 이해는 삼위일체론적 하나님 이해와 충돌을 일으키기 때문에 신론의 기본 개념은 "무감정의 공리"가 아닌 하나님의 열정과 자기 구분적인 사랑에서 출발해야 한다.[30]

몰트만에 의하면, 오직 자신만 사랑할 수 있는 자는 고난을 당할 수 없는데,[31] 왜냐하면 그는 아픔과 감정이 없는 무감각한 존재일 것이기 때문이다. 그러나 메시아 예수가 당한 십자가 고난은 타자를 위한 사랑의 사건으로서, 여타의 다른 고난을 당하는 이들에게도 고난에 맞서는 힘을 부여하여 그들을 치료한다.[32] 헤겔(Georg Wilhelm Friedrich Hegel, 1770-1831)은 이것을 가리켜 "죽은 것을 움직일 수 있는 힘," 정신의 변증법적 힘

---

[29] 베르쟈예프(Nikolai Berdyaev, 1874-1948)는 고대 그리스 철학의 추상적이고 합리주의적인 일원론을 공격하는데, 왜냐하면 이 일원론은 신적 본질을 모순적인 차안 바깥에 존재하는 움직이지 않는 피안의 성격으로 파악하기 때문이다. 그러나 베르쟈예프에 의하면, 이 주장은 그 자체가 모순인데, 왜냐하면 운동성이 없는 신성을 통해 움직이는 세계가 탄생했다고 생각될 수 없기 때문이다. *The Trinity and the Kingdom*, 43-44. 아리스토텔레스(Aristoteles)의 『형이상학』 12권에 의하면, 신성은 하나이고 분리될 수 없고 고난을 당할 수도 없으므로 완전하다. *Ibid.*, 194. 몰트만에 의하면, 하나님의 본성으로서 운동성을 부정하는 자는 삼위일체론을 부정하고 결국 모든 기독교 신앙도 부정하게 될 것이다. 그러나 기독교의 비밀은 다름 아닌 예수 그리스도의 고난에 대한 인식과 여기에서 파생된 삼위일체 하나님의 인식이라는 점에서 "무감정의 공리"는 재고되어야 한다. *Ibid.*, 45.

[30] 고난이라는 단어에는 단순히 고난만이 아니라 열정이라는 뜻도 담겨져 있는데, 기독교 신앙의 핵심은 이 두 가지 의미로 충분히 전달 가능하다고 몰트만은 언급한다. *Jesus Christ for Today's World*, 44.

[31] *The Crucified God*, 250-254.

[32] 특히, 십자가 형틀에서 부르짖은 예수 그리스도의 충격적 외침(막 15:34)은 특별한 치료 기능을 가지는데, 왜냐하면 이것은 자신의 진실한 상황을 표현한, 많은 고난당하는 자들이 함께 부르짖을 수 있는 외침이기 때문이다. *Jesus Christ for Today's World*, 34-35. 십자가에서 고난당한 예수 그리스도는 우리가 고난당한 것에 대해 외치토록 한다. *The Church in the Power of Spirit*, 274.

이라고 부르는데 청년 헤겔은 이것을 사랑이라고 부른다.

초기 랍비 학파 이론과 카발라(Kabbalah) 해석에는 하나님의 자기 구분적인 사랑과 정열(*pathos*)이 "하나님의 쉐키나"(*shekinah*) 형태로 등장한다.[33] "하나님의 쉐키나" 표상은 세계에 대한 정열로 인해 고난당하는 하나님의 이미지를 잘 드러내는데,[34] 전능한 하나님은 자기 구분적인 쉐키나를 통해 세상 끝까지 자신을 낮춘다. 여기에서 하나님은 하늘 보좌에 앉아 있지만, 동시에 과부와 고아와 같은 눌린 자들과 함께 낮은 곳에 거하는 것으로 받아들여진다.

로젠츠바이크(Franz Rosenzweig, 1886-1929)에 의하면, 쉐키나를 통한 하나님의 고난의 길은 오디세이(Odyssey)에 비교될 수 있다.[35] 자신의 쉐키나를 통해 이스라엘과 함께 고난당하는 하나님에 대한 사고는 이스라엘의 구원과 함께 하나님의 구원도 필연적으로 존재한다는 대담한 생각으로까지 연결되는데,[36] 여기에서 하나님의 구원은 영원한 하나님이 자

---

33 *The Trinity and the Kingdom*, 27. 하나님의 자기 비하에 대한 랍비 학파의 전통적인 해석은 하나님과 그의 쉐키나, 그리고 하나님과 그의 영을 구분하며, 랍비 시대의 유대교는 하나님 안에 있는 이러한 두 가지 인격적 사고를 발전시킨다. *The Crucified God*, 274. 아버지와 아들과 성령의 상호 작용에 대한 기독교의 삼위일체적 표상은 유대교의 쉐키나 이론과 의 정신적 유대 속에서 생성되었다고 몰트만은 주장한다. *The Coming of God*, 335-336. 그러나 쉐키나 이론과 기독교신학은 예수 그리스도의 성육신 이해에서 결정적인 차이를 보인다. 또한, 기독교신학이 쉐키나 이론에 대해서 기여한 점도 있는데, 세계를 자신과 화해시킨 하나님이 예수 그리스도 안에 존재한다고 선포한 내용이다(고후 5:19). *Ibid.*, 305-306.
34 *The Spirit of Life*, 48f.
35 *Ibid.*, 49.
36 로젠츠바이크(Franz Rosenzweig)에 의하면, 하나님은 창조자와 계시자라기보다 이들보다 훨씬 더 강한 의미로 구원자인데, 왜냐하면 하나님은 인간과 세계의 구원만이 아니라 자신의 구원까지 수용하기 때문이다. Franz Rosenzweig, *The Star of Redemption*, trans. Barbara E. Galli (Syracuse: Syracuse University Press, 2005), 256. 데카르트(René Descartes, 1596-1650)가 사고하는 자아의 의심 불가능성에서 출발하는 것과

신의 쉐키나와 하나가 되는 것으로 이해되며, 이것은 하나님이 만유 가운데 만유의 주가 될 종말론적 영광(고전 15:28)에 대한 기독교 희망의 표지와 동일하다고 몰트만은 강조한다.[37]

몰트만에 의하면, 유대교 신비주의에서 하나님의 쉐키나는 신격화되기도 하고 인격화되기도 하는데,[38] 이와 같이 하나님의 쉐키나에서 하나님의 속성만이 아니라 인격도 발견된다면,[39] 하나님 안에 있는 자기 구분은 인정될 수밖에 없다. 쉐키나가 하나님으로부터 소외되어 있다가 종말론적 구원 사건을 통해 하나님과 결합한다면, 이 "하나님의 소외"로서의 쉐키나는 하나님의 자기 낮춤에 근거하고, 하나님은 "하나님의 자유"

는 달리, 로젠츠바이크는 죽음의 공포 앞에서 두려워하는 인간의 절규에서 출발한다. 로젠츠바이크의 역작으로서 『구원의 별』(*Der Stern der Erlösung*, 1921)은 제목이 지시하는 바와 같이 궁극적으로 구원을 제시한다. 김영옥, "유대교적-독일 철학의 한 문맥: 헤르만 코헨, 프란츠 로젠츠바이크, 게르숌 숄렘 그리고 발터 벤야민을 중심으로," 「브레히트와 현대연극」 2집 (1996), 19.

37 *The Trinity and the Kingdom*, 29. 다윗이 쉐키나의 장소인 법궤를 다윗성으로 가져오고 그 아들이 성전을 지어 법궤를 안착시키자, 하나님의 쉐키나는 성전에 거한다. 몰트만에 의하면, 하나님의 쉐키나는 포로기와 예수 그리스도 당시 그리고 그 이후를 거치면서 자신의 범위를 만유로까지 확장하는 것으로 이해된다. 『신학의 방법과 형식』, 100 참조.

38 *The Trinity and the Kingdom*, 28-29.

39 몰트만에 의하면, 야웨의 루아흐(*ruach*), 즉 하나님의 영은 쉐키나 표상과 관계한다. *The Spirit of Life*, 47. 쉐키나에 대한 유대교의 신비주의적 이해와는 달리, 몰트만은 쉐키나를 하나님의 속성이 아니라 하나님 안에서 구분되는 하나님의 현존이라고 파악한다. 몰트만에 의하면, 쉐키나는 하나님의 본질적이고 보편적인 임재가 아니라, 세계 안에 있는 하나님의 특별하고 약속된 현존으로서 특수한 시간과 공간 안에 현존하는 하나님 자신을 의미한다. 쉐키나는 현존하는 하나님이지만, 이 현존은 하나님의 영원과는 구분된다. *Ibid.*, 48. 이스라엘의 초기 전승은 야웨의 루아흐를 "한 번 밖에 없으며 한 행위로 제한된 하나님의 활동"으로 파악한 반면, 포로기와 포로기 이후의 전승은 하나님의 모든 사역이 하나님의 영에 의한 것으로 이해한다. 이로써 야웨의 루아흐는 시온(zion) 바깥에서도 존재하는 하나님의 현존과 쉐키나를 나타내는 용어가 되고, 이스라엘은 성전 파괴 후에도 하나님이 역사 가운데 자신들과 함께 현존한다는 위로를 받는다. *Ibid.*, 54-55.

가운데 자신과 구분된 창조 세계와 관계하는데,[40] 이 "하나님의 자유"가 하나님의 자기 구분의 근원적 기초이다.[41]

몰트만에 의하면, 하나님은 자기 구분적인 사랑 때문에 자신을 낮출 수 있고 자기 백성 가운데에서도 존재할 수 있지만,[42] 하나님은 이 자기 구분적인 사랑 때문에 자신으로 존속할 수도 있다.[43] "하나님의 쉐키나"가 시간적이고 공간적인 하나님의 현존이라면, 그것은 하나님과 일치하면서 동시에 구분된다. 이러한 쉐키나의 특성을 가장 잘 표현해 주는 말이 헤겔적인 표현으로서 "하나님의 자기 구분"[44]이며, 이 "하나님의 자기 구분"

---

40 *The Trinity and the Kingdom*, 30. 부버(Martin Buber, 1878-1965)에 의하면, 하나님 자신으로부터 소외되고 세계 가운데 고난을 당하는 하나님의 쉐키나는 종말에 모든 피조물 가운데 내주할 것이다. *The Spirit of Life*, 50.

41 몰트만에 의하면, 여기에 사용된 자유 개념은 유명론(nominalism)적이지 않는데, 왜냐하면 지배와 힘만을 의미하는 유명론적인 자유 개념하에서는 지배자만이 자유롭고 피지배자들은 자유롭지 못하기 때문이다. 이에 반해, "하나님의 자유"에 등장하는 개념은 사귐의 언어에서 유래하는데, 여기에서 자유는 지배와 종속이 아닌 교제의 차원을 가진다. *The Trinity and the Kingdom*, 56.

42 로젠츠바이크에 의하면, 본래 성전 신학에서 유래하는 하나님의 자기 구분으로서의 쉐키나를 통해, 하나님은 하나님의 백성에게 자유를 허용할 뿐만 아니라 그들과 함께 하고자 한다는 것이 밝혀진다. *The Coming of God*, 333. 역사적으로 예루살렘 성전(Temple of Jerusalem)이 파괴되고 이스라엘 백성 중 일부가 포로로 유배되면서, 하나님이 유배당하는 백성과 그의 쉐키나를 통해 동행한다는 이론이 힘을 얻는다. 여기에서 유배당하는 하나님의 쉐키나가 그의 백성과 함께 예루살렘으로 돌아가리라는 기다림이 등장하는데, 그 기다림은 하나님이 그의 백성을 구원하여 고국으로 그들을 인도할 때에 하나님의 쉐키나도 고국으로 돌아간다는 것이다. *The Spirit of Life*, 47-48.

43 *Ibid.*, 49.

44 *Ibid.* 몰트만에 의하면, 하나님과 하나님의 쉐키나가 구분되지 않는다고 가정될 경우, 하나님의 자기 구원에 대한 이 표상은 이상해진다. 그러나 하나님의 백성의 고난 가운데 함께 고난당하는 하나님의 자기 구분적인 내주가 하나님의 쉐키나의 의미이다. *The Church in the Power of the Spirit*, 149. 쉐키나에 대한 두 가지 상이한 이해가 있는데, 첫째, '현재 장막(tabernacle)으로 내려옴—장막에서 하늘로 올라감—종말에 다시 내려감'이며, 둘째로는 '패배—유배(exile)—유배에서의 쉐키나의 구원'이다. *The Coming of God*, 304. 쉐키나 표상은 하늘 보좌에 있는 동시에 백성 한가운데 거하는 하나님의

은 하나님 안에서 구분하는 하나님과 구분되는 하나님, 자기를 내어주는 하나님과 내어줌을 받는 하나님 사이의 차이를 인정하게 하고, 이와 함께 한 하나님의 주권과 정체성도 말할 수 있게 하는 장점을 가진다.

2. 구원자 하나님과 고난당하는 세계와의 연대성

몰트만은 하나님의 고난 불가능성을 거부하고 "공명의 하나님"을 내세우면서 무엇을 얻고자 하는가?

간단히 말해서, 하나님의 고난 가능성은 하나님과 고난당하는 피조물 사이의 연대를 목표로 한다.

첫째, 이 목표는 "죄인들"과 연대하며 그들의 형제가 되는 예수 그리스도를 상기시킨다. 예수 그리스도는 공생애 가운데 "죄인들"과 함께하며 그들의 형제가 되지만, 그는 "타자를 위한 존재"(본회퍼[Dietrich Bonhoeffer], 1906-1945)로서 모든 죄인을 십자가 사건을 통해 구원한다.

둘째, 메시아적 구원 세계로서 "새 하늘과 새 땅"을 기대하며 신음하는 피조물과 함께하며 그들의 탄식을 듣는 성령이 제시된다. 고난받는 세계의 신음과 탄식은 종말론적 전조로도 이해될 수 있는데, 여기에서 하나님은 단순히 신앙 공동체나 고난당하는 인류만이 아니라 모든 신음하는 피조물과 연대하고 그들을 구원하는 존재로 제시된다.

셋째, 신앙 공동체의 역사에서 고난은 구체적으로 순교의 형태로 나타났기 때문에, 신앙 공동체는 순교자들을 기억하며 그들과 연대해야 함

자기 구분적인 임재를 나타낸다. 그러나 자기 구분적인 쉐키나가 하나님의 편만한 임재의 감소를 의미하는 것은 아니라고 몰트만은 주장한다. *God in Creation*, 303.

이 전개된다. 현실에서 죽음보다 더 큰 고난은 없기 때문에 강제적으로 죽임을 당한 순교자는 가장 큰 고난을 당한 자인데, 교회는 선교 공동체이자 고난당하는 세계와 연대하는 하나님의 백성으로서 마땅히 희생자들을 기억하고 그들과 연대해야 한다.

여기에서는 하나님과 피조물과의 연대성을 계시하는, 죄인들과 함께하는 메시아 예수, 신음하는 세계의 탄식을 듣는 성령, 마지막으로 메시아의 고난에 생명을 바치면서까지 동참한 순교자들과 그들을 기억함으로써 희생자와 연대하는 선교 공동체로서의 교회가 고찰된다.

1) 죄인들과 함께하는 메시아 예수

몰트만에 의하면, 성서의 증언대로 하나님이 예수 그리스도 안에 있다면(요 14:9-11 등) 예수 그리스도는 자신과 교제한 이들에게 하나님과의 사귐을 가져다주는 자이다.[45] 예수 그리스도는 하나님의 사랑 가운데 고난당하는 비천한 자들의 형제가 되기 위해 그들이 처한 비하와 소외의 현실 가운데로 들어간다. 예수 그리스도는 기적만이 아니라 눌린 자들이 받는 상처와 고난에 동참함으로써 그들을 돕는다. 본회퍼가 말한 바와 같이, "오직 고난당하는 하나님만이 도울 수"[46] 있고 어떤 고난도 하나님과 우리의 관계를 단절시킬 수 없다.[47] 예수 그리스도는 죄인들의 형제

---

45 *Jesus Christ for Today's World*, 38-40.
46 이것은 본회퍼(Dietrich Bonhoeffer)가 히틀러(Adolf Hitler, 1889-1945)를 암살하려던 계획이 발각되어 사형 선고를 받고 감옥에 갇혔을 때의 체험들 가운데 나온 표현이다. 박봉랑, "고난받는 하나님," 「기독교사상」 237호 (1978, 3), 41.
47 몰트만에 의하면, 예수 그리스도가 "우리와 함께하는 하나님"(임마누엘), 다시 말해 버림 당한 이들과 함께하는 존재(롬 8:31 이하)라는 사실로 인해 다음의 이중적 확실성이 나타난다. 즉 첫째, 아무 것도 우리를 하나님의 사랑에서 끊을 수 없다는 것으로서,

이며, 그리스도의 하나님은 죄인들과 연대하는 사랑의 하나님이다.

메시아 예수는 자기 소외를 통해 비천한 자들과의 연대를 성취하는데,[48] 모든 자기 소외는 언제나 비동일성의 모험을 내포한다고 몰트만은 주장한다. 인간은 자기 소외를 통해 과거의 자아를 포기하며 이로써 새로운 자아에게로 나아갈 수 있다. 메시아 예수는 누구든지 자기 목숨을 간직하고자 하는 자는 잃을 것이고, 누구든지 메시아를 위해 자기 목숨을 버리는 자는 얻을 것이라고 종말론적으로 선포한다(막 8:35).

몰트만에 의하면, 메시아 예수의 자기 소외 혹은 자기 포기와 무관한 하나님과 인간과의 직접적인 관계는 기독교적으로 존재하지 않는다.[49] 기독교신학은 그리스도 중심적으로 다시 말해, 삼위일체론적으로 생각할 수밖에 없는데 하나님은 자신의 영 가운데 예수 그리스도 안에 있었고(요 14:9 이하 등), 이것은 죄인들과 하나님 없는 자들이 하나님과 사귐을 갖기 위한 유일하고 충분한 전제가 된다.

예수 그리스도는 죄인과 세리에 대한 자신의 태도에서 자신이 누구이며 하나님이 어디에 있는지를 드러내는데[50] 먼저, 증인들을 통해 예수는

우리는 예수 그리스도로 인해 하나님의 확실한 사랑 가운데 삶을 누릴 수 있다. 둘째, 독생자의 목숨까지도 우리에게 준 하나님은 우리에게 만물까지 선사한다고(롬 8:32, 38 이하) 약속하는데, 이 약속으로 인해 우리에게는 현재의 세계만이 아니라 종말의 세계까지도 열려 있다는 것이 분명해진다. *The Church in the Power of the Spirit*, 95.

48 *The Crucified God*, 15–16. 몰트만은 "연대적 그리스도론"을 말하면서도 예수 그리스도와 그리스도인 사이의 질적인 차이를 간과하지 않는데 그에 의하면, 예수 그리스도의 십자가와 그리스도인이 스스로 짊어져야 할 십자가 사이에는 질적인 차이가 있으며 이는 결코 무시될 수 없다. *Ibid.*, 64.

49 *Ibid.*, 275–276. 이로 인해, 예수 그리스도의 하나님을 "이교도와 철학자들의 하나님"(파스칼[Blaise Pascal], 1623–1662)과 분리하는 것이 가능하다고 몰트만은 주장한다. *Ibid.*, 215f.

50 『그리스도가 계신 곳에 생명이 있습니다』, 9–10. 자기 동일성은 타자를 향한 자기 소외와 이로 인한 타자와의 연대성을 통해서만 규정될 수 있다고 몰트만은 강조한다.

메시아이며 잃어버린 백성을 찾으러 온 하나님의 아들임이 선포된다. 또한, 하나님은 잃어버린 자들을 찾기 위해 자기 구분적인 사랑 가운데 죄인들과 함께 고난을 당하면서 그들과 연대한다는 것이, 메시아 예수의 낮은 자들과의 연대 행위를 통해 밝혀진다.

몰트만에 의하면, 메시아 예수는 하나님의 은혜의 법을 죄인들에게 가져 옴으로써[51] 죄인들과 세리들의 친구가 된다. 이러한 그와 당시의 종교 지도자들 사이에는 논쟁이 끊이지 않는데, 왜냐하면 메시아 예수로 인해 이른바 "의로운 자들과 불의한 자들," "선한 자들과 나쁜 자들" 사이에 갈등과 분열이 생겼기 때문이다.[52] 이 갈등과 분열은 하나님의 의가 자신들 편에 있다고 주장하고 자신들의 가치 체계를 관철시키고자 하는 이른바 "의로운 자들, 선한 자들"의 무법 행위로 인해 발생하지만, 메시아 예수는 스스로를 가리켜 죄인을 위해 온 자, 의인이 아닌 죄인을 부르

The Crucified God, 17-18.
51 *The Way of Jesus Christ*, 112-113. 몰트만은 은혜의 원리를 다음과 같이 네 가지로 정리한다. 첫째, 은혜의 하나님은 우발적이고 창조적으로 행동하여 역사 안에 새로움을 창조하는데, 이로써 율법이 말하는 행위 원인과 결과 사이의 연관성이 깨진다. 왜냐하면 하나님에 의해 죄인에게 벌이 아닌 은혜가 내려지기 때문이다. 둘째, 하나님의 죄 용서는 벌의 집행 유예가 아니라, 율법이 지향하는 인과율을 무능하게 하는 것이다. 셋째, 은혜는 악한 행위의 마지막에 심판이 숨어 있지 않음을 지시한다. 넷째, 은혜의 원리는 인격과 행위를 질적으로 구분하는데, 왜냐하면 하나님은 악인의 행위를 판단하지만 그의 인격은 용서하기 때문이다. 하나님의 은혜로 죄인의 인격은 더 이상 자신의 행위에 묶이지 않으며 자신의 행위에 따라 판단 받지 않는다. *The Coming of God*, 115-116.
52 몰트만에 의하면, 복음서에는 "죄인" 개념이 바울서신에서와 같이(롬 3:23 등), 신학적이고 보편적으로 아직 규정되어 있지 않으며, 다만 복음서에서 이 개념은 강자와 약자, 의인과 죄인, 바리새인과 세리 등의 개념의 쌍이 보여주듯 사회적 성격을 가진다. 예를 들면, 눅 18:9 이하의 비유가 나타내듯이 바리새인의 자기 의는 주관적 허영이 아니라 선의 소유를 의미한다. 소수의 소유가 다수를 가난하게 하듯, 선의 소유는 선인과 악인의 간격을 벌리고 악인을 더 악하게 만든다. 죄의 뿌리가 되는 인간의 소유욕과 권력욕에 대해서는 *The Source of Life*, 75-76 참조.

는 자라고 선포한다(마 9:13).

성서에서 메시아 예수는 그 누구도 배척하거나 배타적으로 대우하지 않는다. 오히려 메시아 예수는 사회적 죄인을 의롭게 함으로써 사회적으로 의롭다고 인정받는 이들까지도 구원하는데,[53] 왜냐하면 그는 "의인"을 사회적으로 인정받는 의인이 아니라 "의인"의 본질적 자아인 죄인으로 받아들임으로써 사회적 의인을 자기 기만적 의로부터 건져내기 때문이다. 메시아 예수에게 나타난 하나님의 사랑은 자복하는 "죄인"을 용서하고 "의인"을 옳게 판결함으로써, "죄인과 의인" 모두를 구원한다.

몰트만에 의하면, 혼인 잔치로서의 천국 비유(마 22:2-10)는 죄인들과 세리들에 대한 하나님의 죄 용서와 물질적인 하나님 나라를 결합한다.[54] 죄 용서와 하나님 나라에서의 먹고 마심은 누가복음 15장의 탕자 이야기와 마찬가지로 한 사건의 두 가지 성격을 나타낸다. 비유만이 아니라 실제로, 메시아 예수는 공생애 당시 차별받는 자들이나 고난받는 자들과 함께 메시아적 시대의 잔치를 선취적으로 벌이면서 죄인들을 향한 하나님 나라를 계시한다.[55]

또한, 복음서에 등장하는 수난 이야기는 인류의 구원을 위해 자신을 가장 비참한 수준으로까지 낮춘 예수 그리스도를 증언한다.[56] 이와 같이, 예

---

53 *Jesus Christ for Today's World*, 16.
54 *The Way of Jesus Christ*, 115. 비유는 약속된 것을 경험 영역 가운데 미리 앞당기는 기능을 가지고 있다. *God in Creation*, 62-63.
55 예수 그리스도는 아무런 조건도 달지 않고 모든 사람을 자신의 식탁 교제에 초대한다. 이것은 예수 그리스도가 식탁 교제와 하나님 나라를 연결시키기 때문이다. 김호경, "누가 공동체의 식탁 교제에 반영된 예수 이해," 「신학사상」 104집 (1999, 봄), 155.
56 *Jesus Christ for Today's World*, 65. 십자가 사건에 나타난 예수 그리스도의 사랑은 죄인들의 구원을 위해 존재한다. *The Spirit of Life*, 137 참조. 몰트만에 의하면, 메시아 예수의 수난 이야기는 로마 군인의 고문과 함께 시작하지 않고, 메시아가 제자들과 함께 예루살렘 여행을 결심한 순간에 시작한다. *The Trinity and the Kingdom*, 75. 메시아의

수 그리스도가 단순히 많은 사람들 가운데 한 사람이 아니라 메시아, 즉 이스라엘과 온 인류의 구원자라면 그의 수난 이야기는 그 자신을 넘어 구원자 하나님과 죄인들과의 연대성까지 지시하는 것으로 이해된다.[57]

복음서는 메시아의 수난 이야기를 심화되는 메시아의 자기 상실 사건으로 설명한다.[58]

첫째, 메시아가 로마 군인에게 체포당한 뒤 그의 제자들은 모두 뿔뿔이 도망치고, 이로써 메시아는 제자들의 선생으로서의 정체성을 상실한다.

둘째, 백성의 제사장은 메시아를 로마 군인에게 넘기는데, 이로써 그는 백성을 보호해야 할 제사장으로부터 보호를 받지 못하여 유대인으로서의 정체성도 상실한다.

셋째, 로마 총독 빌라도는 메시아를 판결하면서 그의 몸에 상처를 입히고 사형을 언도하는데, 이 판결로 인해 메시아는 로마 제국의 적이자 인류의 적으로 죽임을 당하여 인류 구원자의 정체성도 상실한다.

몰트만에 의하면, "하나님에게 버림받은" 사람은 누구나 이렇게 자기 상실을 깊게 체험한 메시아 예수를 인식함으로써, 위로받으며 자신을 용납하고 충만한 신적인 삶으로 인도될 수 있다.[59] 영원한 아들이 자신의 모든 고난과 죽음을 능동적으로 받아들이고 하나님도 이러한 그를 메시

고난은 그 자신의 결단 가운데 적극성을 가지는데, 왜냐하면 그것은 누구에 의해 강요되거나 우연적으로 발생한 것이 아니라 예수 그리스도 자신이 능동적이고 의도적으로 이룬 것이기 때문이다. 로마인이 아니라 메시아 자신이 이 고난에서 가장 주체적인 입장을 가진다. *The Spirit of Life*, 63. 그의 고난과 죽음에서 주체가 메시아 자신이라는 점에서, 그의 고난은 구원론적 의미를 가진다.

57 보쿰(Richard Bauckham, 1946-현재)에 의하면, 하나님의 고난을 전면에 내세우는 몰트만의 『십자가에 달리신 하나님』의 핵심 개념은 함께 고난당함으로 하나가 되는 사랑, 즉 연대이다. 보쿰, 『몰트만의 신학』, 146f.

58 *Jesus Christ for Today's World*, 36.

59 *The Spirit of Life*, 277.

아로 인정하였다면, 하나님은 온 인류의 삶 전체를 용납한 것이기 때문에, 온 인류는 믿음을 제외한 그 어느 조건이 없어도 충만하고 영원한 삶에 참여할 수 있다고 약속받는다. 메시아 예수는 많은 사람을 부유하게 하고 온 인류와 세계를 구원하기 위하여 "타자를 위한 존재"로서, 사람과 같은 모습으로 이 땅에 와 낮은 자들과 연대하며 비천한 상태로 십자가에 달린 자이다.[60]

교회는 하나님에게 죽기까지 순종하고 낮은 자들과 연대한 메시아의 모범을 따라 종의 모습을 가져야 한다고 몰트만은 주장한다.[61] 교회는 사회의 고난당하는 사람들 가운데 존재하며 그들과 함께해야 하는데, 예수 그리스도의 본을 따라 낮고 억눌린 자들과 연대하면서 그들에게 비천한 자와 함께한 구원자 메시아 예수를 전파하는 선교 공동체가 되어야 한다.

2) 신음하는 세계의 탄식을 듣는 성령

그리스도인은 성령을 체험함으로써 예수 그리스도를 주님으로 고백할 뿐만 아니라(고전 12:3 참조), 구원받지 못한 피조물의 깊은 탄식까지도 듣는다(롬 8:22-23).[62] 우리는 성령을 통해 참 생명을 깨닫듯, 성령을 통해 불행한 생명의 신음도 듣는다. 하나님이 보기에 좋다(창 1:31)는 세계에 대한 긍정은 오직 한 편에서만 가능한데, 왜냐하면 다른 한 편으로

---

60 *Ibid.*, 24-25.
61 *The Church in the Power of the Spirit*, 91-93. 복음서의 기록대로 메시아 예수가 두 강도들과 함께 십자가에서 처형되었다면, 이것은 그가 죽기까지 상실된 자들과의 연대 속에 있었음을 의미한다.
62 *The Source of Life*, 73. 성령은 주님만이 아니라 "살리는 어머니"라고도 칭해지기 때문에, 우리는 불법과 죽음으로 인해 신음하는 피조물을 살리는 성령의 도래를 기다릴 수 있다고 몰트만은 주장한다. *Ibid.*, 114.

세계의 고난과 신음이 현실에서 관찰되고 성서에서 말해지고 있기 때문이다. 현실 세계는 "자기 뜻이 아니요 오직 굴복케 하시는 이로 말미암아" 허무에 굴복하며, 이로 인해 모든 피조물은 탄식하며 종말론적 구원을 동경한다(롬 8:19-21).[63]

몰트만에 의하면, 로마서 8장의 "피조물의 탄식"은 생명 세계가 허무의 권세에서 해방되기를 희망한다는 것의 부정적인 표현인데,[64] 피조물이 탄식하며 소리치는 것은 인간과 자연 모두가 종말론적으로 허무와 죽음의 폭력적 지배로부터 해방되기를 희망하는 차원과 생태학적으로 자연이 인간의 폭력적 지배로부터 해방되기를 희망하는 차원 모두를 의미한다.[65]

성령 체험을 통해 이러한 두 가지 차원을 가진 "피조물의 탄식"의 의미가 파악될 수 있는데, 여기에서 중요한 것은 인간과 자연과의 교제와 생태학적 위기에 대한 인간의 적극적인 대처이다.[66] 현대의 인류는 그 시급성과 규모로 인해 더 이상 생태계 재난에 대해 무책임하고 무관심할 수 없고, 자연을 종말론적 새 창조를 기다리면서 고난 가운데 인류와 교제하는 구원 공동체의 일원으로 받아들여야 하며, 생태학적 위기에 적극적으로 대처해야 한다.[67]

---

[63] *God in Creation*, 39. 몰트만에 의하면, 현재의 피조물은 죄악으로 인해 더 이상 창조자 하나님 보기에 좋다고 인정받는 태초의 상태에 있지 않다. 자연은 더 이상 태초창조(*creatio originalis*)의 상태도 아니며 아직 영원한 새 창조(*creatio nova*)의 상태도 아니다. 피조물은 영원하고 새로운 세계를 바라보고 신음하며 새 창조의 봄을 기다린다. *The Source of Life*, 112-114.

[64] 피조물은 자신의 의도와는 상관없이 허무에 굴복되어 있다(롬 8:20). *The Coming of God*, 90.

[65] 창조 세계는 그 자체의 파괴 가능성과 함께 인간에 의해 자행되는 무자비하고 점진적인 파괴로 인해 고난당한다. *The Source of Life*, 111-112.

[66] Ibid., 120.

[67] 생태학(ecology)의 개념은 1866년 핵켈(Ernst Haeckel, 1834-1919)에 의해 도입되는데, 이는 "주어진 외부 세계에 대한 유기체적 관계를 다루는 학문"을 제시하기 위

고난으로 신음하는 피조물과 인간과의 연대는 예수 그리스도의 부활을 기뻐하면서 종말론적인 육체의 부활을 믿고 기대하는 것을 의미한다고 몰트만은 주장한다.[68] 종말에 성취될 육체의 부활과 새 창조에 대한 믿음은 고난당하여 신음하는 피조물과 인간과의 연대를 가능하게 하는데, 왜냐하면 인간은 종말론적 새 창조의 지평으로 인해 다른 피조물과 유대 관계를 맺을 수 있기 때문이다.[69] 새 창조의 메시아적 공동체[70]에 대한 하나님의 약속은 인간이 고난당하는 피조물과 연대를 갖도록 하는 가장 강력한 원동력이다.

몰트만에 의하면, 유대교와 기독교는 종말의 진통 이미지를 취하는데 이것은 종말론적 새 창조 직전에 고난이 발생할 것임을 의미한다.[71] 아기의 탄생이 산모의 고통과 직결되고 이 고통이 근심과 슬픔(요 16:21)에 결부된 것처럼, 종말의 고통과 슬픔도 새 창조 세계에 필연적이다. 허무 세력에 묶인 피조 세계가 구원을 간절히 원하며 외치는 신음(롬 8:19 이하)은 새 창조 세계를 위한 출생의 외침이고, 종말의 새 창조의 때에 영원한 기쁨으로(요 16:20) 변화될 출생 전의 고통스러운 외침이라 이해될 수 있다.

메시아 예수는 십자가와 부활 사건을 통해 인간 운명만이 아니라 사멸

해서였다. 오늘날 생태학은 인간에 의해 야기된 생태 변화는 물론, 인간 생태계까지도 포괄한다. 몰트만, "생태학," 「신학사상」 125집 (2004, 여름), 43-64 참조. 생태학적 위기에 대한 신앙적 대안의 반대편에 "에코-페미니즘"(Eco-Feminism)이 존재한다. "에코-페미니스트 신학"(Eco-Feminist Theology)은 창조 세계가 생태학적 위기에서 스스로를 구한다고 주장하지만, 이것은 기독교 정통 신학이 하나님의 구원이 필요한 세계를 말하는 것에 대립적인 입장일 뿐이다. Colin E. Gunton, "The Doctrine of Creation," Colin E. Gunton ed., *The Cambridge Companion to Christian Doctrine* (Cambridge: Cambridge University Press, 1997), 155.

68 *The Church in the Power of the Spirit*, 112-113 참조.
69 *The Way of Jesus Christ*, 272-273.
70 이에 대해서는 본서 6장 "메시아적 창조 공동체를 향한 새 창조의 하나님"을 참조하라.
71 *The Coming of God*, 229.

하는 모든 피조물의 운명에도 참여한다고 몰트만은 주장한다.[72] 다시 말하면, 메시아 예수는 허무에 예속되어 신음하는 모든 피조물과의 연대[73] 가운데, 모든 살아있는 생명을 구원하기 위해 십자가에서 그들 대신에 죽임을 당한다. 메시아는 허무와 죽음에 의해 고난당하는 모든 생명 세계와 연대하면서, 그들의 불행한 운명의 테두리를 끊는 십자가 구원의 죽음을 당한다. 세계 구원으로서의 새 창조는 이미 예수 그리스도의 부활로 시작되었으나, 아직 보편적으로 완성되지는 않았다.[74]

그러나 그리스도인은 이미 그리스도를 통하여 하나님과 평화 관계에 있기 때문에, 더 이상 평화 없는 현실 세계와 타협하지 않으며 파괴 세력에 구속당한 모든 피조물과 함께 탄식하며 장차 올 하나님의 영광을 바라본다.

몰트만에 의하면, 암울한 상황에 처한 사람이 구원을 희망하며 탄식만 해도 성령은 이미 그와 함께하면서 그를 위해 대신 간구하고 있다고 받아들여져야 한다(롬 8:26).[75] 파괴된 삶 가운데 구원의 하나님을 향하여 탄식하는 그리스도인의 간구는 성령에게서 비롯된 것이며, 그것 자체가 성령 임재의 표징이다. 노예 상태에 있는 피조물의 신음은 그 속에 거하는 성령에 의해 하나님에게 전달된다.[76]

---

72 *The Way of Jesus Christ*, 169-170.
73 몰트만에 의하면, 연대는 자유의 사회적인 면을 가리킨다. 왜냐하면 우리는 사회적 유대 관계를 오직 자유 가운데에서만 맺을 수 있기 때문이다. *The Spirit of Life*, 118.
74 *The Way of Jesus Christ*, 32. 롬 8:26에 의하면, 우리가 신음하는 세계 가운데 어찌해야 할 바를 몰라 침묵할 때 성령은 말할 수 없는 탄식으로 우리를 위해 간구한다. 하나님의 영광이 모든 피조물에게 온전히 나타나는 종말 이전에, 삼위일체 하나님은 피조물 안에서 그리고 피조물과 더불어 친히 고난을 당하면서 피조물을 위로한다. *The Source of Life*, 169.
75 『그리스도가 계신 곳에 생명이 있습니다』, 55.
76 *The Spirit of Life*, 76-77. 사람은 하나님의 구원이 체험될 때 깊은 곳에서 부르짖을 수

하나님을 향한 부르짖음은 그 자체로 신적인 성격을 가지는데, 왜냐하면 구원을 원하는 사람에게는 그를 보살피는 하나님의 힘이 숨어 있기 때문이다.[77] 탄식하는 성령 가운데 피조물과 함께 고난당하는 하나님은 [78] 세계의 희망이며, 이 희망은 창조주 하나님이 그의 피조물을 사랑하며 버리지 않는다는 사실을 확신시킨다.

몰트만에 의하면, 하나님 구원 체험의 시초에는 피조물의 심연으로부터 올려나오는 외침이 있다.[79] 구약성서 시대에는 이집트에서 고난당하는 히브리인의 외침이 있었고(출 3:7), 신약성서 시대에는 골고다 십자가에서 버림받은 예수 그리스도의 외침이 있었다(막 15:34). 하나님은 고난의 심연으로부터 터지는 생명의 외침을 성령 가운데 듣는다. 살기 원하지만 죽을 수밖에 없는 피조물의 탄식 소리가 땅에서부터 하늘의 하나님에게로 올라간다. 피조물은 하나님의 임재와 능력 안에서만 살 수 있기 때문에, 노예 상태에 빠진 피조물은 고난당하고 천천히 죽어가는 상황에서도 하나님의 임재와 능력을 희망하면서 구원을 외친다.

성령은 말로 다할 수 없을 깊은 탄식(롬 8:26)을 통해 자유와 구원을 갈망하는 그리스도인과 모든 피조물을 대변한다.[80] 몰트만에 의하면, 성령은 말로 표현되는 자유에 대한 인간의 부르짖음과 말 없는 자연의 탄식을 자신의 탄식 가운데 받아들인다. 성령은 그리스도인의 구원 동경과 피조물의 노예 상태 속에서 그들과 함께 고난당하며, 자신의 "말로 다할

있는데, 왜냐하면 하나님이 그 부르짖음을 듣기 때문이다. "여호와여, 내가 깊은 곳에서 주께 부르짖었나이다"(시 130:1).
[77] *The Source of Life*, 119–120.
[78] 성령은 세계의 고난과 함께하기 때문에 고난당할 수 있다. 또한, 성령은 "근심하게 될" 수도 있고 "소멸될" 수도 있다(엡 4:30; 살전 5:19). *God in Creation*, 96–97.
[79] *The Source of Life*, 111.
[80] *God in Creation*, 69.

수 없을 만큼의 깊은 탄식"을 통하여 그들의 기다림과 희망이 생동감 넘치도록 한다.

3) 희생자를 기억하고 순교자와 연대하는 선교 공동체

요한계시록은 순교자의 책으로서 순교자를 기억하고 기존 현실을 극복하며 변혁하고 완성하는 새 창조를 말한다.[81] "의가 있는 곳인 새 하늘과 새 땅"(벧후 3:13; 계 21:1 참조)의 표상은 부정적 현실 경험의 부정으로서 종말론적 새 창조의 미래를 말한다. 요한계시록에 의하면, 이스라엘의 열두 지파[82]와 그리스도의 열두 사도는 거룩한 도시로서의 "새 예루살렘" 문과 성곽을 구성하는 반면, 그 도시에서 봉인을 받은 남녀 순교자들은 왕 같은 제사장 무리를 형성하며,[83] 온 인류는 하나님의 계약 백성이 되어(계 21:3) 거룩한 도시에서 자유롭게 산다.

몰트만에 의하면, 우리는 십자가 처형을 당한 메시아 예수만이 아니라 그를 믿으며 그의 뒤를 따라 죽임을 당한 순교자까지도 주목해야 한다. 왜냐하면 십자가 사건의 의미가 순교자들을 통해 역사적으로 확장되며 깊어질 수 있기 때문이다.[84] 교회에 대한 오래되고 명예로운 명칭으로서의 "순교자들의 교회"(*ecclesia martyrum*)는 주님의 진실하고 충성된 증인들(행 1:8)과 주 예수 그리스도와의 사귐을 나타내는 동시에, 예수 그리스도

---

81 *Theology of Hope*, 215. 롬 8:18이 기록하는 바와 같이, 현재의 고난은 새 창조 이전의 고난이다. *The Way of Jesus Christ*, 155.
82 몰트만에 의하면, 그리스도의 고난은 이스라엘과 예언자의 고난과 같은 선상에 있다. *Ibid.*, 155f.
83 *The Coming of God*, 316f.
84 *The Way of Jesus Christ*, 196-197.

의 피와 그의 뒤를 따른 순교자들의 피 위에 세워진 선교 공동체로서의 교회를 나타낸다.[85]

예수 그리스도의 고난과 순교자의 고난은 상응하는데,[86] 이 상응 관계는 우선 예수 그리스도의 인격적 동일성, 즉 십자가의 나사렛 예수와 부활의 그리스도 사이의 동일성에 근거한다고 몰트만은 주장한다. 또한, 나사렛 예수의 공생애와 신앙 공동체에 의해 기억된 그리스도의 삶에도 연속성이 존재한다. 이런 맥락에서 그리스도의 고난과 순교자의 고난은 상응하는데, 왜냐하면 순교자는 지상의 예수와 부활의 그리스도를 동일한 자로 인식하고 예수 그리스도를 본받아 자신의 인생 마지막까지 그를 따랐기 때문이다.

몰트만에 의하면, 십자가의 고난이 기억되는 곳에서는 순교자들의 고난도 기억되어야 한다.[87] 그리스도인은 그리스도와 순교자들의 고난을 함께 기억하면서 눈물과 고난이 없는 약속된 하나님 나라의 도래를 기다리며 선교해야 한다.[88] 망각이 지배하는 곳에서 고난당하여 죽은 자는 우

---

[85] 최근에 각 교회나 교단마다 순교자들에 대한 논문들을 발표하는데 그 일례로서 주승민, "한국전쟁과 한국 성결 교회 그리고 순교자 문준경," 「신학과 선교」 50집 (2017, 6), 9-52. 이 논문에서는 성결교 여성 목회자로서 지금까지도 기억되는 순교자 문준경에 대한 내용이 전개된다.

[86] *The Crucified God*, 124.

[87] *Jesus Christ for Today's World*, 48. 몰트만에 의하면, 신정론(theodicy)은 죄책의 문제로서 도덕적 악의 문제만이 아니라, 새 창조를 통해서만 극복되는 물질적 악의 문제도 다룬다. *The Way of Jesus Christ*, 419. 몰트만의 책 *The Crucified God*에 나타난 십자가 신학은 신정론의 지평 가운데 기록됐다. *Ibid.*, 152. 몰트만 신정론에 대해서는 김동건, "몰트만의 신정론," 「신학과 목회」 14집 (2000, 5), 165-191 참조. 이 논문은 몰트만 신정론이 그리스도론의 구조 안에 있음을 밝힌다.

[88] 몰트만에 의하면, 선교는 하나님의 초대에 인간이 응답하는 것이다. 인간이 구원의 미래로의 하나님의 초대를 무시하고 그에 대항하는 삶을 산다면, 이것은 자기 폐쇄를 의미한다. 자기 폐쇄는 개방된 하나님의 삼위일체와 세계에 대한 죽음을 뜻하는데, 인간이 이 폐쇄성에서 벗어날 수 있는 유일한 해결책은 메시아의 십자가 고난을 통해 열린 참 자유에로의 부름에 결단하고 응답하는 것뿐이다. *The Trinity and the Kingdom*, 125 참조.

리 시야에서 사라지지만 희망은 고통스러운 기억 속에서도 보존될 수 있는데, 하나님 나라의 희망은 그리스도와 순교자들의 고난이 기억될 때 온전히 보존될 수 있다.[89]

우리는 추상적 사고에 빠지지 않기 위해 역사적 상황 속에서 순교자들을 상기해야 하는데,[90] 하나님은 골고다의 메시아 예수에게 그러하듯 제2차 세계 대전 때, 독일 아우슈비츠(Auschwitz)의 희생자들에게도 존재하는 것으로 이해해야 한다고 몰트만은 주장한다. 이러한 주장은 아우슈비츠나 이와 유사한 참혹한 장소를 정당화시키지 않고, 희생당한 이들과 함께하는 "공감의 하나님"(Deus sympatheticus)을 강조하는 것이다. 희생자들을 기억하고 그들과 연대하는 "아우슈비츠 이후의 신학"은 현실 세계를 포용할 뿐만 아니라, 현실 세계를 극복할 수 있는 신적 희망과 사랑의 근거이다.[91]

---

89 조기연 박사는 순교자에 대한 기억에 대해 다음과 같이 언급한다. "개신교인들이 순교자들을 기억하고 기리는 것 자체에는 아무런 문제가 없다고 판단된다. 오히려 모든 그리스도인들은 그리스도께 대한 모범적인 삶을 살다 그리스도를 위해 순교한 사람들을 기억함 가운데, 그들을 역할 모델로 삼아 자신들도 순교자들처럼 신앙의 용사가 되기를 날마다 다짐하며 살아가는 것이 필요하다." 조기연, "순교자, 성자 공경에 대한 한국 개신 교회적 이해,"「신학과 실천」30호 (2012, 2), 114.

90 *The Crucified God*, 277–278.

91 아우슈비츠(Auschwitz) 수용소에서 생존한 위젤(Elie Wiesel, 1928–2016)의『밤』(김기수 옮김 [서울: 햇빛 출판사, 1986])에 의하면, 하나님은 나치(Nazis)에 의해 교수형 당하는 유대인들과 함께 그곳에서 고난당한다. 몰트만에 의하면, 참혹한 희생이 발생한 곳에서 하나님은 어디에 계신가에 대한 가능한 유일한 답변은 이것이며, 이외의 대답은 하나님에 대한 모독이기 때문에 다른 대답이 있을 수 없다. 희생자들에 대해 "무감정의 하나님"(Deus apatheticus)을 말하는 것은 하나님을 악마로 만드는 것과 마찬가지이다. 그러나 성서의 하나님은 사랑의 하나님이다. *The Crucified God*, 273–274. 아우슈비츠 이후의 기독교신학에 대해서는 위르겐 몰트만,『세계 속에 있는 하나님』, 곽미숙 옮김 (서울: 동연, 2009), 239–268.『아우슈비츠 이후 하나님 개념, 한 유대인의 소리』(*Der Gottesbegriff nach Auschwitz, Eine jüdische Stimme*)의 요나스(Hans Jonas, 1903–1993) 신정론에 대해서는 박영범, "신정론과 하나님의 고난 신정론 문제의 응

몰트만에 의하면, 예수 그리스도의 고난에 참여하는 것(빌 3:10)은 특수한 개인을 넘어 선교 공동체 전체로까지 확장되는 차원을 가진다.[92] 다시 말해, 이것은 모든 기독교 공동체가 고난당한 그리스도를 본받아 희생자들과 순교자들을 기억하면서, 이 세계의 불의하고 폭력적인 세력들과 대결함을 의미한다. 순교자들이 무시되고 천대받을 때 선교 공동체 내 부활 신앙의 능력은 사라지고 기독교는 시민 종교로 변질됨에 반해, 순교자들이 기억되고 그들과 연대될 때 선교 공동체로서의 교회는 예수 그리스도의 뒤를 따라가는(nachfolge, 본회퍼) 제자 공동체가 된다.[93]

순교자에게 메시아 예수의 고난은 고난의 목적이며 동력이다.[94] 고난당하고 순교한 사도 바울은 다음과 같이 말한다.

> 나는 이제 너희를 위하여 받는 괴로움을 기뻐하고, 그리스도의 남은 고난을 그의 몸된 교회를 위하여 내 육체에 채우노라(골 1:24).

물론, 사도 바울은 메시아 예수의 고난이 인류 구원을 위해 부족하여 보충이 필요하다거나, 자신을 제2의 메시아로 생각하지는 않는다. 그러나 사도 바울은 자신의 고난이 메시아 예수를 위한 것이지만 메시아도 바울 자신 안에서 고난당하는 것이라고 믿는데,[95] 왜냐하면 복음 전파

답으로써 하나님 고난이 주는 의미," 「한국조직신학논총」 33집 (2012, 9), 258-263. 고난 가운데 있는 그리스도인은 대답이 아니라 질문을 주님 앞에 제기하는 자이며, 이런 점에서 신정론은 질문으로서만 존재 가능하다. 박영식, "신정론, 하나님 변론을 넘어서," 「기독교사상」 688호 (2014, 8), 23.

92 *The Way of Jesus Christ*, 156-157.
93 몰트만에 의하면, 죽은 자를 기억하며 사는 사람은 죽은 자들에 대한 기억 가운데 자신의 죽음을 억누르지 않고 살 수 있다. *The Coming of God*, 50-52.
94 *The Way of Jesus Christ*, 156.
95 몰트만에 의하면, 순교자의 죽음은 순교자와 함께 당하는 그리스도의 고난으로도 이

와 새 창조를 위한 사도 바울의 고난 속에 고난당한 예수 그리스도의 영이 임재하기 때문이다. 다시 말해, 순교자의 희생과 고난은 메시아를 위한 것이기도 하지만, 메시아의 영이 함께하는 것이기도 하다. 그리스도의 사귐에 속한다면 순교자의 고난은 그리스도의 고난이기도 한데,[96] 왜냐하면 예수 그리스도는 그들 가운데 대표자가 되며 그들은 그의 백성이 되기 때문이다.

파스칼(Blaise Pascal, 1623-1662)은 선교가 마치게 될 세계 끝 날까지 예수 그리스도의 고난과 고뇌가 계속할 것이라고 주장하지만, 몰트만은 순교자와 희생자의 고난을 내포하는 그리스도의 고난 가운데 이 세계의 마지막, 즉 종말의 새 창조가 도래한다는 기독교의 선포도 가능하다고 주장한다.[97]

해될 수 있다. 순교자는 예수 그리스도의 고난을 뒤따름으로써 그리스도의 고난을 증언할 뿐만 아니라, 오히려 그리스도의 계속적인 고난에 참여함으로써 고난의 그리스도에 영입된다. 고난을 통한 순교자 영혼과 그리스도 영혼과의 일치를 에크하르트(Meister Eckhart, 1260?-1327)는 "짧은 길," 즉 영혼의 신비로운 신적 탄생에 이르는 가장 짧은 길이라 부른다. *The Crucified God*, 57. 몰트만 신비주의에 대해서는 보컴, 『몰트만의 신학』, 353-405 참조.

[96] *The Way of Jesus Christ*, 157. 김동건 박사에 의하면, 해방신학자 소브리노(Jon Sobrino, 1938-현재)에게는 이러한 신비주의적 그리스도론이 몰트만보다 더욱 강하게 나타난다. "예수, 고통받는 자들, 소브리노 자신이 같은 시간과 공간이라는 일치 속에 있었다. 그렇기 때문에, 죽어가는 자들과 소브리노의 대화는 동시성 속에 있었고, '하나님이 십자가에서 예수와 함께 고통받았다'는 대답과 동시에, 그들은 지금 그들과 함께 고통받는 그리스도와 일체감을 가졌다. 고통으로 죽어가는 그들에게 그리스도가 현재적으로 임했다. 그들은 죽어가고 있었지만, 자신들이 그리스도의 품 속에 있는 것을 알았다. (중략: 필자) 소브리노가 눈물 속에서 '예수가 여기 죽어 있습니다. 감사합니다. 그들을 통해 하나님이 우리를 찾아오셨습니다'라고 말할 수 있었던 것은 조금도 이상한 일이 아니다." 김동건, *op. cit.*, 24. 소브리노 그리스도론에 대해서는 남정우, "세계 신학의 동향: 존 소브리노와 해방의 그리스도," 「기독교사상」 520호 (2002, 4), 136-145 참조.

[97] 이에 대해서는 본서 제6장 1절 3항의 "새 창조의 구원론에서 새롭게 이해되는 죽음과 묵시사상적 고난"을 참조하라.

몰트만에 의하면, 순교의 신학적 개념에는 순교자가 특수한 방식으로 예수 그리스도와 연합하는 신비의 그리스도론적 특성만이 아니라 묵시사상적 특성도 나타난다.[98] 이 개념에 의하면, 순교자는 모든 피조물에게 미칠 종말론적 고난을 자신의 희생을 통해 앞당김으로써 새 창조를 간접적으로 증언한다. 순교자는 예수 그리스도의 뒤를 따라 이뤄지는 자신의 희생을 통해 거짓에 대항하는 종말론적 진리, 불의에 대항하는 궁극적 정의, 죽음에 대항하는 종말론적 생명의 묵시사상적 증인이 된다.

몰트만에 의하면, 순교자의 희생은 골고다의 십자가 사건과 세계의 종말론적 시간 사이에 복음의 공적 증거로서 존재한다.[99] 교회에서 순교자에 대한 기억과 순교자의 정신이 사라지게 되면 복음의 생동성도 사라지기 때문에, 순교자에 대한 기억은 교회에게 대단히 중요하다. 일례로, 키르케고르(Søren Aabye Kierkegaard, 1813-1855)가 1850년에 출간한 『기독교의 훈련』(Indøvelse i Christendom)에 의하면, 당시 19세기 유럽 교회는 순교자의 정신을 상실함으로써 교회 본래적인 십자가 고난과 복음의 의미까지도 상실하였으며, 그 결과 제도화된 기독교는 십자가가 지향하는 종말론적 희망까지 상실할 수밖에 없었다.[100]

3. 고난 가운데 있는 하나님의 구원과 능력

하나님의 강함과 구원은 역설적으로 그의 고난 가운데 드러난다고 몰트만은 주장한다. 하나님의 능력은 그의 전능 가운데에서도 나타나지만

---

98 *The Way of Jesus Christ*, 203-204.
99 *Ibid.*, 58.
100 *Ibid.*, 92.

결정적으로는 고난 가운데 나타나는데, 메시아 예수의 고난을 통한 세계 구원이 이를 웅변적으로 대변한다. 하나님은 자신의 구원 사역을 십자가로 향하는 겟세마네에서의 메시아 예수의 기도와 고난 그리고 골고다 언덕 위의 사건을 통해 성취한다.

또한, 하나님의 진리에 대한 단일신론적 유신론의 왜곡과 저항적 무신론의 공격에 대해 적절하게 대응하고 이것들을 교정할 수 있는 유일한 성서적 답변은, 십자가에서 고난당하는 삼위일체 하나님에 대한 신앙뿐이다. 고난 가운데 창조 역사와[101] 구원 역사를 이루는 삼위일체 하나님만이 고난당하는 세계에 위로이며 대안이자 대답이 되는데, 여기에서는 고난 가운데 드러나는 하나님의 강함과 구원 사역이 전개된다.

1) "고난받는 하나님의 종"을 통한 구원

몰트만에 의하면, "하나님은 왜 고난을 허용하는가?"라는 문장은 방관자적인 질문이다.[102] 다시 말해, 이것은 하나의 이론적인 질문이지 책임적인 질문이 아니다. 이러한 질문을 제기하는 자는 하나님에 대해서 세상 아무 것에도 신경 쓰지 않는 맹목적인 운명의 힘이라는 인상을 갖기 쉬운데, 그것은 질문자 자신이 고난에 대해 무관심하고 냉랭한 자세를 유지하기 때문이다.[103] 이에 반해, "나의 하나님, 하나님은 어디에 계십니

---

101 이에 대해서는 본서 제6장 3절 1항에 등장하는 하나님의 자기 제한과 자기 소외(kenosis)를 통한 태초창조의 내용을 참조하라.
102 *Jesus Christ for Today's World*, 30–31. 이 내용은 몰트만의 여러 문헌들에서 누차 강조된다.
103 몰트만에 의하면, 죄로 인한 불안감이 억압된 상태에서 고난의 짐이 거짓 종교에서 그 도피처를 발견할 때, 감정 없고 강박적인 삶은 반복적으로 발생한다. 이러한 삶을 사는 자는 심리학적 방어 기재를 스스로를 향해 세우면서 자신의 삶을 보호하려 하지만 오히려 그 삶을 파괴하고 만다. *The Crucified God*, 226.

까?"가 하나님의 임재 가운데 고난을 강하게 느끼는 자의 실제적인 질문이 될 것이다.

성서에 의하면, 세계의 구원과 정의 실현은 하나님의 고난을 통해 이뤄진다.[104] 구체적으로, 예언서에서 하나님의 정의와 구원은 하나님의 "수고와 노력"의 결과로 묘사되는데, 왜냐하면 하나님은 이스라엘의 구원과 정의를 위해 쉬지 않고 힘들여 일하기 때문이다. 또한, 하나님은 피조물의 죄악과 고난을 그냥 보고만 있지 않고 오히려 하나님의 종이 겪는 고난을 통해 해결한다.

> 그가 찔림은 우리의 허물 때문이요 그가 상함은 우리의 죄악 때문이라. 그가 징계를 받으므로 우리는 평화를 누리고 그가 채찍에 맞으므로 우리는 나음을 받았도다(사 53:5).

여기에서 구원과 정의는 어떤 신적 강함이 아닌 신적 고난으로 인해 발생하는 것으로 나타난다.

성서에서 신적 고난을 받는 대표자로서의 "고난받는 하나님의 종"은 역사적으로 다음과 같은 배경을 가진다.[105] 즉, 예루살렘이 바빌로니아에 의

---

104 *The Trinity and the Kingdom*, 47. 전통적 창조론은 죄악이 세계에 발생하였음에도 불구하고 하나님이 세계를 파괴하지 않고 유지한다는 점에서 하나님의 인내를 발견하였으며, 이것을 고난의 일종으로서 하나님의 오래 참음으로 이해한다. 또한, 태초창조의 사역에는 하나님의 고난, 특히 하나님의 자기 제한이 포함되어 있는데, 이에 대해서는 본서 제6장 3절 1항의 "하나님의 자기 제한으로부터의 해방"을 참조하라.
105 *The Way of Jesus Christ*, 19-20. 종말론적인 "하나님의 새로운 종"에 대한 희망은 제2이사야의 하나님의 종에 대한 노래에 나타나는데(사 40-55장) 이에 의하면, "하나님의 새로운 종"은 제사장적인 방식으로 자신의 대리적인 죽음을 통해 이스라엘 민족을 구원할 것이다(사 53장). 한동구 박사에 의하면, 하나님의 종에 대한 노래는 사 40-55장에 등장하는 제2이사야의 하나님의 구원이라는 주제의 맥락에 위치하며, 이 노래는

해 파괴된 후 이스라엘의 왕권은 종료되고 성전의 제사장직도 중단되는데, 왕과 제사장의 자취가 사라진 때에 후기 예언자들만이 바빌론에 포로로 끌려가는 백성들과 동행한다. 그들은 포로기의 백성에게 하나님에 대한 희망을 부여함으로써 하나님의 백성이라는 이스라엘의 정체성을 지키고자 한다. 후기 예언자들은 "고난받는 하나님의 종," 즉 "하나님의 새로운 종"을 종말론적으로 희망하는데, 왜냐하면 하나님의 약속된 새로운 종은 과거의 모든 예언 운동을 자신 안에 수렴하는 동시에, 백성을 위한 대리적 고난을 통해 예언의 메시아적 완성자가 되기 때문이다.[106]

몰트만에 의하면, 성서에서 고난당하는 이스라엘 백성은 "고난받는 하나님의 종"에 대한 집단 인격으로 등장하기도 하지만,[107] 이들에게는 자신을 구원할 메시아가 반드시 필요하다.[108] 또한, "고난받는 하나님의 종"에 대한 희망은 메시아 희망과 비슷한 맥락에서 생성되는데,[109] 구약성서의 메시아 이해에서 "고난받는 하나님의 종"에 대한 약속과 인자(人子)

'사명 부여–사명 실행–실행된 사명의 성공 보장'이라는 순서로 진행된다. 한동구, "타자/이방민족에 대한 섬김의 사명과 정체성 형성: 제사장의 왕국, 야웨의 종 및 야웨의 제사장의 함의와 삶의 자리," 「구약논단」 61집 (2016, 9), 203–207.

106 몰트만에 의하면, 하나님은 십자가에 달려 죽은 자, 온 백성을 구속하기 위한 하나님의 희생양, 즉 "죽임당한 어린 양"(계 5:12; 7:14; 12:11 이하)의 찬양을 통하지 않고서는 영광을 받으려고 하지 않는다. 이 어린 양이 하나님의 독생자이며 메시아이다. *The Church in the Power of Spirit*, 62 참조.

107 한동구, "타자/이방민족에 대한 섬김의 사명과 정체성 형성: 제사장의 왕국, 야웨의 종 및 야웨의 제사장의 함의와 삶의 자리," 197.

108 이러한 몰트만의 해석은 민중신학에 대한 비판에서도 동일하게 적용된다. 민중신학이 주장하듯이 "민중이 곧 메시아"라고 할 때, 그 민중은 누가 구원해야 하는지의 문제는 필수적으로 제기될 수밖에 없다. 몰트만이 파악한 민중신학자 안병무(1922–1996)의 핵심 이론과 그 비판에 대해서는 『신학의 방법과 형식』, 270–288.

109 *The Way of Jesus Christ*, 20–21. 제2이사야는 하나님의 백성이 당하는 바빌론 포로생활과 관련하여 새로운 하나님의 종, 새 출애굽 그리고 새 구원 사건을 선포한다. *The Trinity and the Kingdom*, 101.

에 대한 약속은 서로 중재되지 못하고 병립된 채 기록되어 있다.

그럼에도 불구하고, 우리는 하나님의 종에 대한 기록이 메시아적으로 해석되었다고 인정할 수밖에 없는데, 그렇지 않다면 이 해석은 예수 그리스도의 역사를 신학적으로 설명하는 하나의 모델이 될 수 없기 때문이다. 그러나 기독교신학에서 제2이사야에 등장하는 고난받는 종의 형상은 전통적으로 메시아의 원형 중 하나로서[110] 또한, 메시아 예수는 고난받는 종의 온전한 성취로서 받아들여진다.

몰트만에 의하면, 인간은 삶의 불안과 죄악과 고난으로부터 구원받아야 하지만 인간에게는 그럴만한 능력이 없고, 그 능력은 오직 "고난받는 하나님의 종"으로서의 메시아 예수에게만 있다.[111] 이러한 까닭에 독일의 순교 신학자 본회퍼는 죽어가는 옥중에서 고난당하는 메시아 예수를 끝까지 붙잡고, 키르케고르는 죽기까지 염려한 그리스도를 붙잡았다. 우리는 메시아의 불안을 통해 우리의 불안에서 벗어나고, 그리스도의 고난을 통해 우리의 고난에서 벗어날 수 있다. 이사야 53장의 약속처럼 우리의 상처와 고난은 메시아, 즉 하나님의 새로운 종의 상처와 고난을 통해 치료된다.

이사야 53장의 약속에 의하면, 하나님은 새로운 하나님의 종을 보내고 그 종은 온 인류의 죄를 대신하여 진다(사 53:4-6). 약속의 때가 이르러 이 땅에 온 하나님의 아들 예수 그리스도는, 약속대로 하나님의 종으

---

110 박성호, "'고난받는 종' 예수: 네 번째 '야웨의 종의 노래'(사 52:13-53:12)에 대한 초대교회의 기독교적 해석(*Interpretatio Christiana*)," 「Canon & Culture」 21호, (2017, 4), 169-211 참조. 특히 194-199.

111 *Jesus Christ for Today's World*, 53-54. 몰트만에 의하면, 최후 심판을 강조하는 묵시사상적 종교에 사로잡힌 자는 영적으로 질식당하기 쉬운데, 왜냐하면 신뢰와 자유 대신 불안과 무관심이 그를 강력하게 지배하기 때문이다. 스스로를 "남은 자"라고 이해하는 사람은 자신의 방어진을 세우며, 이 세계를 그 자신이 비판하는 무신성과 비도덕성에 내던진다. *The Crucified God*, 19-21.

로서 인류의 모든 죄를 대신 짊어짐으로써 죄악에 빠진 온 인류를 구원한다.[112] 하나님의 아들은 고난을 통해 모든 인류의 죄를 속죄하는 약속된 하나님의 종이며, 하나님과 죄인들을 화해시키는 자이다.[113] 예수 그리스도는 자신의 고난과 상처 그리고 죽음을 통해 죄악에 물든 모든 인류와 세계를 구원한다.

몰트만에 의하면, "고난받는 하나님의 종" 표상은 기독교 수난 이야기에 끊임없이 영향을 주었으며 여러 그리스도론의 기초가 되었다.[114] 일찍부터 초대 교회는 예수 그리스도의 고난 속에서 세상 죄를 대신 지는 하나님의 "대속물"을 보았는데, 초대 교회는 이사야 53장의 "고난받는 하나님의 종" 표상에 따라 나사렛 예수를 대리적인 고난을 당하는 메시아로 이해했다.[115] 대리적인 고난을 당하는 하나님의 종은 메시아, 즉 하나님의 아들임이 분명한데, 속죄는 구원에 있어서 반드시 필요하지만 인간에게는 그 가능성이 전혀 없다는 점에서 그러하다. 이미 발생한 세계 죄악과 불의는 그 어떤 세계적이고 인간적인 것으로도 보상될 수 없고, 오직 신적인 것으로만 보상 가능하다.

십자가 사건의 예수 그리스도는 역사상 가장 큰 시련을 당한 자이며, 모든 역사적 순교를 포괄하는 신적 순교를 당한 자라고 몰트만은 강조

---

112 *The Way of Jesus Christ*, 37.
113 몰트만에 의하면, 메시아 예수는 모든 피조물을 하나님의 화해 사건으로 이끌기 위해 십자가에서 죽음을 당한다. *Ibid.*, 307.
114 *The Spirit of Life*, 130f. 그 가운데 "연대적 그리스도론"이 가장 대표적인데 루터에 의하면, 메시아 예수는 구원 공동체의 형제자매들 가운데 처음 태어난 자이며 그리스도인이 고난 체험을 통해 실천해야 할 원형이다(롬 8:29). 우리가 고난 가운데 메시아의 형제 됨을 체험하게 하기 위해 메시아는 우리의 고난을 먼저 경험하는데, 고난 가운데 있는 메시아는 우리를 자신의 형제로 삼는다. *The Way of Jesus Christ*, 151-152.
115 처음부터 그리스도인들은 "고난받는 하나님의 종"을 십자가에 달린 예수 그리스도에게서 발견하였다. 몰트만, 『사랑과 정의의 하나님』, 101.

한다.[116] 하나님과 사람들에게서 버림 당한 예수 그리스도의 십자가는 가장 큰 고난사건인 동시에 모든 고난을 대리하고 치유하는 구원의 고난 사건이다. 다시 말해, 그리스도의 고난은 과거의 고난은 물론 종말론적 세계의 고난에 대해서도 개방적인데, 왜냐하면 그것은 그리스도와 함께 고난당하는 자의 고난(골 1:24)은 물론, 미래에 그리스도가 함께 고난당할 자의 고난, 그리고 더 나아가 모든 피조물들에게 닥칠 묵시사상적 고난에 대해 개방되어 있고, 이 모든 것을 치료하기 때문이다.[117]

몰트만에 의하면, "고난받는 종"으로서 예수 그리스도는 피해자만이 아니라 가해자에게도 구원자가 된다. 왜냐하면 신약성서에 의하면, 예수 그리스도는 피해자의 형제일 뿐만 아니라 가해자의 속죄자이기도 하며,[118] 피해자에게 적용되는 하나님의 공의적 의와 가해자에게 적용되는 속죄적 의는 구분될 수 있으나 결코 분리될 수는 없기 때문이다.

가해자와 피해자가 서로 관계된 것처럼 하나님의 의의 두 가지 특징은 서로 속하며, 고난을 통해 하나님의 의를 세우는 예수 그리스도는 두 부류 모두에게 구원자이기 때문에, 예수 그리스도에게 나타나는 두 가지 의는 모두 충분히 고려되어야 한다.[119] "고난받는 하나님의 종"으로서의 예수 그리스도의 고난을 통해 세워진 하나님의 의는 각기 다른 방식으로 피해자와 가해자 모두를 온전히 구원한다.

---

116 *The Way of Jesus Christ*, 130-131.
117 몰트만에 의하면, 사도 바울에게 있어서 고난은 다음의 네 가지 지평을 가진다. 첫째, 겟세마네로부터 골고다에 이르는 메시아 예수의 고난. 둘째, 메시아의 복음을 선포하기 때문에 박해받고 고난당하는 바울 자신의 고난. 셋째, 이스라엘과 예언자들과 세례 요한의 고난. 넷째, 모든 신음하는 피조물의 고난. *Ibid.*, 151-152.
118 *Jesus Christ for Today's World*, 40-41.
119 *The Spirit of Life*, 272.

2) 겟세마네의 거절당한 그러나 투쟁적인 기도

현대인들은 생명 문화를 적극적으로 서로 권장하고 죽음의 야성에는 강력하게 대항해야 한다고 몰트만은 주장한다.[120] 선진국이라 하는 이른바 "기독교 세계"의 지배적인 생활 정서는 정복자적인 오만함이 아니라 오히려 침울함인데, 이것은 마비된 것처럼 보일 수준에 있다.[121] 그러나 우리는 이러한 시대 정서에 맞서 생명의 삶의 방식을 세워야 한다.

사실, 서양 세계에서 무감각하고 우울한 정서의 뿌리는 깊다.[122] 먼저, 고대 그리스 철학자들은 신체적 무감각을 자신들의 목표로 내세우는데 대표적으로 플라톤(Plato, B.C. 427-347)에 의하면, 자아의 핵심으로서 영혼은 감각의 육체와는 아무런 관계가 없으며 영혼 자신 속에 수렴되어 있을 뿐이다. 또한, 그는 전통적인 영혼 불멸설을 정교하게 발전시키면서 자신이 주장하는 신체적 무감각 이론을 더욱 강화한다.

"플라톤 철학의 각주"에 불과한 서양 철학은 이후에도 신체적 무감각성을 자신들의 목표로 추구하는데, 일례로 독일의 관념주의 철학자 피히테(Johann Gottlieb Fichte, 1762-1814)에 의하면, 경험적 자아가 순수 자아로서의 영혼에 상응할 때에야 비로소 인간은 자신과 일치하며 사멸하지 않는데, 왜냐하면 순수 자아에게 분리되어 있는 자아만이 상처받고 사멸하기 때문이다. 그러나 오늘날 우리는 이러한 무감각한 입장들로

---

120 *Ibid.*, 20-21.
121 근래 좀비 영화가 세계적인 인기를 얻는 것도 이러한 분위기와 무관하지 않은데, 최근엔 한국에도 "부산행"(2016년 작품)이 좀비 영화 부류로는 거의 최초로 흥행한 바 있다. 몰트만에 의하면, 좀비(zombie)는 영혼과 육신의 감각이 마비된 인간을 가리킨다. 몰트만, 『하나님의 이름은 정의이다』, 100 참조.
122 *The Coming of God*, 62-63.

인해 무감정의 인류 앞에 놓여 있다.[123]

몰트만에 의하면, 냉담한 현대인의 삶의 연원은 신앙적인 이유, 즉 응답하지 않는 하나님에게서 찾아질 수도 있다.[124] 어떤 그리스도인은 무거운 신적 침묵으로 인해 고단함으로 체념하여 기도하는 것도 그치는데, 그것은 기도조차 도움이 되지 않기 때문이다. 그는 "하나님의 침묵" 앞에 신앙을 포기하거나 자신을 외면하는 하나님에게 반항할 수도 있다. 예를 들어, "의인" 욥에게 고난이 닥칠 때에 하나님을 믿지 않는 그의 아내는 그에게 하나님을 저주하고 죽으라고 소리치는데, 이것은 일종의 반항적인 무신론적 행동이다.

또한, 겟세마네 동산에서 깨어 기도하는 메시아 예수와는 달리 그곳에 함께한 제자들은 모두 깊은 잠에 빠지는데, 이것은 반항적인 행동은 아니지만 절대적 절망 상황에 대한 "자연스러운" 인간적인 반응이다.

이와 같은 무감각적이고 무신론적인 입장과는 달리, 우리는 겟세마네의 신실한 예수 그리스도의 투쟁적인 기도를 기억하고, 그를 본받아 기도해야 한다고 몰트만은 강조한다.[125] 예수 그리스도는 겟세마네 동산에서 절망에 빠져 잠든 제자들과는 달리, "영혼의 어두운 밤"에 깨어 신실하고 투쟁적으로 하나님에게 기도한다. 하나님의 아들이 보여준, 이와 같이 깨어있고 열정적인 기도에 우리도 동참해야 하는데, 왜냐하면 깨

---

123 *The Source of Life*, 39.
124 *Ibid.*, 141f. 십자가의 요한(San Juan de la Cruz, 1542-1591)을 비롯한 많은 기독교 신비주의자들이 "영혼의 어두운 밤"이라 불렀던 하나님 체험이 이것과 관계한다. 우리가 이 "하나님의 밤" 가운데 겟세마네에서 기도하던 예수 그리스도처럼 깨어있지 못하다면, 우리의 영혼은 마비된 듯 굳게 된다고 몰트만은 경고한다.
125 기도에 대한 몰트만의 작품은 대중적인 신앙 서적에도 인용되곤 하는데 일례로, 얀시(Philip Yancey, 1949-현재)의 『기도: 하나님께 가는 가장 쉽고도 가장 어려운 길』, 최종훈 옮김 (파주: 청림 출판, 2007)의 참고 문헌에 몰트만의 『생명의 샘』(*The Source of Life*)이 수록되어 있다. 이 책에 나온 기도의 형태들도 얀시의 서적에 소개되어 있다.

어 있는 기도를 통해 위대한 미래를 품을 수도 있고 메시아적 기도도 올릴 수 있기 때문이다.[126]

그리스도인에게도 시련이라는 고난이 찾아오고, 예수 그리스도와 같이 성령에 의해 "광야로 이끌리게 되는"(막 1:12) 시간이 존재한다. 이 시간은 단지 외적 고독만이 아니라 내적 어둠도 동반되는 시기로, 기도가 응답되지 않기 때문에 그리스도인에게는 하나님이 가까이 있다는 느낌도 위로가 되지 않고,[127] 오히려 그는 하나님에게서 버림 당했다는 생각으로 절망감에 빠진다. 이 때 그리스도인의 믿음은 겟세마네와 골고다 사이에서 고난당한 예수 그리스도와의 사귐 안에서만 유지될 수 있다고 몰트만은 언급한다.[128]

습관적으로 홀로 기도하던 예수 그리스도는 겟세마네에서 처음으로 홀로 기도하려 하지 않는다.[129] 몰트만에 의하면, 예수 그리스도는 십자

---

[126] *The Source of Life*, 142. 몰트만에 의하면, "깨어있음"은 그리스도인이 잠들지 않은 예민한 감각으로 "하나님의 어둠"을 인식함을 의미한다. 신약성서는 단순히 "기도하라!"라고 하지 않고, "깨어 기도하라!"라고 거듭 당부한다. 이렇게 거듭된 당부가 등장하는 까닭은 절박한 기다림 속에서 깨어있는 것이야말로 가장 강력한 기도가 되기 때문이다. 그리스도인이 절망적이고 재난적인 상황 속에서 깨어 기도하는 것은 숨어있는 하나님에게 응답하는 바른 자세이다. 깨어있음은 "하나님의 침묵"을 넘어서는데, 이를 통해 일상적인 삶이 세계로 도래하는 하나님을 기다리는 열정적인 삶이 되기 때문이다.

[127] 비록 응답되지는 않지만 예수 그리스도는 겟세마네 동산에서 기도할 때, 여느 때와 마찬가지로 하나님을 향해 말할 수 없는 친근함을 가지고 "아빠," 나의 아버지라 부른다. *The Way of Jesus Christ*, 90. 차정식 박사에 의하면, 겟세마네의 기도의 특징은 전투적이며 대화적이고 희망적이라는 데에 있다. 차정식, "말씀에서 길어 올린 기도—죽음을 통과하는 기도—겟세마네 기도(막 14:36)의 신학," 「기독교사상」 531호 (2003, 3), 165-168.

[128] *The Source of Life*, 32. 몰트만에 의하면, 체험이 신앙을 만드는 것이 아니라 그 반대로 신앙이 체험을 만드는데, 왜냐하면 하나님 체험이 성도에게 중요하다 하더라도 신앙의 기초는 하나님 체험이 아니라 그리스도와 함께 죽고 부활하는 신앙으로서의 그리스도와의 사귐이기 때문이다. 다시 말해, 신앙의 기초는 예수 그리스도를 주님으로 믿고 고백하는 성도와 그리스도 간의 사귐 이후에야 비로소 세워질 수 있고, 하나님 체험은 그런 신앙의 기초가 있어야 비로소 가능하다는 것이다.

[129] *The Trinity and the Kingdom*, 76.

가 사건 앞에서 하나님을 두려워하며 제자들의 보호를 구한 뒤에, 겟세마네의 기도를 아버지에게 올리는데 그것은 마치 요구처럼 보인다.

> 아빠, 아버지여, 아버지께서는 모든 것이 가능하오니 이 잔을 내게서 옮기시옵소서(막 14:36a).

이 기도에 등장하는 잔은 하늘 아버지로부터 아들이 분리되는 것에 대한 불안이요, "하나님의 죽음"에 대한 공포스러운 고난을 의미한다. 그러나 아버지는 이 간청을 거절하며 아들을 떠나 그를 홀로 두는데, 이로 인해 제자들은 큰 슬픔에 잠겨 깊이 잠든다. 아들은 자신을 떠난 아버지와의 사귐을 자신과의 모순 속에서만 유지한다.

> 그러나 나의 원대로 마시옵고 아버지의 원대로 하옵소서(막 14:36b).

몰트만에 의하면, 예수 그리스도의 고난은 겟세마네의 기도에서 시작하는데, 왜냐하면 기도가 하나님의 침묵에 의해 거절당하기 때문이다.[130] 겟세마네의 기도 당시, 예수 그리스도는 인간적인 공포를 느꼈을 것이라 생각될 수 있는데, 그러나 이러한 생각은 다음의 두 가지 주장을 거부한다.

첫째, 메시아 예수가 하나님의 아들이기 때문에 "하나님의 침묵" 앞에서도 전혀 공포를 느끼지 않았을 것이라는 잔인한 주장이다. 그러나 메시아 예수는 "내 마음이 매우 고민하여 죽게 되었"(마 26:38a)다고 겟세마네에서 함께한 제자들에게 말하는데, 그는 죽음에 견줄 만한 "하나님의

---

[130] *Jesus Christ for Today's World*, 33–34.

침묵"이라는 공포 앞에 두려워한다.

둘째, 메시아 예수가 자기 연민에 빠진 약자로서 이해되는 것도 여기에서 거부되는데, 왜냐하면 그는 자신의 기도가 거절당한 것으로 인해 두려움을 느꼈지만 이것이 자기 연민을 뜻하는 것은 아니기 때문이다. 루터판 독일어 성서가 이 부분에 "겟세마네의 투쟁"이라는 소제목을 붙인 것이 이에 대한 좋은 예로서, 메시아 예수는 "하나님의 어둠" 상황 가운데 고뇌하면서 두려움에 맞서 기도로 투쟁하며 모든 것들을 견딘다.

몰트만에 의하면, 메시아 예수가 겟세마네에서 경험한 "하나님의 침묵"으로 인한 고난은 모든 인간의 불안을 대표한다.[131] 메시아는 역사상 가장 큰 고난을 당했던 자인데, 왜냐하면 그는 불안의 괴로움을 신적 수준까지 경험했으며 겟세마네의 기도에서 골고다의 운명까지 여기에서 전혀 벗어날 수 없었기 때문이다. 그러나 바울서신과 히브리서에 의하면, 메시아 예수는 개인의 차원이 아니라 모든 인류를 위한 대리의 차원에서 고난을 당하는데, 이것은 그의 불안과 고난이 유일회적이고 반복 불가적임을 의미한다.

이와 함께, 고난과 죽음 뒤에 메시아 예수가 우리를 위해 부활했다는 신앙은 보편적인 불안감을 겪는 모든 사람에게 해방감을 선사하는데, 이런 점에서 부활의 메시아는 해방의 메시아이다. 아울러, 해방의 메시아 예수는 지옥의 문제까지도 해소한다고 몰트만은 주장한다.[132] 예수 그리스도가 지옥의 고난을 경험한 시기를 언제라고 볼 것이냐에 따라 입장은 두 가지로 나눠진다.

---

131 *Ibid.*, 54f. 이 불안함의 뿌리는 "하나님으로부터 버림 당함," 다시 말해 "존재의 근거"(틸리히[Paul Tillich], 1886-1965)에서 분리될 수 있다는 공포심이다. *The Crucified God*, 5.
132 *The Coming of God*, 435 참조.

첫째, 초대 교회의 해석(벧전 3:19 참조)으로 예수 그리스도는 십자가 처형 뒤에 지옥의 죽은 자들에게 구원의 복음을 전하려고 내려갔다는 것이다.

둘째, 루터의 해석으로, 하나님에게 버림 당하는 고난을 체험한 예수 그리스도는 겟세마네와 골고다의 중간 시간에 지옥을 경험했다는 것이다.

몰트만에 의하면, 이 두 가지 해석은 서로 배타적이지 않고 보완적이다. 여하튼, 예수 그리스도는 지옥에도 구원의 희망을 열어 주었다고 생각될 수 있는데, 왜냐하면 예수 그리스도가 지옥에 있었지만 이후 부활하였기 때문에 지옥 안에 있는 자도 이젠 누구나 예수 그리스도로 인해 희망을 가질 수 있게 되었기 때문이다.[133] 예수 그리스도가 겟세마네에서 보여준 투쟁적인 기도는 파멸의 위기에 처한 세계에도 희망을 줄 만큼 강력한데, 왜냐하면 그는 기도를 통해서 "하나님의 어둠"의 현실을 극복하며 하나님의 구원 사건을 성취하기 때문이다.

3) 거짓 종교에 대한 "십자가에 달린 하나님" 신앙의 우상 파괴성

성서가 증언하는 "십자가에 달린 하나님" 신앙은 우리가 흔히 하나님이라고 이해하는 대상 혹은 하나님의 이름으로 보장하고 싶은 내용과 모

---

133 몰트만에 의하면, 예수 그리스도에 의해 지옥의 담은 무너졌다. *Jesus Christ for Today's World*, 66-67 참조. 여기에서 보편주의(universalism)에 대한 논쟁이 발생될 수 있는데, 이와 관련된 몰트만 그리스도론에 대해서는 Stephen N. Williams, "Moltmann on Jesus Christ," Sung-Wook Chung ed., *Jürgen Moltmann and Evangelical Theology: A Critical Engagement* (Eugene, Oregon: Pickwick Publications, 2012), 121f의 소제목 "At the End" 부분 참조. 몰트만은 보편주의와 관련해서 다음과 같이 말한다. "기독교가 믿는 구원의 보편주의(Heilsuniversalismus)는 우주적 그리스도론에 근거하는데, 이 그리스도론에 의하면 죽음은 '폐기되고'(고전 15:28) 지옥은 파괴될 것이다." 위르겐 몰트만, 『하나님의 이름은 정의이다』, 곽혜원 옮김 (서울: 21세기 교회와 신학 포럼, 2011), 205. 여기에서 몰트만은 대중적으로 이해되는 "만인의 구원"을 명시적으로 말하지는 않으며, 그것을 다만 그리스도론적인 희망의 표상으로 말한다.

순된다. 왜냐하면 흔히 "최고 본질," "최고선," "절대 존재"로 생각되는 하나님의 아들이, 아버지로부터 버림 당하고 십자가에서 처형당한 나사렛 예수의 모습 속에 계시된다고는 생각되기 매우 어렵기 때문이다.[134] 십자가 사건에는 투사된 어떤 인간학적 사고도 존재할 수 없고, 오히려 십자가에 달린 메시아로 인해 모든 종교 투사적인 요소는 철저히 부정되고 파괴된다.[135]

---

[134] 고대 그리스 철학은 운동과 고난을 신적 본질에서 제외시키며, 근대 서양 철학에서도 절대적 주체는 고난당할 수 없는데, 왜냐하면 고난당하는 대상은 절대적이지 않기 때문이다. *Jesus Christ for Today's World*, 42–43.

[135] *The Crucified God*, 37f. 이러한 입장은 포이어바하(Ludwig Feuerbach, 1804–1872)의 투사설적 종교론에 대립적이다. 포이어바하에 의하면, 모든 기독교의 현상은 삼위일체 하나님의 계시의 결과가 아닌 인간의 종교적 투사의 발현인데, 예수 그리스도의 십자가 신앙도 동정심이 투사되어 나타난 결과이다. 단적으로, 포이어바하는 신학이 인간학이라고 주장한다. 그러나 "나무에 달린" 메시아 예수가 축복이 아닌 "저주"가 되었기 때문에(갈 3:13 참조), 이러한 투사설은 설득력을 상실한다. 우리는 "저주 받은" 자에 대해 거리를 두기를 원하지 그를 동정할 수는 없는데, 우나무노(Miguel de Unamuno, 1864–1936)가 다음에서 말하는 내용은 인간학적 종교 투사설을 거부하는 고난당한 하나님 이해에 적절하다. "부정의 길을 사용하는 논리학자들은 하나님의 사랑도, 저주도 몰랐다. 그는 비인간적인 하나님이었다." 우나무노의 주장은 십자가에 달린 나사렛 예수가 메시아라는 성서의 기록은 인간적으로 생각될 수 없다는 의미이다. *The Trinity and the Kingdom*, 37–38 참조. 십자가에 달린 메시아 예수를 숭배하는 것이 동정심 투사의 결과라는 포이어바하의 주장과는 전혀 다르게, 큉(Hans Küng, 1928–현재)은 역사적으로 십자가 처형을 당한 메시아에 대한 거리낌을 다음과 같이 소개한다. 즉, 로마의 황제 콘스탄티누스(Constantinus, 272–337) 이래로 십자가 처형이 폐지되었으나, 5세기까지도 사람들은 십자가에서 고통받는 나사렛 예수를 성화로 표시하기를 꺼렸다는 것이다. 한스 큉, 『그리스도교』, 이종한 옮김 (왜관: 분도 출판사, 2002), 72f. 고전적 유신론에 의하면, 하나님은 고난을 당할 수도 없고 "죽을 수"도 없다. 그러나 성서적 기독교 신앙에 의하면, 하나님은 아들의 십자가 사건 가운데 자기 구분적인 사랑으로 아들과 함께 고난당하고 아들의 "죽음"을 맛본다. 이 기독교 신앙은 그리스도인에게 종교 심리학적으로 작용하여 자신의 욕구를 풍요로운 하나님에게 투사시키고, 자신의 무능력을 하나님의 전능에 투사시키며, 자신의 곤경을 하나님의 책임으로 투사시키는 일련의 행위를 중단하게 한다. *The Crucified God*, 215f. 예수 그리스도의 대리적 속죄에 대한 신약성서의 해석은 구원에 대한 고대 개념의 틀을 무너뜨릴 뿐만 아니라 당시의 유대교적 사고까지도 초월한다. 메시아 예수의 십자가 처

몰트만에 의하면, 십자가에서 고난당한 메시아 예수는 영적 교만함에서 나온 모든 거짓 종교에 대한 저항을 선포한다.[136] 십자가 사건은 인간 중심적이며 자기 고양적인 모든 종교 운동을 거부하는데, 왜냐하면 십자가에서 인류의 원형인 메시아 예수가 하나님에게 버림 당하고 사람들에 의해 죽임을 당하기 때문이다. 십자가 사건은 자아도취적이고 자기 과시적인 모든 거짓 종교는 물론이고, 무신론적 해방 운동의 자기 우상화,[137] 생산적 자연(*natura naturans*)에 대한 신뢰와도 대결한다.

하나님을 믿지 않고 거부하는 무신론적 해방 운동은 특정한 인간 무리를 우상화시키는 데까지 나아가며,[138] 여기에서 주장되는 낙관주의적 인간 이해는 인간 이성을 신뢰하여 인간 신격화의 종교로까지 발전한다. 그러나 이러한 우상화와 신격화의 대척점에 십자가에 달린 메시아 예수가 서 있고, 인간 신격화의 종교에 대한 부정과 모순으로서의 십자가 사건은 모든 잘못된 유신론과 무신론에 대항한다.[139]

형은 인간의 종교적 투사나 일반적 사고를 초월하는 신적 차원의 구원 사건이다. 마르틴 헹엘, 『신약성서의 속죄론』, 전경연 옮김 (서울: 대한기독교서회, 2003) 참조.

136 *The Crucified God*, 37-38.
137 까뮈(Albert Camus, 1913-1960)로 대표되는 저항적 무신론은 인간을 신격화하면서, 인간을 가장 높은 존재로서 전능하고 의로우며 무한하다고 선언한다. *Ibid*., 221-223. 이러한 무신론은 필연적으로 인류와 특정한 집단을 신격화시키지만, 지난 20세기의 각종 무신론적 인간 신격화는 "신(神) 인간"이 참된 인간화의 주체가 아니라 "인간의 이리"가 된다는 충분한 증거를 보여줬다. 지난 세기의 무신론적 세계는 과거 유신론적 세계보다 훨씬 더 비인간적이고 억압된 역사를 나타냈다. *Ibid*., 251-252.
138 사람들이 시대정신(Zeitgeist)이라고 부르는 것은 사실, 지배자의 정신에 불과하다고 파우스트(Faust)는 바그너(Wagner)와의 대화에서 조롱하며 언급한다. 이와 마찬가지로, 그리스도인이나 비그리스도인은 종종 모두 자신의 소원과 일치하는 그리스도상을 만들었다고 몰트만은 비판한다. *Ibid*., 83.
139 몰트만에 의하면, 십자가신학은 철학적이고 정치적으로 착색된 모든 유신론에 대한 비판이다. *Ibid*., 215-216. 저항적 무신론을 극복할 수 있는 유일한 길은 하나님을 고난당하는 하나님으로 파악하는 데 있는데, 그것은 하나님과 고난이 십자가신학에서

십자가에 달린 메시아 예수는 비기독교적 세계관, 세속적 이데올로기 그리고 유토피아로부터 기독교 신앙을 구분하게 하는 기준이 된다고 몰트만은 주장한다.[140] 구체적으로, 십자가 신앙은 기독교를 "기독교 사회"와 "현대 사회 종교로서의 기독교"에서 분리시키는데, 이 분리는 긍정적이거나 건설적이지 않고 우선 비판적이고 파괴적인 성격을 갖는다. 왜냐하면 십자가 신앙은 그리스도인을 한 곳에 머물게 하지 않고 오히려 고향이 없도록 하며, 그리스도인으로 하여금 고향 없는 그리스도(마 8:20 참조)의 뒤를 따르게 함으로써, 모든 내적이고 외적인 얽매임으로부터 그를 해방시키기 때문이다.

몰트만에 의하면, 십자가 종교로서의 기독교는 모순인데, 왜냐하면 "십자가에 달린 하나님"은 "신(神)의 죽음"을 말하기 때문이다. 이러한 이유로 역사적으로 십자가 종교가 사회의 지배 종교가 되면 될수록, 십자가 종교로서의 기독교는 역설적으로 십자가로부터 점점 멀어졌고, 십자가는 구원에 대한 기대나 표상에 의해 아름답게 채색되었다.[141] 그러나 십자가 사건 없이 기독교적으로 이해될 수 있는 기독교 조항은 전혀 없다.[142]

올바른 기독교 신앙을 위해 우리는 언제나 그리스도론의 정치적 "삶의 자리"(Sitz im Leben)를 고려해야 한다고 몰트만은 강조한다.[143] 이것은

모순적이지 않고 함께 설명될 수 있기 때문이라고 몰트만은 주장한다. *Ibid.*, 227.
140 *Ibid.*, 38f.
141 *Ibid.* 이에 반하여, 십자가는 모든 가치의 전복을 의미한다고 몰트만은 강조하는데, 큉도 같은 맥락에서 다음과 같이 말한다. "(십자가가 의미하는 가치의 전복은: 필자) 치명적 위험 앞에서도 씩씩한 일상적 삶, 어찌해도 피할 수 없는 투쟁과 온갖 괴로움이나 죽음 앞에서도 꿰뚫고 나가는 삶을 살아낼 수 있음을 의미한다." 한스 큉, 『그리스도교』, 73.
142 *The Crucified God*, 101–102. 몰트만에 의하면, 바른 기독교 신앙은 오직 고난의 메시아 예수로 인한 희망을 통해서만 가능하다.
143 *The Way of Jesus Christ*, 49–55.

그리스도론에 대한 역사적이고 사회적인 상대화를 의미하지 않고, 모든 역사의 그리스도론은 이 두 가지 측면에서 기능하였음이 기억되어야 함을 의미한다. 일례로, 과거 천년왕국론적으로 승리하는 영원의 그리스도론이 폭 넓은 지지를 받았으나, 우리는 이를 다시 기능적으로 검토해야 한다. 이것은 "위로부터의" 영원의 그리스도론이 역사적 그리스도론, 무엇보다 십자가 아래에 있는 그리스도론에 의해 비판되고 발전되어야 함을 의미한다.[144] 십자가 사건은 모든 그리스도론에 대해 수정이 언제나 필요함도 지시한다.[145]

---

[144] 몰트만에 의하면, 기독교의 하나님은 힘과 영광이 아니라 십자가에 달린 메시아의 무기력함과 죽음에서 계시된다. *The Crucified God*, 195. 기독교신학에는 "무감정의 공리"가 뜻하는 존재 유비(*analogia entis*)나 하나님을 향한 역추론적 인간 상승이 아니라, 십자가 고난에 나타난 하나님의 계시가 적합하다고 몰트만은 강조한다. *Ibid*., 209-210. 또한 274f. 안셀무스(Anselm of Canterbury, 1033-1109), 바르트(Karl Barth, 1886-1968), 판넨베르크(Wolfhart Pannenberg, 1928-2014)의 유비 개념과 그에 대한 비판적 사고에 대해서는 이용규 · 정찬도 · 이신열, "안셀름, 바르트 및 판넨베르크의 유비 개념에 대한 비판적 고찰: 존재 유비와 신앙 유비를 중심으로," 「한국조직신학논총」 44집 (2016, 6), 211-238 참조.

[145] *The Crucified God*, 86-87. 이것은 몰트만이 내세우는 영-그리스도론에 대해서도 동일하게 적용될 수 있다. 영-그리스도론에 대한 두 가지 입장이 존재하는데, 먼저 긍정적인 입장으로서 이문균 박사에 의하면, 영-그리스도론은 성령론적으로 예수 그리스도를 설명하는 시도로서 전통적으로 성령은 그리스도론적으로만 규정되었기 때문에, 성령의 역동적이고 해방적인 성격은 온전히 드러나지 못하였다. 이문균, "영 그리스도론의 사회, 역사 변혁 관련성," 「신학사상」 80집 (1993, 봄), 167. 이와는 대조적인 입장으로서 박종천 박사에 의하면, 영-그리스도론 혹은 성령론적 그리스도론은 형이상학적인 "위로부터의 그리스도론"과 역사적 예수 탐구에서 시작되는 "아래로부터의 그리스도론"을 모두 초월하고자 하는 의도를 가지고 있다. 틸리히와 크라우스(Hans Joachim-Kraus, 1918-2000), 미하엘 벨커(Michael Welker, 1947-현재) 그리고 몰트만 등이 이를 주장하였으나, 영-그리스도론 혹은 성령론적 그리스도론이 온전히 "위로부터의 그리스도론"을 대체하였다고는 볼 수 없는데, 왜냐하면 성령 파송 이전에 영원부터 영원까지 존재하는 내재적 삼위일체가 존재하기 때문이다. 박종천, "예수님의 영성에 대한 조직신학적 연구," 「신학과 세계」 69호 (2010, 12), 71-72 참조. 다른 그리스도론에서와 마찬가지로 우리는 영-그리스도론에 대해서도 비판적이면서 수용

몰트만에 의하면, 십자가 사건은 특정 그리스도론의 절대화만이 아니라 모든 인간 우상화를 거부한다. 빌라도 재판에는 하나님을 향한 예수 그리스도의 헌신과 로마 황제의 신격화라는 당시 정치 현실이 충돌한다.[146] 이 충돌은 "그리스도냐? 가이사냐?"라는 양자택일로 표현될 수 있는데, 메시아 예수는 이 재판 뒤에 "유대인의 왕"이라는 죄패가 박힌 십자가에서 정치범으로 처형당한다. 기독교 신앙이 반란자 예수의 죽음으로서 십자가 사건에서 발생된 이상, 모든 인간 우상화의 정치 종교는 "십자가에 못 박혔고," 기독교 신앙도 그 정치 종교에 대해 "십자가에 못 박힌"다.

십자가의 신앙은 출애굽의 신앙과 함께 혁명적이라고 몰트만은 강조한다.[147] 출애굽의 하나님 신앙을 가진 유대인과 십자가의 하나님 신앙을 가진 그리스도인은, 모두 같은 하나님을 믿으면서 모든 불의한 억압적 상황에 맞서 해방을 일으키며, 지배자에게 위협적인 존재가 된다. 출애굽과 십자가를 증언하는 성서는 언제나 위계질서적 사회에 혁명적으로 작용하기 때문에, 역사적으로 황제와 제국 교회는 일반 백성이 성서 읽는 것을 금지하고 자신들의 성서 해석을 따르도록 그들을 유도했다. 그러나 복음은 그리스도인을 죄와 죽음의 노예 상태에서 해방시키고, 의와 영생이 있는 자유의 길 위에 세운다.[148]

몰트만에 의하면, 영국의 고난받는 하나님에 대한 신학은 정치적으로 탁월한 의미를 갖는다.[149] 이 신학은 제1차 세계 대전 중에 유명한 설교

적으로 접근할 수 있다. 최근에 나온 영-그리스도론 연구로는 김재진, 『성경의 영-그리스도론』(서울: CLC, 2017).
146 *The Church in the Power of the Spirit*, 90-91.
147 *The Spirit of Life*, 111. 나사렛 예수의 십자가 죽음에서 이해된 하나님의 개념은 가히 혁명적이다. *The Crucified God*, 201.
148 *The Church in the Power of the Spirit*, 191.
149 *The Trinity and the Kingdom*, 35.

가이자 시인인 케네디(Geoffrey A. Studdert Kennedy, 1883-1929)에 의해 널리 알려지게 된다. 케네디에 의하면, "전능한 하나님"은 불의한 권력에 대한 종교적 신화에 불과하고 세계의 폭군과 억압하는 자의 하나님일 뿐이다. 그러나 모든 이들이 정치적으로 바라는 하나님은 "고난당하는" 하나님으로, 모든 사람은 마음 속으로 오직 한 하나님, 즉 십자가에서 고난당하고 피를 흘리며 희생당했으나 그 누구도 이길 수 없었던 하나님의 아들을 주님으로 경배하는데, 이 하나님의 아들이 민주주의가 갈망하는 하나님이라고 케네디는 주장한다.[150]

몰트만에 의하면, 단일신론적 신론은 지배 세력에게 매력적인 정치-종교 이데올로기였으며 현재도 그러하다.[151] 단일신론적 신론은 역사적으로 로마 제국 안에 있던 범국가적이고 범종교적인 문제에 대한 해결책으로 큰 활약을 하였는데, "한 하나님, 하나의 황제, 하나의 교황, 하나의 국가, 하나의 교회"의 표어는 정치-종교적인 각종 문제들을 수월하게 해결하였다. 이 표어가 말하듯이 로마의 통치자는 하늘의 통치자에 상응하고, 로마 제국은 기독교 교회에 상응한다.[152]

---

[150] 몰트만에 의하면, 십자가신학은 국가를 정치적 우상 숭배로부터 그리고 국민을 정치적 권리 박탈로부터 해방시킨다. 정치인이 대표해야 할 국민보다 더 우세해지고 국민이 정부에 굴복당할 때 정치적 우상 숭배와 정치적 소외가 형성되지만, 민주주의의 참된 본질은 우상 파괴에 있다. *The Crucified God*, 327-328.

[151] *The Trinity and the Kingdom*, 131. 이와 관련된 일신론의 대안이자 치유로서의 삼위일체론에 대해서는 본서 제4장 1절 4항의 "일신론에 대한 치유로서의 삼위일체의 십자가 사건"을 참조하라. 김옥주 박사에 의하면, 몰트만은 자신의 삼위일체론으로 동방 교회와 서방 교회가 중재되기를 희망하지만, 동방 교회가 성부의 군주성을 중시하는 것에 대해 지나치게 간과한다. 왜냐하면 잘 알려진 바와 같이, 동방 교회는 성부의 군주성을 삼위일체론 전체의 중심으로 보고 있기 때문이다. 김옥주, "니케아 신조(A.D. 381)에 나타난 위격들의 관계에 대한 몰트만의 새로운 제안: 사회적 삼위일체론을 중심으로," 「한국조직신학논총」 33집 (2012, 9), 26-27 참조. 몰트만 신학에서 삼위일체론의 일신론적 측면은 지나치게 부정적인 것으로 생각된다.

[152] *The Trinity and the Kingdom*, 193. 유스티누스(Justinus Martyr, 100-165)는 하나

과거 기독교 세계는 세계 구원 그리고 구원받지 못한 세계로 인한 고난 모두를 포기하였다고 몰트만은 주장한다.[153] 이 포기는 두 가지 국면으로 나타난다.

첫째, 도래하지 않은 종말로 인해 실망한 초대 교회가 이 실망을 제의와 도덕 그리고 형이상학으로 대치한 것이다.

둘째, 교회 내에서 세계의 종말이 이미 완성되었다는 열광주의도 등장하는데,[154] 구원의 나라가 이미 기독교 세계와 제국 교회에서 성취되었다는 확신이 당시에 만연하였다. 여기에서 유대인과 아직 성취되지 않은 소망을 품은 이들[155]을 정기적으로 박해하는 제국 교회적인 승리주의가 생성되었지만, 이러한 것들은 예수 그리스도의 십자가 사건에 기초한 기독교에 적합하지 않다.

몰트만에 의하면, "십자가에 달린 하나님" 신앙, 즉 십자가 사건에 대한 삼위일체론적 해석은 무신론과 종교적 단일신론을 극복한다.[156] 삼위일체론은 종교적 일신론이 정치적 일신론으로 또는 절대주의로 변질되

님의 주권, 타티아누스(Tatianus, 110-180)는 만유의 단일 군주제, 테르툴리아누스(Tertullianus, 155-240)는 하나님의 하나의 독특한 제국이라는 용어를 사용한다. 이들은 이러한 방식으로 성서의 단일신론과 우주론적 단일신론을 서로 융합하고 이 세계를 통일된 피라미드식 위계질서의 공간으로 만든다고 몰트만은 주장한다.

153 *The Crucified God*, 100-101.
154 몰트만에 의하면, 초대 교회에서 발생한 기독교의 급격한 그리스화와 그리스 사상의 급격한 기독교화는, 기대된 것이 모두 성취되었다는 열광주의적 착각 때문에 발생한 것들이다. *Theology of Hope*, 157-158.
155 계 7장과 20장에 의하면, 천년왕국은 유대인과 그리스도인의 메시아 왕국을 의미한다. 왜냐하면 "이스라엘 자손의 각 지파 중에서 인(印)침을 받은" 14만 4천명 외에도 "큰 환난에서 나온" "각 나라와 족속과 백성과 방언에서 아무도 능히 셀 수 없는 큰 무리"가 있기 때문이다(계 7:4, 9). *The Coming of God*, 198-199.
156 *The Crucified God*, 246. 본문의 내용과 비슷한 주제가 제4장 1절 4항에도 등장하지만 이 부분에서도 진술 가능하다.

는 것을 방지할 수 있는데,[157] 왜냐하면 십자가 사건에 기초한 삼위일체론은 아버지 하나님을 세계 권력자의 원형이 아니라, 자기 구분적인 사랑 가운데 십자가에서 죽었고 부활한 아들과 함께한 아버지의 원형[158]이라 파악하기 때문이다. 삼위일체론적 해석에 의하면, 삼위일체 하나님의 영광은 왕들의 왕관과 승리자들의 환희에 있는 것이 아니라, 십자가에 달린 예수 그리스도의 얼굴과 억압당하는 그의 형제들의 얼굴에 있다.

정치적이고 종교적인 단일신론[159]은 십자가 사건에 기초한 삼위일체론으로 인해 극복된다고 몰트만은 주장한다.[160] 로마 황제가 아니라 십자가

---

[157] *The Trinity and the Kingdom*, 197f.

[158] 몰트만에 의하면, 여기에서 하나님 "아버지"는 남성적인 아버지인 동시에 "모성적인 아버지"이기도 하다. 그는 독생자의 "어머니적인 아버지"이자 "아버지적인 어머니"이다. 875년의 톨레도 회의(The council of Tolede)는 다음과 같이 말한다. "아들은 무(無)나 어떤 실체로부터 창조된 것이 아니라, 아버지의 어머니 품으로부터(*de utero Patris*), 다시 말해 그의 본질로부터 태동되었거나 탄생되었음을" 우리는 믿어야 한다. 물론, 이러한 주장에서 하나님 아버지에 대한 산부인과학적 문제가 제기될 수도 있지만, 이러한 하나님 아버지에 대한 양성적 진술은 정치적이고 종교적인 단일신론을 거부하는 의미를 가진다. *Ibid.*, 164-165. 하나님 모델로서의 어머니 개념을 주장하는 맥페그(Sallie Mcfague, 1933-현재)에 의하면, "어머니 하나님 모델"은 우주가 "하나님의 자궁"에서 나왔고 임신을 통해 생성된 것으로 이해하는데, 여기에서 창조는 예술 모델이 아닌 출산 모델로 그려진다. 그러나 이찬석 박사에 의하면, 이러한 어머니 모델로서의 하나님 이해에는 하나님과 세계 간에 존재하는 "존재론적 차이성이 함몰"될 수 있다는 위험이 있다. 이찬석, "맥페그의 하나님 모델에 대한 비판적 고찰: 불이(不二)적 범재신론을 향하여," 「장신논단」 38집 (2010, 9), 167f. 특히 179와 187.

[159] 화이트헤드(Alfred North Whitehead, 1861-1947)에 의하면, 유신론은 정치적이고 도덕적이며 철학적인 우상 숭배로서, 인간에게서 인간 본연의 자유와 기쁨, 진리를 소외시키고 인간성까지 말살한다. 인간은 이렇게 실체화된 우상으로서의 유신론의 하나님과 인간의 자유 사이에서 양자택일만을 할 수 있다고 몰트만은 주장한다. *The Crucified God*, 250. 화이트헤드는 자신의 책에서 하나님을 "이해하면서 함께 고통받는 위대한 동반자—친구"(the great companion—the fellow-sufferer who understands)로 묘사하였다. Alfred North Whitehead, *Process and Reality* (New York: The Free Press, 1978), 351. 윤철호, "악의 기원과 극복에 대한 신학적 고찰," 「한국조직신학논총」 30집 (2011, 9), 293에서 재인용.

[160] *The Crucified God*, 325-326. 또한 *The Trinity and the Kingdom*, 194-195 참조. 그

에 달린 메시아만이 하나님의 평화를 인류에게 보장하고 인류로 하여금 모든 거짓된 평화에 저항하게 한다. 십자가 사건에서 계시된 고난받는 하나님에 대한 신앙은 "신적 황제"에 대항하고 자유를 위한 정치적 투쟁을 촉발하게 하는데, 실제로 아타나시우스(Athanasius, 293-373)[161]와 같은 삼위일체 신학자는 로마 제국에서 추방당한다. 스위스 출생의 프랑스 사상가 루소(Jean-Jacques Rousseau, 1712-1778)는 시민 종교에 대한 자신의 고전적 분석을 통해 국가 권력에 저항한 종교는 기독교를 예외로 하면 전혀 없다고 강조한 바 있다.[162]

러나 과연 몰트만이 주장하듯이, 삼위일체론적 하나님 이해와 단일신론적 하나님 이해가 극단적으로 대립하는 것인지는 비판적으로 질문될 수 있다.

[161] 아타나시우스 영성에 대해서는 황덕형, "특집: 영성신학의 새로운 지평: 아타나시우스의 영성과 성결 교회의 영성," 「신학과 선교」 44집 (2014, 5), 47-82 참조. 아타나시우스의 삼위일체론에 대해서는 김석환, 『교부들의 삼위일체론』(서울: CLC, 2001), 85-118.

[162] *The Crucified God*, 323f.

제 4 장

미래를 계시하고 세계를 치유하는 삼위일체

하나님의 본질에 관한 질문은 끊이지 않고 매 시대에 일어났으며 그에 대한 여러 답변들도 등장했다. 먼저, 로마 가톨릭교회의 전통적인 정의에 의하면, 하나님은 최고 실체이다. 최고 실체로서의 하나님 이해를 가진 로마 교회는 우주론적 신 증명을 언제나 제일 원인으로서의 하나님 존재에 대한 충분한 근거로 제시하고자 했다.

이와는 달리, 구약성서에서 시작하여 중세 유명론을 거쳐 19세기 관념론에 이르기까지 하나님의 본질에 대한 또 다른 답변이 제시되는데, 그것은 하나님은 절대 주체라는 이론이다. 세계 역사에 대한 근대의 경험은 당시 그리스도인들로 하여금 하나님은 최고 실체만이 아니라 절대 주체라고도 생각하게 했다.

앞선 두 이론과 다른 입장이 있는데, 그것은 삼위일체로서의 하나님 이해이다. 삼위일체론적 하나님 이해에 의하면, 신적 본질은 피조 세계의 최고 원인이거나 만물을 지배하는 절대 주체가 아니라, 성부와 성자와 성령이 서로 구분되면서 사랑으로 하나가 되는 삼위일체에 있다. 여기에서 성부와 성자 그리고 성령 하나님은 세 인격들이 서로 구분되지만 사랑으로 분리되지 않는 신비로운 삼위일체를 그 본질로 가진다.

우리는 하나님의 삼위일체를 통해 세계의 본질도 파악할 수 있는데, 왜냐하면 하나님의 본질을 통해 궁극의 때에 완성될 세계의 본질이 접근되어지고, 세계에 대한 비본질적 이론은 거부되어질 수 있기 때문이다. 또한, 삼위일체론은 하나님을 계시하는 것은 물론, 과거의 지배중심적인 단일신론적 하나님 이해를 극복하고, 이로 인한 왜곡된 세계관도 교정하고 치유한다고 몰트만은 주장한다.

몰트만에 의하면, 전통적 신학이 하나님의 신성을 표현할 때 사용한 존재, 본질, 근거 등의 형이상학적 은유 용어는 삼위일체 하나님을 온전히 드러내지 못하고, 오히려 일종의 지배 이데올로기 기능까지 감당한다. 이에 반하여, 삼위일체론은 신성의 구분과 통일성을 동시에 언급한다는 점에서, 지배 체계를 고착시키고 강화하는 모든 체제에 대한 저항이자 치유책이 된다. 사귐과 교제, 사랑이 강조되는 몰트만 삼위일체론은 신적 본질 안에 풍부한 관계와 친교가 있음을 말하면서, 각종의 지배적이고 배타적이며 기득권적인 이기주의를 극복하고자 한다.

여기에서는 하나님의 본질은 물론이고 궁극의 때에 완성될 세계의 본질을 계시하는 하나님의 삼위일체가 고찰된다. 구체적으로 세계의 기원으로서의 창조와 종말론적이고 구원론적인 메시아적 현실을 설명하는 데 가장 적합한 삼위일체론은, 성서에 등장하는 하나님의 삼위일체론적 구원 역사를 전체적으로 설명하는 동시에, 거짓된 신학 이론들을 거부하고 치유하는 교리임이 전개될 것이다.

1. 십자가 사건에서 계시되는 하나님의 삼위일체

몰트만에 의하면, 하나님의 삼위일체는 무엇보다 예수 그리스도가 달린 십자가에서 결정적으로 계시된다. 왜냐하면 하나님의 아들이 십자가에서 처형당한 사건에서 아들에 대한 아버지의 자기 구분적인 사랑과 고난 그리고 성령의 임재가 분명히 나타나기 때문이다. 하나님의 삼위일체는 이성을 통한 하나님 존재 증명이 아니라, 역사적이고 구체적인 십자가 사건을 통해 계시된다. 성서에 기록된 십자가 사건을 비롯한 예수 그리스도의 구원 이야기는 삼위일체론의 구체적이고 역사적인, 유일하고 충분한 근거이다.

또한, 하나님이 십자가 사건에서 지배와 주권이 아닌 친교와 사랑을 통해 자신의 삼위일체를 드러낸다고 할 때, 일신론적이고 지배체제적인 하나님 이해는 지양되고, 일신론의 치유책이자 신학적 자유론으로서의 삼위일체론적 하나님 이해가 전개될 수 있다.

1) 십자가 사건의 삼위일체론적 해석

고대 그리스 철학에 의하면, 우주는 카오스, 즉 혼돈이 아니라 코스모스, 즉 질서의 세계이다.[1] 이 세계는 영원한 법칙에 의해 지배되는 아름답고 신성이 충만한 범신론적 장소이다. 여기에서 신(神)은 하나의 술어이고 이름이 아닌데, 왜냐하면 신성이 모든 세계에 현존하기 때문이다.[2] 여기에

---

1 *God in Creation*, 11.
2 이 철학을 계승하는 헤겔주의도 유사한 입장을 취한다고 몰트만은 주장한다. 이 입장에 의하면, 세계사의 과정은 하나님의 영원한 삶을 드러내는데, 세계 속에 자신을 전달하고 계시하는 것은 하나님의 본질이다. 창조 대상으로서의 인간과 세계는 영원히

서는 특수한 계시가 필요하지 않은데, 왜냐하면 신성은 세계로부터 소급되어 인식되고 신적 본질은 세계 가운데 간접 계시될 수 있기 때문이다.

이에 반하여, 모든 기독교신학은 십자가의 계시를 자신의 기준으로 갖는다고 몰트만은 강조한다.[3] 기독교 신론은 전통적인 하나님의 개념이 아니라 십자가에 달린 예수 그리스도에게서 출발하고 검증받아야 한다.[4] 십자가에서 운명하고 부활한 예수 그리스도는 죄로 물든 현실 세계를 구원하는 삼위일체 하나님을 계시한다. 십자가에 달리고 다시 살아난 예수 그리스도는 인간의 각종 욕구와 실존의 질문들을 거부하고 참된 구원과 신성을 계시한다.

루터(Martin Luther, 1483-1546)는 로마서 1장 18절 이하를 고린도전서 1장과 관련시키면서, 십자가 사건으로부터 출발한 하나님 인식을 이성적인, 즉 자연적인 하나님 인식에 대립시킨다.[5] 여기에서 루터는 자연적인 하나님 인식의 가능성이 아니라 그 현실성을 반박하는데, 왜냐하면 자연적인 하나님 인식은 이론적으로는 가능하지만 인간은 이것을 자신의 신격화에 악용하기 때문에[6] 현실적으로 그것은 불가능하기 때문이다.

하나님 자신 안에 예견되어 있었고, 이로써 인간과 세계의 신격화도 여기에서 주장 가능하다. 그러나 성서에 의하면, 하나님의 사랑에 믿음으로 대응하는 자들은 하나님의 아들로 선언되지만(롬 8:14), 이들이 하나님의 독생자인 것은 아니다. *The Trinity and the Kingdom*, 106f.

3 몰트만에 의하면, 기독교는 자신의 정체성을 그리스도의 십자가에서 발견한다. *The Crucified God*, 23.

4 Ibid., 98.

5 루터 신학에 대한 개괄적이고 핵심적인 내용에 대해서는 다음을 참조하라. 파울 알트하우스, 『마르틴 루터의 신학』, 구영철 옮김 (서울: 성광문화사, 1994).

6 슐라이어마허(Friedrich Ernst Daniel Schleiermacher, 1768-1834)에 의하면, 예수 그리스도는 하나님을 의식하는 종교적 인간의 원형이라는 점에서 구원자이다. 구원의 능력은 예수 그리스도의 십자가와 부활이 아니라 그의 모든 역사적 인격성으로부터 나온다. 십자가 사건도 그리스도의 인격에서 나오는 구원 능력에 어떠한 것도 추가

이와는 반대로, 십자가 사건을 통한 하나님 인식은 왜곡된 하나님 인식을 밝히 드러내는데, 하나님은 죄로 물들어 왜곡된 모든 진리와 선과 아름다움에 맞서, 예수 그리스도 십자가의 모순과 저항 가운데서 자신을 밝히 삼위일체 하나님으로 계시한다고 루터는 강조한다.[7]

루터에 의하면, 하나님 인식은 땅으로부터 하늘로 향하는 영광스러운 유비가 아니라[8] 이것과는 반대인 저항, 모순, 고난을 통해서 이루어진다. 참된 하나님 인식은 하나님으로 인해 고난당함을 의미하는데,[9] 왜냐하면 고난을 통한 하나님 인식은 인간이 자신을 고양시킬 수 있는 모

하지 못한다. "예수 그리스도의 고난은 똑같은 방법으로 그의 모든 삶의 계기 속에 내재하는 하나님 의식의 완전한 표현이다." 슐라이어마허에게 십자가 사건은 예수 그리스도의 하나님 의식에 대한 확증일 뿐이다. *The Way of Jesus Christ*, 60. 이승현 박사에 의하면, 슐라이어마허 그리스도론에서 예수 그리스도는 원형적 완전성을 지닌 존재이다. 예수 그리스도는 역사성과 원형성이 일치되어 역사적인 인격과 원형적인 완전성을 동시에 가진 존재이다. 이러한 슐라이어마허 그리스도론에 대해 바르트(Karl Barth, 1886-1968)는 여기에서는 인간의 신격화가 비밀리에 이뤄지고 있으며, 인본주의적이고 범신론적인 자연주의에 종속되는, 경건을 가장한 철학이 등장한다고 비판한다. 이승현, "바르트의 슐라이에르마허 그리스도론 비판에 대한 소고," 「전문대학 기독교교육」 1집 (1997, 12), 241-242, 253-257.

7 *The Crucified God*, 211-212. 몰트만에 의하면, 예수 그리스도의 십자가는 참 신앙을 불신앙으로부터 구분하며, 그리스도인은 자신을 십자가에 달린 그리스도와 "동일시"함으로써 모든 유사 종교와 이데올로기로부터 분리될 수 있다. *Ibid*., 23.

8 여기에서 루터는 로마 교회의 존재 유비(*analogia entis*)를 강력하게 거부한다. 중세의 하나님 존재 증명에 나타나는 역추론의 방법은 운동과 원동자, 결과와 원인, 필연성과 가능성, 유한성과 무한성, 질서 정연한 존재와 그 이성적인 배열자 사이의 연관성을 존재론적으로 전제한다. 그러나 몰트만에 의하면, 역추론의 방법은 심각한 문제를 내포하는데, 왜냐하면 존재하는 모든 것이 계시가 아닌 존재 유비를 통해 하나님과 결합된다고 전제하기 때문이다. *Ibid*., 209-210. 로마 교회의 아퀴나스와 루터의 하나님 인식론에 대한 비교에 대해서는 손은실, "토마스 아퀴나스와 루터의 신 인식론 비교," 「선교와 신학」 25집 (2010, 2), 235-268 참조.

9 몰트만에 의하면, 하나님으로 인해 고난당한다는 것은 예수 그리스도에 대한 믿음 가운데 옛 사람은 죽고 새 사람이 탄생하는 정도의 고난 체험을 의미한다. *The Trinity and the Kingdom*, 8.

든 것을 스스로 파괴시킴으로써 인간 자신에게 참된 해방을 선사하기 때문이다.[10] 십자가에 달리고 부활한 예수 그리스도는, 온갖 욕망과 모순에 얽매인 인간에게 완전한 해방을 선사하고 영적으로 어두워진 인간에게 삼위일체 하나님을 밝히 계시한다.[11]

중세의 신비주의는 십자가 명상을 부정의 방법(via negativa)을 통한 인간 신격화로 이해하는 데 반해, 루터는 십자가 사건에서 죄인의 신분으로 고난당하고 죽기까지 자신을 낮추는 죄 없고 거룩한 하나님의 아들을 발견하고,[12] 십자가에 달린 가시적인 하나님의 독생자에 의해 계시된 참 하나님을 만나고 두려워한다.[13]

몰트만에 의하면, "고난당할 수 없는 하나님"(Deus impassibilis)과 같이 성서 외적인 하나님 개념은 우리를 향한 사랑의 하나님을 십자가에서 인식하는 것을 불가능하게 만든다.[14] 이에 반해, 아버지가 성령 가운데 아들의

---

[10] 몰트만에 의하면, 기독교 신앙은 십자가에서 저주받고 버림 당하고 마침내는 죽은 예수 그리스도 안에서 유비론적 하나님 인식을 결코 발견하지 못한다. 오히려, 십자가 사건은 유비론적 하나님 인식에 대한 모순인데, 왜냐하면 메시아 예수는 율법에 따라 하나님 모독자로 심판받아 죽임 당했기 때문이다. *The Crucified God*, 68–69.

[11] *Ibid.*, 212.

[12] *Ibid.*, 213.

[13] 몰트만에 의하면, 인간에게 우상에 의한 위협보다 더 위협적인 것은 없는데, 왜냐하면 우상 숭배자는 자기 자신을 자유의 존재로 인정할 수 없고 타인을 있는 그대로 긍정할 수도 없기 때문이다. 그는 자아도취적으로 자신처럼 믿고 생각하며 행동하는 사람만을 인정한다. 자아도취(narcissism)는 현대의 유행이지만, 십자가에 달린 자는 이러한 자아도취적이고 우상적인 사고를 거부한다. 하나님의 아들은 성육신 사건을 통해서 무력하고 상처받으며 사멸적인 인간이 됨으로써, 인간을 전능한 우상으로부터 해방시키며, 십자가 사건을 통해서는 인간이 인간성, 자유, 사멸성을 기꺼이 받아들이도록 인도한다. *Ibid.*, 302–303. 칸트(Immanuel Kant, 1724–1804)가 주장하는 바와 같이 이성이 자신의 기획에 따라 생성하는 것만을 통찰한다면, 투사된 경험 아닌 경험이 존재할 수 있는가라는 비판적인 질문이 제기될 수밖에 없다. *The Spirit of Life*, 30–31.

[14] *Ibid.*, 137.

죽음을 통해 발생시킨 십자가 구원 사건은 분명한 삼위일체 하나님의 사건이다. 십자가 사건에서 아버지, 아들, 성령은 서로 다른 신적 인격으로 존재하면서 서로를 위해 서로에게 사랑으로 응한다. 하나님은 십자가 사건에서 죄인들을 사랑으로 구원하는 삼위일체적 존재로 계시된다.[15]

몰트만에 의하면, 십자가 사건에서 아버지는 아들을 버림으로써 그 자신을 버리고, 아들을 내어줌으로써 그 자신을 내어준다.[16] 아들을 버리고 내어주는 아버지는 아들의 죽음으로 인해 무한한 아픔 가운데 고난당한다. 그러나 십자가 사건에는 아버지와 아들 두 인격의 분리 가운데의 결속 그리고 결속 가운데의 분리가 모두 존재하기 때문에, 우리는 십자가 사건을 아버지도 아들과 같은 고난을 당하고 죽임당한 성부수난설적 사건이 아니라, 하나님의 자기 구분적인 사랑과 성령 가운데 일어난 삼위일체적 사건으로 이해해야 한다.

십자가 사건이 양성론적인 그리스도론의 측면에서만 논의된다면 여기에는 단순한 하나님의 개념만이 사용될 것이지만,[17] 우리는 십자가 사건을 아버지와 아들 그리고 성령이 모두 참여한 삼위일체론적 구원 사건으로 말할 수밖에 없다고 몰트만은 주장한다.[18] 이 해석에서 골고다의 십자가 사건은 삼위일체적으로 세 신적 인격들 모두에게, 그러나 각각 다른 형태로 일어난 관계적 사건으로 이해된다. 여기에서는 세 신적 인격들

---

15 하나님의 삼위일체가 예수 그리스도의 십자가 사건에서 계시되는 것으로 이해된다면, 그리고 그 사건이 하나님의 사랑의 사건으로 이해된다면, 삼위일체의 교리는 사변이 아니라 신적 사랑의 결과물이다. M. D. Meeks, *Origins of the Theology of Hope* (Philadelphia: Fortress Press, 1974), 123.
16 *The Crucified God*, 243-244.
17 *Ibid.*, 244-246.
18 몰트만 삼위일체론에 담긴 의도에 대해서는 몰트만 편집, 『나는 어떻게 변하였는가?』, 32f 참조.

가운데 아들만이 십자가 고난을 당한다고 생각되지 않고, 자기 구분적인 사랑 가운데, 즉 삼위일체론적으로 모든 신적 인격이 고난을 당한 것으로 이해된다.

2) 삼위일체론의 근거로서의 메시아 예수의 이야기

삼위일체론은 역사적으로 예수 그리스도의 본성에 대한 이단과의 논쟁에서 출발한다.[19] 그러나 몰트만에 의하면, 예수 그리스도 인격의 핵심은 전통적 그리스도론에 등장하는 두 가지 본성이 아니라, 성서에 이야기(narrative)[20]로 나타난 아버지 하나님에 대한 그의 배타적이고 근원적인 신적 관계 그리고 신앙 공동체 안에 있는 형제자매들과의 친교의 관계,[21] 즉 메시아 예수의 수직적이고 수평적인 구원 역사인데, 그 가운데 아버지에 대한 아들의 관계가 더욱 중요하다.

첫째, 아버지에 대한 아들의 독특한 관계는 세례 장면의 이야기에 잘 나타난다. 공관복음서는 그 장면에 "너는 내 사랑하는 아들이다"(눅 3:22 등)는 말을 첨가하는데 구약성서에 의하면, "사랑하는 아들"은 언제나 독생자

---

19 물론, 삼위일체론에 대한 니케아-콘스탄티노플 신조(*Symbolum Nicaeno-Constatino-politanum*, 381년)가 역사적으로 예수 그리스도의 양성론(兩性論)에 대한 칼케돈 회의(Council of Chalcedon, 451년)보다 앞서지만, 삼위일체의 교리는 예수 그리스도의 인격과 구원 사건을 설명하기 위해서 출발하였음은 주지의 사실이다.

20 김도훈 박사는 몰트만 그리스도론의 열 가지 방법론적 특성 가운데 하나로 "이야기체 그리스도론"을 꼽는다. 김도훈, "몰트만 그리스도론의 방법론적 특성," 「장신논단」 21집 (2004. 6), 220-221.

21 *The Source of Life*, 120. 몰트만에 의하면, 하나님은 신앙 가운데 우리의 아버지가 되는데, 왜냐하면 그는 우리의 형제인 메시아 예수의 친밀한 "아빠"이기 때문이다. *Ibid*., 125f. 또한, 아들의 나라는 그의 형제자매의 나라가 되기도 한다. *The Trinity and the Kingdom*, 88.

를 의미하기 때문에, 세례 장면의 음성은 아버지와 아들의 배타적인 관계를 온전히 보여준다. 이것은 요한문서에도 나타나는데, 여기에서는 "사랑하는 아들" 대신 "독생자"(요 1:14; 3:16, 18)라는 용어가 자주 사용된다.[22]

둘째, 공동체 안에 있는 형제자매와의 관계에서 하나님의 아들은 모든 창조 세계에 앞서 최초로 태어난 자(롬 8:29; 골 1:15)로서 존재하는데,[23] 여기에서 그는 형제자매에게 획일적이지 않고 다양성 가운데 통일성을 보이는 자로서 등장한다.[24]

몰트만에 의하면, 구원 사역에서 메시아 예수가 당한 고난은 내적이고 외적인 특징을 모두 가진다.[25]

첫째, 메시아의 고난은 내적으로 아들이 "아바, 아버지"라고 불렀으며, 가난한 사람들에게 그의 나라를 선포한 아버지에게 십자가에서 철저히 버림 당한 삼위일체적 사건이다.[26] 아들은 십자가의 길에서 아버지에게 버림 당하는 가장 큰 신적 고난을 당한다.[27] 그가 십자가에서 외친 "나의 하나님, 나의 하나님, 어찌하여 나를 버리셨나이까?"(막 15:34)의 고함은

---

22 *Ibid*., 67. 하나님이 "사랑하는 아들"은 나사렛 예수가 하나님의 독생자로서의 메시아 임을 지시한다.
23 몰트만에 의하면, 처음 태어난 자는 형상 혹은 원형 개념과 연결되는데, 하나님의 아들은 장차 하나님 나라의 상속자가 될 모든 형제자매의 원형이다. *Ibid*., 120f.
24 *The Spirit of Life*, 184 참조.
25 *The Trinity and the Kingdom*, 75-76.
26 아들은 아버지로부터 버림 당함을 지시하는 모든 표현과 함께 골고다의 십자가에서 처참하게 죽임을 당한다. *The Crucified God*, 175f.
27 메시아 예수가 지상에서 마지막으로 겪은 하나님 체험은 버림 당함이다. *The Way of Jesus Christ*, 166-167. 아버지는 버림 당하고 저주를 당한 아들에 대해 침묵한다. 바울은 이에 대해 다음과 같이 표현한다. "하나님이 죄를 알지도 못하신 이를 우리를 대신하여 죄로 삼으신 것은, 우리로 하여금 그 안에서 하나님의 의가 되게 하려 하심이라"(고후 5:21), "그리스도께서 우리를 위하여 저주를 받은 바 되사 율법의 저주에서 우리를 속량하셨으니 기록된 바, 나무에 달린 자마다 저주 아래에 있는 자라 하였음이라"(갈 3:13). *The Trinity and the Kingdom*, 78f.

아버지에 의해 철저히 버림 당함을 표현하는데, 십자가의 고난에서 아버지와 아들 사이에 하나의 죽음이 체험된다.[28]

둘째, 고난은 외적으로 메시아가 자신의 백성 특히, 그 지도층에 의해 하나님 모독자로 버림 당하고 로마인에 의해 선동자와 반역 죄인으로 처형당함을 의미한다.

십자가의 아들은 아버지에게 버림 당한 상태에서 죽임을 당하고, 아버지는 성령 가운데 아들의 죽음을 경험하는데, 여기에서 아들의 죽음과 그로 인한 아버지의 고난은 삼위일체론적으로 서로 중재되고 상응한다.[29] 자신을 전달하는 아버지의 신적 사랑은 아들의 희생으로 인해 끝없는 고난으로 변하고, 마찬가지로 아들이 아버지에게 응답하는 사랑도 아버지에게서 버림 당함으로 인해 끝없는 고난으로 변한다.

몰트만에 의하면, 골고다 사건은 신성의 가장 깊은 데까지 이르고, 삼위일체 하나님의 공감과 열정적인 삶을 계시하면서[30] 하나님의 삼위일체 한

---

28 메시아 예수의 죽음은 아버지로부터 보냄 받은 아들의 죽음으로 나타나기 때문에, 그 죽음의 측면에는 "하나님의 죽음"의 의미도 포함되어 있다고 몰트만 주장한다. *Theology of Hope*, 175-176. 몰트만에 의하면, 아들이 십자가에서 희생당하여 지옥으로 내려간 것(벧전 3:19 참조)은 아버지까지도 무(無) 속으로 들어감을 의미하는데, 이것의 목적은 아버지가 지옥으로 표현되는 무(無)를 극복하고 아들을 부활시킴으로써 세계에 종말론적 "새 창조"(*creatio nova*)를 시작하기 위함이다. *God in Creation*, 90f.

29 *The Trinity and the Kingdom*, 81.

30 골고다 사건에 대한 삼위일체론적 해석은 몰트만에 의해 새롭게 이뤄진 것으로, 이전에는 신성의 깊음을 드러내는 삼위일체론적 사건으로서의 십자가 사건이 제대로 고찰되지 못했다. 이제는 십자가 사건에 계시된 삼위일체 하나님의 공감(sympathy)과 정열(*pathos*)을 의심하는 현대 신학자는 거의 없다. 이용주 박사에 의하면, 하나님이 피조 세계의 고난에 참여한다는 하나님 인식의 전환은 이제 하나의 "새로운 정통" 신학이 되었다. 이용주, "악에 직면하여 신을 사유함: 셸링의 『자유론』을 중심으로," 「헤겔연구」 37집 (2015), 199. 공감의 하나님에 대한 몰트만의 상세한 설명에 대해서는 본서 3장의 "세계의 고난과 고난당하는 하나님"을 참조하라.

가운데 위치한다.[31] 아버지의 자기 비하는 아들의 십자가 고난과 죽음 가운데 완성되는데,[32] 왜냐하면 아버지는 아들의 고난 가운데 인간의 죄, 한계, 버림 당함과 관계하며 비참한 인간과 친교를 맺기 때문이다.[33] 삼위일체 하나님은 인간 구원을 위한 케노시스(kenosis)를 십자가에서 실현한다.[34]

아버지는 버림 당하고 죽임당한 아들을 버려두지 않고 성령을 통해 부활시킨다.[35] 십자가에서 철저히 버림 당하고 죽임당한 아들은 성령의 능력을 통해 죽은 지 삼 일만에 부활한다(롬 1:4; 8:11; 딤전 3:16; 벧전 3:18). 아들은 아버지의 영광을 통하여 부활하고(롬 6:4), 아버지의 능력을 통하여 부활한다(고전 6:14). 여기에서 성령, 하나님의 영광, 하나님의 능력은 모두 동의어로, 성서는 아버지도 아들도 아닌 제3의 신적 주체로서의 성령을 말하는데, 이로써 성서에서 아들의 부활은 아버지가 성령을 통해 이룬 삼위일체론적 사건으로 이해된다.

몰트만에 의하면, 아들의 부활은 두 가지 점에서 삼위일체 하나님의 영광을 의미한다.[36]

첫째, 부활 사건 뒤에 아들은 예배 공동체의 주님이자 장차 올 "영광의 주"로서 고양된다는 점이다(고전 2:8). 오직 영광의 아버지에게만 사용된

---

31 *The Trinity and the Kingdom*, 82f.
32 Ibid., 118-119.
33 아들은 자기 겸손과 자기 비하 가운데 소외된 자들의 형제가 됨으로써 그들에게 하나님 나라를 가져오고, 아버지는 성령 가운데 고난당하는 자들과 친교를 맺는다. *Jesus Christ for Today's World*, 38-40.
34 롬 8:31, 32에 의하면, 아버지는 아들을 "내줬으며" 아들이 십자가에서 저주의 죽음을 당하게 하였다. 하나님 아버지가 죄인을 구원하기 위해 아들을 내어 주었기 때문에, 죄인은 하나님의 버림을 받지 않고 구원을 얻으며 하나님과 친교를 맺을 수 있게 되었다고 몰트만은 주장한다. *The Crucified God*, 242 참조.
35 *The Trinity and the Kingdom*, 123. 성령의 첫 번째 종말론적 사역은 예수 그리스도의 부활이라고 몰트만은 언급한다.
36 Ibid., 124.

주(*kyrios*)의 명칭이 부활절 이후 아들에게도 사용된다.

둘째, 영원한 아버지의 영광이 부활한 아들의 얼굴 위에 머무르게 되면서, 아버지의 영광은 아들을 주님으로 믿고 고백하는 그리스도인들의 마음에까지 비쳐진다는 점이다(고후 4:6 참조).

몰트만에 의하면, 성령은 메시아 예수의 구원 역사의 전제와 주체가 되는데, 성령이 아들 위에 "내려옴," 그 위에 "머무름" 등의 복음서 표현들은, 성령의 자기 제한과 자기 낮춤 그리고 성령이 나사렛 예수의 인격, 역사, 고난 속으로 들어감을 의미한다.[37] 아들은 성령의 임재 가운데 하나님을 "아빠, 사랑하는 아버지"라고 부르며 기도하는데,[38] 이와 같이 성령은 메시아 예수의 삼위일체론적 구원 역사에서 주체적으로 활동한다.

이러한 삼위일체론적 성령론은 마가복음과 히브리서에서 표현되는 "십자가의 성령론"에서도 분명히 나타난다고 몰트만은 주장한다.[39]

첫째, 마가는 메시아 이야기를 성령이 그의 위에 머문 세례로 시작해서 성령을 통한 그의 고난으로 끝맺는다. 메시아 예수는 성령 안에서 자

---

37 *The Spirit of Life*, 61. 몰트만에 의하면, 예수 그리스도의 고난이 하나님에게 무엇을 의미하는지, 그리고 성령은 예수 그리스도의 삶과 죽음을 어떻게 경험하는지와 같은 것들은 지금까지 신학적으로 제대로 질문되지 않았다. 그러나 아들의 고난의 길은 성령의 고난의 길이기도 하며, 하나님의 능력은 예수 그리스도의 연약함 속에서 증명되는 성격을 가진다고 이해되어야 한다. *Ibid.*, 61-62.

38 아람어 "아멘"(*Amen*)과 "할렐루야"(*Hallelujah*)가 신앙 공동체에 중단되지 않고 전승되었음에 반해, "아빠"(*abba*)와 "마라나타"(*Maranatha*)는 그러지 못하였다. 몰트만에 의하면, 그것은 "아빠"가 나타내는 하나님 아버지의 가까움과 하나님 나라의 가까움 때문으로 간단히 말해, 이른바 "재림 지연 문제"로 인해 "아빠"와 "마라나타"는 서서히 교회에서 그 자취를 감추게 되었다. *The Way of Jesus Christ*, 145. 몰트만에 의하면, "마라나타" 기도는 본래 예수 그리스도의 재림을 지향하지만, 성령의 오심도 그리스도의 오심과 다르지 않기 때문에, 이 기도는 성령의 오심에 대한 간구이기도 하다. *The Source of Life*, 11. 또한『그리스도가 계신 곳에 생명이 있습니다』, 55.

39 *The Source of Life*, 62f.

신이 하나님의 독생자라는 인식을 분명히 갖고 죽음을 향해 나아간다.[40]

둘째, 히브리서는 아들을 대제사장인 동시에 제물로 묘사하는데, 그는 "영원하신 성령으로 말미암아 흠 없는 자기를 하나님께" 제물로 바친 자이다(히 9:14). 이와 같이 성령은 아들의 소유물에 불과하지 않고, "불멸의 생명의 능력"(히 7:16)으로서 아들로 하여금 죽음을 내적으로 경험하게 하고 그것을 긍정하게 한다.[41]

몰트만에 의하면, 아들과 성령의 삼위일체적 관계는 요한복음의 고별 이야기(요 14-17장)에 의해 보다 분명해진다.[42] 요한복음에 의하면, 성령은 삼위일체적으로 아버지에 의해 아들의 이름으로 보내지며, 아버지로부터 아들에 의해 파송된다.[43]

결론적으로, 우리는 삼위일체론의 근거를 메시아 예수의 구원 이야기에 근거해야 하는데, 왜냐하면 그것이 성서에 함축되었고 이후에 교리로 정립된 하나님의 삼위일체를 바로 이해할 수 있는 길이 되기 때문이다.

---

40 메시아 예수는 묵시사상적 질문, 즉 언제 하나님 나라가 도래하는지를 묻지 않고, 오히려 자신에게서 성취된 하나님 나라로 인해 가능해진 메시아적 기쁨에 집중한다. 이로 인해, 케제만(Ernst Käsemann, 1906-1998)은 스승 불트만(Rudolf Bultmann, 1884-1976)과는 반대로, 나사렛 예수에게 메시아 의식이 있었다고 주장한다. Ersnt Käsemann, *Exegetische Versuche und Besinnungen I* (2 Aufl.; Göttingen: Vandenhoeck & Ruprecht, 1960), 206.
41 칼뱅(Jean Calvin, 1509-1564)에 의하면, 예수 그리스도는 십자가의 죽음을 외적으로나 우연적으로 체험하는 게 아니라 성령에 의해 그것을 내적으로 긍정하면서 체험한다. *The Spirit of Life*, 63.
42 *Ibid*., 70. 요한복음의 고별 이야기 혹은 "고별 설교"에 대한 개론적 이해로는 김득중, 『요한의 신학』(서울: 컨콜디아사, 1994), 117-132 참조.
43 몰트만에 의하면, 벌코프(Louis Berkhof, 1873-1957) 성령론은 삼위일체론적이지 않고 일신론적인데, 벌코프에게 성령은 한 분 하나님의 활동 양식에 불과하기 때문이다. *The Spirit of Life*, 13.

3) 신학적 자유론으로서의 십자가 사건의 삼위일체론

몰트만에 의하면, 일신론(monotheism)은 그 성격상 단일신론(monarchianism)과 맥을 같이 하는데,[44] 왜냐하면 하나님의 주권을 문제 삼는 일신론은 단일신론과 크게 다르지 않기 때문이다. 일반적으로 일신론은 오용되어 지상의 왕권을 신적인 것으로 지지하고, 주인에게 굴복하는 노예 제도도 정당화하곤 했다.[45] 그러나 삼위일체론은 일신론을 극복한 것처럼 기존의 잘못된 지배 제도도 극복해야 하는데, 왜냐하면 삼위일체론은 신학적 자유론으로 전개되고 확장되어야 하기 때문이다. 하나님의 삼위일체는 강압적 지배권과 복종이 없는 상태에서 모든 계층의 사람들이 자유롭게 맺는 친교와 공존을 지시한다.[46]

---

[44] *The Trinity and the Kingdom*, 191-192. 몰트만에 의하면, 일신론과 단일신론은 한 사실의 두 가지 측면에 불과하다. *Ibid.*, 130.

[45] 일신론적 사고에 의하면, 삼위일체의 아들이 아버지를 대변하는 것 같이 주교는 신앙 공동체 앞에서 아들을 대변한다. 이와 같이 신적 권위로부터 교회의 권위를 연역하는 것은 분명 일신론적이고 단일신론적인 사고라고 몰트만은 주장한다. 단일신론적 제사장직 이론은 중세기와 19세기의 교황 제도 신학을 통해 계속 발전하는데, '한 교회-한 교황-한 베드로-한 그리스도-한 하나님'이라는 질서가 그것이다. *Ibid.*, 200-201. 몰트만이 일신론적이고 단일신론적이라고 비판하는 바르트 삼위일체론은 좀 더 신중히 평가받아야 한다고 필자는 생각한다. 제2차 세계 대전 중에 본회퍼(Dietrich Bonhoeffer, 1906-1945)와 소수의 고백 교회(Bekennende Kirche) 등을 제외하면, 바르트는 당시 독일 국가 교회와 독일 신학자들과는 대조적으로 "바르멘 선언"(Barmen Declaration, 1934)과 고백 교회 운동 등으로 히틀러(Adolf Hitler, 1889-1945)에 대해 맹렬히 비판하고 결국에는 자신의 고국인 스위스로 추방당한다. 이것은 신학자의 삶과 신학이 구분되지만 분리될 수 없는 것과 같이 바르트 삼위일체론이 평가될 때에 간과되어서는 안될 점이라고 생각된다. 김흡영 박사에 의하면, 바르트의 강한 윤리-정치적 영향력은 이론과 실천이 나눠질 수 없다는 그의 신학적 입장에 기인한다. 김흡영, "왕양명과 칼 바르트의 패러다임 전환: 지행합일(知行合一) 상이성 속에서 두터운 유사성(同中異)," 「제12회 강화 양명학 국제학술대회 미간행 자료집」(2015, 10), 241 참조.

[46] 몰트만에 의하면, 하나님 나라는 불쌍하고 고난받는 이들이 사랑 받고 기뻐할 수 있는 사랑의 나라이지, 최고 권력자로부터 시작하여 노예로 끝나는 위계질서적 통치의 나

근대 절대주의의 시대에는 "하나님이 법보다 더 높다"는 악명 높은 명제가 있었다.[47] 우리는 일신론적인 하나님 앞에 어떠한 법도 생각할 수 없는데, 왜냐하면 절대자 하나님이 가장 높은 법을 스스로 구체화하기 때문이다. 절대적 신적 주권이 국가 주권의 원형으로 이해될 때 절대주의의 왕권이 형성[48]되는데, 이 시대의 유산으로 "권위가 법을 만들지 진리가 법을 만드는 것은 아니"라는 홉스(Thomas Hobbes, 1588-1679)의 잔인한 주장이 있다.

자유를 주권으로 정의하는 입장은[49] 역사적으로 투쟁에서 승리한 강자에게만 자유가 주어졌다고 말한다. 이 입장은 자기 자신과 자기 소유만을 말하며, 여기에서 개인은 절대 군주이자 왕으로 이해된다.

이에 반해, 자유에 대한 두 번째 규정은 자유를 주권이 아닌 친교와 공존이라 정의하는데,[50] 여기에서는 자유롭게 되는 참된 길이 각자 서로의 삶을 상대에게 개방하고 서로 나누는 데 있다고 가르친다.

자유에 대한 세 번째 입장은 창조적 우선권으로서의 자유를 말하는데,[51] 이러한 차원 없이 기독교적 참된 자유는 온전히 파악될 수 없다고 몰트만은 주장한다. 하나님의 구원의 미래를 위해 고난의 현재를 초월하는 자는 성령과 희망 가운데 참 자유를 누린다. 이 자유는 성령 체험을 통해

라가 아니다. 마 11:28 이하에 의하면, 예수 그리스도는 불쌍한 백성에게 자비를 베풂으로써 하나님 나라가 그들의 것이라는 기쁜 메시지를 선사한다. 하나님 나라는 권력과 통치의 나라라기보다는 은혜와 자비가 충만한 나라이다. *The Spirit of Life*, 70-71.

47 *The Trinity and the Kingdom*, 196.
48 절대주의는 자기 신뢰에 기초한 낙관론에 기초하는데, 여기에서 "내가 국가다(L'état, c'est moi)"라는 말도 유래한다. 바르트,『교회 교의학』III/1, 529.
49 *The Trinity and the Kingdom*, 214-215.
50 *Ibid.*, 215-216.
51 *Ibid.*, 216-217.

구체화되는데,[52] 왜냐하면 우리는 성령 체험 가운데 영광스러운 미래를 위해 현재의 고난에 초월적인 자세를 취할 수 있기 때문이다. 그리스도인은 성령의 능력으로 현실 가운데 참 자유를 누리며 창조적이고 개방된 미래를 지향할 수 있다. 성령 체험을 통해 창조적 열정을 갖게 된 그리스도인은, 자유 가운데 현실 세계와는 차원이 다른 신적 구원의 미래를 바라보고, 새롭고 건강하고 생동하는 삶에 대한 메시아적인 꿈을 꾼다.

몰트만에 의하면, 십자가에 계시된 하나님의 삼위일체는 일신론이 주장하는 절대주의의 단일군주제가 아닌, 특권과 억압이 사라진 자유로운 친교에 상응한다.[53] 삼위일체의 신적 인격들은 권력이나 소유를 통해 정의되지 않고, 인격들 상호 간의 관계와 친교를 통해 정의된다. 신적 인격들은 자신들이 지닌 특성을 제외하고 모든 것을 자유롭게 공유하며 교제한다.

삼위일체론에 반대되는 일신론적 모형으로 양태론(modalism)이 있는데, 이것은 사벨리우스에 의해 신학적으로 표현된다.[54] 사벨리우스(Sabellius, ?-c. 215)에 의하면, 하나님은 한 분뿐이기 때문에 구분될 수도, 전달될 수도, 심지어 인식될 수도 없다. 다만, 한 하나님은 역사적으로 세 가지 이름을 통해서 자신이 인식되게 하는데, 이와 같이 한 하나님은 자신의 계시와 구원 역사에 있어서 세 가지 양태를 취한다. 이러한 사벨리우스 양태론에는 일신론적 사고가 강하게 관철되는데,[55] 그의 양태론은 19세기의 슐라이어마허(Friedrich Ernst Daniel Schleiermacher, 1768-1834) 신론에까

---

52 몰트만에 의하면, 성령이 그리스도인과 맺는 친교는 아버지와 아들과 맺는 성령의 친교에 상응한다. *The Spirit of Life*, 218-219.
53 *Ibid.*, 198.
54 *Ibid.*, 135-136.
55 올슨, 『삼위일체』, 11. 사벨리우스(Sabellius)는 삼위일체 하나님의 개별 인격 사이의 존재론적 구별을 부정한다고 올슨(Roger E. Olson, 1952-현재)은 설명한다.

지도 영향을 끼쳤다.[56]

20세기의 바르트(Karl Barth, 1886-1968)는 그의 삼위일체론을 단일신론적 하나님의 자기 계시의 개념에서 출발한다고 몰트만은 주장한다.[57] 바르트에 의하면, 하나님의 말씀은 자기 계시 가운데 있는 하나님이고, 하나님은 자신을 주(主)로서 계시한다. 바르트는 삼위일체론의 뿌리인 계시 개념과 주권 개념을 중심으로 세 존재양식(Seinsweise)의 삼위일체론을 고수하면서,[58] 결국 세 인격들이 아닌 한 인격을 가진 주권적 하나님을 강조한다.

그러나 세 존재양식으로 자신을 계시하는 하나님은 자신의 계시 능력, 즉 성령의 실체를 증명할 수 없는데,[59] 왜냐하면 아버지와 아들은 이미 영원한 출생과 희생이라는 상호 관계 가운데 하나이므로 제3의 인격은 여기에서 불필요하기 때문이다. 이러한 주장은 성령을 세 번째 주체로 인정한 삼위일체의 교리와 상당 부분 멀어져 있다.

몰트만에 의하면, 삼위일체론이 말하는 신적 인격들 사이의 통일성은 일신론의 통일성과는 구분되는 세 신적 인격들 사이의 일치 개념을 통해서만 가능한데, 왜냐하면 일치 개념만이 자기를 전달하며 상호 개방적인 삼위일체 하나님의 통일성에 적합하기 때문이다.[60] 삼위일체의 통일

---

56 슐라이어마허는 아타나시우스(Athanasius, 293-373) 삼위일체론 외에 사벨리안주의적 삼위일체론의 타당성까지도 주장한다.

57 *The Trinity and the Kingdom*, 140-141.

58 *Ibid*., 141. 바르트에 의하면, 삼위일체론의 뿌리는 계시이다. 이것은 삼위일체론이 계시를 설명해야 하는 해석학적 과제를 가진다는 의미이다. 오영석, 『신앙과 이해』(서울: 대한기독교서회, 1999), 66. 또한, 삼위일체론의 뿌리로서의 계시에 대해서는 칼 바르트, 『교회 교의학』 I/1, 박순경 옮김 (서울: 대한기독교서회, 2003), 395-432 참조.

59 *The Trinity and the Kingdom*, 142-143.

60 *Ibid*., 150.

성으로서의 일치는 구분된 실체로서 세 신적 인격들 사이의 자유로운 친교를 전제하며, 이것은 일신론이 지배와 주권을 통일성으로서 강조하는 것과는 분명한 차이를 보이는 것이다.

4) 일신론에 대한 치유로서의 삼위일체의 십자가 사건

사도신경(*Symbolum Apostolicum* 혹은 *Credo*)은 전능한 창조주 하나님을 아버지라고 부르는데,[61] 하나님 아버지에 대한 이 신앙 고백이 전능한 하나님이 만물의 원인이자 주(主)이기 때문에 아버지가 된다는 것을 지시한다면, 기독교의 하나님은 그리스-로마 신화의 제우스(Zeus)와 같이 만물을 지배하는 아버지로서 숭배되어야 한다고 몰트만은 주장한다. 여기에서 억압적이고 구속적인 가부장적 계급 제도가 형성될 수 있는데, "하나님 아버지, 교회의 아버지, 국가의 아버지, 가정의 아버지"가 그것이다.[62]

---

[61] *Ibid.*, 162-163.
[62] 몰트만에 의하면, 일신론적 주권 개념은 현대 개인주의 사회에 치료책이 될 수 없는데, 왜냐하면 삼위일체론적 친교 개념만이 인격들 사이의 원만한 관계를 회복하기 때문이다. *The Spirit of Life*, 224-225. 신학과 인간학은 언제나 교차 관계에 있기 때문에, 하나님 개념에서 일신론이 극복될 때에야 비로소 이에 상응하는 인간학적 개인주의도 함께 극복될 수 있다. 인간은 삼위일체의 형상이며 삼위일체 하나님에게 상응한다. *God in Creation*, 216. 김균진 박사에 의하면, 몰트만 신학은 "중재의 신학"으로 세계를 하나님 나라의 현실을 향해 치료하는 치유의 과제를 갖는다. 김균진, 『현대 신학 사상』, 479-481. 몰트만에 의하면, 인간의 자유 체험은 언제나 종교적이고 신학적인 차원을 가진다. 이것은 근대 자유론의 무신론적 근거에서도 증명되는데 이 무신론(atheism)에 의하면, 하나님이 존재하고 통치할 때 인간은 자유로울 수 없으므로, 하나님은 인간 자유를 위해 부정되어야 한다. 이런 유치한 양자택일에서 무신론적 자유는 일신론의 반대가 된다. 이와는 대조적으로, 삼위일체 하나님은 창조와 화해 그리고 영광의 역사 가운데 자신의 나라를 실현하면서 얽매인 인간에게 해방을 선사한다. 삼위일체론은 포괄적이고 다차원적인 인간 자유론을 확립하는데, 신학적 자유 개념은 하나님의 삼위일체론적 역사 개념에서 유래한다. *The Trinity and the Kingdom*, 218.

이와 함께, 사도신경은 하나님이 성도의 형제가 된 아들의 아버지임도 고백하는데[63] 몰트만에 의하면, 우리는 아들과 관련하여 하나님을 아버지로 불러야 한다. 왜냐하면 하나님 아버지에 대한 기독교 신앙 고백은 일신론적 개념을 가진 만유의 아버지가 아니라,[64] 삼위일체론적인 아들의 아버지를 말하기 때문이다.[65] 삼위일체 하나님의 자유는 인간에게 상처 받을 수 있는 하나님의 사랑과 개방성 그리고 응답 가운데 나타나고,[66] 삼위일체 하나님은 아버지와 아들과 성령의 자유로운 친교와 공존 속에서 자신을 영원한 사랑으로 계시한다.[67]

몰트만에 의하면, 전능한 주권자로서의 일신론적인 하나님 이해는 "위로부터 아래로" 흐르고 관철된다.[68] 하늘에 있는 신적 주권 질서는 땅

---

63 Ibid., 163. 몰트만에 의하면, 삼위일체 하나님을 아버지로 이해하는 그리스도인은 가부장적 종교의 표상들, 즉 초자아(superego), 가정의 아버지, 국가의 아버지, 심지어 부성애적 섭리마저 잊고 자신의 형제 예수 그리스도만을 바라봐야 한다. 그럴 때에야 비로소 그리스도인은 예수 그리스도와의 친교 가운데 예수 그리스도의 아버지가 곧 자신의 아버지라는 것을 알게 되며, 신적 아버지의 신분이 무엇을 의미하는지도 알 수 있기 때문이다. 아버지의 이름은 삼위일체론적이지 우주론적이고 정치적인 일신론의 개념이 아니다.
64 여기에서 몰트만이 주장하는 바와 같이 일신론적인 신 이해가 과연 비삼위일체론적이며 비성서적인지 의문이 들 수 있는데, 왜냐하면 삼위일체론도 "한 하나님"을 고백하기 때문이다. 또한, 몰트만이 주장하듯이 삼위일체론이 어떠한 특정한 정치나 사회 체제를 결정짓는다고 받아들이기 어려운 구석도 있는데, 일신론적인 삼위일체론을 주장한 서방에 자유와 평등을 내세우는 민주주의가 태동되었다는 것이 그 일례이다. 현요한 박사도 이 점을 지적한다. 현요한, "몰트만의 성령론,"「몰트만과 그의 신학: 희망과 희망 사이」, 202.
65 하나님 나라에 대한 예수 그리스도의 설교와 사역은 아버지 하나님에 대한 그의 관계에 근거하는데, 예수 그리스도는 아버지를 아들의 아버지로 계시하며, 자신을 아버지의 아들로 계시한다. *The Trinity and the Kingdom*, 74.
66 몰트만에 의하면, 사랑은 선의 흘러넘침을 의미하기 때문에 신적 자유는 선한 것의 신적 자기 전달로 이해되어야 한다. Ibid., 55.
67 Ibid., 56.
68 Ibid., 158.

에 있는 정치적이고 사회적이며 가정적인 위계질서를 정당화한다. 이에 반해, 십자가 사건에서 계시된 삼위일체 하나님은 자유로운 형제자매 공동체 안에서 상호 간의 용납과 참여를 통해 구체적으로 체험된다.[69] 일신론적인 주권이 아니라 삼위일체론적인 친교 개념이 성서가 제시하는 하나님 이해에 적합하다.

일신론의 문제는 전능한 주권자로서의 하나님 이해와 여기에서 파생된 위계질서의 정당화만이 아니라, 내재적 삼위일체론과 경륜적 삼위일체론 사이의 단절에서도 나타난다고 몰트만은 주장한다. 테르툴리아누스(Tertullianus, c. 155-c. 240)가 양태론을 거부한 이래, 경륜적 삼위일체론(economic trinity)과 내재적 삼위일체론(immanent trinity)은 통상 구분되었다.[70] 내재적 삼위일체론이 영원 전부터 있던 삼위일체 하나님 인격들 사이의 실체와 관계를 지시하는 데 반해, 경륜적 삼위일체론은 역사적 구원 사건에 계시된 삼위일체의 신적 인격들을 지시하는데, 그러나 이러한 두 삼위일체론 사이의 구분이 두 가지 다른 삼위일체론을 뜻하는 것은 아니다.

몰트만에 의하면, 내재적 삼위일체와 경륜적 삼위일체 사이의 단절적 구분은 하나님의 개념에 자유와 필연의 양자택일이 존재할 수 있을 때에만 가능하다.[71] 이에 반해, 하나님이 사랑(요일 4:16)이라면 하나님에게 사랑은 자명하기 때문에,[72] 하나님의 자유는 사랑하거나 아니면 사랑하지

69　하나님이 사랑이라면, 자신과 동일한 대상만이 아니라 상이한 대상에게도 자신을 전달해야 한다. 왜냐하면 사랑은 상대와의 만남을 통해 비로소 창조적인 성격을 갖기 때문이다. *Ibid.*, 117.
70　*Ibid.*, 151. 간략한 테르툴리아누스(Tertullianus) 삼위일체론에 대해서는 올슨, 『삼위일체』, 46-49 참조.
71　*The Trinity and the Kingdom*, 151-152.
72　몰트만에 의하면, 하나님의 진리의 총괄 개념은 모든 것을 할 수 있으나, 하나님은 "자기를 부인하실 수 없으시"(딤후 2:13)다는 것이다. *Theology of Hope*, 52.

않는 선택으로서의 성격을 갖지 않는다. 다시 말해, 삼위일체 하나님은 자신의 충만한 본질인 사랑으로 세계를 창조하며, 세계 내 모든 것을 사랑하지 않을 수 없다. 내재적 삼위일체와 경륜적 삼위일체의 단절적 구분은, 사랑인 하나님에게 사랑하지 않을 수 있는 선택이 존재하지 않기 때문에 성립될 수 없다.

초대 교회의 전통은 하나님과 세계를 구분함으로써, 세계는 하나님에게 의존하지만 하나님은 세계에 의존하지 않음을 말하고자 했다고 몰트만은 주장한다.[73] 하나님과 세계의 이러한 구분은 일반적으로 플라톤주의적이고 형이상학적이어서, 세계는 시간적이지만 하나님은 영원하고, 세계는 고난을 당할 수 있지만 하나님은 고난당할 수 없으며, 세계는 의존적이지만 하나님은 자립적이라고 생각한다.

이러한 형이상학적 구분은 하나님의 계시가 아닌 세계 체험에서 나온 것이지만, 우리는 삼위일체 하나님이 십자가 계시 사건을 통해 자신을 세계와 구분하는 동시에 세계에 자신을 계시한다고 생각해야 한다. 우리는 형이상학적 사고가 아닌 십자가 계시를 통해 삼위일체 하나님과 세계를 온전히 파악할 수 있다.[74]

몰트만에 의하면, 삼위일체 신적 인격들 사이의 관계와 삼위일체 하나님과 세계와의 관계는 플라톤주의적으로 일방적인 관념-현상이나 본질-계시로 이해될 수 없고, 서로 영향을 미치는 상호 관계적인 것으로

---

73 *The Trinity and the Kingdom*, 158.
74 바르트의 후기 작품들에는 그의 성숙한 삼위일체론이 등장한다. 특히 바르트는 『교회교의학』 4권 1부에서, 하늘에서 땅으로 향하는 하나님의 아들의 여정은 하나님 자신의 여정이며, 탄생, 생애, 죽음에 나타난 아들의 자기 비하는 하나님의 또 다른 초월 표현이라는 주장들을 통해, 내재적 삼위일체와 경륜적 삼위일체를 하나로 묶는다. 올슨, 『삼위일체』, 133-134 참조. 이러한 올슨의 바르트에 대한 해석은 몰트만의 바르트에 대한 해석과 차이를 보인다. *The Trinity and the Kingdom*, 159 참조.

이해되어야 한다.[75]

그러나 상호 관계 개념으로 하나님과 세계와의 관계 혹은 삼위일체 신적 인격들 사이의 상호 관계는 동일시되지 않는데, 상호 관계 개념은 대상을 혼합할 수 없기 때문으로, 이것은 십자가 사건에서 내재적 삼위일체의 자기 구분적인 사랑이 계시된다[76]고 할 때 불가피한 결과이다. 십자가 구원 사건에서 하나님과 세계는 서로 관계되지만 구분되며, 하나님의 삼위일체 인격들 사이에서도 이 원리는 자기 구분적인 사랑 가운데 동일하게 적용된다.

몰트만에 의하면, 아들의 십자가 희생을 통해 믿음으로 구원받은 그리스도인은 아버지를 십자가에서 분리시켜 추상화시킬 수 없다.[77] 왜냐하면 그리스도인이 믿는 하나님 아버지는 십자가에 달려 죽고 삼일 만에 부활한 아들과 성령 가운데 하나인 삼위일체의 존재이기 때문이다. 다시 말해, 하나님은 영원부터 영원히 "십자가에 달린 하나님"이며 십자가 사건은 오직 삼위일체론적으로만 이해될 수 있다.[78] 십자가 사건은 삼위일체 하나님의 내적인 삶을 영원부터 영원까지 결정한다.

---

[75] *Ibid.*, 160-161.
[76] 몰트만에 의하면, 그리스도주의적인 일원론과 열광주의적인 성령론을 피하려면 그리스도론과 성령론이 삼위일체론의 구조 안에서 생각되어져야 하는데, 왜냐하면 삼위일체론은 하나님중심주의를 보존하기 때문이다. 우리는 그리스도와 성령의 역사적 상호 활동을 파악하기 위해, 그리스도론과 성령론을 삼위일체론에 관련시켜야 한다. *The Spirit of Life*, 72-73.
[77] *The Trinity and the Kingdom*, 158.
[78] *Ibid.*, 160.

2. 삼위일체 하나님에 대한 순환론적 해석

이미 초대 교회 시기에 등장하였으며 몰트만에 의해 다시 주목을 받게 된 순환의 삼위일체론은, 삼위일체 하나님의 신적 본질로서의 영원한 사랑과 친교를 잘 드러낸다. 순환의 삼위일체론은 일종의 사회적 해석으로서, 삼위일체의 근원과 통일성은 단일신론적 삼위일체론이 주장하는 주권이 아니라 친교에 있다고 주장한다. 이 삼위일체론은 순환 개념을 통해, 성부와 성자와 성령이 친교와 침투 가운데 서로 구분되는 동시에 하나가 되는 하나님의 비밀을 나타낸다. 아울러 순환론적 해석을 통해 성령 출현(filioque)의 문제도 전통적으로 해석된 것과는 달리 접근될 수 있기 때문에, 순환의 삼위일체론이 이 문제에 대한 대안이 될 수 있음도 전개된다.

1) 삼위일체 통일성에 대한 단일신론적 해석과 순환론적 해석의 차이

몰트만에 의하면, 헤겔(Georg Wilhelm Friedrich Hegel, 1770-1831) 이후로 삼위일체론은 절대 주체의 개념으로 표현되기 시작했다.[79] 본래 삼위

---

79 *Ibid.*, 18. 피히테(Johann Gottlieb Fichte, 1762-1814)와 헤겔(Georg Wilhelm Friedrich Hegel)에게서 하나님의 절대 주체성에 대한 반성이 시작되는데, 하나님이 완전한 절대 주체라면 하나님은 자신의 절대적 계시 주체라는 것이 이들에 의해 주장된다. 그러나 몰트만에 의하면, 최고 실체가 빠진 절대 주체의 개념은 자기 계시와 자기 인식만이 있는 반쪽짜리 삼위일체 하나님 이해로 전락하고 만다. *Ibid.*, 15. 헤겔 변증법의 근간은 기독교의 삼위일체론이다. C. G. Schweitzer, "Die Glaubensgrundlagen des Hegelschen Denkens" in: HegelStudien, Beiheft 1, 238. 김균진, "헤겔의 신론과 바르트의 헤겔 비판," 「신학사상」 25집 (1979), 350에서 재인용. 종교철학적 의미로서의 헤겔 삼위일체론에 대해서는 최신한, "헤겔의 삼위일체론," 「기독교사상」 487호 (1999, 7), 90-111 참조.

일체론의 인격 개념에는 상호 관계하고 행동하는 주관적 주체 개념이 내포되어 있음에 반해, 절대 주체의 삼위일체론에는 동등하고 서로 구분되는 신적 인격 개념이 발견되기 어렵다.

절대 주체의 삼위일체론은 세 신적 인격들 대신 하나의 동일한 절대자 하나님 개념을 선택하고, 개별 인격들에 대해서는 인격적이지도 대상적이지도 않은 중성적 "존재양식" 개념을 선택한다. 하나의 신적 주체는 세 가지 "존재양식" 안에서 세 가지 다른 방법으로 자기를 전달하는데, 이것이 아버지를 나로, 아들을 자아로, 성령을 아버지의 나-자아의 동일성으로 배열하는 단일신론적인 절대 주체의 삼위일체론이다.

몰트만에 의하면, 헤겔 이후에 생성된 근대 개신교 신학과 그 영향에 놓인 바르트의 삼위일체론은 수정되어야 한다.[80] 이 두 입장이 동일한 단일신론적 전제를 가지고 있기 때문인데, 그것은 역사란 자신을 실현하는 한 신적 주체의 장(場)이라는 것이다. 그러나 이 전제는 성서가 증언하는 삼위일체론적 구원 역사에 상응하지 않는다는 문제점을 가진다.

몰트만은 단일신론적 삼위일체론과는 대조적인 사회적 삼위일체론을 주장하는데, 이 삼위일체론은 아버지와 아들과 성령 사이의 상호 거주와 영원한 친교를 전통적인 순환 개념을 통해 새롭게 표현하고자 한다.[81] 여기에서는 신적 인격들의 친교가 인격들의 상호 내주와 침투로 나타나고, 영원한 사랑이라는 하나님의 본질적 특성도 잘 표현되는데, 삼위일체 하나님의 순환은 모든 살아 있고 움직이며 친교하고 사랑하는 생명체

---

80 *The Trinity and the Kingdom*, 64. 바르트 삼위일체론에 대해서는 황돈형, "특집: 복음주의 조직신학회의 관점에서 본 칼 바르트; 삼위일체론의 '인격' 개념에 대한 이해와 전망: Barth 삼위일체론의 존재 방식 개념을 중심으로," 「조직신학연구」 3집 (2003), 152-178 참조.

81 *God in Creation*, 16.

의 원형으로도 이해된다.

몰트만에 의하면, 삼위일체 하나님을 더 잘 이해하기 위해서는 요하네스 다마스케누스(Iohannes Damascenus, 676-749)의 순환 이론이 유용하다.[82] 이 이론에 의하면, 영원한 신적 삶의 순환(perichoresis)은 영원한 사랑 가운데 있는 세 신적 인격들의 친교와 통일성을 통해 완전해진다. 순환 이론은 양태론이 주장하는 바와 같이 한 하나님의 세 존재양식이나 세 가지 반복을 말하지 않는데, 순환 이론은 고도의 방법으로 삼위일체 하나님의 삼위성과 일치성을 결합시키기 때문에, 삼위성은 일치성으로 환원되지 않고 일치성도 삼위성으로 해소되지 않는다. 여기에서는 신적 인격들의 영원한 순환 속에 있는 삼위일체의 일치성 혹은 통일성만이 존재한다.

순환의 삼위일체론은 삼위일체 하나님의 통일성 혹은 근원을 하나의 신적 주체가 아니라 인격들 사이의 사랑과 친교에서 찾는다는 점에서, 단일신론적 혹은 군주신론적 삼위일체론과 다르다고 몰트만은 주장한다.[83] 순환의 삼위일체론에 의하면, 삼위일체 하나님의 통일성은 통일의 주체나 신적 주권이 아니라 신적 인격들 사이의 독특하고 순환적인 친교에 있다. 순환의 삼위일체론은 요한신학을 따라 하나님에게 상응하는, 모든 관계와 친교의 원형으로서의 신적 순환 개념을 수용한다.[84]

---

82 *The Trinity and the Kingdom*, 175. 초대 교회의 신학자들은 순환(perichoresis)의 삼위일체론을 삼위일체 하나님의 신적 인격들 사이의 사회성으로 이해하였다. *Ibid.*, 198-199.
83 *Ibid.*, 258. 몰트만에 의하면, 순환의 삼위일체론이 통일성의 근거로 제시하는 하나님의 내재적 친교는, 성령을 통하여 아버지가 아들 안에, 아들이 아버지 안에 내주함으로써 이루어진다. 이것이 단일신론적 혹은 군주신론적 삼위일체론과 구분되는 순환의 삼위일체론의 특징이다.
84 순환의 삼위일체론이 나타내는 신적 인격들 사이의 친교는 모든 친교의 원형이라고 몰트만은 주장한다. *The Source of Life*, 92 참조.

> 아버지여, 아버지께서 내 안에, 내가 아버지 안에 있는 것 같이 그들도 다 하나가 되어 우리 안에 있게 하사, 세상으로 아버지께서 나를 보내신 것을 믿게 하옵소서(요 17:21).

순환의 삼위일체론은 신적 사랑의 삼위일체적 통일성으로부터 출발하는데, 이 통일성에서 하나님의 명령과 복종 구조는 가능하기는 하지만 본질적이지는 않다.[85]

성서에 계시된 삼위일체론적 구원 역사에 의하면, 순환론적 삼위일체론은 단일신론적 삼위일체론보다 더 큰 설득력을 가진다. 먼저, 성령과 아들의 관계가 확인되자면, 성령이 종말론적으로 온 인류에게 부어지는 약속된 오순절 사건 이전에 십자가에 달린 아들의 부활 사건이 발생하는데,[86] 아들은 성령을 통해 죽음에서 부활한다(롬 8:11). 아들이 성령을 통해 부활하였다면, 그는 분명히 살리는 성령 안에서 부활한 것이며 부활한 아들은 마지막 아담으로서 살리는 영(고전 15:45)도 된다.

여기에서 "주는 영이시다"(고후 3:17)는 아들과 성령의 동일화 공식이 가능해지며 이로 인해, 아들은 성령 활동의 한 대상으로부터 공동체를 향한 성령 파송의 주체로 전향된다.[87] 이 전향 이후에, 아들은 제자들을

---

[85] 이에 반하여, 바르트 화해론에 있어서 순종의 개념은 핵심적이다. 이에 대해서는 박성권, "칼 바르트 기독론에 나타난 '순종'의 개념 연구"(서울: 연세대학교 대학원 석사학위 논문, 1999)의 3장과 4장을 참조하라.
[86] *The Trinity and the Kingdom*, 122-123.
[87] 몰트만에 의하면, 순환론적 삼위일체론과는 달리 단일신론적 파송의 삼위일체론에는 하나님이 자신의 계시 안에 현존한다는 동일성이 숨어있다. *The Spirit of Life*, 300. 단일신론적인 서방 교회의 필리오케(*filioque*) 공식과 함께, 성령은 삼위일체 제3의 자리, 즉 아들 다음의 위치에 정립되고 다시 변경되지 않는다. 이에 반해, 성서의 삼위일체론적 역사는 이와 다른 질서를 보이는데, 복음서에 의하면, 예수 그리스도는 아버지는 물론 성령도 전제된 가운데, 즉 아버지로부터 성령의 임재 가운데 인류에게 온다. 이것이 공

아버지의 파송과 함께 세상으로 보내며(요 20:21 이하), 아버지는 부활한 아들을 통하여 제자들에게 성령을 부어 준다(딛 3:6 이하).

다음으로, 성서에서 성령은 하나님의 영이라 칭해지는데(롬 8:9; 고전 2:11 등),[88] 성령은 "아버지로부터 나오며"(요 15:26), "아버지가 보내시며"(요 14:26), "아버지께 속"하기 때문이다(요일 4:1). 또한 동시에, 그는 "그리스도의 성령"(빌 1:19), "주의 영"(고후 3:17) 혹은 "그의 아들의 영"(갈 4:6)이라고도 칭해진다. 이와 같이 삼위일체의 성서 구절들은 절대 주체의 삼위일체론이나 결정론적인 필리오케(filioque)의 삼위일체론이 아니라 순환론적 삼위일체론에서 더 잘 설명된다.[89]

몰트만에 의하면, 삼위일체론은 하나님의 주권을 나타내고자 고안된 것이 아니며,[90] 오히려 하나님의 주권이 삼위일체의 영원한 삶 가운데 나타나는 것이다. 다시 말해, 하나님의 주권이 무엇인가 하는 것이 삼위일체론, 특히 순환의 삼위일체론을 통해 계시되는데, 여기에서 하나님의 주권은 신적 인격들이 서로 교제하고 사귀며 사랑하는 것으로 이해된다. 이런 점에서 하나님의 주권은 "밖을 향한 삼위일체의 활동"일 뿐만 아니라 "안을 향한 삼위일체의 활동"이기도 한데, 순환의 삼위일체론을 통해 하나님의 주권과 참된 신적 주체가 무엇인지 나타나기 때문이다.

사벨리안주의와는 달리 삼위일체론에서 하나님이 사라지지 않게 하려

관복음서가 말하는 영-그리스도론이다. 몰트만에 의하면, 삼위일체론은 필리오케와는 달리, 성령으로부터 아들이 나올 수 있다는 가능성도 열어 두어야 하는데, 왜냐하면 이것이 성서에 계시된 삼위일체론적 구원 역사에 상응하기 때문이다. Ibid., 293-294.

88   *The Trinity and the Kingdom*, 123.
89   몰트만에 의하면, 삼위일체론을 통해 아버지는 아들과 불가분리적으로 결합되어 신앙의 대상이 된다. 그리스도인은 예수 그리스도의 아버지를 삼위일체론적으로 믿는다. *Ibid*., 164.
90   *Ibid*., 93.

면, 삼위일체의 영원한 근원은 아버지에게서 찾아질 수밖에 없다고 몰트만은 강조한다.[91] 아들을 "태동하고 출산하는" 아버지는 그가 아버지라는 것 외의 모든 것을 영원한 아들과 함께 나눈다.[92] 아버지는 그의 신성과 능력을 아들에게 주지만 아버지의 신분은 주지 않는다. 아버지가 이것까지 주고 아들이 이를 받는다면, 아들은 제2의 아버지가 되고 이로써 삼위일체 하나님 안에는 두 개의 신성의 원천이 있게 되어 삼위일체론은 성립하지 않을 것이지만, 아들은 아버지로부터 신성과 인격적 존재를 받지만 아버지 신분은 받지 않기 때문에, 신성의 원천이 되지는 않는다.

그리고 성령은 아버지로부터 "내쉬어지지" 아들의 경우와 같이 "탄생되지"는 않는데,[93] 왜냐하면 성령은 아버지의 둘째 아들이 아니기 때문이다. 성령은 아버지로부터 나오지만 아들로부터 나오지는 않는데,

---

91 *Ibid.*, 165. 몰트만에 의하면, 삼위일체의 근원에 대한 이 주장은 우주론으로부터 유래하기 때문에 단지 불완전하게만 삼위일체의 비밀에 적용될 수 있다. 이 주장 안에 숨어 있는 위험성, 즉 아버지 하나님을 하나의 군주로 환원시키고 비삼위일체론적으로 하나의 근원으로 생각하는 위험성이 극복될 때에야 비로소 이 주장은 바르게 사용될 수 있다. 그러나 여기에서도 아버지가 아들과 성령의 근원임에도 불구하고 세 신적 인격들 사이의 동일한 근원성은 확보되어야 하는데, 그렇지 않다면 삼위일체론은 일신론적으로 해소될 것이기 때문이다. 이에 반해 김재진 박사에 의하면, 이러한 몰트만 삼위일체론도 몰트만이 비판하는 다른 신학자의 삼위일체론(예를 들어, 바르트 삼위일체론)과 마찬가지로 단일신론적인 성격에서 벗어날 수 없는데 그 이유는 다음과 같다. "결론적으로 말해서, 몰트만에게 있어서 내재적 삼위일체의 관계는 한 분 하나님 아버지만이 '신성의 원천'으로 스스로 존재하는 하나님(*autotheos*)이고, 다른 두 신적 인격 곧 아들과 성령은 '신성의 원천'인 하나님 아버지에게 종속되어 있다고 볼 수 있다." 김재진, "몰트만(J. Moltmann)의 삼위일체론의 비판적 이해: '순환 이론'으로 '양태론적 삼위일체론'이 극복되었는가?," 「몰트만과 그의 신학: 희망과 희망 사이」 12집 (2005, 2), 102-103. 마찬가지로, 김균진 박사도 아버지의 인격에게만 신성의 근원을 두는 몰트만 삼위일체론이 군주신론적 혹은 단일신론적 성격을 가진다고 평가한다. 보프(Leonardo Boff, 1938-현재)도 동일한 이유로 몰트만 삼위일체론에 대해 비판한다. 김균진, 『20세기 신학 사상』 II권, 280-282.

92 *The Trinity and the Kingdom*, 166-167.

93 *Ibid.*, 169.

이것이 성령의 독특성이다.

몰트만은 순환 개념을 통해 삼위일체론의 모든 종속론을 피할 수 있을 것으로 기대한다.[94] 신적 근원을 설명하는 "아버지의 단일 군주 체제"는 삼위일체의 구성에만 해당하지 삼위일체의 순환적 일치성에 대해서는 해당되지 않는데, 왜냐하면 삼위일체 하나님의 세 인격들은 서로 완전히 동일하기 때문이다. 서방 교회의 삼위일체론은 신적 인격들의 관계를 말하고 동방 교회의 삼위일체론은 신적 인격들의 표출을 말하지만,[95] 신적 영광 가운데 일어나는 순환의 삼위일체론은 이것들을 모두 넘어서는데, 순환의 삼위일체론이 성서가 증언하는 하나님의 삼위일체론적 구원 역사 그리고 하나님의 백성의 성령 체험과 일치한다는 점에서 그러하다.[96]

몰트만에 의하면, 삼위일체, 즉 신적인 영원한 영광스러운 삶이 순환적인 것으로 이해될 때, 그것은 단 하나의 신적 주체에 의하여 이루어진다고 말해질 수 없다.[97] 오히려 삼위일체는 신적 인격들의 관계를 통하

---

[94] *Ibid*., 175f. 몰트만에 의하면, 아버지, 아들, 성령 이 세 신적 인격들은 서로 상대방 안에 실존함으로써 영원한 영광의 삼위일체적 친교를 형성하는데, 이것이 삼위일체적 내재와 내실존 이론이다. *The Coming of God*, 298.

[95] 삼위일체 하나님의 상호 표출 과정에 의하면, 삼위일체의 신적 인격들은 서로 상대방 안에 존재할 뿐만 아니라 신적 영광 가운데 각각 자신을 표현한다고 몰트만은 주장한다. 여기에서 아버지는 영원 전부터 "영광의 아버지"(엡 1:17)이고, 아들은 "영광의 광채"를 가진 능력의 말씀(히 1:3)이며, 성령은 "영광의 영"(벧전 4:14)이다. 삼위일체의 인격들은 영광을 통하여 서로 그리고 함께 자신들을 비추는데, 그들은 순환을 통해 서로를 통하여 상호 표출하면서 완전한 형태로 빛나며 아름답게 된다. *The Trinity and the Kingdom*, 176.

[96] *Ibid*. 몰트만에 의하면, 삼위일체의 통일성은 아버지에 의하여 구성되고 아들에게로 집중되며 성령을 통하여 밝혀진다고 요약될 수 있다. 또한, 삼위일체 하나님은 삼위일체론적 구원 역사 가운데 신적인 영광의 순환을 개방하여, 인간을 비롯한 모든 피조물들을 자신의 풍성한 친교의 삶 속으로 받아들이는데, 이것이 삼위일체론적 구원 역사의 영광스러운 의미이다.

[97] *Ibid*., 178.

여 결합되어 있고, 상대 속에 있는 세 인격들의 실체적인 공동의 삶을 통해 이루어진다고 말해질 수 있다. 삼위일체 하나님의 신적 인격의 일치성은 단일신론적 하나님의 통치가 아니라 아버지, 아들, 성령 삼위일체 하나님의 순환에 있다.

2) 신적 인격의 실체, 친교, 상호침투를 포함하는 순환의 삼위일체론

몰트만에 의하면, 성서에 함축된 삼위일체론은 세 신적 인격들이 서로 함께, 서로를 위해 그리고 서로 안에 실존함을 지시한다.[98] 세 인격들은 서로 안에 실존함으로써 자신들의 독자적인 삼위일체적 친교를 형성한다. 아들이 아버지 안에 있고 아버지도 아들 안에 있다면, 아버지는 아들이 거하는 곳이고 아들도 아버지가 거하는 곳이라고 신약성서는 증언한다(요 14:9-11).[99] 이런 점에서 삼위일체론은 실체와 관계만이 아니라 세 인격들 사이의 내주와 순환까지도 말해야 한다.

성서에 기초하지 않는 삼위일체론은 각 신적 인격들이 구분되면서 사랑으로 하나가 되는 삼위일체의 비밀을 제대로 표현하지 못한다고 몰트만은 주장한다. 먼저, 독일의 로마 가톨릭 신학자 뮐렌(Heribert Mühlen, 1927-2006)은 자신의 인격주의적 삼위일체론에서 아버지는 신적인 나, 아들은 신적인 너, 성령은 신적인 우리로 표현한다. 그러나 모든 인격은 대체 대리될 수 없는 대상의 현존을 의미해야 하기 때문에,[100] 아버지와

---

[98] *The Coming of God*, 298.
[99] 몰트만에 의하면, 삼위일체론으로 가족 이데올로기를 정당화시키는 시도는 옳지 않지만 그렇다고 해서 개인주의가 주장되는 것도 옳지 않은데, 왜냐하면 인간은 가족 안에서만 현존할 수 있기 때문이다. *God in Creation*, 241.
[100] *The Trinity and the Kingdom*, 171. 몰트만은 인격을 가리키는 그리스어 휘포스타시스(*hypostasis*)를 그 예증으로 드는데, 왜냐하면 이 말은 가면이나 현상 혹은 양식이 아니라 한 본성의 개체적 실존을 의미하기 때문이다.

아들 양자의 친교만을 말하고 성령의 신적 인격을 도외시하는 묄렌의 입장은 비성서적이다.[101] 이러한 주장은 성령이 아버지 "그리고 아들로부터"(filioque) 나온다고 이해한 서방 교회 삼위일체론에 근대 인격주의적 색채[102]가 덧입혀진 것에 불과하다.[103]

또한 몰트만에 의하면, 또 다른 독일의 로마 가톨릭 신학자인 라너(Karl Rahner, 1904-1984)의 삼위일체론도 실질적으로 성부의 인격만을 인정하는 단일신론적이고 종속론적인 성격을 가지는데,[104] 왜냐하면 한 분 하나님이 세 가지 본체양식 가운데 존재한다고 주장하기 때문이다. 본체양식(Subsistenzweise)이라는 용어에는 구분된 개체 개념과 독립된 대상이 있을 수 없고 오로지 자기 승인만이 있다.

라너 삼위일체론은 절대 주체를 강조하는 과거 단일신론적 삼위일체론의 일종으로,[105] 라너에게 유일한 하나님이자 신적 주체는 아버지뿐이

---

101 몰트만에 의하면, 성령의 독특한 신적 인격성은 현존과 대칭에서 찾아질 수 있다. *The Spirit of Life*, 289.
102 휠더린(Friedrich Hölderlin, 1770-1843), 포이어바하(Ludwig Feuerbach, 1804-1872), 부버(Martin Buber, 1878-1965) 등이 주장하는 근대의 철학적 인격주의는 실증적 개인주의를 극복하고자 하는데, 이 주장에 의하면 개인은 오직 관계적으로만 이해될 수 있다. *Ibid.*, 14 참조. 여기에서는 주체 혹은 인격조차 독립되고 분리된 실체가 아니라 상호 주체성의 사회 그물망 안에 있는 존재로 이해된다. 근대의 인격주의에서 말하는 인격은 관계 속에 있는 존재인데, 인격은 근원적 거리의 관계라고 부버는 주장한다. 그러나 인격주의에서 개인이 오직 관계(relation)로만 이해되고 실재(reality)가 부정된다는 것은 현실적이지 않다고 판단된다.
103 몰트만에 의하면, 성령 고유의 인격성은 다른 곳에서 차용된 인격 개념을 통해 파악되기보다 오히려 은폐되기 때문에, 성서에 기초하지 않은 성령론적 개념을 포함한 모든 삼위일체론의 일반적 개념화는 거부되어야 한다. *Ibid.*, 268.
104 *The Trinity and the Kingdom*, 145f. 또한 *The Spirit of Life*, 13f 참조. 라너(Karl Rahner)의 신적 인격 개념에 대해서는 이정석, "칼 라너의 삼위일체론,"「국제신학」11집 (2009, 12), 24-28 참조.
105 *The Trinity and the Kingdom*, 147. 몰트만에 의하면, 라너의 단일신론적 삼위일체론과 그의 절대 종교로서의 기독교 이해는 일맥상통한다.

며, 절대적 자기 전달 가운데 아버지가 자신을 내주는 삼위일체적 구원 사역은 아버지, 아들, 성령이 결합된 삼위일체적 사역일 수는 있지만 꼭 그럴 필요는 없다. 삼위일체 하나님의 교리는 여기에서 하나님의 자기 전달 개념으로 인해 모호해진다.

몰트만에 의하면, 성서에 계시된 삼위일체 하나님에게 적용될 수 있는 신적 본질로서의 인격 개념은 순환의 삼위일체론이 말하는 일치에서 분명해진다.[106] 삼위일체론이 이해하는 하나님은 통일하고 일치하는 하나님으로서, 순환적 일치 개념은 신적 인격들의 양태적 세분화와 함께 인격적 세분화를 전제한다. 일치는 동등한 인격들 사이에서만 가능하기 때문에, "존재양식"이나 "본체양식"은 일치를 말할 수 없다. 삼위일체 하나님의 신적 인격들 사이의 일치는 단일신론적 종속론에서는 가능하지 않으며, 오직 아버지와 아들과 성령 사이의 관계, 친교, 순환을 말하는 삼위일체론에서만 가능하다.

몰트만에 의하면, 순환의 삼위일체론은 순환 개념으로 삼위일체 하나님 안에 있는 신적 인격들 사이의 구분과 일치를 동시에 나타낸다.[107] 아버지와 아들과 성령 사이의 내적 친교는 순환(*perichoresis* 혹은 *circum-insessio*)의 개념[108]에서 잘 나타난다. 삼위일체적 순환 개념은 영원한 신적 사랑을 나타내기 때문에 하나님의 형상(창 1:26)도 사랑의 순환에 있다고

---

106 *Ibid.*, 150.
107 *God in Creation*, 16. 몰트만에 의하면, 순환 개념의 통일성 때문에 순환의 삼위일체론에서 성부는 성자 안에 전체적으로, 성령 안에 전체적으로 존재한다. 또한, 성자도 성부 안에 전체적으로, 성령 안에 전체적으로 존재한다. 마지막으로, 성령도 성부 안에 전체적으로, 성자 안에 전체적으로 존재한다. 『신학의 방법과 형식』, 337-338.
108 요하네스 다마스케누스(Iohannes Damascenus)의 순환 개념에 대해서는 김균진, 『기독교신학』1권, 393f 참조.

해석된다.[109] 이 삼위일체적 순환은 한 하나님의 세 존재양식(Seinsweise, 바르트)[110]이나 세 번의 반복을 의미하지 않으면서,[111] 절묘하게 신적 인격들 사이의 삼위성과 일치성을 구분하는 동시에 일치시킨다. 순환은 삼위일체 하나님의 신적 인격들 사이의 삼투 또는 내주라고 이해될 수 있으며, 상호침투하며 공존하는 삼위일체 하나님의 본질을 지시한다.[112]

신약성서는 메시아 예수를 아버지와 성령의 상호 작용 가운데 있는 아들로 증언한다. 메시아 예수의 구원 사역은 아버지와 성령과의 상호 작용과 친교 가운데 이뤄지지,[113] 한 절대 주체에 의해 독자적으로 이뤄지지 않는다.[114] 신약성서에서 예수 그리스도의 구원 역사는 단일신론이 아닌 삼위일체론적으로, 즉 아버지와 성령의 삼위일체적 친교 가운데 일

---

109 나치안주스의 그레고리(Gregory of Nazianzus, 329-389)를 계승하는 정통주의 신학자들에 의하면, 하나님의 형상은 삼위일체 하나님의 본질적 친교에 기초한 친교 가운데 존재한다. *God in Creation*, 242.
110 몰트만에 의하면, 양태론적 삼위일체론의 개념들 가운데에는 "존재양식"(바르트[Karl Barth], 1886-1968)이 있는데 이 개념에 의하면, 한 신적 주체는 세 존재양식 가운데 자신을 반성하며 세 가지 양식으로 자신을 전달한다. *The Trinity and the Kingdom*, 18. 몰트만에 의하면, 이렇게 세 신적 인격들을 한 하나님의 세 존재양식으로 축소시키는 입장은 개방된 삼위일체론적 친교의 관계를 충분히 해명할 수 없다. *Ibid.*, 157.
111 바르트는 하나님의 삼위일체를 하나의 "영원 가운데에서 영원의 반복"이라고 생각하며, 삼위일체론은 "하나님은 자신을 주로 계시한다"는 문장으로 표현될 수 있다고 생각한다. 그러나 몰트만에 의하면, 하나님의 삼중성을 영원한 반복으로 이해하는 입장은 삼위일체 하나님을 온전히 설명하지 못하는데, 왜냐하면 삼위일체론은 동일한 것이 세 번 정립되는 것이 아니기 때문이다. *Ibid.*, 141-142. 바르트 삼위일체론은 하나님의 동일성을 강조하는 단일신론적 삼위일체론들 가운데 하나라고 몰트만은 비판한다. *The Spirit of Life*, 292f.
112 *The Coming of God*, 301.
113 *The Trinity and the Kingdom*, 64.
114 삼위일체론을 절대 주체와 절대 주권의 보편 개념으로 설명하는 헤겔의 주장과는 달리, 삼위일체론은 역사적으로 아버지, 성령과 관계를 맺는 아들의 구원 역사를 해설하기 위해서 등장한다. *Ibid.*, 93.

어나는 것으로 묘사된다.

또한, 성서에 기록된 삼위일체론적 구원 역사에서 아버지와 아들과 성령은 결정된 하나의 신론에 의해 설명되지 않으며,[115] 삼위일체 하나님 각각의 신적 인격은 그리스도의 구원 역사 가운데 다양한 모습으로, 즉 순환론적으로 등장한다.[116]

첫째, 파송과 내어줌 그리고 부활에 있어서 아버지는 행동하는 자이며 아들은 받는 자이고 성령은 매개자이다.

둘째, 아들의 주권과 성령의 확장 사역에 있어서 아들은 아버지와 함께 행동하는 자로서, 비록 아버지로부터 나오지만 성령은 아들에 의해 제자들에게 보냄을 받는다.[117]

셋째, 종말론적 구원 사역에서 행동하는 자로서 아들은 자신의 나라를 아버지에게 넘겨주며 자신을 하나님의 발 아래에 둔다.[118]

종말론에서는 성령도 행동하는 자인데, 성령 하나님은 아들의 주권으로 해방된 피조물들의 찬양을 통해 아버지를 영화롭게 한다. 종말론에서 아버지는 받는 자로서, 아들로부터 자신의 나라를 받고 성령으로부터 자신의 영광을 받는다.[119]

---

115 *Ibid.*, 94.
116 이와는 조금 다른 측면에서 요아킴(Joachim de Fiore, 1132-1202)은 삼위일체론적으로 시대를 구분하고 해석하는데, 역사를 아버지의 나라, 아들의 나라, 성령의 나라로 구분한다. *The Coming of God*, 143f. 요아킴의 삼위일체론적 역사 해석에 대해서는 정홍열, "요아킴의 성령론적 종말론 연구," 「한국조직신학논총」 43집 (2015, 12), 189-192 참조.
117 예수 그리스도는 부활 사건 이후 성령 활동의 대상에서 성령 파송의 주체로 전향하는데, 왜냐하면 부활의 그리스도는 성령을 수여하면서 제자들을 아버지의 파송과 함께 세상에 보내기 때문이다(요 20:21 이하). *The Trinity and the Kingdom*, 122-123.
118 몰트만에 의하면, 예수 그리스도의 부활로 인해 아버지의 주권은 아들에게 양도된다. 이 주권은 종말의 새 창조 때에 아들로부터 아버지에게 다시 양도될 것이다. *Ibid.*, 92.
119 몰트만에 의하면, 신약성서에서 예수 그리스도의 역사와 성령의 역사는 아버지가 "모든 것 안에서 모든 것의 주님"이 될(고전 15:28) 아버지의 역사라는 보다 더 넓은 틀 안에 있다. *The Spirit of Life*, 102.

몰트만에 의하면, 세 신적 인격들은 순환 개념 가운데 서로 동등하고 그 무엇에게도 예속되지 않는다.[120] 순환하는 삼위일체 하나님의 각각의 신적 인격은 상대 안에서 또한 상대를 통해서 존재한다. 순환론적 삼위일체론은 종속론이 말하는 것과는 달리, 하나님을 단자론적인 단 하나의 신적 주체로 말하지 않는데,[121] 왜냐하면 삼위일체의 통일성은 하나님의 주체나 주권이 아니라 아버지와 아들과 성령 삼위 하나님의 독특하고 완전한 순환 가운데 있기 때문이다.[122] 순환 개념으로 표시되는 삼위일체 하나님의 통일성은 세 인격들의 한 본질 대신 세 인격들 사이의 코이노니아, 즉 친교로 표시될 수 있다.[123]

3) 삼위일체의 사회적 해석과 성령 출현(*filioque*)의 문제

라너에 의하면, 한 하나님은 세 본체양식(Subsistenzweise) 가운데 존재한다.[124] 몰트만에 의하면, 구분된 세 "본체양식"이라는 라너의 용어는 비인격적 특성을 가지는데, 왜냐하면 여기에는 삼위일체 하나님의 인격성이 있을 수 없기 때문이다. 그러나 삼위일체에서 인격이 없다면 아버지와 아들 그리고 성령 사이의 삼위일체적 사랑의 관계는 사라지게 되는데, 왜

---

120 *The Trinity and the Kingdom*, 176.
121 몰트만에 의하면, "한 하나님"의 생각이 엄격히 지켜질 때에는 그리스도론이 사실상 불가능해진다. 왜냐하면 "일자"는 나눠질 수도, 전달될 수도, 진술될 수도 없기 때문이다. "한 하나님"의 개념이 고수되면, 이론적으로 하나님의 아들은 존재할 수 없게 된다. 이러한 까닭으로 초대 교회는 "참 하나님이자 참 인간"의 그리스도론에 어긋나는 일신론을 가장 큰 위험 세력으로 간주했다. *Ibid.*, 131.
122 *God in Creation*, 258.
123 *The Church in the Power of the Spirit*, 62.
124 *The Trinity and the Kingdom*, 146-147.

나하면 여기에서는 아버지의 자기 승인과 자기 전달밖에 없으며[125] 아들은 아버지의 자기 전달의 수단이고 성령은 전달의 장소일 뿐이기 때문이다.

또한, 삼위일체 하나님의 본질이 자기 전달이라면, 하나님의 절대 주체성만이 유지되고 삼위일체적 구분성은 포기될 위험에 처한다. 이와 같은 라너 삼위일체론은 삼위일체 하나님의 영원하고 풍성한 친교가 아니라, 하나님의 신비적 고독으로 마쳐지게 되어[126] 부족한 관계성을 드러낸다.[127]

이와는 달리 몰트만에 의하면, 삼위일체 하나님의 신적 본성은 삼위일체 각 인격에게 공통되지만, 각 인격의 특성은 삼위일체의 관계를 통해 결정되고 계시될 만큼, 삼위일체에서 관계성은 중대하다. 일례로, 삼위일체의 신적 본성에서 아버지는 단순한 실체이지만 아들과의 관계에서 아버지라 칭해져야 하며, 이것은 아들과 성령의 경우에 있어서도 마찬가지이다. 삼위일체 하나님은 각각 아버지, 아들 그리고 성령으로서 존재하고 관계하며, 관계하고 존재한다. 간단히 말해, 삼위일체 하나님의 신적 인격은 관계 안에 있는 인격이다.[128]

---

[125] 성령의 본질은 삼위일체적 관계 가운데 올바로 인지될 수 있는데, 왜냐하면 삼위일체론이 전제하는 상호 주체성 속에서 성령은 신적 인격으로 계시되기 때문이다. *The Spirit of Life*, 289-290.

[126] *The Trinity and the Kingdom*, 148.

[127] *Ibid*., 171-172. 라너에 반하여, 보프는 자신의 사회적 삼위일체론에서 관계적 인격 개념을 강조하는데 그에 의하면, 삼위일체 하나님의 관계적 인격은 서로 혼동하지 않는 고유성, 독자성 그리고 개별성을 가진 존재를 지시한다. Leonardo Boff, *Trinity and Society*, trans. Paul Burns (New York: Orbis Books, 1988), 144. 최근의 보프 삼위일체론에 대해서는 Leonardo Boff, *Holy Trinity, Perfect Community*, trans. Phillip Berryman (New York: Orbis Books, 2000)를 참조하라.

[128] 몰트만에 의하면, 삼위일체의 교리에서 각각의 신적 인격은 두 가지 은유에 의해 두 가지 이름을 각각 가진다. 첫째 인격은 아버지이자 말씀하는 자이고, 둘째 인격은 아들이며 말씀이고, 셋째 인격은 성령이고 숨쉼이다. 이 은유적인 이름을 통해 말씀과 숨쉼은 아버지로부터 나오며, 성령은 말씀을 동반하고, 말씀은 성령을 동반한다는 진리가 구체화된다. *The Spirit of Life*, 307.

아우구스티누스(Augustinus, 354-430) 이래 삼위일체 하나님의 신적 인격은 관계적으로 이해되었다.[129] 이 관계적 삼위일체론은 이후에 등장하는 보에티우스(Boethius, c. 480-525)의 형이상학적 실체 개념에 기초한 삼위일체론을 능가한다.

그러나 삼위일체의 인격을 관계로 이해하는 것은 인격을 실체로 이해함을 전제하지, 그것을 대체하는 것은 아니라고 몰트만은 강조하는데, 왜냐하면 인격은 관계이지만 관계가 인격을 구성하는 것은 아니기 때문이다. 삼위일체의 신적 인격은 관계 개념과 실체 개념 모두를 요구하며, 인격의 실체적 구성과 인격의 관계적 정립은 삼위일체론에서 신적 인격의 상보적이고 필수적인 두 가지 특징이다.[130] 실체 개념은 공통된 신적 본성을 가진 인격을 가리키며, 관계 개념은 신적 인격들 상호 간의 친교를 가리킨다. 삼위일체의 신적 인격은 공통된 신적 본성으로 실재하며 구분된 상호 관계 가운데 실존한다.

형이상학적 실체의 삼위일체론(보에티우스) 혹은 관계적 삼위일체론(아우구스티누스) 또는 본체양식의 삼위일체론(라너)과는 달리, 몰트만은 사회적 삼위일체론을 주장한다.[131] 삼위일체 하나님에 대한 사회적 해석은 성서를 피조 세계에 대해 개방된 삼위일체 하나님의 친교의 구원 역사로 이해한다.[132] 사회적 삼위일체론은 관계와 친교 그리고 순환 가운데 이

---

[129] *The Trinity and the Kingdom*, 172. 아우구스티누스(Augustinus) 삼위일체론에 의하면, 두 인격들의 합은 한 인격보다 크지 않으며 세 인격들 중의 한 인격은 합한 세 인격들보다 작지 않다. 아우구스티누스, 『삼위일체론』, 김종흡 옮김 (서울: 크리스찬 다이제스트, 1993), VIII. 1. 2. 이 책 제8권 전반부의 제목은 다음과 같다. "삼위일체 내에서는 어느 한 분이나 어느 두 분을 합하거나 또는 세 분을 합하더라도, 어느 한 분보다 크시지 않은 이유를 설명함."

[130] *The Trinity and the Kingdom*, 173.

[131] *Ibid.*, 19.

[132] 이러한 몰트만의 입장은 바르트의 입장에 대립적이다. 바르트에 의하면, 성서는 하나

제4장 | 미래를 계시하고 세계를 치유하는 삼위일체   199

뤄지는 하나님의 구원 사역을 보여주며, 대상으로부터 자신을 분리시켜 고립하지 않고서는 기능할 수 없는 주관적 사고를 해체시킨다. 몰트만의 사회적 삼위일체론은 아우구스티누스의 개인적이고 심리학적인 삼위일체론에 대립적이다.[133]

몰트만에 의하면, 전통적인 삼위일체론도 그렇지만 사회적 삼위일체론에서도 하나님의 인격과 관계를 설명함에 있어서 성령의 분야가 제일 난해하다.[134]

하나님의 능력으로서 성령은 역동적인 힘이나 관계의 장(場)인가, 아니면 아버지나 아들과 같이 하나의 신적 인격인가?

혹은 필리오케가 말하듯 성령은 위계질서적으로 제일 아래에 놓인 신적 위격인가, 아니면 단순한 사랑으로서 삼위일체 하나님의 "끈"인가, 아니면 삼위일체의 영원한 친교에서 영광스러운 동등한 신적 인격인가?

님의 말씀에 대한 증언이다. 하나님의 말씀은 그의 계시 안에 있는 하나님 자신으로서, 하나님은 파괴될 수 없는 단일성 가운데 삼중적으로 계시자요 계시이며 계시되는 사건이다. 하나님은 예수 그리스도라는 구체적 인물을 통해 자신을 주님으로 계시하는데, 삼위일체론은 주 하나님의 자기 계시에 대한 해석의 결과이다. 삼위일체론에서 해석되어져야 할 것은 하나님의 주권이다. *Ibid.*, 63. 바르트는 자유주의 신학(liberal theology)에 반대하여 교의학을 성서를 기초로 하여 구성한다는 자신의 신학 방법론을 세운다. 임홍빈, 『현대의 삼위일체론』, 103f. 바르트 신학에 대해서는 다음을 참조하라. 김명용, 『칼 바르트의 신학』(서울: 이레서원, 2007).

133 *The Trinity and the Kingdom*, 157. 몰트만에 의하면, 사회적 삼위일체론은 종교개혁 신학과 변증법적 신학(dialectical theology)이 말하는 그리스도중심주의를 보다 더 큰 삼위일체론적인 틀 가운데 받아들이며, 성령의 구원 사역이 가지는 상대적 독자성을 강조한다. *The Spirit of Life*, x.

134 *The Trinity and the Kingdom*, 182. 성서에 의하면, 성령은 삼위일체 하나님의 영원한 신적 사랑으로서 자기를 나누어 주며 부어주는 존재이다. *The Spirit of Life*, 289.

이와 같이 삼위일체론에서 제일 설명되기 어려운 부분이 성령의 인격 분야이다.[135] 성령이 하나님의 역동적인 능력[136]인지, 아니면 하나의 독자적인 신적 인격인지, 아니면 둘 다인지 금방 답변되기는 쉽지 않다.

우리는 이 문제 해결을 위해 요한서신을 참조해야 하는데, 왜냐하면 여기에는 성령에 대한 인격적 표상이 분명히 나타나기 때문이다. 바울서신에서는 명확하지 않은 성령의 인격성이 요한서신에서는 명확히 표현된다. 우리가 이 점에 주목할 때, 성령의 인격성은 물론이고 신적 인격들 사이의 상호 관계가 구체적으로 이해되어, 성서에 기초를 둔 바른 삼위일체론이 세워질 수 있고, 교리 논쟁으로 인한 교회 분열도 피할 수 있다고 몰트만은 주장한다.[137]

여기에서 우리는 동방 교회와 서방 교회가 분열하게 된 결정적 원인으로서의 성령의 출현 문제를 확인할 필요가 있다. 전통적으로 서방 신학자들은 성령이 아버지로부터 나오는, 즉 아들을 제외한 아버지의 성령에 대한 "단일 원인성"을 주장하였다. 여기에서 아버지는 최고의 지위를 잃지 않는데, 이로써 아들(요 16:28)과 성령(요 15:26)은 각기 다른 방식으로 아버지로부터 나오며 아버지는 각기 다른 방식으로 아들과 성령의 근원이라는 사실과, 아들과 성령이 영원히 아버지를 영화롭게 한다는 사

---

135 *The Trinity and the Kingdom*, 125.
136 몰트만에 의하면, 성령이 신플라톤주의적으로 신적 선함의 본질적 유출이 아니라면, 그것은 하나님의 자기 규정으로서의 성령이라고 인정될 수 없으며, 이 때의 성령은 일종의 하나님의 능력 정도로 축소되어 이해되어야 한다. *Ibid.*, 54. 그러나 성서는 성령이 하나님에게서 "부어진다"고 보고한다. 다시 말해, 성서에서는 "유출"의 은유가 사용되기 때문에, 성령은 삼위일체의 분명한 신적 인격들 가운데 하나라고 이해될 수 있다. *Ibid.*, 113.
137 *Ibid.*, 182. 성서에 기초한 삼위일체론은 성령의 인격성을 주장할 수밖에 없다고 몰트만은 강조한다. *The Spirit of Life*, 268 참조.

실이 서방 교회에서는 한 번도 부인되지 않았다.[138]

그럼에도 불구하고, 여기에서 아버지는 영원히 아들의 아버지일 뿐이며 성령의 아버지는 아닌데, 왜냐하면 성령이 아버지로부터 나오는 것은 아버지로 말미암은 아들의 영원한 태동을 전제하고, 아버지는 아들이 있을 때에만이 아버지일 수 있기 때문이다. 이와 같이 서방 교회에서 성령은 아버지로부터 나오지만, 아버지는 오직 아들의 아버지일 뿐이다.[139]

몰트만에 의하면, 서방 교회 삼위일체론에서 성령의 출현은 다음의 세 가지를 전제한다.[140]

첫째, 아들의 태동.

둘째, 아들의 실존.

셋째, 아버지와 아들의 상호 관계.

그러나 아들은 아버지와 같이 성령의 원인이 아니기 때문에, 성령이 아버지와 "그리고 아들로부터"(필리오케) 나온다고 연역하는 것은 서방 교회의 오류이다. 이에 반해, 성령은 아들의 영원한 임재 가운데 있는 아버지로부터 나오며, 아들은 여기에 관여되는 것으로 이해되어야 한다.

또한 몰트만에 의하면, 성령이 아버지로부터 "나오는 것"과 성령이 관계적이고 순환적인 형태를 아버지와 아들로부터 "얻는 것"은 서로 다른 두 가지 과정을 가리킨다.[141] 이에 비해, 서방 교회의 필리오케(filioque, 1054년)는 이 차이를 너무나 쉽게 간과하고, 성령이 자신의 근원을 아버지와 아들에게서 가진다는 인상을 준다. 이런 점에서 동방 교회가 필리오케를 거부한 것은 정당한 일이었음에도 불구하고, 그들이 거부 이유

---

[138] *The Trinity and the Kingdom*, 182.
[139] *Ibid.*, 183–184.
[140] *Ibid.*, 184.
[141] *Ibid.*, 188.

로 내세운 아버지의 단일 체제는 정확하지 못하였는데, 그 정확한 이유는 필리오케로 인해 성자와 성령의 출생 사이의 구체적인 차이점이 명확하게 부각되지 못한다는 점이다.[142]

이와 같이 여러 신학적 문제들과 성서에 계시된 삼위일체 하나님의 본질로 인해 필리오케는 거부되어야 한다고 몰트만은 주장한다.[143] 필리오케는 결정론적으로 성령을 아들 다음인 삼위일체의 세 번째 자리에 세우지만,[144] 성서에 계시된 삼위일체론적 구원 역사는 이와는 다른 진리를 나타낸다. 왜냐하면 예수 그리스도의 구원 역사는 성령을 전제하고, 성령 사역 가운데 이뤄지는데, 여기에서는 어떠한 고착된 신적 인격과 순서가 발견되지 않기 때문이다.

이 삼위일체론적 진리는 요한과 바울의 그리스도론적 성령론에 의해

---

[142] 동방 교회의 카파도키아(Capadocia) 신학자들은 아리스토텔레스(Aristoteles, B.C. 384–322)의 원인 개념을 삼위일체론에 도입함으로써, 아들과 성령에 대한 아버지의 독특한 성격을 강조할 수 있었다. 그러나 아버지만이 아들의 신성과 성령의 신성에 대한 원인이라고 설명될 경우, 아들의 태동과 성령의 유출 사이의 구체적인 차이점은 사라지게 된다. 카파도키아 세 교부들의 삼위일체론에 대해서는 곽미숙, 『삼위일체론 전통과 실천적 삶』(서울: 대한기독교서회, 2009), 75–85. 또한, 카파도키아 세 교부들의 위격과 실체의 관계에 대한 삼위일체론에 대해서는 김석환, op. cit. 참조.

[143] *The Spirit of Life*, 293f.

[144] 서방 교회의 필리오케 공식은 오직 '아버지-아들-성령'의 순서만을 삼위일체론의 순서로 생각하였지만, 성서에 기초한 삼위일체론에서는 '아버지-성령-아들'의 순서와 '아버지-아들-성령'의 순서와 '성령-아들-아버지'의 순서 모두가 가능하다고 몰트만은 주장한다. *The Trinity and the Kingdom*, 94–95. 몰트만에 의하면, 복음서에 등장하는 예수 그리스도의 역사에서는 '아버지-성령-아들'의 순서가 관찰되는 반면, 전통적 삼위일체론에서는 '아버지-아들-성령'의 순서가 관찰된다. 이것은 전통적 삼위일체론이 잘못되었기 때문이 아니라, 하나님의 삼위일체가 성령 파송 사역에 대해 개방되어 있기 때문이다. *Ibid.*, 89–90. '아버지-성령-아들'의 순서만을 고집하는 필리오케는 단일신론적 표상이지만, 성만찬적 삼위일체 표상만 하더라도 필리오케의 순서가 아니라 '성령-아들-아버지'의 순서를 나타낸다. *The Spirit of Life*, 300. 몰트만에 의하면, 필리오케 신봉자들은 성령을 단지 그리스도의 영으로만 이해하고 아버지의 영으로 이해하지 못했다. *Ibid.*, 8.

배제되어 버렸지만, 성서에 기록된 신적 인격들 사이의 상호 협동이 확인된 이상, 성령의 위치를 일방적으로 고정시키는 필리오케는 거부되는 것이 마땅하다.[145]

몰트만에 의하면, 동방 교회의 실체(*hypostasis*)나 서방 교회의 인격(*persona*) 혹은 라너의 본체양식(Subsistenzweise)의 개념은 삼위일체를 충분히 표현하지 못한다.[146] 이런 개념들은 아버지, 아들, 성령의 차이를 폐기시키기 때문으로, 이것은 이들 개념하에서는 성령을 아버지와 아들과 같은 인격으로 이해하기 어렵다는 사실에서 분명해진다. 성서적으로 성령이 인격인지 혹은 능력인지 불분명한데, 이것은 일반화된 인격 개념이 가진 한계 때문이기도 하다.

그러나 우리가 구체적이고자 한다면, 아버지와 아들과 성령에 대해서는 각기 다른 인격 개념을 사용해야 하는데, 왜냐하면 이들을 공통된 인격 개념으로 표현하는 것은 양태론적이기 때문이다.[147]

마지막으로, 몰트만의 사회적 삼위일체론의 특징을 몇 가지만 더 살펴보면[148] 먼저, 몰트만의 사회적 삼위일체론은 심리학적 삼위일체론의 "삼

---

145 신약성서에 의하면, 아들과 성령은 부활 사건과 오순절 이후에야 비로소 관계를 맺는게 아니라 그 이전부터 관계를 맺고 있는데, 이것은 필리오케에 대한 가장 중요한 신학적 반론이라고 몰트만은 주장한다. *Ibid*., 308.

146 *The Trinity and the Kingdom*, 188-189. 몰트만에 의하면, 삼위일체론에서 보편화된 인격 개념을 사용하는 것은 다음과 같은 이유로 비판받아야 한다. 즉, 삼위일체적 관계와 영원한 신적 삶에 관련된 모든 내용은 유일회적이기 때문에, 일반적인 인격 개념으로 삼위일체에 대해 설명하려는 것은 거부되어야 한다. *The Spirit of Life*, 12.

147 양태론(modalism)은 종속론(subordinationism)의 뒷면에 불과하다고 몰트만은 주장한다. 왜냐하면 양태론에서도 한 하나님에 의하여 통치되는 군주(monarchy) 체제상이 지배적이기 때문이다. 물론, 하나님의 일치성은 두 이론에서 차이를 보이는데, 양태론에서 성자는 성부에게 종속되지 않고 성부 안에서 폐기된다. *The Trinity and the Kingdom*, 134-135.

148 전반적이면서 간략한 몰트만의 사회적 삼위일체론에 대해서는 장경철, "삼위일체와

위일체의 사역들" 개념을 수용하기는 하지만, 그 인식 방법까지 수용하지는 않는다.[149] 다시 말해, 몰트만의 사회적 삼위일체론은 행위로부터 행위자로, 사역으로부터 사역자에게로 소급하지는 않는데, 왜냐하면 이러한 인식과 추론의 방식은 피조 세계에 구원을 베푸는 삼위일체 하나님을 해명하기보다는 오히려 은폐하기 때문이다.

다음으로, 사회적 삼위일체론은 성령이 강조하는 친교에 중점을 두는데, 왜냐하면 여기에서는 아버지, 아들, 성령의 신적 통일성 가운데 모든 창조 세계가 그 속에서 자신의 공간을 발견하는 친교가 강조되기 때문이다.[150] 성령의 친교는 성령의 은사일 뿐만 아니라 성령 하나님의 영원한 본질인데, 아버지는 사랑이며 아들은 은혜의 원천이라고 칭해지는 반면, 친교는 성령의 본질로 표현된다.

아울러, 삼위일체에 대한 사회적 해석은 단순한 이론에 머무르지 않고 실천적으로 예배와 찬양과도 관련을 맺는데,[151] 왜냐하면 성도는 삼위일체 하나님을 예배 가운데 찬양할 때에야 비로소, 자신 안에서 안식하며 순환하는 삼위일체 하나님을 인지하고 고백할 수 있기 때문이다. 그리스도인은 예배와 찬양을 통해 삼위일체 하나님의 하나님 되심을 체험하

공동체: 위르겐 몰트만(Jürgen Moltmann)의 사회적 삼위일체론 연구," 「인문논총」 1집 (1995), 325-347 참조. 또한 최승태, "몰트만의 삼위일체론이 지닌 실천적 의의," 「한국조직신학논총」 17집 (2006), 175-201 참조.

149 *The Trinity and the Kingdom*, 98. 몰트만에 의하면, 하나님과 세계와의 관계는 고착되지 않고 유동적이며 "우연적이고" 역동적인 성격을 가진다.

150 *The Spirit of Life*, 218-219.

151 *Ibid.*, 309. 몰트만에 의하면, 삼위일체론적 역사의 목적은 성도가 하나님에게로 돌아와 하나님을 찬양하는 데 있다. 이찬석 박사에 의하면, 몰트만 삼위일체론이 가진 예배학적 의미는 크게 세 가지로 나타나는데 첫째, 예배의 삼중성. 둘째, 삼위일체 중심적 예배. 셋째, 예배의 종말론적 차원이다. 이찬석, "몰트만의 삼위일체론과 기독교 예배,"「신학과 실천」 46호 (2015, 9), 61-87 참조.

고 하나님과 친교를 맺을 수 있다.

덧붙여서, 사회적 삼위일체론은 하나님의 신비로운 본질에 대한 신학적 해설 차원에 머무르지 않고, 사회적 대안 프로그램으로서 사회적 개인주의 혹은 개체적 사회주의에 대한 원형이 될 수 있다고 몰트만은 강조한다.

최근까지 서구 사회는 단일신론에 의해 영향을 받은 개인주의적 문화 가운데 있었던 반면, 동구 사회는 범신론의 영향으로 사회주의 체제로 살아왔다. 이에 반해, 실체와 친교 그리고 관계와 일치 등을 의미하는 사회적 삼위일체론은 동구와 서구 양쪽 사회의 조화와 바른 공동체 구성을 위한 역할을 담당할 수 있는데, 몰트만의 사회적 삼위일체론은 동구와 서구 각각의 교회와 사회에 대한 진단과 해결책을 신학적이고 사회적으로 제시한다고 평가받을 수 있다.[152]

3. 삼위일체론적 역사를 통해 계시되는 개방적인 세계

몰트만에게 있어서 하나님의 삼위일체는 역사성을 가지는데, 그는 이를 가리켜 하나님의 삼위일체론적 역사라고 부른다. 계시로서 하나님의 삼위일체론적 역사는 메시아적 현실, 즉 개방적이며 구원을 기다리는 세계를 드러내는데, 여기에서 삼위일체 하나님은 역사적인 동시에 종말론

---

[152] *The Trinity and the Kingdom*, 199-200. 브라텐(Carl E. Braaten, 1929-현재)에 의하면, 독특한 기독교 신론으로서의 삼위일체론은 종교 다원주의를 극복하는 기독교신학의 주제이다. 삼위일체론이 몰트만에 의해서 에큐메니칼 정신을 가장 잘 구현할 수 있는 것이라고 이해된 데 반해, 브라텐에 의해서 삼위일체론은 종교 다원주의를 해결할수 있는 열쇠로 이해된다. 칼 E. 브라텐, 『다른 복음은 없다』, 김명용 옮김 (서울: 성지출판사, 1999), 162-185. 바르트에 의하면, 삼위일체론은 "모든 가능한 신론들과 계시 개념들에 반하여, 기독교적인 것으로서 근본적으로 표식"하는 기독교신학의 고유기능을 충실히 감당한다. 바르트, 『교회 교의학』 I/1, 391.

적인 존재이고, 궁극적인 구원의 미래는 삼위일체론적 역사의 마지막에 나타날 것으로 이해된다. 다시 말해, 하나님의 삼위일체론적 구원의 역사는 결정론적이거나 폐쇄적이지 않고 구원의 미래에 대해 개방적이다.

또한, 피오레의 요아킴(Joachim de Fiore)에 의해 제기된 삼위일체 하나님의 나라는 몰트만에 의해 다소 수정되어 이해되는데, 양태론적이며 연대기적으로만 간주된 요아킴의 이해와는 달리, 몰트만에게 있어서 하나님 나라는 매순간 현존하고 전이됨으로써 존재하는 삼위일체론적인 것으로서, 또한 삼위일체의 통일성은 영원의 나라에서 완성될 것으로서 받아들여진다.

마지막으로, 초대 교회부터 삼위일체 하나님의 "삶의 자리"는 예배 공동체의 세례와 찬송(doxology)임이 전개된다.

1) 삼위일체론적 역사 속에 계시되는 세계 개방성

몰트만에 의하면, 성서에 기초하지 않은 신학 이론은 삼위일체 하나님과 세계에 대한 오해를 초래한다.[153] 먼저, 성서와 거리가 먼 우주론적 신 증명은 자신의 전제 조건으로서 신성으로 충만한 코스모스(cosmos)로서의 범신론적 세계를 내세우는데, 이 세계관에서 인간은 하나님 인식과 구원을 위한 어떠한 계시도 필요로 하지 않는다. 이와는 반대되는 입장으로서 헤르만(Johann Wilhelm Herrmann, 1846-1922)에 의하면, 하나님의 비밀로서의 삼위일체는 인간에게 체험될 수 없고, 비록 하나님이 자신을 계시한다 하더라도 여전히 "어둠" 속에 있다.[154]

---

[153] *The Trinity and the Kingdom*, 11.
[154] *Theology of Hope*, 53.

같은 선상에서 헤르만의 제자인 바르트도 계시로서의 삼위일체는 설명될 수도 없고 파괴될 수도 없다는 입장을 고수하는데, 그에게서 하나님의 삼위일체는 증명될 수도 없고 반박될 수도 없으며 다만 자기 자신을 설명하고 증명할 뿐이다.[155] 이러한 삼위일체론에는 독자적인 신성의 영역과 '아버지—아들—성령'의 질서가 확보될 수 있다는 장점도 있지만, 세계를 향한 개방성이 상실된다는 단점도 있다.

이와는 대조적으로, 하나님의 삼위일체는 인간을 비롯한 모든 피조물을 향해 개방되어 있기 때문에,[156] 완전성과 자기 자족성에 대한 상징으로서 안으로 닫힌 폐쇄적 원(圓)으로 표현될 수 없다고 몰트만은 주장한다. 성서에 나타난 삼위일체 하나님은 아들과 성령의 보내심 안에서 자신을 계시하고, 구원 역사를 위해 자신을 세계에 개방하는 존재라고 몰트만은 강조한다.[157]

그렇다면 성서에 계시된 하나님의 삼위일체론적 역사는 구체적으로 무엇을 말하는가?

몰트만에 의하면, 고린도전서 15장 22절 이하에는 개방적인 세계 미래로서 삼위일체론적 역사가 등장하는데[158] 먼저, 부활 과정과 그 완성이

---

[155] *Ibid.*, 55. 황돈형 박사에 의하면, 바르트 삼위일체론의 특징은 구원을 계시의 역사로 이해하는 데 있다. 다시 말해, 여기에서 구원은 삼위일체 하나님의 세 존재방식(Seinsweise)으로서 아들에게 계시된 사실로 이해된다. 이러한 바르트 삼위일체론은 몰트만 삼위일체론의 부족한 점을 다음과 같이 보완한다. 즉, 몰트만에게 있어서 내재적 삼위일체는 경륜적 삼위일체의 종말론적 형태이기 때문에, 내재적 삼위일체가 경륜적 삼위일체 안에 숨겨진 목적이나 형상 혹은 가상적인 존재가 되는 데 반해, 바르트 삼위일체론은 내재적 삼위일체론이 예수 그리스도에게서 분명히 계시되었음을 강조한다는 점에서 몰트만 삼위일체론을 보충할 수 있다. 황돈형, "바르트 삼위일체론의 현대적 의미: 하나님 존재 이해의 현대적 과제를 위하여," 「한국조직신학논총」 40집 (2014, 12), 198-199 참조.

[156] *The Church in the Power of the Spirit*, 55-56.

[157] *The Spirit of Life*, 292.

[158] *The Trinity and the Kingdom*, 91-92.

등장한다. 이 구절들에 의하면, 최초에는 부활한 예수 그리스도가, 다음에는 그리스도의 재림의 때에 부활한 그리스도인들이 영생을 얻고, 마지막으로는 죽음 자체가 부활의 능력으로 멸망되어 모든 인류와 세계가 죽음의 세력에서 해방된다. 종말에 죽음이 세계에 더 이상 존재하지 않음으로 인해, 예수 그리스도의 주권과 구원 그리고 성서의 희망은 모두 완성된다.

이와 같음에도 불구하고, 예수 그리스도는 자신의 구원 사역을 온전히 완성하지 못하는데, 이것이 내재적 삼위일체 과정이 등장하게 되는 배경이다.[159] 아버지의 승인 가운데 만물을 자신의 발 아래에 둔 아들은 종말에 구원의 목적이 성취된 뒤에는, 자신을 아버지의 발 아래에 두고 자신의 나라를 아버지에게 넘길 것이다.

고린도전서 15장 28절에서 사도 바울은 예수 그리스도를 아들[160]이라고 부르는데, 여기에서 아버지는 부활한 아들의 발 아래에 만유를 두고, 아들은 구원 역사가 완성된 종말에 자신을 아버지의 발 아래에 둔다. 마지막 때에, 아들은 부활의 능력으로 죽음 자체를 폐지하며, 폭력과 죽음으로부터 해방된 생명과 사랑의 나라를 아버지에게 넘긴다. 이로써 삼위일체 하나님의 나라는 아들로부터 아버지에게로 넘어가며 여기에서 비로소 영원의 나라가 시작된다.[161]

---

159 *Ibid.*, 92.
160 몰트만에 의하면, 나사렛 예수의 모든 칭호들, 즉 그리스도, 퀴리오스, 예언자, 제사장, 왕 등의 것들은 나사렛 예수의 시간적 구원의 의미를 표현한다는 점에서 잠재적이다. 이에 반해, 아들의 칭호는 영원한데, 왜냐하면 기독교 종말론의 전체는 나라가 아들로부터 아버지에게 양도되는 영원한 내재적 삼위일체(immanent trinity) 과정에서 끝나기 때문이다. *Ibid.*
161 몰트만에 의하면, 창조의 목적은 삼위일체 하나님의 영광이다. *Ibid.*, 209.

몰트만에 의하면, 하나님의 삼위일체론적 구원 역사에서,[162]

첫째, 아버지는 부활한 아들의 발 아래에 만유를 둔다.

둘째, 아들은 종말에 죽음이 사라진 완성된 구원의 나라를 아버지에게 넘긴다.[163]

셋째, 아들은 자신을 아버지의 발 아래에 둔다.

이것은 빌립보서 2장 9-11절의 그리스도 찬가(The Christ Hymn)의 마지막 부분과 정확히 일치한다.[164]

몰트만에 의하면, 우리는 삼위일체의 통일성을 성서에 기록된 대로 하나님의 삼위일체론적 구원 역사에서 출발해야 하고, 이로써 세계 개방성을 인식해야 한다.[165] 근대 서양 철학의 인격 사이의 동질성은 전달될 수 있고 개방적인 것으로 간주되기 어려운데,[166] 왜냐하면 전달되거나 개방되어 있을 경우 그것은 더 이상 동질적인 인격이 아니기 때문이다.

---

162 *Ibid.*, 93.
163 동방 교회는 이 과정을 인정하지 않는 문제점을 가진다고 몰트만은 비판한다. *The Coming of God*, 273 각주 참조.
164 *The Trinity and the Kingdom*, 81. 몰트만에 의하면, 아들은 종말에 아버지에게 자신의 주권을 넘김으로써 자신의 아들 신분과 복종을 완성한다. 하나님의 주권은 아들의 부활로 인해 아버지로부터 아들에게 양도되지만, 이 주권은 구원 역사가 완성될 종말에 다시 아들로부터 아버지에게로 양도될 것이다. 이 때 아들의 나라는 삼위일체 하나님의 영광의 나라가 될 것이며, 이 나라에 삼위일체 하나님이 만유의 주로서 만유 안에 있게 될 것이다. 부활한 아들의 주권과 그의 나라는 종말론적으로 "잠정적"인데, 왜냐하면 아들이 자신의 우주적 나라를 아버지에게 건넬 때에야 비로소 아들의 주권은 종료되고 아들의 신분이 완성되기 때문이다.
165 *Ibid.*, 149.
166 *Ibid.*, 149-150. 19세기의 사변주의 신학은 신비주의적 사고를 받아들여 자기 자신을 계시하고 전달하는 것이 하나님의 본질이라고 주장한다. 여기에서 영원한 사랑으로서의 하나님은 자기 전달과 자기 희생 이외의 다른 존재가 아니다. 여기에서는 타자에 대한 하나님의 사랑이 하나님의 동일한 것에 대한 확대된 사랑에 불과하다는 문제점과 인간과 세계의 신격화도 발생한다는 문제점도 등장한다. *Ibid.*, 106-107.

그러나 성서에 기록된 삼위일체 하나님의 신적 인격들 사이의 통일성은 개방적이고 초대하며 통합 능력을 가진 통일성으로 이해되며, 세계 개방성은 하나님의 삼위일체론적 역사로 인해 가능해진다고 받아들여진다.

2) 삼위일체론적 왕국론과 영광의 나라에서 계시될 삼위일체의 통일성

몰트만에 의하면, 역사성을 갖는 하나님의 삼위일체와 역사적 전개를 하는 하나님 나라 이해를 위해 피오레의 요아킴이 중요한데,[167] 왜냐하면 요아킴은 기독교 역사에서 두 가지 다른 종말론을 하나로 결합시킨 최초의 인물이기 때문이다.

첫 번째 종말론에 의하면, 하나님은 "7일 동안" 세계를 창조하고 이에 상응하는 세계사의 일곱 시대도 창조하여, 노동의 여섯 시대 후에 휴식의 일곱 번째 시대, 즉 세계사적 안식일이 오게 한다.[168]

요아킴은 두 번째 종말론을 카파도키아(Capadocia) 신학자들로부터 받아들이고, 그들과 같이 시대를 아버지의 나라, 아들의 나라, 성령의 나라로 각각 구분하여 하나님의 통치 역사를 이 순서에 따라 파악한다.[169]

정통주의 신학은 성령의 나라를 누락하거나 이를 아들의 나라와 함께 은혜의 나라로 축소하여, 율법과 은혜가 중심이 되는 이른바 "두 왕국론"

---

[167] 몰트만에 의하면, 하나님의 삼위일체론적 역사는 단일신론적 삼위일체의 구상을 받아들이되, 그것의 수직적인 영원과 시간의 관계를 아버지의 시대, 아들의 시대, 성령의 시대로 구분하는 수평적인 구원사적 시간으로 변형하여 이해해야 한다. 삼위일체론적 역사 이해는 피오레의 요아킴에게서 유래하며, 삼위일체론적 역사의 의미는 종말의 영원한 안식일을 지향하는 데 있다. *The Spirit of Life*, 295.

[168] 요아킴은 아우구스티누스(Augustinus, 354-430)의 시대 구분에 영향을 받았다. 김기련, "토마스 뮌쩌의 종말론," 「한국기독교신학논총」 62집 (2009, 4), 161.

[169] *The Trinity and the Kingdom*, 203-204.

을 지지하는데, 여기에서 삼위일체론의 역사적 차원은 상실된다. 이에 반해, 요아킴은 하나님 나라의 역사를 삼위일체론적으로 이해하여 아버지의 나라, 아들의 나라, 성령의 나라 이렇게 세 구조를 가진 것으로 파악하고, 하나님 나라의 역사적 완성이 마지막에 이뤄지기를 희망한다.[170]

몰트만은 요아킴 삼위일체론을 수용하고[171] 정통주의적 두 왕국론의 이원론을 극복하면서, 삼위일체론적 역사의 왕국론을 전개한다. 다만, 하나님 나라의 역사를 세 시대로 나누고 연결하는 요아킴의 양태론적 시도는 몰트만에게서 거부되고, 대신 삼위일체론적 시도가 이뤄진다.[172]

다시 말해, 몰트만에게 있어서 아버지의 나라, 아들의 나라, 성령의 나라는 하나님 나라의 역사에서 연대기적으로 존재하지 않고, 매순간 현존하는 단계와 전이로서 존재한다.[173] 아들의 나라가 아버지의 나라를 전제하고 받아들이는 것처럼, 성령의 나라도[174] 아들의 나라를 전제하고

---

170 *Ibid.*, 207. 올슨에 의하면, 요아킴 삼위일체론의 공헌은 삼위일체론에 대해 역사적이고 종말론적인 입장을 취한 것으로, 요아킴 삼위일체론의 수준은 당시의 삼위일체론의 수준을 월등하게 능가하는 것이었다. 올슨, 『삼위일체』, 89. 아우구스티누스의 관계적 삼위일체론, 보에티우스(Boethius)의 실체적 삼위일체론 그리고 요아킴의 역사적 삼위일체론으로 인해 삼위일체론에 인격, 관계, 역사 개념이 등장하게 된다. *The Trinity and the Kingdom*, 174.
171 *Ibid.*, 208-209.
172 아퀴나스(Thomas Aquinas, 1225-1274)가 하나님과 인간 역사에서 하나의 결정적인 전이, 즉 율법에서 복음으로의 전이만을 인식한 반면, 요아킴은 그 이상의 전이, 즉 말씀에서 신앙으로, 하나님에서 그리스도로 그리고 그리스도에서 성령으로의 전이도 인식한다. 다만, 요아킴은 아버지의 나라, 아들의 나라, 성령의 나라, 이 하나님 나라의 세 시대와 형식을 그 자체로 구분되고 폐쇄된 양태론적인 것으로 오해한다. *The Coming of God*, 143-144.
173 바르트에게 있어서도 신적 시간은 순차적이거나 연대적이지 않고, 서로 연결되고 침투하는 것으로 이해된다. Karl Barth, *Die Kirchliche Dogmatik* III/2, 647. 조현철, "볼프하르트 판넨베르크(Wolfhart Pannenberg)의 칼 바르트(Karl Barth) 삼위일체론 비판에 대한 시간론적 고찰," 「신학논단」 30집 (2002, 10), 151에서 재인용.
174 몰트만에 의하면, 성령의 나라는 아들의 나라와 동일하지 않은데, 왜냐하면 성령에게

받아들인다. 그리고 요아킴에게는 없던 종말론적 영원의 나라가 하나님의 삼위일체론 역사의 마지막에 몰트만에게 등장한다.

몰트만은 삼위일체론적 왕국론을 다음과 같이 구분하여 그 특징들을 각각 설명한다.

첫째, 아버지의 나라는 세계 창조와 세계 유지라는 특징을 가진다.[175]

둘째, 아들의 나라는 십자가 희생을 통한 하나님과 죄인 사이의 화해라는 특징을 가진다.

셋째, 성령의 나라는 위로부터 주어지는 종말론적 새 창조 에너지라는 특징을 가진다.

넷째, 이러한 하나님 나라의 역사적인 규정들은 세계가 삼위일체 하나님의 영원 속으로 완전히 받아들여지고 신격화되는 종말론적 영광의 나라를 지시한다.[176]

하나님의 구원 역사가 삼위일체론적으로 전개된다면, 삼위일체의 통일성은 어떻게 이해될 수 있을까?

몰트만에 의하면, 구원 역사에서 신적 세 주체가 함께 활동한다면,[177] 삼위일체의 통일성은 아버지와 아들과 성령 사이의 일치성과 인격들 사

는 아들과 같은 성육신의 역사가 존재하지 않기 때문이다. 또한, 성령의 나라는 마지막에 있을 영광의 나라와도 동일시될 수 없는데, 왜냐하면 성령은 아들과의 친교를 근거로 이미 역사 안에서 그리스도인들에 의해 체험되기 때문이다. 성령의 나라는 아버지의 나라와 아들의 나라를 전제하며, 아버지의 나라, 아들의 나라와 함께 종말론적 영광의 나라를 지시한다. *The Coming of God*, 212.

175 *The Trinity and the Kingdom*, 212-213.
176 아우구스티누스는 세계사의 일곱째 날이 끝나면 하나님의 영원한 날, 즉 무한한 영광의 나라가 시작된다고 믿었다. 아우구스티누스의 시간과 종말 이해에 대해서는 이양호, "아우구스티누스의 역사 이해," 「신학논단」 56집 (2009, 6), 309-337 참조.
177 *The Trinity and the Kingdom*, 95. 몰트만에 의하면, 이것은 요한복음에서 분명히 인식될 수 있는데, 왜냐하면 요 10:30에서 예수 그리스도는 자신과 아버지가 하나라고 선언하기 때문이다.

이의 친교에 있지 단일신론적인 주체의 단일성에 있지 않다. 삼위일체론은 과거 "한 하나님"과 절대 단일성의 논리적 전제로부터 출발하고 전개되었으나, 오히려 하나님의 삼위일체론적 역사에 계시된 세 신적 인격들에서 출발하여 삼위일체의 통일성을 향해 전개되는 것이 보다 더 성서적이고 타당하다.[178] 성서에 기록된 바와 같이, 삼위일체의 통일성은 삼위일체론적 구원 역사의 마지막, 즉 부활한 그리스도가 재림한 뒤에 있을 새 창조[179] 이후에 계시될 것으로 받아들여져야 한다.[180]

3) 세례 예배 공동체에 의해 찬양되고 인식되는 삼위일체 하나님

삼위일체론은 칸트(Immanuel Kant, 1724-1804) 이후로 어떠한 실천적 내용도 형성할 수 없다고 생각되었고, 슐라이어마허 이후로는 경건한 자아의 체험적 진술로 상당 기간 동안 받아들여졌는데, 이러한 입장들에 의하면 삼위일체론은 비성서적이고 사변적인 사고의 결과물로서 신앙과 윤리에 불필요한, 순전한 교회의 이론일 따름이다.

이러한 역사적 배경에서 삼위일체의 교리가, 잠재적이고 함축적인 성서의 진리가 역사 가운데 발전되고 드러난 결과물인지, 아니면 교회의 교리 과정 중에 나온 부산물인지에 대한 질문은 충분히 제기 가능하다.[181] 이 질문의 비판적 진지성은 부인될 수 없으나, 이 질문은 역사가 온전히 인간 행동의 결과라는 의심스러운 해석학적 입장에서 출발한다

---

178 *Ibid.*, 149.
179 이에 대해서는 본서 6장의 "메시아적 창조 공동체를 향한 새 창조의 하나님"을 참조하라.
180 신옥수 박사에 의하면, 몰트만의 삼위일체 하나님의 신적 인격 이해는 헤겔적인데, 하나님의 삼위일체론적 "역사"가 언급되는 것이 그 증거이다. 신옥수, "몰트만의 사회적 삼위일체론: 비판적 대화를 중심으로," 「장신논단」 30집 (2007, 12), 210-211 참조.
181 *The Trinity and the Kingdom*, 61-62.

고 몰트만은 언급한다.

　이와 함께 근대의 실용주의와 윤리주의는 삼위일체론을 윤리적 일신론(monotheism)으로 해소시켜 버린다고 몰트만은 비판한다.[182] 이로 인해, 기독교 신앙은 실천 분야로 축소되며 복음의 실천도 율법적이며 강제적인 것으로 변질되지만, 역으로 실천의 해방을 위해서도 삼위일체 하나님에 대한 신앙 가운데 이뤄지는 명상과 찬양 그리고 예배가 필요하다. 그리스도인이 예배 가운데 드리는 삼위일체론적 찬양은, 단일신론적 삼위일체론과 역사적 삼위일체론과 성만찬적 삼위일체론[183]을 폐기하지 않고 오히려 이것들을 완성하는데, 최근의 삼위일체론의 재발견은 실용적 사고의 일면성을 극복하고 실천을 행동주의로부터 해방시켜, 복음의 자발적인 실천을 실현하고자 하는 것을 그 목적으로 한다.[184]

　몰트만에 의하면, 세례는 역사적으로 삼위일체론과 깊은 관련을 맺고 있는데, 『디다케』(didache) 7장 1절은 아버지, 아들, 성령의 이름으로 세례가 베풀어져야 한다고 규정한다. 역사상 최초의 삼위일체 표상은 세례자의 하나님에 대한 기도와 찬양 가운데 등장하고, 이후 한동안 등장하는 삼위일체 하나님에 대한 모든 신앙 고백도 세례의 신앙 고백이었기 때문에,[185]

182　Ibid., 8-9.
183　몰트만에 의하면, 삼위일체의 성만찬적 구도는 단일신론적 구도를 뒤집은 것이다. 왜냐하면 단일신론적 삼위일체론이 '아버지-아들-성령'의 순서를 말하는 데 반해, 성만찬적 삼위일체론은 '성령-아들-아버지'의 순서를 말하기 때문이다. The Spirit of Life, 300.
184　Ibid., 305.
185　The Trinity and the Kingdom, 95. 몰트만에 의하면, 삼위일체론의 근원은 철학의 로고스 이론과 신플라톤주의의 삼체론(triadology)에 있는 것이 아니라, 십자가와 부활과 같은 아들의 삼위일체론적 사건에 대한 신약성서의 증언과 삼위일체 하나님의 이름으로 베풀어진 초대 교회의 세례식에 있다. 삼위일체론은 사변이 아니라 그리스도론과 구원론에 대한 신학적 전제라고 이해될 수 있다. Ibid., 129.

이런 점에서 삼위일체 신학은 세례 신학[186]이라고도 말해질 수 있다. 세례는 삼위일체론의 본래적 "삶의 자리"(Sitz im Leben)이자 삼위일체론적 실천 행위인데, 왜냐하면 그리스도인은 세례를 통하여 하나님 나라의 삼위일체적 역사 참여에 첫 발을 내딛기 때문이다.[187]

세례식에서 고백되는 하나님의 삼위일체는 어떤 역사적 특징을 가지는가?[188]

몰트만은 이에 대해 세 가지를 제시한다.

첫째, 하나님의 삼위일체는 메시아적 구원을 향한 종말론적 역사를 가진다는 것이다. 세례 중에 "그리스도와 함께 죽은" 그리스도인은 부활한 "그리스도와 함께 다시 살고," 종말에 "부활의 몸"을 입고 영생의 구원을 누릴 것이다.

둘째, 종말에 드러나게 될 삼위일체 하나님의 통일성은 폐쇄적이지 않고 개방적이라는 것이다.[189] 세례가 그리스도인에게 새 생명에 대한 약속

---

[186] 바르트 세례 신학에 대해서는 전성용, 『칼 바르트의 성령론적 세례론』(서울: 한들 출판사, 1999) 참조. 또한, 교회를 계시의 장소로 이해하는 초기 변증법적 신학 이해에 대해서는 Trutz Rendtorff, *Church and Theology: The Systematic Function of the Church Concept in Modern Theology*, trans. Reginald H. Fuller (Philadelphia: The Westminster Press, 1966), 182-184.

[187] 몰트만에 의하면, 세례는 성령의 임재가 전제되고 성령의 능력이 일어나는 가운데 발생한다. 오순절 이전에 세례 받은 자는 메시아 예수 한 명뿐이었으나, 오순절 이후 제자들은 모든 믿는 자에게 세례를 주는데, 왜냐하면 오순절 이전의 성령은 예수 그리스도에게만 임하지만, 오순절 이후의 성령은 그의 제자들에게도 임하기 때문이다. *The Trinity and the Kingdom*, 122.

[188] *Ibid.*, 90. 신약성서에 드러나는 하나님의 삼위일체 문구는 예외 없이 세례식 문구(마 28:19)로서, 삼위일체론와 세례식은 밀접한 관계를 가진다.

[189] 몰트만에 의하면, 교회의 통일성을 일신론이 아닌 삼위일체론으로 확립하는 것이 보다 더 큰 설득력을 가지는데, 왜냐하면 일신론이 교회의 계급질서를 거룩한 주권으로 확립하는 데 반해, 삼위일체론은 교회를 자유로운 사랑의 친교로 확립하기 때문이다. *Ibid.*, 202. 몰트만에 의하면, 교회는 타인들과의 사귐으로써만 십자가에 달린 메시아

을 가리키는 것처럼, 삼위일체론적 역사의 마지막에 있을 삼위일체 하나님의 통일성은 피조물을 향한 하나님의 개방적인 초대와 세계 역사의 개방성을 모두 가리킨다.[190]

셋째, 하나님의 삼위일체는 그리스도인과 비그리스도인, 인간과 모든 피조물 사이의 합일을 향해 개방되어 있다는 것이다. 다시 말해, 궁극적 구원은 삼위일체 하나님이 새 창조 세계 가운데 안식하는 "영원한 안식일"을 지향하지 "심판의 두 가지 결과"(double outcome of the Judgment)를 지향하지 않는다.[191]

몰트만에 의하면, 본래의 신학으로서 삼위일체 하나님에 대한 인식은 그리스도인의 감사와 찬양 그리고 예배를 통해 표현된다.[192] 찬미 혹은 찬양을 통하여 표현되는 신 인식이 본래의 신학인데, 적절한 표현을 발견하지 못하는 체험은 만족할 만한 체험이라고 할 수 없지만, 삼위일체론적 구원 체험은 예배와 감사와 찬양을 통해 비로소 온전하게 신학적으

를 증언할 수 있다. *The Crucified God*, 28. 이에 대해서는 본서 제2장 1절 4항의 "메시아적 약속 공동체의 성화의 과제"를 참조하라.

[190] *The Trinity and the Kingdom*, 95. 김동건 박사는 "역사"에 대한 강조로 인한 몰트만 교회론의 위축된 제도 교회 이해에 대해 다음과 같이 언급한다. "(중략: 필자) 이런 점을 고려할 때, 몰트만의 교회론에서 '가시적 교회'가 가지는 위치와 역할이 너무 축소된 듯 하다. 물론, 몰트만은 교회를 하나님 나라의 전위대라거나 하나님 나라를 위한 통로라고 표현하기도 한다. 그러나 하나님의 백성의 공동체가 가지는 특수한 위치와 역할에 대해서는 거의 언급이 없다. 몰트만의 교회론은 그의 '역사'에 대한 강조로 인해 가시적 교회가 할 수 있는 역할이 거의 없어지고 왜소해졌다." 김동건, "몰트만 교회론의 특징들," 「신학과 목회」 20집 (2003, 12), 27-28.

[191] "영원한 안식일"에 대해서는 본서 제6장 3절 2항을, "심판의 두 가지 결과"를 거부하는 몰트만 구원론에 대해서는 제6장 2절 2항을 참조하라.

[192] *The Trinity and the Kingdom*, 152. 몰트만에 의하면, 초대 교회에서 하나님을 찬양하는 신 인식은 구원론(oeconomia Dei)과 구분되어 신학(theologia)이라고 칭해지는데, 여기에서 경륜적 삼위일체는 케리그마 신학과 실천신학의 대상이고 내재적 삼위일체는 찬미학적 신학의 내용이다.

로 표현될 수 있다.

찬양의 신학은 은혜의 하나님에게 그리스도인이 답변하는 신학이고,[193] 그리스도인의 찬양과 하나님 인식은 체험된 구원을 증언한다고 몰트만은 언급한다. 인식의 순서에 있어서 경륜적 삼위일체가 내재적 삼위일체보다 앞서지만, 구원받는 그리스도인은 자신이 받은 구원의 선물에 대해서 기뻐할 뿐만 아니라, 선물을 준 삼위일체 하나님을 인식하고 그에게 감사한다.[194]

하나님은 선물로서의 구원 때문만이 아니라 하나님 자신이 선하기 때문에, 그리스도인에게서 사랑과 찬양을 받는다. 이와 같이 하나님에 대한 찬양은 감사를 넘어서 하나님 인식으로까지 나아가는데, 여기에서 구원 경륜의 하나님만이 아니라 선한 내재적 삼위일체 하나님 자체가 인식되고 체험된다.[195]

몰트만에 의하면, 구원론과 찬양은 밀접히 결합되어 있기 때문에 우리는 구원 역사에 모순되는 무언가가 삼위일체 하나님 안에 있다고 생각할 수 없으며, 하나님 안에 근거되지 않은 그 무엇이 구원 체험 안에 있다고 생각할 수도 없다.[196] 구원론과 찬양의 "무모순의 원리"는 하나의 삼위일체와 삼위일체론적 구원 역사가 존재한다는 점에서 성립하는데, 여기에서 구원 역사에 나타나는 삼위일체 하나님은 자신 안에 존재하는 그대로 계시되는 것으로 이해된다.

---

[193] *Ibid.*, 152–153.
[194] 몰트만에 의하면, 삼위일체론은 그리스도인의 하나님 체험을 표현하는 찬양의 형태를 가진다. 영원한 삼위일체 하나님을 지향하는 인간의 모든 사고, 진술, 느낌, 행동, 고난, 희망은 찬양의 성격을 가진다. *The Spirit of Life*, 73.
[195] 우리가 찬미학(doxology)을 전개하면 할수록, 삼위일체 하나님을 더 잘 인식할 수 있다고 몰트만은 주장한다. *The Trinity and the Kingdom*, 191.
[196] *Ibid.*, 153.

몰트만에 의하면, 삼위일체 하나님은 다른 무엇이 아닌 그 자신으로 인해 그리스도인의 찬양과 예배의 대상이 된다.[197] 오직 찬양을 통해 삼위일체론적 구원 역사를 초월하는 삼위일체 하나님의 영원한 신적 본질로서의 내재적 삼위일체론이 인식될 수 있는데, 삼위일체론적 찬양은 내재적 삼위일체론에 대한 "삶의 자리"이다.

하나님이 자기 자신으로 인해 찬양과 예배의 대상이 되고, 이 찬양이 종말의 영광, 즉 "얼굴과 얼굴로 보는 것"(고전 13:12)의 시작이라면,[198] 하나님의 삼위일체는 예배 공동체의 찬양[199] 가운데 존재하는 영광스러운 영원한 신적 현존 안에서 자신의 안식에 도달하며, 유한한 인간에 대한 영원한 대칭으로 인식된다.[200] 그럼에도 불구하고, 영원한 하나님의 삼위일체는 유한한 인간에게 온전히 파악될 수 없는, 모든 신학적 개념을 초월하는 하나님의 비밀이다.

---

[197] *The Spirit of Life*, 301-302. 실천적 교리로서의 삼위일체론에 대해서는 곽미숙, 『삼위일체론 전통과 실천적 삶』, 171-219. 또한, 몰트만의 제자 볼프(Miroslav Volf, 1956-현재)의 몰트만 삼위일체론에 기초한 교회론에 대해서는 미로슬라브 볼프, 『삼위일체와 교회: 하나님의 형상으로서 교회에 대한 가톨릭 동방 정교회 개신교적 이해를 찾아서』, 황은영 옮김 (서울: 새물결플러스, 2012).

[198] *The Spirit of Life*, 303.

[199] 여기에서의 찬양은 송영(doxology)을 의미한다. 웨인라이트(Geoffrey Wainwright, 1939-현재)에 의하면, 송영은 하나님에게 영광을 돌리는 하나의 조직신학적 체계를 가리키는 말이다. Geoffrey Wainwright, *Doxology: The Praise of God in Worship, Doctrine and Life* (New York: Oxford University Press, 1980). 현재규, "초기 기독론 논쟁이 영광송(doxology)에 미친 영향: Gloria Patri를 중심으로," 「장신논단」 48집 (2016, 12), 202의 각주 3에서 재인용.

[200] *The Spirit of Life*, 305.

제 5 장

생명의 영으로 계신 하나님

　우리는 창조 세계에 현존하는 생명의 영으로서의 하나님을 말함으로써, 현재적 삶을 긍정하고 적극적인 삶을 살 수 있다고 몰트만은 주장한다. 이러한 몰트만의 입장은 자연스럽게 계몽주의(Enlightenment) 시대 이후에 등장하는 기계론적 세계관과 묵시사상적 세계관에 대한 비판으로 이어질 수밖에 없는데, 왜냐하면 이 두 세계관은 종교적 자기 증오를 증폭시킴으로써 삶에 대한 부정적인 영향력을 발휘하기 때문이다. 이에 반해, 몰트만은 하나님 체험에서 생성하는 생명력으로 충만한 성령의 신학을 내세운다.
　몰트만에 의하면, 우리는 생명의 힘으로 무(無)에서 세계를 창조하는 아버지, 환자들의 병을 치료하고 죄인들을 구원하는 아들, 피조물의 생명을 유지하는 성령, 이와 같은 생명의 삼위일체 하나님을 고백할 때 생명력이 결핍된 악한 현실에 저항할 수 있다. 또한, 성서의 하나님은 부활 사건을 통해 새 생명의 메시아적 시대를 열었기 때문에, 하나님의 자녀는 현실의 부정성에 대해 부정적 태도를 취하면서, 약속의 메시아적 세계를 선취하는 성령을 의지하는 삶을 살 수 있다.

여기에서는 몰트만에 의해 제기된 생명의 영으로서의 하나님의 두 가지 측면이 고찰되는데, 하나는 피조물의 거룩한 생명력으로서의 하나님의 영이며, 다른 하나는 닫힌 세계에 자유와 교제를 허락하는 하나님의 영이다.

첫째, 거룩한 생명력으로서의 하나님의 영(*ruach*)은 세계를 창조하고 유지하는 창조적인 영으로서 생명과 창조성의 초월적인 원천이며, 계속적 창조 사역을 감당하는 자기 초월적 "진화의 원리"이고, 마지막 때에 피조물을 하나라도 잃어버리지 않게 하기 위해 종말에 "죽은 자들의 부활"을 일으키는 전능한 하나님의 영이다. 이러한 거룩한 생명력으로서의 하나님의 영은 이원론적 세계관을 거부하는 통전적인 원리[1]로서의 생명의 영으로 이해된다.

둘째, 하나님의 영은 닫힌 세계를 여는 개방적인 친교의 영이며 구원의 가능성이라는 것이, 성서에 나타나는 "넓은 공간"과 "개방적인 하늘"의 표상을 통해 분명해 진다. 또한 몰트만에 의하면, 하나님의 영으로서의 성령은 그리스도인에게 다양한 은사를 부여하면서 교회를 자발적인 봉사 공동체로 세우며 이와 더불어, 인간과 세계 사이의 교제도 가능하게 한다. 여기에서는 하나님의 영은 세계를 창조하고 유지하는 거룩하고 초월적인 생명력이자, 닫힌 세계의 해방과 구원을 위해 필수적인 자유와 교제를 허락하는 내재적인 존재라는 내용이 전개된다.

---

1 영어에서 "통전적인"(holistic)이라는 단어와 "거룩한"(holy)이라는 단어는 같은 어근에 속한다. 다시 말해, 통전적인 것과 거룩하다는 것은 일맥상통하다는 의미이다. 몰트만, 『사랑과 정의의 하나님』, 99 참조.

1. 거룩한 생명력으로서의 하나님의 영

몰트만에 의하면, 하나님은 거룩한 생명의 힘으로서 영으로 존재한다.

첫째, 하나님은 자신의 영 가운데 세계를 창조하고 유지하는데, 여기에서 하나님의 영은 생명의 원천(*fons vitae*)이자 창조적 가능성으로서 생명의 초월적 원천으로 이해된다.

둘째, 몰트만은 현대 신학자로서 자신의 신학에 진화의 개념을 수용한다. 그에 의하면, 진화는 전통적 창조 개념에 대립적이지 않으며 오히려 "계속적 창조"(*creatio continua*) 개념에 속하기 때문에, 생명 세계는 자기 초월적인 "진화의 원리"로서의 하나님의 영에 의해 조직되고 분화하며 발전하는 것으로 이해되어야 한다.

자연과학의 진화론이 모두 기독교 성령론에 수용될 수는 없지만, "성서주의적 우주론"이나 실존론적 신학과는 달리, 진화론은 몰트만에게 비판적으로 수용된다. 또한, 자신의 소유물인 생명 세계의 그 어떤 것도 잃어버리지 않고 구원하며, 종말에 부활의 능력으로 모든 것을 회복시키는 전능한 생명의 하나님의 영 이해가 진술되는데, 여기에서 구원은 피조물이 아니라 전능한 부활의 영을 통해서만 가능한 것으로 받아들여진다.

셋째, 성서가 강조하는 통전적인 원리로서의 생명의 영 이해는 영혼과 육체를 이원론적으로 분리하는 서구의 영혼중심적 인간 이해와, 세계와 분리된 신비주의적 영성 이해를 거부하고 이것들을 교정한다고 몰트만은 주장한다. 여기에서는 창조 세계의 거룩한 생명력으로서 세계에 초월적이면서 동시에 내재적인 하나님의 영 이해가 제시된다.

1) 생명과 창조 에너지의 원천으로서의 하나님의 영

성서는 일관되게 세계가 하나님에 의해 창조되었다고 고백한다.[2] 몰트만도 이런 신앙 고백을 확신하면서도, 창조 신앙을 붙드는 이들 가운데 다음 두 부류에 대해서는 반대한다.

첫째, "성서주의적 우주론"을 통해 현대의 자연과학자와 양자택일적으로 대화하는 "창조론자"는 거부된다. 왜냐하면 "창조론자"는 과거 창조론으로의 후퇴에 불과한 이론들을 내세우면서 창조론을 그 참된 근원에서 이해하지 않기 때문이다.[3]

둘째, 실존론적 창조 해석을 가지고 인간 실존으로 후퇴하는 주장도 몰트만에 의해 거부된다. 왜냐하면 신학적 창조론은 실존의 범위로 위축될 수 없기 때문이다. 성서는 하나님이 인간은 물론 온 우주의 창조자임을 강조한다.[4]

성서의 창조론은 성서주의나 실존론적 해석의 차원에 제한되지 않고

---

2   *God in Creation*, xiii. 한기채 목사에 의하면, 구약성서와 신약성서는 모두 자연이 하나님의 창조 작품임을 말하며, 성서에서 하나님의 신성은 자연 계시를 통해 파악될 수 있는 것으로 받아들여진다. 한기채, "문화와 신앙: 한기채의 사랑과 생명; 성서의 창조–생태주의적 세계관," 「활천」 611호 (2004, 11), 18–19 참조. 이러한 주장은 하나님의 영이 초월적인 창조의 근원임을 드러내는 것이다.

3   *God in Creation*, 22. 천사무엘 박사에 의하면, "창조론자"의 창조과학에 대한 성서학자들의 평가는 크게 네 가지로 분류된다. 첫째, 창조과학은 성서가 고대 세계관이 반영된 작품임을 받아들여야 한다. 둘째, 성서의 다양성이 모색되어야 한다. 셋째, 성서는 하나님의 초월성에 대한 증언이라는 사실이 인정되어야 한다. 넷째, 성서는 현대 과학이 말하는 것과 같이 계속 창조를 말한다는 것이 긍정되어야 한다. 천사무엘, "창조과학과 성서 해석,"「대학과 선교」 7집 (2004), 112–119.

4   *God in Creation*, 36. 몰트만에 의하면, 문자 그대로 자연이 창조 세계로 이해된다는 것은 자연이 신적인 것이나 악마적인 것이 아니라 "세계"로 파악됨을 의미하며 이로 인해, 인간과 자연 사이에 창조적 친교가 가능해진다. *Ibid*., 38.

신적 차원으로까지 확장하는데, 그 이유는 몰트만에 의하면, 성서에서 창조 사건은 하나님의 자기 제한과 자기 낮춤을 전제하고 의미하기 때문이다.[5] 하나님과 동일하지는 않지만 하나님에게 상응하는 세계가 창조되기 위해 창조자는 피조물이 그 속에 존재하는 장소를 마련해야 하는데, 이 장소는 창조자 하나님의 편재(ubiquity)와 영원(eternity)이 거둬들여짐으로써 생성된다.[6]

하나님은 자신을 창조자로 규정함으로써 세계의 창조성의 원천이자 초월적 근원이 된다고 몰트만은 이해한다.[7] 결의론에 의하면, 하나님은 자신의 가능성들 가운데 파괴적 가능성을 제외하고 창조적 가능성, 즉 창조성을 택한다.[8] 하나님의 이 선택은 임의적이거나 자의적이지 않고

---

[5] *The Trinity and the Kingdom*, 59-60. 몰트만에 의하면, 하나님의 의지로서의 창조 결정은 자유 가운데 이뤄진 사랑의 하나님의 자기 제한적 행위로 이해될 수 있다. *God in Creation*, 79-80. 창조 사건에 드러난 하나님의 본질과 의지, 즉 사랑과 자유 사이의 일치는 "사랑의 하나님" 개념을 통해 설명될 수 있다고 몰트만은 주장한다. 사랑의 하나님은 자신에게 대칭적 존재로서의 세계를 충만한 사랑과 선의 자기 전달로서 창조하지 않을 수 없다. *Ibid.*, 85. 몰트만의 창조 이해에 대한 상세한 설명에 대해서는 본서 6장 "메시아적 창조 공동체를 향한 새 창조의 하나님"을 참조하라.

[6] *The Coming of God*, 296. 세계는 스스로 존재하지 못하고 창조자 하나님이 세운 "비워진 공간" 안에 존재한다. 몰트만에 의하면, 뉴턴(Isaac Newton, 1643-1727)이 생각한 것과 같이 영원한 하나님이 아니라, 창조자 하나님이 세계의 한계이다. *God in Creation*, 156. 이러한 "비워진 공간" 개념은 고대 그리스 사상에는 나타나지 않는데, 탈레스(Thales, B.C. 624-545?)에 의하면, 만물은 신적 공간 안에 실존한다. *Ibid.*, 145-147.

[7] *Ibid.*, 168.

[8] 결의론은 역사적으로 세계 우연성에 대한 질문의 답변으로서 등장한다. 세계 창조는 하나님에게 필연적인가 아니면 우연적인가에 대해 결의론은, 하나님에게 상응하는 창조를 제시하기 위해 하나님의 의지를 대입한다. 그러나 몰트만에 의하면, 이러한 주장에는 완전히 선한 하나님과 그럼에도 불구하고 하나님에게 자의가 있다는 모순이 드러난다. *The Trinity and the Kingdom*, 105. 몰트만은 모어(Henry More, 1614-1687)와 뉴턴의 자연의 신학이 유신론적인 것이 아니라 만유재신론적인 것이라고 설명한다. 즉, 그들은 절대 공간의 표상으로서 세계를 하나님 안에서 생각하였으나 하나님

사랑인 신적 본질에 부합하는데, 왜냐하면 이 사랑으로서의 신적 본질 안에는 "어두운 면"이 전혀 없기 때문이다. 다시 말해, 하나님의 창조는 선한 가능성들로 충만하다.[9]

이렇게 창조된 세계는 창조자 하나님과 어떤 관계를 가지는가?

몰트만에 의하면, 하나님의 영(ruach)으로 인해 창조자와 창조 세계 사이에는 긴밀한 관계가 성립한다.[10] 창조론에서 신플라톤주의적 유출설이 모두 거부되는 것은 옳지 않다는 몰트만의 주장도,[11] 창조 사역에서 하나님의 영을 통해 창조자와 피조물 사이의 관계가 행위자와 행위 사이의 관계보다 더 밀접하게 되었다는 의미로 이해되어야 한다.[12] 물론, 아버지 하

을 세계의 창조자로, 세계를 하나님의 우연적인 창조로 생각할 수는 없었기 때문이다. *God in Creation*, 155-156.

9 하나님의 사랑은 몰트만에게 있어서 자명하다. *The Trinity and the Kingdom*, 151f. 창조 세계를 사랑해야 할 필연성은 없지만, 사랑의 하나님은 자기 전달적이고 자기 제한적으로 세계를 사랑하여 창조한다. 또한, 의지가 없는 자에게 모든 것은 하찮을 뿐이지만 의지를 가진 하나님에게 창조 세계는 모두 소중하기 때문에 모든 세계를 유지한다. 이용주 박사에 의하면, 자기를 제한하는 몰트만의 하나님 개념은 과정 철학의 영향을 많이 받았다. 이용주, *op. cit.*, 198의 각주 2.

10 *The Trinity and the Kingdom*, 113. 몰트만에 의하면, 하나님의 영은 하나님과 세계 사이의 간격을 메꾸는 에너지이다. *The Spirit of Life*, 34. 하나님의 영은 세계에 대한 가능성과 에너지로, 세계는 에너지와 가능성으로서의 하나님의 영이 실현된 현실성으로 파악될 수 있다. *God in Creation*, 9. 몰트만에 의하면, 성령은 신앙 공동체의 카리스마적 체험을 통해 새 창조 에너지로 파악된다. 『그리스도가 계신 곳에 생명이 있습니다』, 93-94. 또한 *The Coming of God*, 118 참조.

11 몰트만에 의하면, 유출(spiratio)의 비유는 하나님의 영이 세계에 "침투(perichoresis)한다"는 점을 지시하고, 모든 개별자가 "전체의 일부"이며, 모든 제한적인 것이 무한한 대상의 표현임을 지시한다. *God in Creation*, 100f. 성서에 드러난 성령에 대한 세 가지 표상인 열매, 샘, 빛은 세계에 대칭적일 뿐만 아니라, 모든 생명이 거기에서 나온다는 성령의 창조론적 유출설과 잘 어울린다. *The Spirit of Life*, 177.

12 몰트만에 의하면, 인간이 "하나님의 소생"이라는 구절(행 17:28-29)은 "신적 본질의 유출"이라는 부정적 이미지를 줄 수도 있지만, 인간에게 단순한 피조성을 넘어 하나님과의 친교를 지향하는 놀라운 존재로서의 이미지를 줄 수도 있다. *God in Creation*, 85.

나님이 아들을 "낳는 것"과 같은 방식으로는 아니지만, 세계는 하나님의 영이 "부어짐"을 통해 창조된다.[13] 하나님의 영은 모든 것을 자신으로 채우는 신적 삶의 입김이며, 개별자는 "세계 전체의 일부"(pars pro toto)이다.[14]

이러한 몰트만의 입장은 분명 바르트(Karl Barth, 1886-1968)의 자기 계시적 성령 이해와 차이를 보이는 것이다.[15] 바르트에 의하면, 성령은 하나님의 자기 계시의 주체적인 면이며 믿음은 하나님 말씀에 대한 순종으로서의 인간 반응에 불과하다. 이에 반하여 몰트만에 의하면, 성령은 만물의 새 창조 능력이며 믿음은 새로운 삶(vita nova)을 향한 거듭남의 시작이다. 그러므로 몰트만에게 성령론은 계시의 질문일 뿐만 아니라 삶의 원천에 대한 질문이며 대답이다.

몰트만에 의하면, 세계는 초월적인 창조자 하나님의 영에 의해 창조되고 유지된다.[16] 다시 말해, 하나님의 영은 "영 가운데" 창조된 모든 것 위에 부어져 있으며, 생명의 원천으로서 모든 것을 유지시킨다.[17] 그러므로

---

13 하나님은 하나님의 영을 통해 세계를 창조하고 보존한다. *Ibid.*, 211-212. 몰트만에 의하면, 모든 생명 체계를 결정하는 정보는 영이라고 이해될 수 있고, 이런 점에서 우주는 하나님의 영에 상응한다. *Ibid.*, 212.
14 몰트만에 의하면, 성령의 종말론적 도래로부터 기대되는 하나님 체험은 네 가지 성격을 가지는데, 첫째, 모든 생명과 관련된 보편성이며, 둘째, 부분성이 아닌 전체성이며, 셋째, 순간성이 아니라 지속성이고, 넷째, 더 이상 계시와 전통을 통한 중재성이 아닌 하나님과의 직접성이다. *The Spirit of Life*, 58.
15 *Ibid.*, 7. 바르트 성령론에 대해서는 전성용, "칼 바르트의 성령론: 예수 그리스도와 성령의 관계를 중심으로," 「한국조직신학논총」 4집 (1999), 294-326 참조.
16 몰트만에 의하면, 세계 유지는 하나님이 카오스로부터 세계를 보호한다는 의미로 받아들여져야 한다. *The Way of Jesus Christ*, 290-291. 하나님은 자기 긍정의 힘으로 세계를 긍정한다. *The Trinity and the Kingdom*, 57.
17 자신의 영을 통하여 창조 세계에 들어오는 초월적 창조주 하나님은 피조물의 삶을 창조하고 유지한다(시 104:30). *God in Creation*, 69. 몰트만에 의하면, 세계는 무(無)로부터 창조되어 항상 비존재(nonbeing)에 의해 위협받기 때문에 오직 성령 임재를 통해서만 존재 가능하다. 이런 사고는 전통적으로 세계 보존과 계속적 창조의 표상으로

칼뱅은 성령에 대해 다음과 같이 말한다.

> 성령은 어디에나 임하여 모든 것을 유지하고 양육하며 살게 한다.[18]

칼뱅에게 있어서 세계에 생동감을 주는 성령은 창조적인 "삶의 원천"(fons vitae)이다.[19] 성령이 모든 피조물에 부어져 있고 지속적으로 부어진다면, "삶의 원천"으로서의 성령은 생동하는 모든 것 안에 현존하며, 역으로 생동하는 창조 세계는 "생명의 원천"인 초월적 성령을 드러내는 것으로 이해된다.[20]

몰트만에 의하면, 세계는 필연적으로 "하늘과 땅의 이중 세계"로 경험될 수밖에 없다.[21] 다시 말해, 하나님으로부터 분리된 이들에게 세계는 허무한 시간의 장소, 즉 "땅"으로 경험되지만, 하나님 체험으로 창

서 표현되었고, 비록 이 두 표상은 새 창조를 생각하지 않지만, 창조의 완성으로서의 새 창조라는 목표를 가진 것으로 받아들여져야 한다. 이와 함께, 피조물을 파멸로부터 보존하는 하나님의 행위도 새 창조의 일부라고 몰트만에 의해 포괄적으로 이해된다. *The Source of Life*, 118–119.

18 칼뱅(Jean Calvin)에 의하면, 초월적인 하나님은 태초에 세계를 창조했을 뿐만 아니라 지금도 계속해서 창조를 이뤄가고 유지한다. 이오갑, "칼빈의 섭리론,"「한국조직신학논총」16집 (2006, 6), 31 참조.

19 몰트만에게 있어서 가장 아름다운 하나님의 칭호는 성령을 가리키는 "위로자"(paraklet)와 "삶의 원천"(fons vitae)이다.『그리스도가 계신 곳에 생명이 있습니다』, 54.

20 몰트만에 의하면, 칼뱅은 하나님의 영의 세계 내재에 대한 표상을 신적인 우주, 단 하나의 세계, 몸 안에 있는 세계, 영의 거주에 대한 스토아(stoa) 철학 직전까지 발전시킨다. 그러나 칼뱅은 삼위일체론을 통해 스토아의 범신론을 극복하고, 성령이 세계에 들어와 세계와 관계하지만 그 속으로 사라지지 않는다는 자신의 기독교적 입장을 견지한다. *God in Creation*, 11.

21 몰트만에 의하면, 이원론적 세계 이해는 생명의 생동성이 하나님의 창조적 영으로부터 나온다는 성서 기록에 부합한다. *The Source of Life*, 75f. 하나님의 영은 피조물에게 생동감 있는 삶을 가능하게 하는데, 하나님의 영은 살리는 생명(vita vivificans)이기 때문이다. *The Spirit of Life*, 262.

조 신앙을 가진 이들에게 세계는 하나님을 향해 열린 "하늘"로 경험되는데, 신앙인들에게 개방적인 세계의 통일성과 중심은 창조자 하나님에게서 발견된다.[22] 하늘은 땅의 상대적 피안이고, 땅은 하늘의 상대적 차안이다. 하나님의 영을 통해 개방적으로 창조된 세계는 초월과 내재의 변증법적 구조를 지니며, 마찬가지로 창조자 하나님의 영도 창조의 근원이자 원천으로서 세계에 초월하는 동시에 세계와 함께하는 영으로서 세계에 내재하는 것으로 받아들여진다.[23]

2) 자기 초월적 "진화의 원리"로서의 하나님의 영

"영 안에서의 창조"를 말하는 몰트만의 "창조 안에 계신 하나님" 표상은 창조와 진화를 반대 개념으로 파악하지 않고 다음과 같이 상호 보완적으로 생각한다. 먼저, 진화에는 그 자체로부터 설명될 수 있는 것이 없기 때문에 "진화의 창조"가 있는 반면, 창조에는 그 시작부터 영광의 나라를 향한 기획이 존재하기 때문에 "창조의 진화"가 있다는 것이다.[24]

또한 몰트만에 의하면, 창조와 진화는 각각 본래의 의미대로 엄격히 수용될 때에만 이 두 개념을 결합하는 일은 가능하고 의미가 있는데,[25] 창조 신앙을 진화론적 인식론으로 해석할 때의 주의 사항은 다음과 같다.

첫째, 엄밀한 의미에서 창조와 진화는 아무런 관계가 없는데, 왜냐하면 창조와 만듦은 서로 혼돈되어서는 안 되는 성서적으로 전혀 다른 개

---

22   *The Coming of God*, 292.
23   *God in Creation*, 182.
24   몰트만에 의하면, "자연의 역사"(폰 바이체커[Carl Friedrich von Weizsäcker], 1912-2007) 안에는 종의 유지만이 아니라 종의 진화(evolution of species)도 있다. *The Way of Jesus Christ*, 291.
25   *God in Creation*, 192.

념들로서, 진화는 창조가 아닌 만듦과 관계하기 때문이다.[26]

둘째, 진화는 물질과 체계의 계속된 형성을 의미하며, 이로써 진화론은 전통 신학이 성령론적으로 언급한 "계속적 창조"와 관계를 가진다고 이해되어야 한다.[27]

몰트만에 의하면, 창조와 진화를 상호 보완적인 것으로 생각하기 위해 우리는 성서적으로 다음의 사실에서 출발해야 한다. 즉, 세계의 역사는 시작되었으나 아직 완성되지는 못하였으며, 제일 나중에 창조된 인간도 그 완성을 향한 역사의 과정 가운데 있다는 것이다.[28] 성서에 나타나는 하나님의 삼위일체론적 역사[29]는 폐쇄적 세계관과 대립하는 반면, 현대 과학이 말하는 아직 완성되지 않은 개방적인 우주 이해에는 상응한다.

몰트만에 의하면, 진화는 하나님의 영의 자기 활동으로서[30] 여기에서 하나님의 영은 피조물 안에 있는 창조성의 원리이다. 하나님의 영은 새로운 가능성을 창조하며 살아있는 생명 세계에 대한 자기 초월적 기획을

---

[26] 몰트만에 의하면, 이러한 이유로 창조론의 일부인 섭리의 개념을 생물학적 진화의 개념으로 완전히 대체하는 것은 반기독교적인 행위이다. *The Coming of God*, 225-226. 라틴어 *evolvere*로부터 유래하는 evolution의 용어에는 "드러내다," "완전히 열다," "책을 펼치다"의 의미가 담겨져 있다. 처음에 이 용어는 곤충의 성장에서 관찰되는 변화를 묘사하는 생물학적 용도에 사용되었다. 현우식, "아우구스티누스의 진화 신학,"「신학연구」 68집 (2016, 6), 112.
[27] 몰트만에 의하면, 역사 안에 있는 진화의 과정은 성령의 "계속적 창조"의 결과이다. *Jesus Christ for Today's World*, 105.
[28] 창 1-2장에 의하면, 인간은 안식일 이전의 다른 모든 피조물들을 구체화한다. 이와 마찬가지로, 인간은 보다 단순한 진화 체계들을 자신 안에 포함시키는데, 왜냐하면 인간은 이 체계들로부터 형성되었기 때문이라고 몰트만은 주장한다. 또한, 인간은 하나님의 형상(*imago Dei*)이자 세계의 형상(*imago mundi*)으로서 하나님 앞에서 다른 피조물들을 대변한다. *God in Creation*, 189-190.
[29] 하나님의 삼위일체론적 역사의 개방성에 대해서는 본서 제4장 3절 1항의 "삼위일체론적 역사 속에 계시되는 세계 개방성"을 참조하라.
[30] *God in Creation*, 19.

성취하는데, 이러한 점에서 하나님의 영은 "진화의 원리"이기도 하다.[31] 이와 함께, 우리는 일방적이고 직선적인 "진화의 원리"를 거부하고 다음과 같이 진화를 새롭게 파악해야 하는데,[32] 즉 진화의 과정은 희생자를 도외시하고 도태를 당연시하는 선적인 것이 아니라, 나뭇가지가 주변으로 세분화되는 나무나 숲에 비교될 수 있는 친교적이고 생태학적인 성격을 가진다는 것이다.

하나님의 영은 모든 피조물 안에서 자기 초월을 실시하는데, 이것은 모든 피조물의 자기 조직과 자기 초월 가운데 나타난다고 몰트만은 주장한다.[33] 세계 역사가 하나님의 세계 초월과 세계 내재 사이의 상호 작용의 결과로 파악될 때, 세계는 개방적이고 참여적이며 선취적인 체계로 이해된다.[34] 여기에서 고난은 중요한데, 왜냐하면 하나님의 생명의 영은 고난을 통해 자기 초월로서의 진화의 기회를 세계에 제공하기 때문이다.[35] 하

---

31 *Ibid.*, 100. 비슷한 맥락에서 몰트만은 예수 그리스도를 진화의 원동력이라고 주장한다. *The Way of Jesus Christ*, 286-287. 몰트만 신학과 과정신학(process theology) 사이에는 평형 관계가 발견되는데, 이것은 이 사상들이 이론을 서로 주고받았기 때문이 아니라, 두 사상이 세계 역사성과 자연 진화를 모두 진지하게 받아들이기 때문이다.
32 *The Spirit of Life*, 228.
33 여기에서 우리는 단순하게 다음과 같은 의문점을 가질 수 있는데, 하나님의 영을 인정하고 고백하는 그리스도인의 자기 초월과 그렇지 않은 비그리스도인 혹은 다른 생명체의 자기 초월 사이에는 어떠한 차이가 있는가 하는 것이다. 유사한 배경하에서 바르트(Karl Barth)는 성서의 하나님과 추상적이고 보편적인 신성은 구분되어야 한다고 주장한다. 칼 바르트, 『교회 교의학』 IV/4, 이형기 옮김 (서울: 대한기독교서회, 2007), 35f. 몰트만에게는 이러한 구분이 있는지 비판적으로 질문될 수 있다. 김균진, 『현대 신학 사상』, 551-552 참조.
34 몰트만에 의하면, 진화는 개방된 체계 재생산과 증가하는 상호 교제를 통해서 생성 가능하다. 여기에서 우주는 진화 개념을 통해 개방된 체계로 파악된다. *God in Creation*, 204.
35 *Ibid.*, 211. 그러나 과연 이것이 어떻게 구체적으로 가능하고 타당한지 의문이 생길 수 있다. 몰트만에 의하면, 몰트만 고난 이해에 대한 타인들의 비평은 "일종의 정형화된 비판"으로 나타난다. 몰트만, 『몰트만 자서전』, 281의 각주 21에는 이러한 "정형화된 비판"을 수록한 문헌들이 등장한다.

나님의 영은 자발적인 고난의 능력을 제공함으로써, 피조물에게 자기 폐쇄로부터 해방되는 기회를 부여한다. 다시 말해, 하나님의 영은 초자연적인 개입이 아니라 고난에서 도출된 가능성을 통해 세계를 자기 초월적 진화의 방향으로 진행시킨다.

3) 피조물을 잃어버리지 않는 전능한 부활의 영

구약성서에 의하면, 인간의 영은 하나님의 숨결(*ruach*)을 통해 인간에게 들어와 인간을 움직이지만, 죽을 때 하나님에게 돌아간다.[36] 하나님으로부터 와서 하나님에게 돌아가는 영은 사멸하지 않는데[37] 몰트만에 의하면, 이러한 사멸하지 않는 인간의 영은 다음의 두 가지 내용을 가리킨다.

첫째, 인간의 영은 하나님과 인간 사이의 불멸하는 관계, 즉 죽음과 죄 등을 통해서도 파괴되지 않는 하나님과 인간의 관계를 지시한다.

둘째, 인간의 영은 죽음에 의해서도 파괴되지 않는 전능한 하나님의 부활의 능력을 지시한다.[38] 이 능력은 "우리가 죽을 지라도 생명을" 주는

---

[36] *The Church in the Power of the Spirit*, 204. "내가 나의 영을 주의 손에 부탁하나이다" (시 31:5; 눅 23:46)가 이에 대한 대표적인 근거 구절이다.
[37] 몰트만에 의하면, 영혼 불멸설은 죽음 뒤의 영생에 대한 이론이 아니라 근본적으로 삶과 죽음을 초월하는 자아의 동일성에 대한 이론이다. *God in Creation*, 249. 영혼은 현대의 자아(identity) 혹은 실존(Dasein)에 대한 옛말이다. *The Coming of God*, 21 참조.
[38] 몰트만에 의하면, 구약성서적인 의미에서 부활은 죽음을 넘어서까지 자신의 소유권을 주장하는 생명과 권능의 하나님을 지시한다. 구약성서의 전통에서 죽은 자는 가장 부정한 자이기 때문에, 사체(死體)를 접촉한 자까지도 일정 기간 동안 하나님과 교제를 나눌 수도 없고 예배를 드릴 수도 없다(레 11:24; 민 9:6; 19:11 등). 죽음의 비통함은 하나님에게서 버림 당했다는 점에서 비롯되지만, 부활은 자신의 소유된 백성을 위한 전능한 하나님의 행위로서 하나님의 백성에게 기쁜 삶과 영원한 하나님과 자신들과의 관계에 대한 근거이다. *Theology of Hope*, 209 참조. 몰트만에 의하면, 영원한 생명으로의 부활은 하나님에게는 어떤 피조물도 상실되지 않음을 지시한다. 분리의 힘으

성격을 가지는데(요 11:25-26 참조), 이로 인해, 하나님은 그 어떤 자신의 소유물도 잃어버리지 않는 전능한 창조주임이 확인된다.[39]

몰트만에 의하면, 전능함으로 자신의 소유를 잃어버리지 않고 끝까지 붙드는 하나님의 모습은 죄인의 회개에서도 잘 나타난다. 잃어버린 양을 찾은 뒤 기뻐하며 이를 어깨에 메고 집으로 돌아오는 목자(눅 15:1-7)와 같이 하나님은 잃어버린 자를 찾는데, 이렇게 발견된 사람의 행복은 성서에서 죄인의 회개라고 일컬어진다.[40] 히브리어에서 회개는 되돌아감을 뜻하며, 특히 죽음과 불의한 길에서 생명과 정의의 길로 되돌아가는 것을 뜻한다. 그러나 성서에서 회개의 주도권은 인간이 아니라 구원의 하나님에게 있는데[41] 일례로, 회개 비유의 소재로 사용된 잃어버린 은전

로서의 죽음과는 달리, 결합의 힘으로서의 부활은 모든 순간이 새 창조의 상대적 영원(aeon) 가운데 수렴될 것과 하나님과의 새로운 친교가 부활한 피조물에게 획득될 것을 지시한다. *The Coming of God*, 70f.

[39] 이러한 입장은 퀴블러-로스(Elizabeth Kübler-Ross, 1926-2004)의 이론과 대립된다. 그녀는 이 세계에서 상실은 막을 수 없으며 "상실이 없는 세상을 만드는 것은 불가능"하다고 말한다. 엘리자베스 퀴블러-로스·데이비드 케슬러, 『인생수업』, 류시화 옮김 (서울: 이레, 2006), 101. 이와 반대되는 인물은 투르니에(Paul Tournier, 1898-1986)로 그에 의하면, 하나님은 아무 것도 잃어버리지 않는다. 투르니에, 『모험으로 사는 인생』, 329. 몰트만에 의하면, 모든 생명체는 죽음 이후에도 영원히 남는데 그렇지 않다면, 우리는 종말에 있을 "죽은 자들의 부활"과 그 이후의 영원한 생명 속에서 우리 자신을 재인식할 수 없고 우리 자신에게 다시 올 수 없을 것이기 때문이다. 이러한 상실되지 않음은 우리를 괴롭히지도 불안하게도 하지 않을 것인데, 왜냐하면 마지막에는 모든 것이 합력하여 선을 이룰 것이기 때문이다(롬 8:28). *The Coming of God*, 84-85 참조.

[40] 『그리스도가 계신 곳에 생명이 있습니다』, 13. 몰트만에 의하면, 죄는 육체적 충동이라기보다는 전인적 인격의 방향 상실로 인해 생긴다. 죄는 의지가 악의 충동에 굴복했기 때문에 생긴 것이므로, 그 기원은 육체라기보다는 인간 의지와 영혼에 있다고 생각된다. *The Source of Life*, 73.

[41] 하나님의 무서운 심판이 "하나님의 숨겨진 얼굴"(hester panim)에서 나오듯이, 생명의 복도 하나님의 "빛나는 얼굴"에서 나온다(민 6:24-26 참조). *Ibid*., 8-9. 고후 4:6에 의하면, 부활절의 증인들은 예수 그리스도의 얼굴에서 빛나는 "하나님의 영광"을

(눅 15:8-10)은 그 스스로 그 소유자에게 되돌아갈 수 없다. 그러므로 구원 사건으로서의 회개는 기쁨, 그것도 전능한 하나님의 영 안에서 우리의 생명이 되찾아지고 발견된 기쁨을 의미한다.

몰트만에 의하면, 구원의 적극적 차원으로서의 칭의는 죄인이 죄를 고백하고 회개하여 용서함 받는 것만이 아니라, 하나님의 의[42] 가운데 "시작하는 새로운 삶"(*incipit vita nova*)을 발견하는 것도 포함한다.[43] 또한, 구원의 소극적 차원으로서의 회개는 그리스도의 뒤를 따름(nachfolge)과 같이 총체적이고 포괄적이므로,[44] 그것은 발생하거나 전혀 발생하지 않지,

---

보았다. 또한, 그들에게 예수 그리스도는 "하나님의 영광의 광채시요 그 본체의 형상"(히 1:3)이다. *The Trinity and the Kingdom*, 86. 성서에서 하나님의 "빛나는 얼굴"은 하나님의 복과 공의와 사랑을 상징하며, 하나님의 "숨겨진 얼굴"은 하나님으로부터 버림 당함과 이로 인한 영원한 죽음을 상징한다. 하나님이 "빛나는 얼굴"로 우리를 있는 모습 그대로 바라볼 때, 우리에게는 생명의 확신과 회개의 새 능력이 생긴다고 몰트만은 주장한다. 『그리스도가 계신 곳에 생명이 있습니다』, 58 참조.

42 몰트만에 의하면, 사도 바울에게 하나님의 의는 절대적인 죽음의 위협 앞에서 죽을 수밖에 없는 인간을 향해 발생한 종말론적인 새 창조의 행위이다. *The Way of Jesus Christ*, 184-185. 성서에 의하면, 죄는 생명의 원천인 하나님으로부터 벗어나 있는 고립된 인간의 상태를 가리키는데, 이런 상태는 교만이나 침체를 통한 "하나님 콤플렉스"(Der Gotteskomplex, 리히터[Horst-Eberhard Richter], 1923-2011)나 칭의(稱義) 거부로 인해 발생하며, 인간을 죽음으로까지 내몬다고 몰트만은 주장한다. 자신 그대로 존재하지 않고 다른 무언가가 되려는 "하나님 콤플렉스"는 생명을 파괴하는 죄의 근원으로서, 모든 비인간적인 것이 여기에서 나온다. *The Coming of God*, 93f. 그러나 자기 안에 폐쇄되었던 인간은 칭의를 통해 하나님의 열린 사랑에 초대받아 개방적인 존재가 된다. *The Way of Jesus Christ*, 185.

43 *Ibid.*, 44. 루터 신학은 칭의를 일면적으로 피해자에 대한 죄 용서로서의 차원으로만 이해하여, 하나님의 의 가운데 시작하는 새 창조로서의 차원을 온전히 부각시키지 못했다고 몰트만은 비판한다. *Ibid.*, 186. 몰트만이 주장하는 칭의의 새 창조성은 본서 제6장 2절 1항의 "부활과 칭의에서 드러나는 구원의 새 창조"를 참조하라.

44 *The Way of Jesus Christ*, 103. 여기에서 몰트만은 사람들이 회개하도록 결단하게 하지 않고 회개의 성격을 언급하는 정도에서 마무리한다. 이것은 몰트만이 과거 불트만(Rudolf Bultmann)이 시도한 실존론적이고 신앙적인 접근을 의도적으로 피한 결과라고 생각된다. 몰트만 신학에는 개인적 차원이 부족하다는 비판이 종종 제기된다. 김균진, 『현대 신학 사상』, 559 참조.

반쪽 마음만 가진 채 이뤄지는 죄인의 회개는 발생 불가능하다.[45]

회개와 관련하여, 죄의 유혹에 노출되어 믿음이 위협당하는 그리스도인에게 있어서 믿음 가운데 수용된 과거의 성령 체험은 사라지는가에 대한 질문, 즉 성도의 견인(perseverance)에 대한 질문이 발생한다. 몰트만에 의하면, 개혁교회는 견인을 긍정하면서 이를 다음과 같은 세 가지 신학 명제로 정리한다.[46]

첫째, 하나님 아버지는 신실하고 자신이 선택한 자를 버리지 않는데, 하나님은 자기 자신을 부인할 수 없기 때문이다(딤후 2:13).[47]

둘째, 아들 하나님은 "믿음을 잃지 않도록"(눅 22:32) 제자들을 위하여 기도한다.[48]

셋째, 성령은 새 창조적 구원의 삶이 종말의 완성에 이르기까지 성도 가운데 머문다. 성령은 구원의 날을 향한 하나님의 자녀들을 인친다(딤후 2:19 참조).

이 세 가지 신학 명제는 그리스도인이 그 자신을 포기하더라도 생명의 삼위일체 하나님은 자신의 소유이자 백성인 성도를 포기하지 않음을 가리킨다.

피조물을 포기하지도 잃어버리지도 않는 전능한 하나님의 영에 대한 생각은 만유 회복에까지 이른다. 몰트만에 의하면, 흔한 오해와는 달리

---

45 하나님과 인간의 관계는 언제나 전체적이라고 몰트만은 강조한다. *The Coming of God*, 76.
46 *The Spirit of Life*, 156.
47 이스라엘은 계약에 대한 하나님의 신실함을 기억하고 주(YHWH) 하나님에게 감사한다. *Theology of Hope*, 204.
48 몰트만에 의하면, 지옥의 문이 교회를 이기지 못할 것이며 교회가 끝까지 존속한다는 진리는, 예수 그리스도가 아버지 하나님에게 교회 대신에 드리는 기도(눅 22:31-32)를 통해 지지를 얻는다. *The Church in the Power of the Spirit*, 313.

만유화해론(universalism)⁴⁹은 지옥을 부인하지 않는다. 오히려, 만유화해론은 예수 그리스도가 세계 화해를 위해 십자가에서 하나님으로부터 버림 당한 총체적 저주를 경험하였으나, 이후 3일 만에 영광 가운데 부활하였다는 사실에서 출발한다.

종말에 있을 "죽은 자들의 부활"의 때에, 만물은 새 생명을 얻고 영원한 영광의 나라로 모아진다는 확신⁵⁰은 예수 그리스도의 부활 사건에서 비롯하는데,⁵¹ 왜냐하면 우리가 하나의 피조물에 대한 희망이라도 포기해야 했다면 예수 그리스도는 우리를 위하여 부활하지 않았을 것이기 때문이다.⁵² 그러나 하나님은 예수 그리스도의 부활 사건을 통해, 스스로를

---

49 *The Coming of God*, 251. 몰트만에 의하면, 은혜가 죄보다 훨씬 더 크다는 성령 체험은 심판의 "두 가지 결과"를 거부한다. "죄가 더한 곳에 은혜가 더욱 넘쳤나니"(롬 5:20). 하나님은 십자가 사건에서 인간에 대한 영원한 긍정을 선포하기 때문에, 하나님의 최후 심판은 천국과 지옥의 "두 가지 결과"가 아니라, 새 창조를 위하여 하나님의 의를 보편적으로 관철시키는 데에 봉사하는 것으로 이해되어야 한다. *Ibid.*, 243–244. 이에 반해 에벨링(Gerhard Ebeling, 1912–2002)에 의하면, 성서는 천국과 지옥이라는 상징으로 분명한 심판의 "이중적 결과"를 말한다. G. Ebeling, *Dogmatik des christlichen Glauben I* (Tübingen: J. C. B. Mohr, 1979), 527–528. 김명용 박사는 몰트만 만유화해론이 희망의 성격을 가지고 있지 기계론적으로 가르치는 성격을 가지는 것은 아니라고 해석한다. 김명용, "몰트만의 종말론," 「몰트만과 그의 신학: 희망과 희망 사이」, 253.
50 부활의 영으로서 성령의 목적은 종말에 영광의 나라를 세우는 데에 있다. *God in Creation*, 89. 이에 대해서는 본서 제6장 3절 3항의 "창조의 완성인 영광의 나라"를 참조하라.
51 몰트만에 의하면, "기독교 현실주의"(라인홀드 니버[Reinhold Niebuhr], 1892–1971) 라는 죄에 대한 개신교적 비관주의는 근거 없는 주장인데, 왜냐하면 기독교는 그리스도인으로 하여금 죄에 대해 비관하여 삶을 침울하게 살도록 가르치지 않기 때문이다. 그러나 믿음으로부터 은혜의 낙관주의가 결과물로 도출되는데, "죄가 더한 곳에 은혜가 더욱 넘쳤"(롬 5:20)기 때문이다. *The Spirit of Life*, 126. 니버에 의하면, 정치 이론 혹은 도덕 이론에서 "현실주의"는 사회적이고 정치적인 상황에서 기존 규범에 대항하는 모든 요소들, 특히 개인의 이익이나 권력의 요인이 고려되는 경향을 의미한다. Reinhold Niebuhr, *Christian Realism and Political Problems* (New York: Charles Scribner's Sons, 1953), 119. 남태욱, "라인홀드 니버와 21세기: 기독교 현실주의 평가와 과제," 「한국기독교신학논총」 55집 (2008, 1), 160의 각주 7에서 재인용.
52 *The Source of Life*, 124.

만물을 하나라도 잃지 않고 붙들며 구원하는 생명의 전능자로서 계시하고, "죽은 자들의 부활"로 인해 모든 피조물이 새 생명을 얻고 회복될 것임을 약속한다.[53]

4) 이원론적 세계관을 거부하는 통전적인 원리로서의 생명의 영

현대에는 성서가 말하는 생동감[54] 대신 이원론적이고 현실 도피적인 "영성"에 대한 논의가 만연하다.[55] 몰트만에 의하면, 이러한 현실 도피적인 영성은 영혼을 중시하되 육체를 멸시하고, 내세에 가치를 두지만 세상을 등지는 비정치적이고 이원론적인 성격을 가진다. 이러한 영성, 특히 서구의 영성은 신비주의에서 유래하는데, 아우구스티누스(Augustinus, 354-430)가 이에 대한 대표적인 인물이다. 그의 신학은 하나님과 영혼이라는 두 축을 중심으로 돌며, 그 이외의 것에 대해서는 무관심하다.[56] 하나님에게 이르는 길이 내면으로의 몰입이라 주장하는 아우구스티누스의 신학은 서양 신비주의의 뿌리이다.[57]

또한, 이후에 등장하는 아빌라의 테레사(Teresa de Cepeda y Ahumada, 1515-1582)의 『영혼의 산』이나 머튼(Thomas Merton, 1915-1968)의 『일곱

---

53 『그리스도가 계신 곳에 생명이 있습니다』, 15 참조.
54 *The Spirit of Life*, 274. 몰트만에 의하면, 그리스도인은 성령 체험을 통해 삶의 새 창조 에너지를 얻는다.
55 *The Source of Life*, 75f.
56 *Ibid*., 76. 아우구스티누스가 자신의 신학에서 하나님과 영혼을 축으로 삼은 까닭은 자신을 세상과 결별하기 위해서이다. *Ibid*., 71.
57 *Ibid*., 76-79. 아우구스티누스에 의하면, 인간의 영혼은 태어나면서부터 하나님을 그리워한다. 그러나 하나님을 찾는 인간의 영혼은 죄의 유혹 등으로 인해, 하나님이 아닌 대상들을 우상화하고 신격화하며 결국 몰락한다. 이것이 원죄를 지닌 인간의 본래 모습이다.

층의 산』에는 하나님을 향한 내면의 순례가 일곱 단계로 표시된다. 또한, 중세기의 신비주의자 에크하르트(Meister Eckhart, 1260-c. 1328)는 하나님을 보는 눈과 자신을 인식하는 눈이 동일한 눈이라고 말한다.

몰트만에 의하면, 신비주의가 하늘의 하나님에게 접근할 수 있는 특별 수단으로서 영혼을 꼽은 것은 그곳에 하나님의 형상이 있다고 믿기 때문이다.[58] 신비주의에 의하면, 자신의 영혼 안에 있는 "하나님의 거울"을 인식하는 자는 하나님은 물론 자신까지도 인식한다.[59] 중세기의 신비주의자 생 띠에리의 윌리엄(Guillaume de St. Thierry, 1085-1148)은 다음과 같이 주장한다.

> 하나님은 영혼에게 말씀한다. '너 자신을 알라. 너는 나의 형상이고 나를 알게 될 것이며 너 안에서 나를 발견할 것이기 때문이다.'

또한, 18세기의 개신교 신비주의자 테르스테겐(Gerhard Tersteegen, 1697-1769)은 아우구스티누스를 떠올리며 "감각의 문을 닫고 내면 깊은 데서 하나님을 찾으라"고 주장한다.[60]

이에 반해, 우리는 현실과 신체에 대한 중요성을 예수 그리스도의 성

---

[58] *God in Creation*, 221f. 인간 영혼 안에 있는 하나님의 영과 인간 외의 다른 피조물 안에 있는 "삼위일체의 흔적"을 구분하는 중세 신학은 근대의 인간중심주의(anthropocentricism)를 준비하였다. *The Spirit of Life*, 36-37. 몰트만은 "삼위일체의 흔적"(*vestigium trinitatis*)에 대해서 거의 언급하지 않는데, 이것은 그의 특징이다. 임홍빈, 『현대의 삼위일체론』, 176.

[59] 전통적 신학은 하나님의 형상(*imago Dei*)을 "하나님의 거울"로 파악하였다. *God in Creation*, 220-221.

[60] 테르스테겐에 대해서는 조용석, "18세기 개혁 교회 경건주의 연구: 게르하르트 테르스티겐(Gerhard Tersteegen, 1697-1769)의 신비주의적 경건주의를 중심으로," 「교회사학」 13집 1호 (2014), 149-167 참조.

육신(요 1:14)과 종말론적인 몸의 부활(고전 15:42-45)을 통해 확인할 수 있다고 몰트만은 주장한다.[61] 성서에 의하면, 현실을 대표하는 신체성(leiblichkeit)은 하나님의 구원 사역의 최종 목적으로,[62] 구원의 하나님은 예수 그리스도의 신체적 형상 안에서 자신의 구원을 성취한다(롬 8:3-4). 또한, 사도 바울은 "몸은 주를 위한다"고 말하는 동시에 "주는 몸을 위"한다(고전 6:13)고 선언하며,[63] 경건주의의 외팅어(Friedrich C. Oetinger, 1702-1782)는 신체에 중심을 둔 구원 사역에 대해 "신체성이 하나님의 모든 사역의 종점"이라고 과감하게 말한다.[64]

몰트만에 의하면, 결론적으로 인간은 육체나 영혼 어느 한 편에 치우친 존재가 아니라 전인적인(holistic) 존재로 이해되어야 하며, 인간의 구원도 마찬가지의 성격을 가진다.[65] 인간 실존은 육체적인 형태를 가지며, 이로써 인간은 자연의 모든 요소와 결합하고 자연의 조건하에서만 존재할 수 있다.[66] 육체로부터 분리된 영혼은 존재할 수 없으며[67] 그 역도 마찬

---

61 *God in Creation*, 245f.
62 교부들은 영혼 불멸설과 투쟁하면서 사도신경에 "몸의 부활"이라는 말을 삽입시켰으며 테르툴리아누스(Tertullianus, c. 155-c. 240)의 경우, 육신을 "구원의 열쇠"라고 불렀다. *The Source of Life*, 103.
63 *Ibid*., 70f. 이 말은 전대미문의 성격을 갖는 하나님의 약속이라고 몰트만은 강조한다.
64 *God in Creation*, 244.
65 『그리스도가 계신 곳에 생명이 있습니다』, 87-88. 몰트만에 의하면, 현대 의학은 치료를 지나치게 객관화함으로써 건강의 측면으로만 접근하지만, 심신상관적 의학(psychosomatic medicine)은 성서에 나타난 총체적(holistic) 치료, 신앙에 의한 치료를 이해하게 하는 단초를 제공한다. *The Spirit of Life*, 190f. 김균진 박사에 의하면, 몰트만은 하나님의 구원이 총체적으로 파악되어야 한다는 총체적 구원론을 견지한다. 김균진, "좌절과 절망을 넘어서는 희망의 정신," 「기독교사상」 704호 (2017, 8), 201.
66 *The Spirit of Life*, 260.
67 19세기 중반부터 역사와 자연이 분리되어 이해된 것처럼, 인간의 정신과 육체도 대립되어 정의되었다. 그러나 정신과 육체는 서로 대립하는 것이 아니라 상호 보완적인 것으로 이해되어야 하는데, 왜냐하면 그렇게 될 때에야 비로소 인격은 파괴되지 않고 온전해지기 때문이다. *The Way of Jesus Christ*, 246 f.

가지이다. 간단히 말해, 인간의 구원은 전인적인 성격을 갖는다.

성서에서 영혼과 육체 혹은 육체와 영혼의 인간학적이고 이원론적인 구분은 매우 낯선 것이지만,[68] 구약성서의 하나님의 백성은 언제나 자신들을 전인적으로 파악한다. 또한, 우리는 이것을 신약성서의 메시아 예수의 전인적 치유 사역을 통해서도 확인할 수 있는데, 메시아 예수는 본인의 치유를 간구하는 이에게 그의 손을 얹는 육체적 치유 행위를 하는 동시에, 영혼의 거룩한 치유이자 구원으로서의 죄 용서를 선언한다.

성서적 구원론은 영혼과 육체 사이의 총체성을 전제하기 때문에, 구원은 영혼이나 육체 그 어느 한 곳에만 집중되지 않는다.[69] 성서에 의하면, 하나님 체험 이후 연약하며 사멸할 몸은 하나님의 영이 거하는 전(殿)이 되고, 종말론적 구원의 때에 썩지 않을 "영적인 몸"[70](spiritual body)으로 변화되어 영원한 생명을 누릴 것으로 약속된다.

몰트만에 의하면, 생명의 영은 해방과 자유의 성격을 가진 통전적인 (holistic) 원리로서, 인간의 영혼과 육체는 물론이고 창조 세계를 통합하는[71] 동시에 분화하는 특징을 가진다.[72] 하나님의 영은 비단 인간만이 아니라 모든 피조물에게 임하는 신적 능력[73]인데, 통전적인 구원의 원리로서 하

---

68 *God in Creation*, 256.
69 *The Source of Life*, 70–71.
70 이에 대해서는 성종현, "죽은 자의 중간 상태와 부활의 몸: 예수의 죽음과 부활의 빛에서 본 신약성서의 개인적 종말 사상," 「신약논단」 19집 2호 (2012, 6), 478–483 참조. 특히, 예수 그리스도의 부활의 몸과 그리스도인의 부활의 몸에 대한 설명이 등장하는 478–483 참조.
71 구약성서에 의하면, 루아흐(*ruach*)는 하나님의 "생명의 숨결"로서 세계의 모든 것들을 모은다(사 34:16). 『그리스도가 계신 곳에 생명이 있습니다』, 70.
72 *God in Creation*, 100.
73 중세의 여성 신비주의자 멕트힐트 폰 막데부르크(Mechthild von Magdeburg, 1207–1282)가 말한 바와 같이, 성령은 세계에 강림함으로써 충만하고 흘러넘치는 신적 능력이 된다. 『그리스도가 계신 곳에 생명이 있습니다』, 67 참조.

나님의 영은 분화의 자기 유지와 통합의 자기 초월을 피조 세계 가운데 이룬다. 성서에서 생명체는 하나님의 영 가운데 개체로 존재하는 동시에 서로 교제하고 상호 작용을 일으키는 것으로 이해되는데, 이로써 이원론적 세계관은 지양된다.

2. 닫힌 세계를 개방하고 세계와 교제하는 하나님의 영

몰트만에 의하면, 하나님의 영은 피조물을 속박하는 모든 것으로부터 해방시키면서 자유 가운데 피조물과 교제한다. 하나님의 영은 존재론적으로 피조물의 거룩한 생명력으로 존재하는 동시에, 내적으로 폐쇄적인 세계의 피조물에게 해방과 친교를 허락한다. 자유와 교제의 영으로서 하나님의 영은 세계를 창조함으로써 세계와 자유로운 친교를 시작하는데, 이 자유롭고 열린 친교는 중단되지 않고 종말에 있을 하나님 나라에까지 이어진다.

하나님의 영은 세계를 향해 열린 사귐의 영이며 해방과 구원의 가능성인데, 이는 범신론의 주장과는 다른 만유재신론적인 개념으로서의 "넓은 공간" 그리고 물질론적 무신론의 주장과는 다른 성서적인 개념으로서의 "개방적인 하늘"로 표현된다고 몰트만은 주장한다.

또한 몰트만에 의하면, 하나님의 영으로서 성령은 "질식시키는" 폐쇄적 교권 제도가 아니라 그리스도인 각자에게 다양한 카리스마를 부여하면서 교회를 자발적인 봉사 공동체로 세운다. 또한, 하나님의 영을 통해 하나님과 세계와의 친교는 우주적인 성격을 갖게 되며, 자유의 영으로 인해 인간과 세계 사이의 교제도 가능해진다. 여기에서는 닫힌 세계를 개방하는 자유와 교제의 영으로서의 하나님 영 이해가 전개된다.

1) "넓은 공간"과 "개방적인 하늘"로 표현되는 해방과 친교의 영

몰트만에 의하면, 세계와 자유로운 교제를 갖는 하나님의 영 이해에 있어서 두 가지 극단적인 비성서적 존재론은 거부되어야 하는데, 먼저는 범신론(pantheism)이다. 성서에서 하나님의 영은 세계 안에 존재하고 세계도 하나님의 영 안에 존재하지만, 하나님의 영과 세계의 관계는 범신론적이지 않다.

하나님의 영은 범신론적인 "우주의 영"(얀취[Erich Jantsch], 1929-1980)과는 달리 자신이 원하는 곳에 구체적으로 존재하기 때문에,[74] 하나님의 영에 대한 세계의 관계는 만유재신론(panentheism)적이다.[75] 하나님의 영은 세계에 대해 내재적으로만 존재하지 않고 초월적으로도 존재하는데,[76] 여기에서 초월과 내재, 내재와 초월은 모순적이지 않고[77] 역동적이며[78] 관

---

[74] *The Spirit of Life*, 42. 신옥수 박사에 의하면, 구별 없음(indifference)을 말하는 범신론과 달리, 몰트만은 하나의 특수한 경험으로서 성서에 나타나는 만유재신론적인 하나님 체험을 말한다. 신옥수, "몰트만의 '우주적 성령' 이해," 「장신논단」 26집 (2006, 9), 239.

[75] *The Spirit of Life*, 227. 만유재신론(panentheism)은 간단히 말해서 "모든 것(*pan*)이 하나님(*theos*) 안에(*en*) 있다"는 이론이며, 범신론(pantheism)과는 달리 하나님이 우주 안에서 소멸되지 않고 우주보다 크다는 이론이다. 이에 대해서는 신옥수, "몰트만 신학에 있어서의 만유재신론적 비전," 「현대 신학자들의 동향」(한국조직신학논총) 8집 (2003, 10), 100 참조. 이신형 박사는 이에 대해 다음과 같이 언급한다. "몰트만의 사고에 의하면, 공간의 범주 내에 하나님이 계신 것이 아니라 하나님의 범주 속에 공간이 내포되는 것"이다. 이신형, "몰트만의 하나님," 「한국조직신학논총」 3집 (1998, 5), 19.

[76] 이를 비유하자면, 하나님의 영은 어린 시절 대면과 임재의 모습으로 경험되는 어머니와 같은 이미지를 갖는다고 몰트만은 주장한다. 여기에서 어머니는 우리를 둘러싸는 임재의 모습과 우리를 부르는 대면의 모습을 동시에 갖는 존재이다. *The Spirit of Life*, 11. 몰트만에 의하면, 성령(Holy Spirit)의 특수한 인격성은 내재적 현존과 초월적 대칭에 있다. *Ibid*., 289.

[77] 몰트만에 의하면, 이것은 하나님의 영의 만유재신론적 "내재적 초월" 때문이다. *Ibid*., 34f 참조.

[78] 생명 에너지로서의 하나님의 영은 그리스도인의 하나님 체험을 통해 역동적인 것으로

계적인 성격을 갖는다.

하나님의 영에 대한 만유재신론적이고 관계적인 이해는 "공간" 개념에서도 잘 나타난다. 몰트만에 의하면, 세계는 생명과 친교의 가능성을 하나님의 영이 마련한 자유의 "공간"을 통해 확보한다.[79] 영을 뜻하는 "루아흐"(*ruach*)[80]는 *rewah*, 즉 히브리어 "넓음"과 같은 어원에 속하는데, 야웨의 루아흐는 생명의 "공간"을 만든다. 야웨의 루아흐는 생명 세계가 좁은 곳에서 나와 먼 곳으로 자유롭게 나아가 살아 움직이고 서로 교제하게 하는데, 이와 같이 하나님의 영은 하나님의 백성의 하나님 체험을 통해 자유와 해방의 공간으로서 이해된다.

> 내 발을 넓은 곳에 세우셨음이니이다(시 31:8).

생명 세계의 활동들은 만유재신론적인 "넓은 공간"으로서의 하나님의 영 가운데 발생한다고 몰트만은 주장한다.[81] 하나님의 영이 만유재신론

파악된다. *Ibid*., 196.
79 *Ibid*., 43. 유대교-카발라 전통에 의하면, 하나님의 비밀스러운 이름들 가운데 하나는 마콤(*MAKOM*), 즉 "공간"이다. 마콤의 전통은 에스겔서에서 유래하는 것으로 생각된다. "더 큰 공간과 도움이 유대인들에게는 다른 곳으로부터 올 것이다." "다른 곳으로부터"라는 은유적 표현은 "하나님으로부터"라는 것을 의미한다고 몰트만은 주장한다. *God in Creation*. 153f. 곽미숙 박사에 의하면, 하나님의 영은 피조물에게 필수적인 자유와 해방의 "공간"으로서 만유재신론적인 것으로 체험되는데, 이러한 주장은 틸리히(Paul Tillich, 1886-1965)의 "존재 자체"(Being itself), "존재의 힘"(The Power of Being)으로서의 범신론적 하나님 이해보다 더 구체적이다. 곽미숙, 『삼위일체론 전통과 실천적 삶』, 147 참조.
80 구약성서에서 루아흐는 강력한 바람, 숨의 이미지로부터 하나님의 강력한 힘과 정신의 영향력으로 그리고 거기서부터 인간의 고차원적인 정신 작용을 의미하는 것으로 발전하는 모습을 보여준다. H. W. Robinson, *The Christian Doctrine of Man* (Edinburgh: T & T Clark, 1913), 17-20. 현요한, "하나님의 능력과 마음의 코이노니아: 성령에 대한 하나의 개념적 이해," 『장신논단』 38집 (2010, 9), 202의 각주 15에서 재인용.
81 *The Source of Life*, 86f.

적인 "넓은 공간"이라는 주장은 세계를 둘러싸는 하나님의 영의 짐작하기 어려운 관계적 친밀함을 의미한다.[82] 세계는 하나님의 영 안에서 자유롭게 활동하는데,[83] 하나님의 영적 임재 가운데 생동감과[84] 해방 그리고 친교를 획득한다.[85]

만유재신론적인 하나님의 영 개념은 유대적인 쉐키나(shekinah) 이론과 관계있다.[86] 몰트만에 의하면, "무로부터의 창조"에 나타나는 하나님의 현존과 자기 구분 사이의 긴장은 "하나님의 쉐키나" 이론으로 설명될 수

---

82 *Ibid*., 72.
83 저항적 무신론의 주장과는 달리, 하나님은 인간의 자유를 위축시키지 않고 오히려 인간을 자유롭게 하며 "넓은 영역"에 위치시킨다고 몰트만은 강조한다. *The Way of Jesus Christ*, 96 참조. 또한 *The Spirit of Life*, 243. 몰트만 삼위일체론은 다차원적이고 포괄적인 자유론을 확립하는 데 관심을 가지는데, 그에 의하면, 신학적 자유 개념은 하나님의 삼위일체론적 역사 개념에서 유래한다. *The Trinity and the Kingdom*, 218. 신학적 자유론으로서 몰트만 삼위일체론에 대해서는 본서 제4장 1절 3항의 "신학적 자유론으로서의 십자가 사건의 삼위일체론"을 참조하라.
84 *The Source of Life*, 10.
85 *God in Creation*, 163. 몰트만에 의하면, 하나님의 주권도 하나님의 백성에게 구속이 아니라 자유를 주기 위한 "공간"으로 이해되어야 한다. *The Source of Life*, 100. 윤철호 박사에 의하면, "인간은 하나님에 의해 진정한 자유 안에서의 열린 가능성을 허용 받"는다. 윤철호, "악의 기원과 극복에 대한 신학적 고찰," 289.
86 *God in Creation*, 47. 쉐키나(shekinah) 이론은 기본적으로 하나님의 영의 케노틱한(kenotic) 자기 소외를 말한다. *The Spirit of Life*, 11f. 또한 몰트만에 의하면, 하나님의 쉐키나가 하나님의 현존만이 아니라 하나님의 대칭으로도 이해될 때, 하나님의 영의 인격성은 보다 분명히 인식될 수 있다. 후기 유대교 문헌에서 하나님의 백성의 고난의 역사 가운데 있는 "쉐키나"는 하나님 자신에게도 적용되는데, 이와 유사하게 세계에 내주하고 함께 "고난받는" 하나님의 영은 하나님 자신에게도 적용 가능하다. 여기에서 하나님의 영은 하나님 자신 안에 있는 하나님의 대칭으로 이해될 수 있다. *Ibid*., 12. 몰트만이 이해하는 하나님의 쉐키나에 대해서는 이성분, "몰트만의 자연의 신학 연구"(서울: 연세대학교 대학원 박사학위 논문, 2010), 157-162. 또한, 자기 소외적이고 자기 구분적인 쉐키나 이해에 대해서는 본서 제3장 1절 2항의 "하나님의 자기 구분적인 사랑"을 참조하라.

있는데, 쉐키나 이론은 하나님이 자기 소외 혹은 자기 구분적으로[87] 쉐키나를 통해, 자신을 고난당하는 피조물에게 내어주며 그 고난에 현존함으로써 피조물과 교제한다고 말한다. 얌머(Max Jammer, 1915-2010)에 의하면, 유대교 전통은 마콤 카도쉬(*MAKOM KADOSH*), 즉 "거룩한 공간"이라는 만유재신론적인 용어를 하나님의 자기 구분적인 쉐키나와 예루살렘 성전에 사용한다.[88]

다음으로, 세계와 자유로운 교제를 갖는 하나님의 영 이해에 있어서 거부되어야 할 또 하나의 극단적인 주장으로서 무신론이 있다. 여기에서 신의 본질과 인간의 본질은 다르지 않다는 포이어바하(Ludwig Feuerbach, 1804-1872)의 물질론적 무신론이 몰트만에 의해 고찰되는데 포이어바하에 의하면, 하늘은 확대된 하나님이며 하나님은 집약된 "하늘"에 불과하다.[89] 이러한 무신론은 "하늘"과 "땅"의 차이가 사라지고, 하나님과 "하늘"이 동일 범주로 간주될 때에만 가능할 따름이다. 이러한 물질론에서 초월의 영역은 더 이상 존재하지 않는데, 왜냐하면 이 물질론은 하나님과 인간, "하늘"과 "땅," 미래와 과거, 가능성과 현실성 사이에 엄연히 존재하는 질적 차이를 철저히 무시하기 때문이다.

---

[87] 유대교 전통에서 하나님과 그의 쉐키나는 구분되어 이해된다고 몰트만은 주장한다. *The Crucified God*, 274. 랍비 시대의 유대교는 이러한 하나님의 본성을 발전시킨다.

[88] *God in Creation*, 153-154 참조.

[89] *Ibid.*, 175. 신학사적으로 하나님을 하늘로 위축시키는 입장은 하나님과 인간과의 교제를 막는 무신론으로 발전되는데, 포이어바하와 함께 "하나님 없는 하늘"을 주장한 블로호(Ernst Bloch, 1885-1977)가 이에 대한 대표적인 인물이다. 그러나 "하나님 없는 하늘"은 땅에게 구원의 미래와 해방의 가능성을 열어줄 수 없는데, 왜냐하면 하나님의 창조적 가능성이 없다면 세계의 가능성은 "옛 세계"와 동일시되어 해방과 구원의 미래는 세계에 존재 불가능하기 때문이다. "옛 세계"와 "새 세계"의 관계 그리고 하나님의 미래가 갖는 독립적 우월성에 대해서는 본서 2장의 "구원의 새 생명 세계를 약속하는 하나님"을 참조하라.

포이어바하는 초월적인 하나님 이해를 포기하며,[90] 흔히 말하는 바와 같이 신학을 인간학으로 "위축시킨" 것이 아니라, 신학과 인간학을 동일하다 말함으로 양자를 뭉뚱그림으로써 인간에게 해방을 주는 신적 교제로서의 하나님의 영 이해를 원천적으로 차단한다.[91]

하나님과 인간 사이의 질적 차이를 무시함으로써, 결과적으로 세계와 자유 가운데 사귐을 갖는 하나님의 영 이해를 제거하는 포이어바하의 무신론과는 달리, 성서에는 개방적인 하늘, 즉 하늘이 열리는 표상이 등장한다.[92] 이것은 해방의 가능성으로서의 "하늘"이 하나님의 구원의 미래로 인도하기 위해 개방되고, 폐쇄적인 "땅"에 돌입한다는 것을 의미한다고 몰트만은 주장한다.

"하늘"로 표시된 구원의 가능성으로서의 하나님의 영으로 인해, "땅"으로 표시되는 세계에 질적으로 다른 새로움과 하나님과의 자유로운 친교 그리고 "하나님의 새로운 세계"(바르트)[93]가 비로소 가능해진다고 몰트만은 언급한다. 여기에서 "하늘"은 하나님의 피조물이지만 그 자체로서

---

90 *The Crucified God*, 251.
91 몰트만에 의하면, 포이어바하(Ludwig Feuerbach)는 자신의 의도대로 기독교 신앙이 "단지" 인간 투사의 결과라는 것을 증명하지 못했다. 이에 반해 큉(Hans Küng, 1928-현재)에 의하면, 오히려 기독교는 다른 실재, 즉 하나님과의 관계이며 교제임이 분명하다. 큉, 『그리스도교』, 42f 참조. 또한 에렌베르크(Hans Ehrenberg, 1883-1958)에 의하면, 포이어바하는 인간의 유한성, 즉 죽음과 악을 제대로 파악하지 못했다. 인간의 본성에 악과 죽음이 있음이 감안될 때, "하나님의 본질이 인간의 본질이다"라는 포이어바하의 주장은 가장 큰 착각이다. 박봉랑, 『신의 세속화』, 87 참조. 몰트만 또한, 포이어바하가 죽음과 악을 제대로 인식하지 못했다고 비판한다. 몰트만, 『하나님의 이름은 정의이다』, 108.
92 *God in Creation*, 172.
93 바르트에 의하면, 성서 안에는 인간이 모르는, 인간학으로 위축되지 않는 하나님의 새로운 세계가 있다. 칼 바르트, 『성서 안의 새로운 세계』, 전경연 옮김 (서울: 향린사, 1964).

"땅"에 해방과 교제를 주는 하나님의 능력과 영을 상징하는데,[94] "땅"으로서의 세계는 하나님의 영이 개입되면서 개방되고 하나님의 친교의 대상이 된다.[95] "하늘"이 상징하는 하나님의 가능성, 해방 그리고 구원 등은 창조자 하나님의 영이 가진 초월적인 능력을 말하는데,[96] 세계는 초월적인 하나님의 영을 통해 세계의 폐쇄성에서 해방되어 하나님과 교제할 수 있게 된다.

2) 폐쇄적 교직 제도가 아니라 카리스마적 봉사 공동체를 세우는 성령

몰트만에 의하면, 위임의 원리를 근간으로 한 교직 제도는 지금까지 교회를 미성숙하게 만들어 왔다.[97] 전통적으로 교회는 이 원리 가운데 은

---

[94] *God in Creation*, 180. 몰트만에 의하면, "에온"(aeon)이라는 상대적인 영원의 개념이 하나님의 절대적인 영원(eternity)과 세계의 시간(time) 사이를 중재하는 것처럼, "하늘"(ouranos)의 개념은 하나님의 편재(ubiquity)와 그의 땅으로의 도래(parousia) 사이를 공간적으로 중재한다. 또한, 구약성서의 "하늘"은 단순히 별들이 있는 하늘이 아니라 하나님의 가능성의 영역을 의미하는데, 이것은 세계가 하나님을 향해 열린 교제의 영역임을 의미한다. *The Way of Jesus Christ*, 331f 참조.
[95] *God in Creation*, 205f 참조.
[96] *Ibid*., 166 참조.
[97] 몰트만에 의하면, 현대에는 고린도전서에 등장하는 위험한 열광주의자들이 아니라 오히려 교직 제도로 인한 영적 질식으로 고통당하는 교회들이 더 많기 때문에, 현대의 그리스도인은 영적 질식 상태를 해방시키는 성령의 은사에 주목해야 한다. *The Church in the Power of the Spirit*, 299-300. 그리스도인은 성령에 의해 카리스마적 공동체의 일원이 됨으로써, 자신의 정체성을 확인하고 새롭게 할 수 있다. *The Source of Life*, 96. 몰트만에 의하면, 성직자 중심의 교직 제도의 교회는 평신도 중심의 카리스마적 공동체로 변화되어야 하는데, 왜냐하면 유럽의 전통적인 목양적 교회는 이미 그 힘을 잃어 버렸는 데 반해, 은사를 가진 그리스도인의 교회 내 자발적 참여는 시간이 흐르면서 점점 더 활성화되고 중요하게 부각되기 때문이다. 유럽에서 주일에 교회에 가는 사람들은 점점 감소하고 있지만 성만찬에 참석하는 사람들은 증가하고 있는데, 왜냐하면 성만찬은 카리스마적 교회의 친교 그리고 자발성을 가장 잘 드

사를 가진 성도들을 성직자를 돕는 교인으로 양산했는데, 이에 반해 성서는 이러한 "교회 직무" 개념을 알지 못한다.[98] 이그나티우스(Ignatius of Antioch, c. 35–c. 107) 이래 정리된 "성직의 군주제적 정당화," 즉 "한 하나님, 한 그리스도, 한 감독, 한 교회" 제도는 실용적일 수는 있어도 교회론적으로는 그릇된 발전을 초래했는데,[99] 왜냐하면 성령을 무력화시키고 카리스마적 교회에 장애가 되어 왔기 때문이다.[100]

이에 반해, 성서는 폐쇄적인 교직 제도가 아니라, 교제와 자발적인 봉사를 특징으로 갖는 카리스마적 공동체로서의 교회를 말한다고 몰트만은 주장한다.[101] 사도행전 2장에 의하면, 기독교 공동체는 카리스마 운동

러내기 때문이다. *The Church in the Power of the Spirit*, 249. 밀교(Mystery religion)의 식사가 그 참가자를 세상으로부터 분리시키는 데 반해, 교회의 성만찬은 세상에 있는 이들, 특히 소외된 자들과 연결된다. 약한 자와 친교하고 연대하는 교회의 모습이 성만찬에 잘 드러난다. *Ibid*., 258.

[98] *Ibid*., 295. 이것은 성서적인 검증이 필요한 논쟁거리인데 다만 필자 자신의 입장을 여기에서 간단히 정리하자면, 필자는 몰트만이 신약성서의 교회론 가운데 바울의 카리스마적 교회론에 집중하고, 상대적으로 목회서신의 직무중심적 교회론에는 소홀하기 때문에 이렇게 주장하는 것이라고 생각한다. 큉에 의하면, 카리스마적 교회론은 열광주의와 종교개혁신학 등에서, 직무중심적 교회론은 로마 가톨릭교회, 그리스 정교회, 성공회, 개신 교회 등에서 발전해왔다. 한스 큉, 『교회』, 정지련 옮김 (서울: 한들 출판사, 2007), 22.

[99] 몰트만에 의하면, 로마 가톨릭교회의 "한 하나님–한 그리스도–한 베드로" 체제는 단일신론적이며 종속론적이다. 이 체제는 하나님의 삼위일체에 어긋나는데, 왜냐하면 이 체제는 꼭대기에 교황이 있는 피라미드 같은 폐쇄된 조직이고, 사실상 비–삼위일체론적이고 반–삼위일체론적이기 때문이다. *The Coming of God*, 183. "한 하나님–한 황제–한 제국"의 정당화는 중국에서 시작하여 페르시아를 거쳐 로마에 이르기까지 고대의 일반적 현상이며, 프랑스의 루이 14세(louis XIV, 1638–1715)에게서도 발견되는 것처럼, 이 양식은 비기독교적 제국에서는 물론 근대 기독교적 제국에서도 발견된다. 『신학의 방법과 형식』, 323–324.

[100] *The Church in the Power of the Spirit*, 305. 몰트만이 열광주의와 카리스마적 공동체에 대해 우호적인 입장을 취하는 이유는 현대 오순절 운동의 부흥에 일부분 기인한다고 현요한 박사는 평가한다. 현요한, "몰트만의 성령론," 206.

[101] 몰트만에 의하면, 오순절 성령 체험은 초대 교회로 하여금 은사는 다양하다는 것과,

과 함께 출발하며[102] 사도 바울도 고린도전서 14장에서 성령의 은사를 사모하도록 권고한다. 그러나 바울은 모든 교회론의 기초를 성령에 두는 반면 그 분명한 기준으로 "주 안에서"를 삼는데,[103] 왜냐하면 교회의 머리인 그리스도의 통치에 봉사하는 것만이 은사의 범주에 속하기 때문이다.

그리스도인의 삶은 성령의 현존과 그와의 친교 안에 있으며, 그리스도인의 행동은 예수 그리스도를 따르는 봉사 가운데 이뤄진다.[104] 은사는 성령을 통해 창조되고, 예수 그리스도를 따를 때에 그리스도인에게 체험된다.[105]

교회는 협동하고 봉사(diaconia)하는 공동체가 되어야 함을 알려준다. *The Spirit of Life*, 240 참조.

[102] 『그리스도가 계신 곳에 생명이 있습니다』, 80. 그리스어 카리스마(*charisma*)는 은사를 가리키며, 힘을 의미하는 두나미스(*dunamis*)와 에너지를 의미하는 에네르게이아(*energeia*)라고도 불려진다. *The Source of Life*, 68f. 몰트만에 의하면, 성서에서 그리스도인의 카리스마적 성령 체험은 "흐르다," "부어지다," "빛나다" 등의 단어로 표현되는데, 이것들은 물과 빛의 표현들로서 성령이 비인격적인 질료로 파악됨을 지시한다. 여기서 우리는 성령을 "생명의 원천"과 에너지의 원천이라고 역추론할 수도 있다. 구약성서는 하나님을 "살아있는 샘"(렘 2:13, 17:13), "생명의 샘"(시 36:9)이라고 부른다. 샘물의 표상은 두 가지 중요한 특징을 드러내는데, "공짜"(사 55:1 이하)이며 목마른 모든 사람들을 위한다는 점으로, 이 표상은 개방성을 의미하는 초대와 친교를 지시한다. *The Spirit of Life*, 283.

[103] 『그리스도가 계신 곳에 생명이 있습니다』, 76f. 몰트만은 말씀과 영의 상호 보완적 입장에 대해 다음과 같이 말한다. "하나님의 말씀이 구분하고 정의한다면, 영은 자신의 현존을 통해 결합시키고 친교를 창조한다." *The Way of Jesus Christ*, 289.

[104] 몰트만에 의하면, 사도 바울에게 예수 그리스도의 뒤따름(nachfolge)이란 표현은 더 이상 필요하지 않으며, 대신 그는 성령 안에 있는 그리스도를 "닮음" 혹은 "본받음"을 말한다. "또, 너희는 많은 환난 가운데서 성령의 기쁨으로 말씀을 받아 우리와 주를 본받은 자가 되었으니"(살전 1:6). 이것은 "그리스도의 뒤따름"과 "그리스도를 닮음"이 서로 무관하지 않음을 가리킨다. *The Crucified God*, 56 참조.

[105] *The Church in the Power of the Spirit*, 36. 몰트만에 의하면, 사도 바울에게 있어서 성령의 은사는 하나님 나라를 증언하는 교회를 세우는 것과 관련 있다.

몰트만에 의하면, 로마서 12장이 설명하는 바와 같이 그리스도인의 삶은 일종의 은사이며, 이 은사는 성령과의 자유로운 교제 가운데 영위되는 일상적인 성격을 가진다.[106] 성령과 교제하는 그리스도인의 삶에는 성령의 감화가 허락되는데,[107] 다시 말해 은사 체험을 통해 성령과 교제하며 자신과도 조화를 이루는 그리스도인은 거룩한 삶을 살 수 있다.[108] 그리스도인은 자신을 성령의 임재와 인도에 맡길 때에 이것을 체험할 수 있다.[109]

---

[106] 초대 교회의 박해 시대에는 순교조차 특별한 은사로 간주된다. *The Crucified God*, 57. 몰트만에 의하면, 고난도 카리스마적이다. *The Church in the Power of the Spirit*, 296. 그러나 여기에서 몰트만이 고난조차 성령의 은사로 이해한다면, 몰트만은 불의한 고난을 방치하고 더 나아가 이를 정당화하고 오용하는 것은 아닌가, 혹은 지나치게 현실을 낙관적으로 이해하는 것은 아닌가라는 비판이 내려질 수 있다. 물론 초대 교회라는 시대적 제한이 있긴 하지만, 이러한 몰트만의 주장은 고난 이해에 있어서 악용과 오용을 불러일으킬 수 있다는 문제점을 가진다. 올슨(Roger E. Olson, 1952-현재)은 『20세기 신학』(20th Century Theology)의 개정판이라 할 수 있는 자신의 책(*The Journey of Modern Theology: From Reconstruction to Deconstruction*)에서 몰트만에 대해 "Jürgen Moltmann Renews Confidence in the Final Triumph of God"이라는 소제목을 붙인다.

[107] *The Source of Life*, 52-53. 성령은 그리스도인에게 새 종교가 아니라 "낡은" 생활 가운데 "새로운" 생활을 가져온다고 몰트만은 생각한다. 은사 체험은 낡고 잘못으로 가득한 죄인의 삶을 새롭고 바르게 한다. 『그리스도가 계신 곳에 생명이 있습니다』, 93 참조. 그리스도인은 성령과 교제하는 가운데 자신의 모든 삶의 영역이 새롭게 변화되는 것을 경험한다. *The Source of Life*, 58. 그리스도인의 성령론적이고 새 창조적인 삶에 대해서는 본서 제6장 2절의 "구원 사역에서 확인되는 새 창조의 메시아적 희망"을 참조하라.

[108] 몰트만에 의하면, 은사 체험은 그리스도인으로 하여금 하나님의 사랑을 인정하게 한다. 틸리히에 의하면, 자신을 사랑하는 것은 하나님이 모든 부족함에도 불구하고 그의 피조물인 인간을 받아들이는 것과 같은 의미를 가진다. *The Spirit of Life*, 188. 틸리히의 사랑 이해에 대해서는, 이창호, "폴 틸리히의 사랑의 윤리," 「신학논단」 87집 (2017, 3), 265-294. 이창호 박사에 의하면, 틸리히는 창조론적인 하나님의 형상과 구원론적인 인간의 긍정을 은총의 근원으로서의 '사랑'에 근거하여 통합시킨다. *Ibid.*, 275.

[109] 몰트만은 이에 대한 예로써 모세를 언급한다. 모세는 하나님을 만난 뒤에 그의 얼굴을 가릴 수밖에 없었는데, 왜냐하면 만난 하나님으로 인해 그의 얼굴이 빛났기 때문이다(출 34장). 성령은 카리스마적으로 사로잡힌 그리스도인의 얼굴을 빛나게 만드는데, 이것은 성령을 체험하고 성령과 교제하는 이들이 자신들이 인식하지 못하는 "아우라"(Aura, 발터 벤야민[Walter Benjamin], 1892-1940) 혹은 순결이라고 불려진다.

성령이 신앙 공동체를 사로잡아 거듭나게 한다면, 일상적인 카리스마적 공동체의 삶은 모두 거룩한 영적 체험이 된다고 몰트만은 주장한다.[110] 즉, 거룩한 하나님의 영과 교제하는 그리스도인 누구나 삶 가운데 카리스마적 체험을 하게 된다.[111] 사람마다 받은 능력과 그의 일상이 다름에도 불구하고, 바울은 있는 그대로의 그리스도인의 삶이 은사라고 말하는데,[112] 이것은 그리스도의 주권이 성령의 친교 가운데 그리스도인의 깊은 곳까지 도달하기 때문으로, 그리스도인에게는 비단 특수한 종교 현상만이 아니라 모든 육체적이고 사회적인 실존이 은사 체험에 속한다.[113]

The Spirit of Life, 196f.
110 몰트만에 의하면, 교회의 "거룩함"은 교회 안에서 활동하는 예수 그리스도의 거룩함과 그리스도인의 성화(聖化)를 의미한다. *The Church in the Power of the Spirit*, 338. 몰트만은 그리스도인의 영적 성장의 단계를 다음과 같이 말한다. 즉, 어린이처럼 천진난만한 신앙, 젊은이처럼 방향을 잡아가는 신앙, 책임감 있는 어른의 신앙, 노인과 같은 지혜로운 신앙. *The Source of Life*, 33.
111 *The Crucified God*, 57.
112 성령의 은사는 그것을 체험하는 사람만큼이나 다양한데, 바울은 이에 대해 다음과 같이 소명 사건으로 설명한다. "오직 주께서 각 사람에게 나눠 주신 대로, 하나님이 각 사람을 부르신 그대로 행하라"(고전 7:17a). *The Spirit of Life*, 180. 신앙 공동체에 대한 바울 은사론에는 다양성 가운데 일치가 있을 뿐 획일성은 없는데, 왜냐하면 다양성이 인정될 때에야 비로소 일치된 신앙 공동체가 가능하기 때문이라고 몰트만은 주장한다. 『그리스도가 계신 곳에 생명이 있습니다』, 77-79.
113 *Ibid.*, 76. 몰트만에 의하면, 남자나 여자인 것도 은사이다. *The Source of Life*, 101. 케제만(Ernst Käsemann, 1906-1998)에 의하면, 바울은 은사 개념을 통해 그리스도의 통치가 세계의 깊은 데까지 이른다는 것을 말하고자 한다. "내가 주 예수 안에서 알고 확신하노니 무엇이든지 스스로 속된 것이 없으되, 다만 속되게 여기는 그 사람에게는 속되니라"(롬 14:14). 몰트만에 의하면, 각각의 그리스도인은 성령의 은사를 받았기 때문에, 특별히 선택된 자는 존재하지 않고 믿음을 가진 모든 그리스도인의 모든 삶이 카리스마적이다. *The Spirit of Life*, 182. 이한수 박사에 의하면, 바울 교회론에서 공동체의 기능은 물론이고 공식 직분까지도 카리스마적이라는 것은 잘 알려진 바이다. 그럼에도 불구하고, 은사와 교회론 사이에는 어떠한 구분이 필요한데, 왜냐하면 은사로서 구제와 긍휼, 섬기는 것, 다스리는 것(롬 12:7-8; 고전 12:28) 등은 윤리적 성격이 강하기 때문이다. 바울의 은사론은 그의 교회론과 깊은 관계를 맺지만, 은사론이 교회

몰트만에 의하면, 성령과 교제하고 성령에 감동받는 삶이 일상 가운데 나타나는 공동체는 성숙하고 카리스마적인 공동체이다.[114] 성숙한 공동체는 자신들의 대부분의 과제를 스스로 결정할 수 있는데, 그것은 스스로가 그러한 능력을 갖고 있기 때문이다.[115] 신앙 공동체는 카리스마적 다양성을 가지고 세상 안에서 하나님 나라를 위해 봉사하는 사람들의 모임이다(갈 3:28 이하).

이와 함께 카리스마적 공동체에 속한 구성원은 성령으로 기도할 수 있고, 기도를 통해 하나님과의 사귐으로까지 나아갈 수 있다고 몰트만은 강조한다.[116] 기도는 그리스도인이 하나님과 교제할 수 있게 하는 중요한 영적 통로인데, 종의 복종도 아니고 자녀의 재촉도 아니며 "하나님의 친구"[117]인 그리스도인의 자유로운 이야기라는 기도의 특성에 주의가 기울

론에 완전히 통합되는 것은 아니다. 케제만은 그리스도인의 존재와 신분 그리고 활동이 모두 카리스마적이라고 주장하지만, 이것은 무리한 주장이며 오히려 브록하우스(Ulrich Brockhaus, 1936-현재)의 말대로 은사론은 교회론과 윤리 모두에 해당되고, 은사는 교회론과 함께 윤리 분야에 포함되는 것으로 이해되어야 한다. 이한수, "바울의 교회론," 「신학지남」 231호 (1992, 봄), 62-63. 이와 같이 바울의 교회론과 은사론에 있어서 학자들마다 상이한 이론을 가지고 있다.

114 *The Source of Life*, 57f. 또한 『그리스도가 계신 곳에 생명이 있습니다』, 175f 참조. 몰트만에 의하면, 책임을 회피하는 현대의 그리스도인은 신앙의 결단 문제를 교직 제도에 위임하며, 신학적 질문을 신학 전문가에게 위임한다. 이렇게 교회가 책임을 덜어주는 기관으로 간주된다면, 헌신되지 않는 제도화한 행동은 교회 내에서 확산될 수밖에 없다. *Theology of Hope*, 323. 과연, 몰트만의 주장대로 제도 교회가 그러한가에 대해서는 의구심이 들지 않을 수 없다. 이에 대해서는 보컴, 『몰트만의 신학』, 238 참조.

115 *The Church in the Power of the Spirit*, 10. 몰트만에 의하면, 은사는 모든 그리스도인에게 공동으로 주어진다. *The Spirit of Life*, 181 참조. 성령의 은사에 대한 조직신학적 연구로서 한영태, "성령의 은사에 대한 쟁점들과 신학적 성찰," 「신학과 선교」 38집 (2011, 5), 93-120 참조. 한영태 박사에 의하면, 우리는 은사에 대한 바른 이해를 위해서 그리스도의 삼중직에 근거하며 삼위일체론적이고 교회론적인 입장을 취해야 한다.

116 *The Source of Life*, 137.

117 몰트만에 의하면, 친구 관계는 주제넘게 요구하지 않는 사이를 말하는데, 왜냐하면 헤겔(Georg Wilhelm Friedrich Hegel, 1770-1831)의 표현대로 친구는 "자유의 구체

여겨야 한다.[118] 카리스마적 공동체의 일원으로서 그리스도인은 자유 가운데 기도를 통해 하나님과 교제를 가질 수 있고, 이로 인해 성령이 주는 위로와 능력을 받는다.

성령은 은사를 통해 신앙 공동체를 하나님과의 사귐으로 인도하며 자신의 임무로 나아가게 한다고 몰트만은 주장한다.[119] "성령의 능력 안에 있는 교회"는 교회 내의 임무와 직분을 폐기하지 않으며 제도와 특수한 "성직"도 인정한다. 신앙 공동체의 모든 구성원과 함께하는 성령의 자유로운 친교가 고려된다면, 일반 그리스도인의 제사장직은 특수 임무에 대립될 수 없고, 특수하고 제도적인 성직도 일반 그리스도인의 제사장직에 대립될 수 없다.[120] "사건으로서의 교회"[121]와 "기관으로서의 교회"는

적인 개념"이기 때문이다. 사람은 친구 앞에서 허리를 굽힐 필요가 없는데, 왜냐하면 우리는 친구를 아무런 계산 없이 자유 가운데 도와주기 때문이다. *The Church in the Power of the Spirit*, 115.

[118] *The Trinity and the Kingdom*, 220–221. 몰트만에 의하면, 기도는 하나님과 그의 백성 사이의 자유로운 상호 관계와 친교를 지시하기 때문에, 기도하는 자는 하나님의 자유를 존중해야 한다. *The Church in the Power of the Spirit*, 119. 구약성서에 의하면, 하나님을 본 자만이 "하나님의 친구"인데, 믿음 안에서 "하나님을 보고" 사는 카리스마적인 공동체는 아브라함과 같이 "하나님의 친구"이다. *The Spirit of Life*, 343 참조.

[119] *The Church in the Power of the Spirit*, 306. 순서에 있어서 은사가 먼저이고 위임과 승인이 나중인데, 그 반대는 아니라고 몰트만은 주장한다. *Ibid.*, 310f.

[120] 이에 반해 이상직 박사에 의하면, 몰트만 교회론은 전반적으로 제도 교회에 대한 지나친 경계와 무관심이라는 문제점을 가진다. 이상직, "몰트만의 교회론: 하나님의 영광과 세계의 해방을 위한 교회론," 「몰트만과 그의 신학: 희망과 희망 사이」, 242.

[121] "기관으로서의 교회" 혹은 "제도로서의 교회"를 주장하는 로마 가톨릭 교회론에 대립적인 개신교의 "사건으로서의 교회"의 바르트 교회론에 대해서는 다음 문헌을 참조하라. 박성권, "칼 바르트의 교회론," 「한국조직신학논총」 39집 (2014, 9), 202–204. 교회가 사건으로 이해되는 까닭은 교회의 하나님이 "살아있는 하나님"(Living God)이기 때문이다. George Hunsinger, *How to read Karl Barth: The Shape of his Theology* (New York: Oxford University Press, 1991), 67 참조. 또한, 제도로서의 교회 이해에 대해서는 에버리 덜레스, 『교회의 모델(개정판)』, 김기철 옮김 (서울: 한국기독교연구소, 2003), 39–52 참조.

서로에게 필요하고,[122] 사회적 종교로부터 벗어난다는 조건하에서[123] 교회는 하나님 나라를 위한 카리스마적 봉사 공동체가 될 수 있는데, 카리스마적 공동체로서의 교회는 하나님 나라와 현실 사이에서 개방적인 성령과의 사귐 가운데, 다가오는 궁극적인 구원과 해방의 길을 준비하는 자신의 사명을 다할 수 있다.

3) 자유의 영으로 인해 열리는 인간과 자연의 교제

최근까지 현대 신학은 성령만이 갖고 있는 해방과 친교의 사역에 대해 제대로 주목하지 못하였다. 먼저 바르트에 의하면, 구원은 십자가 사건으로 완결되었기 때문에, 성령의 사역은 그리스도의 십자가 사건에 대한 주관적 인식에만 관계하는 소극적 성격을 가진 것으로 이해되며, 여기에서 해방과 자유의 영으로서 성령 이해는 배제된다.[124]

또한, 바르트의 제자인 베버(Otto Weber, 1902-1966)는 "중생한 자는 그에게 오는 것으로부터 산다"고 주장하면서 구원론적 개인주의를 종말론으로 극복하려고 하지만, 성령을 단지 종말론적 미래에 대한 기다림의 차원으로 제한하고, 종말론적 구원 주체로서의 성령의 친교와 해방에 대

---

[122] *The Church in the Power of the Spirit*, 332-333.
[123] *Ibid.*, 242. 몰트만에 의하면, 교회가 사회를 자유롭게 비판하는 제도가 되기 위해서는 개인적 우상 숭배뿐만이 아니라 정치적 우상 숭배까지도 철폐되어야 하며, 이를 위해서는 인간을 무감각하게 만드는 정치적이고 종교적인 통치 제도가 극복되어져야 한다. *The Crucified God*, 328-329.
[124] *The Spirit of Life*, 150-151 참조. 김명용 박사도 이러한 바르트 성령론의 특징을 강조한다. 김명용, "칼 바르트(Karl Barth)의 성령론," 「장신논단」 38집 (2010, 9), 94-97. 그러나 성령은 바르트가 주장하듯이 단지 계시 사건의 인식의 차원으로 제한될 수 없고, 구원의 주체로 이해되어야 한다고 몰트만은 주장한다. *The Source of Life*, 69 참조.

해서는 침묵한다.[125]

이에 반해 몰트만에 의하면, 성령은 단순한 계시의 인식의 차원이나 미래의 기다림의 차원에 머무는 것이 아니라, 총체적이고 해방적인 생명의 영으로 이해되어야 한다.[126] 다시 말해, 하나님의 영은 인간과 자연의 주객도식의 이원론에 대립적인 해방과 친교의 영[127]으로서 이해될 수 있다.

인간의 육체가 영혼의 속박으로부터 벗어나 생기 있게 되는 것과, 자연이 인간의 착취 대상이 아니라 거주지가 되는 것은 그 성격상 함께 속하기 때문에, 총체적인 하나님의 영 이해에 의해 전인적인 인간 이해가 받아들여질 수 있다. 총체적이고 해방적인 하나님의 영 이해에 따라 인간의 영혼과 육신이 전인적인 것으로 이해된다면,[128] 전인적인 인간 이해는 물론이고 인간과 땅의 상호 교제도 가능해진다.[129]

인간에게는 자연 환경[130]에 대한 두 가지 기본적인 관점이 있다고 몰트만은 주장한다.[131]

---

[125] *The Spirit of Life*, 151.
[126] 현요한 박사는 해방신학과 차이가 있지만, 몰트만 신학은 성령을 해방의 영이자 자유의 영으로 이해한다고 강조한다. 현요한, "몰트만의 성령론," 207.
[127] 이에 대해서는 본서 제5장 1절 4항의 "이원론적 세계관을 거부하는 통전적인 원리로서의 생명의 영"을 참조하라.
[128] 새 창조의 영인 성령의 능력 가운데 인간은 "성령의 전," 즉 하나님이 거하는 신령한 몸이 된다(고전 6:13-20). *God in Creation*, 96.
[129] *Ibid.*, 16.
[130] "환경"(Umwelt)이라는 용어는 인간중심적이라는 비판의 소지를 갖고 있다. 그럼에도 불구하고, 자연에 대한 인간의 책임과 자연에 대한 인간의 거주적 관심을 드러낸다는 점에서 환경이라는 용어가 채택될 수 있다고 몰트만은 생각한다. 흔히 사람들은 환경을 단지 그 속에 사는 주체와 관련시킴으로써 자연을 대상화시키는 인간중심주의에 빠지지만, 성서는 땅을 식물과 동물 그리고 인간을 위한 환경으로, 바다를 물고기의 환경으로, 공기를 새의 환경으로 말하면서 거주지로서의 자연 환경과 인간과 자연 사이의 친교를 말한다. *The Coming of God*, 300.
[131] *God in Creation*, 46.

첫째, 노동의 관점으로, 여기에서 인간은 자연에 노동을 투입함으로써 자신이 원하는 바를 "대상으로서의 자연"[132]에게서 얻는 것으로 이해된다.

둘째, 거주의 관점으로, 여기에서 자연 환경은 인간에게 대상도 되지만 거주지로도 이해된다. 거주의 관점은 노동의 관점과 차이를 보이며[133] 고향 개념으로 정리되어 요약될 수 있는데,[134] 고향 개념은 구속의 상태가 아닌 자유의 상태에서만 성립 가능하다. 다시 말해, 자연은 인간에게 고향이 될 수 있는데, 이것은 인간이 자연을 착취하고 파괴하지 않는 자유의 상태에서만 비로소 가능하다.

또한, 자연과의 관계에서 인간 존재를 바라보는 두 가지 시각이 있다고 몰트만은 언급한다.[135]

첫째, 인간은 자연의 주인이라는 시각이 있는데,[136] 이것은 "자연의 인

---

[132] 몰트만에 의하면, 근대의 자연에 대한 파괴 명제로서 사용된 "땅을 정복하라"(창 1:28)의 표상은 악용될 것이다. 이 표상은 "땅의 통치"로서 가르쳐진 지배의 명령과는 상관이 없는데, 이것은 본래 인간의 음식물에 대한 명령이기 때문이다. Ibid., 29. 또한 *The Source of Life*, 224f. 다시 말해, 이 표상이 근본적으로 의미하는 바는 인간은 동물과 함께 식물을 음식물로 먹고 살아야 한다는 것이다(창 1:29). 여기에는 자연에 대한 인간의 지배권의 의미가 내포되어 있지 않으며, 다만 인간은 땅에 대한 신적 지배를 하나님의 대리인이자 "하나님의 형상"(*imago Dei*)으로서만 행사한다는 의미가 내포되어 있다.

[133] 몰트만에 의하면, 생명체는 자신을 전개하기 위한 공간을 필요로 하기 때문에, 창세기의 창조 기사는 생물이 들어오기 전에 거주지들이 미리 마련된다고 이야기한다. *The Spirit of Life*, 276.

[134] 몰트만에 의하면, 땅은 우리의 환경이자 고향이며 "어머니"이다(시락 40:1). *The Source of Life*, 25. 모든 자연 종교에서 땅 그 자체는 "어머니 땅"이라고 불리는데, 이것은 타당하다. 성서에서도 땅만이 식물을 "맺고" 동물을 "내는" 피조물(창 1:11, 24)이다. 그러나 몰트만에 의하면, 이러한 주장은 땅에 대한 신격화가 아니라 땅의 특별한 권리를 인정하는 것인데, 끝없이 땅이 착취당한다면 땅은 황폐해지고 인류도 멸망할 것이기 때문이다. Ibid., 84-85. 몰트만의 "인권 개념의 확대"로서의 자연권 이해에 대해서는 김형민, "위르겐 몰트만의 신학적 인권론," 「한국개혁신학」 6집 (1999), 303-307 참조.

[135] *The Way of Jesus Christ*, 271-272.

[136] 몰트만에 의하면, 이 현상의 배경에는 근대의 일신론이 놓여 있다. 근대의 일신론은

간화"라고 표현될 수 있으며 근대 과학 기술의 세속화된 메시아적 비전이었다. 그러나 근대의 과학 기술적 "자연의 인간화"는 결코 인간을 인간답게 만들지 못했다.[137]

둘째, "인간의 자연화"라는 시각이 있다. 이 입장은 근대화되지 못한 시기의 세계관과 같이 인간이 다시 우주라는 큰 틀 속에 통합되어 자연과 조화하여 살기를 바라지만, 죽음이 인간과 자연을 지배하는 이상 인간과 자연 사이의 지속적인 조화와 평화는 사실상 불가능하다.

이에 반해, 종말론적으로 약속된 자유의 영으로서의 성령이 오순절에 교회와 세계 가운데 임하였고 종말의 때까지 생명의 영으로 활동할 것이기 때문에, 육체에 대한 영혼의 속박과 인간에 의한 자연의 착취는 정당하지 않은 것으로 판명된다. 몰트만에 의하면, 해방과 자유의 능력인 성

자연의 "비신화화"를 통해, 자연은 하나님의 영이 현존하는 하나님의 친교의 대상이라는 의식을 제거하여 자연을 인간 손에 넘겨주었다. 또한, 근대의 휴머니즘도 인간만이 세계의 주체이며 다른 것들은 인간의 대상이라고 간주했다. 그러나 이제 우리는 땅에 대한 재발견 앞에 서 있는데, 이미 중세의 아퀴나스(Thomas Aquinas, 1225-1274)는 다음과 같이 말했다. "어떤 피조물도 하나님으로부터 멀리 떨어져 있지 않다. 하나님이 그 속에 계시지 않는 피조물은 없다." 『그리스도가 계신 곳에 생명이 있습니다』, 180. 아퀴나스 철학의 하나님은 창조자 하나님이며, 궁극적으로 그에게 있어서 하나님은 창조자일 수밖에 없다. 장욱, "아우구스티누스와 토마스 아퀴나스의 창조에 대한 이해," 「가톨릭철학」 9호 (2007, 4), 245.

137 근대주의(modernism) 이후 역사와 자연은 언제나 대립되는 것으로 생각되었다. 베이컨(Francis Bacon, 1561-1626) 이후 인간과 자연의 관계는 언제나 주인과 노예의 관계로 묘사되었다. *God in Creation*, 137. 몰트만은 근대주의에 대해서 상대적으로 많은 글을 쓰지는 않았지만 이를 정치신학적으로 접근하고, 특히 근대 자연과학의 이분법적인 인간중심주의에 대해서는 생태신학적으로 비평한다. 위르겐 몰트만, 『세계 속에 있는 하나님』의 1부의 3장 "정치신학과 해방신학"과 2부의 3장 "인권과 인류의 권리, 그리고 이 땅의 권리" 참조. 올슨에 의하면, 몰트만에게 있어서 근대 과학은 신앙이 아니라 생태계 생존과 인간 생활과 관계하기 때문에 생태학과 인권이 강조된다. Roger. E. Olson, *The Journey of Modern Theology: From Reconstruction to Deconstruction*, 475-476.

령 가운데 인간과 자연의 참다운 교제가 가능해진다.[138]

또한, 해방의 영으로 인해 가능해진 자연과의 자유로운 교제에 있어서 인간은 자연에 대해 제사장적인 차원을 가지는데,[139] 다시 말해 자연은 그리스도인을 통해 하나님을 경배하며 거룩한 대상이 된다.[140] 이것은 인간중심주의[141]가 아니라 동방 정교회의 수도원 전통과 유대교의 하시딤(Hasidim) 전통이 말하는 것과 같이, 자연은 종말론적인 해방과 친교의 영 가운데 이뤄지는 그리스도인과의 교제를 통해, 주님을 찬양하며 자신의 방식대로 영원한 하나님의 영광을 자랑한다는 것을 의미한다.

---

[138] 몰트만에 의하면, 자연은 성령론적이고 만유재신론적이며 종말론적인 의미에서 "하나님의 환경"이다. 『그리스도가 계신 곳에 생명이 있습니다』, 146f 참조.
[139] *The Source of Life*, 85. 몰트만에 의하면, 인간은 세계의 형상으로서 하나님 앞에서 다른 피조물들을 대변한다. 세계의 형상으로서 인간은 제사장적 피조물이요, 성만찬적 존재이다. 그는 하나님의 영 앞에서 세계의 창조적인 친교를 책임진다. 이와 동시에, 하나님의 형상으로서 인간은 창조적인 친교 가운데 세계 앞에서 하나님을 대리하고, 하나님의 영광과 의지를 나타낸다. 인간은 하나님 앞에서 자연을 위해 존재하고 자연 앞에서는 하나님을 위해 존재하는데, 이것이 그의 제사장적인 규정이다. *Ibid.*, 189.
[140] *The Spirit of Life*, 171f.
[141] 몰트만에 의하면, 인간중심주의는 "오직 인간은 자기 스스로를 위해 존재하고, 다른 피조물은 인간을 위해 존재한다"는 내용의 이론이다. Jürgen Moltmann; E. Giesser, "Menschenrechte, Rechte der Menschheit und Rechte der Natur," *Evanglishe Theologie* 50, (1990), 443. 김형민, "위르겐 몰트만의 신학적 인권론," 304에서 재인용. 몰트만에 의하면, 부활한 예수 그리스도의 몸, 즉 썩지 않는 영적인 몸(spiritual body)은 자연을 착취의 대상으로 이해하는 근대와 현대의 인간중심주의에 대한 대안이 된다. *The Way of Jesus Christ*, 261.

제 6 장

메시아적 창조 공동체를 향한 새 창조의 하나님

새 창조는 태초창조와 같이 "무로부터의 창조"(*creatio ex nihilo*)가 아니라, 옛 것을 전제하기 때문에 창조 사역을 완성하는 성격을 갖는다.[1] 몰트만에 의하면, 새 창조는 창조의 목적이자 완성이며 창조주 하나님에게 필연적인데, 하나님은 새 창조의 때에 피조물을 새롭게 창조하며, 이로 인해 상대적 영원(aeon)을 획득한 만유(萬有) 안에 만유의 주님으로 존재하게 될 것이다(고전 15:28).

예수 그리스도의 재림 이후에 이뤄질 성서의 종말론적인 새 창조 비전에 의하면, 하나님이 더 이상 자기 제한 없이 보편적으로 피조물에 충만하게 현존하는 종말에, 새 창조 세계로서의 "새 하늘과 새 땅"은 종말론적인 영광의 모습을 얻는다. 다시 말해, 하나님이 세계를 만유재신론(panentheism)적 거주지로 삼을 때에 두 가지 사건이 발생한다.

---

[1] 제6장의 내용은 학술 논문의 형식으로 요약 정리되어 다음과 같이 발표되었다. 박성권, "몰트만의 메시아적 창조론," 「한국조직신학논총」 48집 (2017, 9), 81-121. 보컴(Richard Bauckham, 1946-현재)에 의하면, 몰트만 창조론은 메시아적 창조론이다. 보컴, 『몰트만의 신학』, 423-435.

첫째, 하나님이 자기 제한을 폐하고 자기의 영광을 만물에게 온전히 드러내는 것이다.

둘째, 이로써 죄악과 사멸성으로부터 해방되어 "새 하늘과 새 땅"이 된 피조 세계가 영광의 하나님 나라에 들어가는 것이다.

여기에서는 종말론적 구원을 이루는 하나님의 새 창조적 해방 사역이 제시된다. 이 종말론적 사역에는 인간 구원의 거듭남(重生)과 생태학적 구원의 안식일 그리고 세계의 사멸성이 사라지는 부활과 영원의 새 창조가 포함된다. 새 창조 사역은 삼위일체 하나님이 영광의 나라에서 새 존재 근거가 되고, 자신에게 온전히 이르는 하나님의 삼위일체론적 역사가 마쳐짐으로써 완성되는 것으로 받아들여진다.

1. "전제가 있는 창조"로서의 구원의 새 창조

몰트만에 의하면, 기독교 종말론으로서의 새 창조는 현실 세계를 전제로 하며, 세계를 파괴하거나 없애는 것이 아니라 세계가 새롭게 변화되는 것을 의미한다. 이것이 전면적 파국의 묵시사상(apocalyptism)과 새 창조의 기독교 종말론 사이의 가장 큰 차이점이지만, "해산의 고통"같이 긍정적이고 생산적인 묵시사상적 고난은 새 창조 과정에 포함되는 것으로 이해된다.

새 창조 사건은 태초창조(creatio originalis)를 파괴하지 않고 완성한다는 점에서 구원론적이고 메시아적인 성격을 갖는데, 여기에서는 태초창조를 완성하는 성격을 가진 새 창조, 새 창조의 메시아적 구원의 범주, 그리고 새 창조의 구원론을 통해 새롭게 이해되는 죽음과 종말론적 고난에 대한 내용들이 전개된다.

1) 태초창조를 완성하는 종말론적 새 창조

몰트만에 의하면, 루터교 정통주의 신학은 세계의 마지막이 변화가 아닌 폐기라는 점에서 일치한다.[2] 이 신학의 종말론에 의하면, 영원한 신적 기쁨은 세계 없이 생각될 수밖에 없는데, 왜냐하면 세계는 행복한 곳이 아니기 때문이다. 현재의 세계는 사다리와 같아서 종말에 있을 영원한 기쁨의 나라에서는 더 이상 필요가 없는데,[3] 왜냐하면 세계는 불의와 죽음의 공간일 뿐이기 때문이다.

여기에서 세계 폐기는 "무(無)로부터의 창조"[4]에 대한 반대로 "무(無)로의 돌아감," 즉 창조의 취소를 의미한다. 창조 사건이 비존재[5]로부터 존

---

2   *The Coming of God*, 268f.
3   이러한 루터 교회의 입장은 복음과 율법에 대한 대립적 이해 때문에 등장하지만 몰트만에 의하면, 복음에 대한 강조가 율법의 폐기를 의미할 수도 없고, 종말이 파국을 의미할 수도 없다. 율법은 이 땅에 대한 하나님의 통치의 전조이고 선취이기 때문에, 율법과 복음, 태초창조와 새 창조는 충돌을 일으키지 않는다. *The Church in the Power of the Spirit*, 147 참조. 율법은 훈련된 삶의 행위를 요구하며, 본능과 감정의 지속적인 절제를 그 생활 방식으로 가진다. 율법은 자기 긍정과 수용을 말하지만, 복음은 예수 그리스도로 인해 해방된 육체성과 자연성을 말한다. *Ibid.*, 277-278.
4   몰트만에 의하면, "무로부터의 창조" 개념은 성서의 창조 기사를 가장 적절하게 해석하는데, 왜냐하면 이 해석은 아무 전제 없는 태초창조를 잘 드러내기 때문이다. 이 창조에는 어떤 외적인 필연성이나 내적인 강요 혹은 태초의 물질도 필요 없다. *God in Creation*, 74.
5   몰트만에 의하면, "무" 혹은 비존재를 말하기 위해서는 다음과 같은 세 가지 비존재 구분이 선행되어야 하는데, 즉 피조물의 비존재와 창조의 비존재와 창조자의 비존재가 그것이다. 아우구스티누스(Augustinus, 354-430)에 의하면, 영원한 하나님의 순수 존재에 반하여 피조물은 언제나 비존재와 결합되어 있다. *Ibid.*, 90. 몰트만 신학에 영향을 끼친 바르트(Karl Barth, 1886-1968)와 틸리히(Paul Tillich, 1886-1965)의 비존재 연구에 대해서는 다음의 문헌을 참조하라. 정성민, 『폴 틸리히와 칼 바르트의 대화』(서울: 바울, 2004). 정성민 박사에 의하면, 바르트는 무성(nothingness)이 하나님의 원수라고 여긴 데 반해, 틸리히는 비존재(nonbeing)의 절대적 위협을 하나님이 생산한다고 여겼다. *Ibid.*, 212-221. 특히 앞의 내용은 213.

재로의 전이(transition)를 말한다면, 이 종말론은 존재로부터 비존재로의 전이를 말한다. 그러나 이 종말론은 그 근거로서의 십자가와 부활 사건에 의해 비판 받는데,[6] 왜냐하면 예수 그리스도의 죽음과 부활은 이 둘 사이의 단절이 아닌 과정과 변화를 의미하기 때문이다.[7]

17세기 개혁교회의 종말론은 루터교 정통주의의 종말론과는 대조적인데,[8] 후자가 하나님의 총체적 자유를 세계 법칙에 대조적으로 강조하는 반면, 전자는 세계에 대한 하나님의 신실함과 궁극적인 세계 변화를 강조한다. 개혁교회의 종말론에서 종말에 있을 궁극적인 세계 변화는 정체성과 새로움 사이의 통일, 그리고 허무함에서 영원으로의 전이에 주목한다.

요한계시록 21장 5절은 "보라, 내가 창조한다"가 아니라 "보라, 내가 만물을 새롭게 하노라"라고 말하는데, 여기에는 세계의 변화와 새 창조가 나타난다. 그런데 이 종말론이 새 창조가 아닌 영원을 말한다면, 구원의 새 창조는 태초창조에 대해 "전적으로" 새롭기 때문에,[9] 두 창조 사이의 연속성과 창조 세계에 신실한 하나님이 주장될 수 없는 모순점이 여기에서 발생한다.[10]

---

6 *Jesus Christ for Today's World*, 108. 바르트에 의하면, 정통주의 신학은 교의학의 특정 부분, 즉 신론, 예정론, 자연신학, 국가론, 창조론과 화해론 전체 등에서는 아주 많이 또한 크게 예수 그리스도에 대해 말하지만, 종말론과 같은 대단히 많은 또 다른 부분에서는 예수 그리스도와 함께 전혀 시작하지 않는다는 심각한 문제점을 가지고 있다. 바르트, 『교회 교의학』 III/1, 535.

7 육체의 부활은 사멸할 삶이 영원한 삶으로 변화되고 전이됨을 뜻하는데, "삶은 변화되지 폐기되지 않는다(*vita mutatur, non tollitur*)"는 표현이 이를 가리킨다고 몰트만은 주장한다. *The Coming of God*, 77.

8 *Ibid.*, 270-271.

9 *Ibid.*, 271f.

10 이러한 모순은 초대 교회의 마르시온(Marcion, 100-c160)에게서도 드러나지만, 성서가 증언하는 구원의 하나님은 마르시온이 주장하는 "새 하나님"(*Deus novus*)이 아니라 세계에 신실한 사랑의 하나님이다. *Ibid.*, 28f. 종말의 하나님 나라는 세계를 파괴하지

또한, 동방 정교회에서 구원받은 인간은 부활한 예수 그리스도와의 친교를 통해 삼위일체 하나님의 속성에 참여하는데, 이는 인간의 "신격화"를 의미한다고 몰트만은 언급한다.[11] 서방 교회와는 달리 인간과 자연을 엄격하게 구분하지 않는 동방 교회는 인간의 신격화와 함께 우주의 신격화도 가르치는데, 여기에서 인간과 자연을 묶는 연결 고리는 인간의 몸이다.

이러한 신격화는 종말론적 구원 상태를 부활 사건에 기초한 새 창조가 아니라 가현설(Docetism)적 우주의 영화로 파악한다는 비판을 피하기 어려우며, 동방 교회가 말하는 신격화된 우주가 성서에서 약속하는 "새 하늘과 새 땅"이며 새 신체성(leiblichkeit)[12]인지도 불분명하다는 문제점도 가지고 있다.

이에 반해, 예언서는 구원의 새 창조를 과거의 구원 사건과 변증법적 유비 관계를 가지는 것으로 선포한다.[13] 하나님의 새 창조는 새 출애굽(제2이사야),[14] 새 계약(예레미야), 하나님의 새 종(제2이사야),[15] 새 예루살렘

않는다고 몰트만은 강조한다. *The Spirit of Life*, 194-195. 채승희 박사에 의하면, 마르시온의 사상은 크게 다섯 가지로 요약될 수 있는데, 그 가운데 신 이해는 다음과 같다. "이전에 알려지지 않았던 완전한 새로운 신, 새로운 계시인 예수가 홀연히 오심으로, 인간은 이 세상을 지은 조잡하고 우매한 신과 그가 제창한 율법으로부터 자유하게 되었다." 채승희, "초대 교부들의 구약 성경 이해,"「구약논단」24집 (2007, 6), 57.

11 *The Coming of God*, 272-273.
12 몰트만에 의하면, 성서에서 세계 구원의 종착지는 신체성이다. *God in Creation*, 263.
13 Ibid., 120-121. 이전 것으로부터의 창조(*creatio ex vetere*)는 태초창조(*creatio originalis*)와 유비를 갖는데, 그것이 새 창조(*creatio nova*)이기 때문이라고 몰트만은 주장한다. *The Coming of God*, 27-28. 폴킹혼(John Charlton Polkinghorne, 1930-현재)도 새 창조는 전적으로 새로운 창조가 아닌 이전 것으로부터 나오는 성격을 가진다고 강조한다. John C. Polkinghorne, *Science and Christian Belief: Theological Reflections of a Bottom-Up Thinker* (London : SPCK, 1994)의 Chapter 9 Eschatology 부분. 특히 167.
14 메시아와 함께 하나님의 백성의 해방이 문제가 되는데, 이런 배경에서 메시아 예수와 함께 종말론적 해방 사건인 새 출애굽이 시작한다고 몰트만은 언급한다. *The Church in the Power of the Spirit*, 78-80. 이에 대한 자세한 설명으로는 본서 제2장 2절 2항의 "메시아적 시대로서의 새 출애굽과 메시아에 대한 하나님의 약속"을 참조하라.
15 공관복음서는 제2이사야 전승사를 수용하면서 메시아 예수를 기쁜 소식을 가져오는

(사 2:2-4 참조), 새 하늘과 새 땅(제3이사야)을 가져올 것이다. 새 출애굽은 이전 출애굽처럼 야간도주가 아니라 축제의 행렬이 될 것이며,[16] 새 예루살렘에는 옛 예루살렘보다 더 많은 광채가 있을 것이다. 하나님의 새 구원은 옛 구원에 대한 새로움이자 약속이지만, 새 구원 사건이 하나님의 새로운 시간 안에서 일어남으로써 옛 구원과 새 구원은 더 이상 같은 시간 안에 있지 않게 된다.[17]

몰트만에 의하면, 구원 사건으로서의 새 창조의 메시아적 의미는 세계의 완성이다.[18] 카오스 위협을 받는 창조 질서는 종말에 구원의 새 창조 질서로 대체되어 완결될 것이다. 하나님은 새 창조 세계, 즉 예수 그리스도의 재림 이후에 있을 "새 하늘과 새 땅"에 온전히 거하게 되고, 이

약속된 하나님의 사자로 묘사한다. *The Church in the Power of the Spirit*, 217. 몰트만에 의하면, 예언서와 묵시사상은 "말씀"을 전할 메시아를 기대하는데, 이 말씀은 성령의 능력 안에서 새 시대와 새 창조를 연다. *Ibid.*, 216.

16 이스라엘의 해방을 그 주관심사로 삼는 사 52:12은 다음과 같이 말씀한다. "여호와께서 너희 앞에서 행하시며 이스라엘의 하나님이 너희 뒤에서 호위하시리니, 너희가 황급히 나오지 아니하며 도망하듯 다니지 아니하리라." 사 52장의 새 출애굽은 그 축제 성격으로 인해 옛 출애굽을 능가한다. *Ibid.*, 78. 또한, 새 출애굽의 희망은 옛 출애굽을 이룬 구원의 하나님에 대해 새로운 신뢰감을 정립하게 한다고 몰트만은 주장한다. *The Spirit of Life*, 52-53.

17 몰트만에 의하면, 현실 세계는 지나가는 성격을 갖는데, 이는 구원의 새 창조가 메시아 예수의 부활과 함께 이미 시작하였고, 이로써 세계는 "옛 것"이 되었기 때문이다. 그러나 종말론적 구원 사건은 우리를 현실로부터 분리시키지 않으며, 오히려 우리가 구원의 새 창조를 희망하면 할수록 우리와 세계와의 연대는 점점 더 강해지는데, 왜냐하면 우리가 "세계로부터" 구원받는 것이 아니라 "세계와 함께" 구원받기 때문이다. *Ibid.*, 89.

18 *The Trinity and the Kingdom*, 102. 몰트만에 의하면, 새 창조는 지금 경험되는 현실 세계의 완성을 의미한다. *The Spirit of Life*, 74. 볼프(Miroslav Volf, 1956-현재)에 의하면, 완성 개념으로 새 창조를 설명하는 것은 몰트만이 근대주의(modernism)의 영향하에 있기 때문인데, 완성 개념은 변화와 미래와 직선적 진보를 지시하는 모더니즘적인 개념이다. Miroslav Volf, "After Moltmann: Reflections on the Future of Eschatology," R. Bauckham, ed., *God will be All in All: The Eschatology of Jürgen Moltmann* (Minneapolis: Fortress Press, 2001), 245-246. 이하로는 *God will be All in All*로 기재.

로 인해 하나님의 영적 에너지로서의 성령은 모든 육체에 부어지며, 영원의 나라는 시작될 것이다.[19]

몰트만에 의하면, 창조의 완성으로서의 새 창조는 "하나님의 휴식" 개념에서도 발견된다.[20] 창세기 2장에 등장하는 창조의 완성으로서의 안식일과 하나님의 현존 계시로서의 안식일이 종합되면, 창조와 계시가 하나 되는 종말론적 미래가 등장한다.[21] 이는 하나님의 구원을 의미하며, 구원이 새 창조이자 "영원한 안식일"로 이해될 수밖에 없는 배경이 된다. 새 창조는 휴식을 통한 세계의 완성, 즉 "하나님의 휴식"으로서의 안식일의 축복과 성화를 의미한다.[22]

창조의 완성으로서의 새 창조의 성격은 복음과 율법의 제한적 관련성[23]을 통해서도 확인된다고 몰트만은 언급한다. 구원 사건으로서의 복음을

19　*The Trinity and the Kingdom*, 124.

20　*God in Creation*, 278.

21　*Ibid.*, 288. 성서에서 새 구원의 날은 안식일로 표현된다. 사 61장에 등장하는 구원의 메시아적 시대는 휴식과 평화의 시기를 의미하며, 하나님의 임재 가운데 있는 확장된 희년과 안식일의 표상을 가진다. *Ibid.*, 289-290. 안식일(sabbath), 안식년(sabbatical year), 희년(jubilee)은 역사적 시간을 초월하여 새 창조의 메시아적 시대를 가리킨다고 몰트만은 주장한다. 새 창조가 태초창조를 완성한다면, 새 창조의 날은 창조의 생태학적 휴식의 날을 전제하는 "영원한 안식일"이다. *Ibid.*, 296. 사람들은 핵켈(Ernst Haeckel, 1834-1919) 이후로 생태학을 환경 보호, 환경 윤리, 환경 정책 분야에서 여러 가지 형태로 응용 발전시킨다. 몰트만에 의하면, 생태학적 위기의 핵심에는 인간중심주의가 있다. 몰트만, 『희망의 윤리』, 240-242 참조.

22　안식일의 거룩에 대해서는 정일승, "창세기를 통해 본 성결(Holiness)," 「오순절신학논단」 10집 (2012, 12), 12-13.

23　몰트만에 의하면, 복음과 율법과는 달리 복음과 율법성은 대립한다. 복음적인 삶은 수용된 개성 안에서의 삶이고 공동체 안에서 살아가는 인격성 안에서의 삶으로서, 간단히 말해 독창성을 조상과 동시대인과의 관계 가운데 자유롭게 표현하고 발전시키는 독립성 안에서의 삶이다. 메시아적 복음은 억압당하는 이들의 삶을 해방시키는데, 이러한 해방은 온갖 구속을 대표하는 율법성에 저항한다. *The Church in the Power of the Spirit*, 278 참조.

율법과 관련시킬 수 있는 신학 명제가 있는데[24] "예수 그리스도는 율법의 완성"이라는 것이다. 이 명제는 메시아 왕국이 시작할 때 율법은 중지된다는 랍비적 희망에서 유래하며,[25] 여기에서 메시아 왕국은 율법 없는 시대가 아니라 완전하고 자명한 율법 성취의 시대로 이해된다.[26]

몰트만에 의하면, 복음의 새로움은 "전적으로 새로운" 것이 아니며 복음은 기존의 것을 낡은 것으로 만드는 저항의 방법으로 자신의 새로움을 나타낸다.[27] 그러나 복음은 하나님의 새 창조의 약속 안에서 자신을 드러낸다는 점에서 종말론적으로 새롭다. 종말론적 약속과 관련이 없는 복음은 종말론적 새 창조와도 무관할 것이며 영지주의적(gnostic) 언어로 변질될 수도 있지만, 새 시대와 궁극적 사건을 말하는 복음[28]은 "옛 시대"인 율

---

24 *The Way of Jesus Christ*, 122–125.
25 몰트만에 의하면, 엘리야 학파는 2천 년의 카오스, 2천 년의 토라, 2천 년의 메시아, 이렇게 세 시대를 말하면서 그 다음에는 종말, 즉 영원한 삶의 안식이 있다고 가르친다. 종말론적 안식일을 향한 메시아적 구원 역사는 중세의 역사신학에 영향을 주었으며, 요아킴(Joachim de Fiore, 1132–1202)을 거쳐 근대 유럽의 역사적 메시아니즘(Messianism)을 형성한다. *God in Creation*, 290. 요아킴의 삼위일체론적이고 종말론적인 시대 구분에 대해서는 김기련, "토마스 뮌쩌의 종말론," 160–163을 보라. 몰트만에 의하면, 목적 지향적인 종말론은 창조의 7일을 세계사의 일곱 시대로 랍비적으로 해석하여 생성된다. 상징적으로 "주께는 하루가 천 년 같고 천 년이 하루 같다"(벧후 3:8)면, 창조로부터 종말에 이르기까지 세 시대는 육천 년 동안 지속된다. 그 다음에 마지막 시대인 영원한 안식일이 올 것이다. *The Coming of God*, 143.
26 여기에서 율법 성취로서의 복음이 어떻게 이스라엘을 포함한 모든 민족에게 적용될 수 있는가라는 질문이 생길 수 있는데, 이에 대해서 사 2장은 메시아적 시대(Messianic age)에 주(主)의 말씀은 예루살렘으로부터 나오며, 모든 나라의 백성은 예루살렘으로 와서 하나님의 법과 정의를 경험하고, 이스라엘은 유일한 방법으로 만백성의 빛이 될 것임을 말한다.
27 *Theology of Hope*, 152.
28 몰트만에 의하면, 사도 바울은 복음을 예수 그리스도의 종말론적 구원 사건이라는 궁극적인 의미로 사용한다. 여기에서 복음은 예수 그리스도를 통하여 보편적으로 계시된 구원 사건으로서의 새 창조로 이해된다. *The Church in the Power of the Spirit*, 218. 갈라디아서를 중심으로 한 바울의 복음 이해에 대해서는 전성용, "율법과 복음: 디다케, 바울, 예수의 이해,"「신학과 선교」38집 (2011, 5), 74–82 참조.

법을 성취하는 동시에, "죽은 자를 살리며 없는 것을 있는 것 같이 부르는"(롬 4:17) 신실한 하나님의 새 창조의 종말론적 미래를 기대하게 한다.[29]

2) 새 창조의 메시아적 구원의 범주

죽음과 구원에 대한 이해는 신학마다 달리 파악되는데,[30] 먼저, 자유주의 신학에 의하면, 인간은 죄 때문에 죽고 죽은 뒤에 육체는 흙으로 돌아간다.[31] 그러나 이 신학 사조는 인간과 자연을 엄격히 구분하기 때문에, 구원받은 종말론적 상태로서의 "육체의 부활"을 사멸하지 않는 영혼 불멸설로 대체한다.[32] 이에 반해, 변증법적 신학의 바르트(Karl Barth, 1886-1968)에 의하면,[33] 죽음 자체는 본래 유한한 인간에게 자연적이지만 현실적인 죽음은 형벌의 성격을 가지기 때문에, 인간은 죽음을 저주와 벌로

29　*The Crucified God*, 134-135.
30　*The Coming of God*, 88f.
31　죽음 이후의 "중간 상태"에 대해서는 김균진, 『죽음의 신학』, 275-378 참조. 김균진 박사에 의하면, "중간 상태"에 대한 하나의 해석으로서의 영혼 불멸설은 이원론적 인간 이해에서 유래한다. *Ibid*., 275-300.
32　19세기의 대표적인 자유주의 신학자 하르낙(Adolf von Harnack, 1851-1930)에 의하면, 복음은 궁극적으로 개인 영혼과 영혼의 하나님 사이의 문제이다. 여기에서 구원은 내적이고 영혼 구원적인 성격을 벗어나지 못한다. 하르낙은 자신의 책 『기독교의 본질』(*Das Wesen des Christentums*, 1900)에서 다음과 같이 말한다. "예수 그리스도를 통해 비로소 개별 인간 영혼의 가치가 드러나게 되었고, 또 아무도 이것을 중지시킬 수 없다. (중략: 필자) 아버지 하나님, 섭리, 하나님의 자녀로서의 인간의 위치, 인간 영혼의 무한한 가치 등 일련의 표현에서 전체 복음의 면모가 드러난다." 아돌프 폰 하르낙, 『기독교의 본질』, 손규태 옮김 (서울: 대한 출판 공사, 2007), 255. 오흥명 박사에 의하면, 하르낙은 예수 그리스도의 설교의 범주를 다음과 같이 세 가지로 설명한다. 첫째, 하나님 나라와 그 나라의 도래. 둘째, 더 나은 의와 사랑의 계명. 셋째, 하나님 아버지와 인간 영혼의 무한한 가치. 우리는 여기에서도 인간 영혼에 대한 하르낙의 강조를 쉽게 알아차릴 수 있다. 오흥명, "해제: 기독교의 본질," 아돌프 폰 하르낙, 『기독교의 본질』, 오흥명 옮김 (서울: 한들, 2007), 274.
33　*The Coming of God*, 89.

서 받아들이고 이를 두려워한다. 그러나 그리스도인은 믿음 가운데 저주와 벌로서의 죽음을 "자연적인 죽음"으로 받아들인다.

이와 같이 "자연적인 죽음"(바르트)이 주장될 경우, 구원은 과연 무엇인가라는 질문이 발생한다고 몰트만은 언급한다.[34] 바르트에 의하면, 구원은 인간이 하나님의 영원한 삶에 참여하여 유한한 인간의 삶이 영원하고 영광스럽게 되는 것을 의미한다. 바르트를 비롯한 변증법적 신학자들에게 구원은 시간으로부터 영원으로의 전이를 의미하며,[35] 구원받은 모든 영원의 핵으로서의 "순간"은 영원한 하나님과 직접적으로 잇대어 있는 것으로 이해된다.[36]

그러나 바르트 구원론은 새 창조를 말하지 않기 때문에 결코 좋은 희망이 아니라고 몰트만은 비판한다.[37] 또한, 블로흐(Ernst Bloch, 1885-1977)와 벤야민(Walter Benjamin, 1892-1940)도 바르트가 말하는 구원의 "순간"

---

[34] 몰트만에 의하면, 클레멘스(Clement of Alexandria, c. 150-c. 215), 오리게네스(Origenes, 185-254) 그리고 테오도르(Theodore of Mopsuestia, 350-428)와 같은 교부들은 자연적인 죽음 이해를 거부한다. 이들에 의하면, 죽음은 유한한 인간에게 창조 질서로 주어졌으나 결코 "자연적인 죽음"이 될 수는 없다. *The Trinity and the Kingdom*, 50.

[35] *The Coming of God*, 44.

[36] *The Way of Jesus Christ*. 317f. 여기에서는 시간 속으로 뚫고 들어오는 하나님의 영원 때문에 모든 시간적 단층은 사라지고 시간 자체는 영원 속으로 폐기된다. 이것은 종말론이 역사의 차원을 상실하여 영혼이 하나님 안에, 하나님이 영혼 안에 있는 영원의 신비주의(앙겔루스 질레지우스[Angelus Silesius], 1624~1677)로 변질됨을 의미한다고 몰트만은 비판한다. 최영 박사에 의하면, 이것은 바르트의 『로마서 강해』(*Der Römerbrief*, 1922)에 대한 몰트만의 비판이지만, 바르트는 몰트만의 비판 훨씬 이전에 이러한 자신의 문제점을 인식했다. 또한, 바르트는 자신의 『교회 교의학』(*Die Kirchliche Dogmatik*) II/1에서 이러한 자신의 입장을 다음과 같이 설명하고 보완한다. 즉, 과거에 바르트 자신은 자유주의 신학의 낙관주의적 시간 개념을 제거하기 위해 도래하는 하나님 나라의 피안성을 지나치게 진지하게 취급했기 때문에, 그 당시에는 하나님의 오심 자체가 간과되었다는 것이다. Karl Barth, *Die Kirchliche Dogmatik* II/1, 716f. 최영, "칼 바르트의 그리스도론적 종말론," 「신학사상」 107집 (1999), 188. 바르트의 책 인용은 188의 각주 34에서 재인용.

[37] *The Coming of God*, 89.

은 신비적으로 "정지된 순간"(*nunc stans*)과 같지만, 이 구원의 "순간"은 정지된 시간 수준에 머물러서는 안 되고, 역사를 지배한 과거 세력의 방향 전환이 이뤄지는 데까지 나아가야 한다고 주장한다.[38]

유대교 사상가 벤야민은 그 어떠한 역사적 현실도 그 자신을 메시아적인 것과 직접적으로 관련시킬 수 없다는, 역사와 종말론의 변증법적 동일성을 주장한다.[39] 벤야민에 의하면, 메시아적 시대는 역사의 목적이 아니라 역사의 종점인데, 왜냐하면 세속적인 것은 하나님 나라의 범주가 아니기 때문이다.[40]

또한, 근본적으로 역사는 고난과 죽음을 그 특징으로 갖기 때문에 메시아적 구원을 잉태할 수는 없지만, 역으로 미래로부터 역사 안으로 들어오는 메시아적 구원의 역사가 전체 역사를 죽음에서 구원한다고 벤야민은 주장한다.[41] 이러한 벤야민의 주장이 예수 그리스도의 구원 역사가

---

38 *Ibid.*, 44-46. 이러한 구원 이해는 전향의 카이로스(*kairos*) 속에서 일어나는 "역사의 폭력으로부터의 구원" 이해라고 칭해질 수 있으며, 이 구원 이해로 인해 역사적 폐허들로부터의 희망이 신학적 범주로 등장할 수 있기 때문에, 신학적 종말론이 비로소 여기에서 가능해진다고 몰트만은 주장한다.

39 *The Crucified God*, 165.

40 정확히 말하자면, 세속적 범주는 하나님 나라의 가장 조용하고 가장 가까운 범주이다. 벤야민(Walter Benjamin)에게는 두 가지 상반된 시간 질서가 나타나는데, 행복을 향한 역사적이고 세속적인 질서와 이 질서에 역행하는 메시아적 구원의 질서가 그것이다. 그러나 벤야민은 두 가지 질서가 분리되지 않고 서로에게 변증법적으로 영향을 준다고 생각한다. 메시아와 인간의 긍정적 협동 또는 구원과 행복의 긍정적 결합 대신, 양자의 부정적 상호 작용의 변증법이 벤야민에게서 등장한다. *The Coming of God*, 40. 벤야민의 변증법적 메시아니즘 혹은 신학적 유물론으로서의 '파국'의 역사 철학에 대해서는 최성철, "파국과 구원의 변증법: 발터 벤야민의 탈역사주의적 역사 철학," 「서양사론」 79집 (2003), 76-81 참조.

41 *The Crucified God*, 165. 몰트만에 의하면, 벤야민과 숄렘(Gerhard Scholem, 1897-1982) 등이 주장하는 유대교 메시아니즘은 그 근원과 본질에 있어서 하나의 재난 이론이다. 이 이론은 모든 역사가 메시아적 미래로 변함에 있어서 혁명적이고 파괴적인 요소가 있어야 함을 강조하는데, 여기에서 숄렘은 두 가지 상이한 파멸, 즉 멸망과 새 시

의미하는 신적 해방과 메시아적 새 창조로 연결될 수 있다면, 이것은 기독교 종말론과 대단히 가까울 것이라고 몰트만은 평가한다.[42]

몰트만에 의하면, 구원의 나라로서의 메시아 왕국은 언제 나타날지 계산될 수 없기 때문에 다음의 두 가지 가능성이 제안될 수 있다.[43] 하나의 가능성으로서 메시아는 그가 요구될 때 역사 가운데 온다는 것이 있다. 이 사고에 의하면, 구원의 메시아는 고난이 너무 심해서 사람들이 모든 희망을 포기할 때와 세계가 재난으로 붕괴할 때에 우리에게 찾아온다. 이 묵시사상적 재난주의는 오늘날의 핵 시대에도 등장하지만, 핵 시대의 아마겟돈(Armageddon)신학은 오류이며 핵을 조장하는 악한 자들의 범죄에 대한 정당화에 불과하다.[44]

또 하나의 가능성으로서 메시아는 세계에 오는 것이 가능할 때, 즉 그의 길이 마련되는 때에는 언제든지 온다는 것이 있다. 이것은 이사야 40장에도 나타나는 바와 같이, 이미 여기에 메시아적 활동이 존재함을 의미한다. 또한, 이것은 "티쿤 올람(Tikkun Olam)," 즉 세계가 치유됨을 뜻

작을 결합한다. 첫째 파멸이 재난이라면 둘째 파멸은 구원으로, 역사에서 메시아적 미래로의 비약은 역사가 비참하게 됨을 전제한다. *Theology of Hope*, 128. 숄렘에 의하면, 인간에 의해 역사적으로 실현되는 유토피아로서의 메시아적 구원은 상상조차 할 수 없다. 오히려 구원은 파국을 통해 도래한다. 김영옥, "유대교적–독일 철학의 한 문맥: 헤르만 코헨, 프란츠 로젠츠바이크, 게르숌 숄렘 그리고 발터 벤야민을 중심으로," 9.

42 몰트만에 의하면, 기독교적 구원 이해와 유대교적 메시아니즘의 차이는 그다지 크지 않은데, 왜냐하면 양자 모두에게는 가난하고 억압된 자들의 희망과 "티쿤 올람," 즉 세계 윤리가 있기 때문이다. *The Way of Jesus Christ*, 25–26. "티쿤"은 기원의 회복을 지향하지만, "완전하게 새로운 것의 창조로서 기원을 복원"하고자 하는 목적을 가진다. 김홍중, "발터 벤야민의 파상력(破像力) 연구," 「경제와 사회」 73호 (2007, 3), 277–278.

43 *The Way of Jesus Christ*, 24–25.

44 이병학 박사에 의하면, 아마겟돈 전쟁의 비전은 종말의 전쟁이 아니라, 요한계시록을 기록한 요한의 때에 이미 진행 중이었던 로마 제국의 전쟁에 대한 암시이다. 요한은 로마의 제국주의와 전쟁에 반대하고, 전쟁이 더 이상 없는 평화를 희망하는 가운데 아마겟돈 전쟁을 "마지막 전쟁"으로 설정한다. 이병학, "반제반전 투쟁과 평화 기원으로서의 아마겟돈 전쟁: 요한계시록의 주체 윤리," 「신학논단」 69집 (2012, 9), 184.

하는데[45] 모든 "티쿤," 즉 치료나 완성은 과정 중인 하나님 나라라고 이해된다. 여기에서 세계는 가능성이 실현되는 장소이기 때문에, 모든 순간은 메시아적 "순간"이 될 수 있다.[46]

기독교의 구원은 영지주의적이지 않고,[47] 우주적이고 메시아적인 성격을 갖는다고 몰트만은 강조한다.[48] 그렇지 않을 때에는, 더 이상 세계의 구원이 아닌 세계로부터의 구원을, 몸의 구원이 아닌 몸으로부터의 영혼 구원이 말해질 수밖에 없지만, 그리스도인은 천사가 아니라 육체[49]를

---

45 만일 이 세계가 변혁될 수 없다면, 하나님의 부르심과 그에 대한 그리스도인의 순종은 공허할 것이라고 몰트만은 강조한다. *Theology of Hope*, 288.

46 몰트만에 의하면, 새 창조의 구원 이해에서 차안과 피안은 어떠한 경직된 한계선도 갖지 않는다. 또한, 종말에 이뤄질 메시아적 사건으로서의 "죽은 자들의 부활"을 믿는 그리스도인은 현재 죽음의 세력에 대항하는 동시에 차안의 삶을 누리고 사랑한다. 그리스도인은 새 창조의 궁극적이고 메시아적인 세계(계 21:4 이하)를 희망하면서 현재의 삶에서 정의를 향해 나아간다. *The Spirit of Life*, 112. 닫힌 세계를 개방하고 세계와 교제하는 하나님에 대해서는 본서 제5장 2절 1항의 "넓은 공간'과 '개방적인 하늘'로 표현되는 해방과 친교의 영"을 참조하라.

47 몰트만에 의하면, 기독교는 구약성서가 증언하는 세계를 향한 하나님의 구원 행위에 기초하기 때문에 영지주의적이지 않다. *Theology of Hope*, 144. 그럼에도 불구하고, 역사적으로 기독교가 유대교의 뿌리에서 벗어나 고대의 영지주의(gnosticism)에 노출되면 될수록, 메시아적 희망은 약화되고 영지주의적 구속의 종교와 혼합되는 결과를 초래하였다. *The Source of Life*, 102-103.

48 *The Coming of God*, 259. 몰트만에 의하면, 기독교 구원론은 다음의 두 가지 역사적 배경 가운데 우주적 차원을 가진다. 첫째, 기독교의 메시아적 구원은 하나님의 새 창조 행위로 기대되는데, 왜냐하면 최초 출애굽의 기적들이 하나님을 자연을 지배하는 주님으로 증명하였듯이, 메시아적 구원 사건으로서의 새 출애굽도 종말론적 자연 변화와 함께 일어날 것이기 때문이다. "너희는 기쁨으로 나아가며 평안히 인도함을 받을 것이요, 산들과 언덕들이 너희 앞에서 노래를 발하고 들의 모든 나무가 손뼉을 칠 것이며"(사 55:12). 둘째, 메시아는 하나님의 정의를 이스라엘에게는 물론, 땅에게도 가져올 것인데, 왜냐하면 그가 땅의 안식일(레 26장)을 가져오지 않는다면 그는 창조의 메시아가 아닐 것이기 때문이다. *The Spirit of Life*, 54.

49 몰트만에 의하면, 바울서신에서 육체는 다음의 몇 가지 의미를 가지는데, 첫째, 그것은 피조 세계의 영역을 가리킨다. 이 영역은 유한하고 연약하며 허무하기 때문에 육체, 즉 세계를 신뢰하는 자는 결국 영원한 하나님에게서 버림을 당한다. 둘째, 육체는 지나가는 시간의 영역을 가리키는데, 사도 바울은 "육신의 생각은 사망이요 영의 생

가진 역사적인 존재로서 성서가 약속하는 메시아적 구원을 기다린다. 기독교에서 구원자는 창조자이며 창조자는 구원자인데,[50] 창조자 하나님이 자신의 피조물을 구원하지 않는다면 자기 자신에게 모순적이지만, 성서에서 하나님은 메시아적 새 창조의 구원 세계를 약속하고 종말에 성취하는 신실한 존재로 계시된다.[51]

3) 새 창조의 구원론에서 새롭게 이해되는 죽음과 묵시사상적 고난

전통적으로 죽음에 대한 신학적 해석은 두 가지 모순된 명제로 나타나는데,[52] 죽음은 원죄의 결과라는 것과 죽음은 피조물의 자연적 끝이라는 것이 그것들이다. 그런데 죄의 삯이 사망이라는 입장과 피조물의 한계로서의 사망이라는 입장에 반하여, 제3의 대안, 즉 죽음은 종말의 새 창조와 함께 극복될, 연약하고 시간적인 피조물의 특성이라는 메시아적인 입장이 예수 그리스도 부활의 빛에서 죽음을 이해한 몰트만에 의해 제기된다.[53]

각은 생명과 평안이니라(롬 8:6)"고 말한다. 셋째, 사도 바울은 죄와 불의와 죽음의 시간을 "육체를 따라"라는 공식 문구를 통해 표현하는데, 여기에서 육체는 죄악으로 물든 불의한 죽음의 세력을 대표한다. *Ibid.*, 87-88. 바울의 육체와 몸 이해 그리고 이들 개념이 지닌 사회 윤리적 의미에 대해서는 홍순원, "바울의 몸 개념의 사회 윤리적 지평," 「한국기독교신학논총」 104집 (2017, 4), 83-104.

[50] 몰트만에 의하면, 이스라엘의 출애굽 구원 체험이 창조 기사를 결정하고, 구원에 대한 예언자 희망이 새 창조의 비전을 불러일으킨 것처럼, 신약성서에서도 새 창조의 신앙은 보편적이고 우주적 차원을 가진 구원 신앙의 증명이어야 한다. *The Trinity and the Kingdom*, 102. 구약성서와 신약성서의 창조 구절들은 해방과 구원에 대해서도 그대로 적용 가능하다. *The Spirit of Life*, 9.

[51] 새 창조 세계와 기존 세계의 관계에 대해서는 본서 제2장 1절의 "하나님의 약속 세계와 '옛 세계'와의 관계"를 참조하라.

[52] *The Coming of God*, 78.

[53] 부활의 빛 가운데 있는 십자가 사건은 더 이상 고통이나 부르짖음이 없는 새 창조의 미래의 근거라고 몰트만은 주장한다. *The Crucified God*, 217.

몰트만은 자신의 입장에 대한 성서적인 근거를 다음과 같이 밝히는데 먼저, 공관복음서에서 메시아 예수의 "죽은 자들로부터의 부활"은 죽음의 한계성이 극복된 새 창조의 사건으로 이해된다.[54] 여기에서 메시아의 부활은 세계의 한계로서의 죽음이 세계로부터 추방되는 하나님 나라의 전조(anticipation)이다.

또한, 사도 바울은 "죽음은 죄의 삯"(롬 6:23)이라고 말하는 동시에, 하나님이 인간의 죄를 위해 죽음에 내어주고 인간의 의를 위해 부활시킨 (롬 4:25) 메시아 예수의 종말론적 구원 사건도 함께 말함으로써,[55] 종말[56]에 "죽은 자들의 부활"과 함께 이뤄질 새 창조의 영원(aeon)한 생명이 선포된다. 새 창조의 하나님은 종말에 사멸할 세계를 영원한 새 창조의 세계로 변화시킬 것이다(빌 3:21).

몰트만에 의하면, 이러한 성서적 배경하에서 죽음은 "죄의 결과"나 "자연적인" 것이 아니라[57] 새 창조의 구원을 향한 자극이자 동경이라고 여겨지는데, 왜냐하면 기독교 종말론은 파멸이 아니라 죽음이 사라진 구원의 새 창조를 지향하기 때문이다.[58] 성서에서 죽음은 하나님의 새 창조 능력으로 인해 종말에 극복될 무(無)의 세력인데, "부활의 첫 열매"인

---

54 *The Coming of God*, 81-84.
55 제사장 문서인 창 1장에 의하면, 인간을 향한 하나님의 첫 번째 계명은 생육하고 번성하는 것으로 여기에는 사멸성이 전제되어 있다. 이에 반해 야웨 문서인 창 3장에 의하면, 죽음은 하나님의 명령을 위반한 죄인에게 내려진 징벌이다. 죄와 죄에 대한 징벌을 극복하는 새 창조의 목적은 태초창조로 돌아가는 것이 아니라 태초창조에 대한 완성이라는 것이 제사장 문서에서 암시된다고 몰트만은 주장한다. *Ibid.*, 90f.
56 몰트만에 의하면, 종말은 무시간적 영원이 아니라 하나님의 오심으로서의 미래(adventus)를 의미한다. 이것은 미래의 강림절적 개념으로서 하나님의 삼위일체론적 역사와 그에 대한 기다림으로부터 생성된다. *Ibid.*, 22. 이에 대해서는 김정형, "종말의 시제로서 도래(Adventus): 위르겐 몰트만의 종말론적 미래 개념 연구,"「한국조직신학논총」34집 (2012), 37-66 참조.
57 *The Way of Jesus Christ*, 169-170.
58 *Ibid.*, 158.

예수 그리스도의 부활 사건으로 인해 죽음이 사라질 새 창조의 때가 이미 시작되었음이 선포된다.

십자가와 부활 신학은 세계의 허무함을 해방에 대한 희망으로 전환시킨다고 몰트만은 주장한다.[59] 허무하고 유한한 인간의 영원하고 무한한 것에 대한 종교적 갈망은 예수 그리스도의 십자가와 부활 사건으로써 새 창조의 희망으로 지양된다. 예수 그리스도의 "죽은 자들로부터의 부활"을 말하는 자는 하나님을 말하며,[60] 반대로 종말에 이뤄질 "죽은 자들의 부활"과 새 창조를 희망하지 않는 자는 하나님을 말하지 않는다. 그러나 예수 그리스도는 십자가 사건이 있은 지 사흘 만에 부활하였고, 이로써 하나님 나라는 이미 시작되었다고 성서는 증언한다.[61]

몰트만에 의하면, 하나님 나라는 예수 그리스도로 인해 이미 시작되었기 때문에,[62] "하나님 없는 세계"의 종말[63]은 가시적이 되고 종말 이후

---

59 *The Crucified God*, 218f. 몰트만에 의하면, 예수 그리스도의 십자가는 허무한 것에 미래를, 고정된 것에 개방성을, 절망적인 것에 희망뿐만 아니라 존재하는 모든 것과 존재하지 않는 모든 것을 새 창조 안으로 수용하기 위해 부활 사건 뒤에 우주 안에 세워진다.

60 몰트만에 의하면, 부활 신앙은 초월적 하나님을 예수 그리스도 안에서 내재적으로 이해하며, 반대로 내재적 그리스도를 하나님 안에서 초월적으로 이해한다. 이러한 점에서 예수 그리스도의 부활은 하나님의 사건이다. *Ibid*., 169 참조. 구약성서에서 하나님은 히브리 민족을 이집트의 독재자 파라오(Pharaoh)의 폭력으로부터 해방시키고, 신약성서에서 예수 그리스도를 죽은 자들로부터 깨운 자(롬 10:9)로서의 하나님은 모든 세계를 죽음으로부터 해방시킨다. *The Spirit of Life*, 101.

61 *The Crucified God*, 168.

62 이로 인해, 하나님은 세계 밖이 아니라 세계 안에 있는 "하늘에 계신 아버지"로 생각된다고 몰트만은 주장한다. 하나님은 땅의 상대적 피안으로서의 "하늘"에서와 마찬가지로, 하늘의 상대적 차안으로서의 "땅"에서도 통치할 것으로 기대된다. 왜냐하면 세계는 폐쇄된 대상이 아닌데 하늘의 영을 향해 열려 있기 때문이다. *The Way of Jesus Christ*, 331f. 이에 대해서는 본서 제5장 2절 1항의 "'넓은 공간과 '개방적인 하늘'로 표현되는 해방과 친교의 영"을 참조하라.

63 고전 15:52은 종말을 종말론적 순간, 영원의 핵이라는 개념으로 묘사한다. 종말, 즉 주의 재림으로 인해 모든 죽은 자와 산 자가 부활의 몸을 입게 되는 날은 "모든 날의

의 시기도 기대된다. 죽음이 폐기되는 새 창조는 묵시사상적 고난과 함께 도래하는데,[64] 이 고난은 종말론적 새 창조 세계의 시작을 의미한다. 그러나 이것은 선한 것을 파괴하는 무익한 고난이 아니라, 출생의 고통(요 16:21 참조)과 같이 궁극적인 새 창조를 가져오는 유익한 고난이다.[65]

고난이 새 창조를 위해 유익하다는 것은 메시아 예수의 구원 역사를 통해서도 확인된다고 몰트만은 언급한다. 먼저, 공관복음서는 골고다의 십자가 사건이 야기한 사건들을 묵시사상적으로 묘사하는데,[66] 메시아가 운명할 때에 어두움이 땅을 덮으며, 성전 휘장이 찢어지며, 땅이 흔들리며, 바위가 쪼개지며, 무덤들이 열리며, 성도들이 다시 일어난다(마 27:45-56 그리고 병행구절). 이러한 십자가 구원 사건에 대한 묘사는 묵시사상과 새 창조의 메시아니즘이 결합되어 나타난 결과로, 여기에서 메시아 예수의 고난은 세계가 궁극적인 새 창조 세계로 태어나기 위한 묵시사상적이고 종말론적인 고난의 선취로 해석된다.[67]

몰트만에 의하면, 제자를 향한 예수 그리스도의 부름도 새 창조를 위한 고난의 차원을 가진다.[68] 새 창조의 빛에서 예수 그리스도의 뒤를 따

그 날"이며, 모든 시간은 이 날에 동시적이라고 몰트만은 주장한다. *God in Creation*, 279-280. 배경식 박사에 의하면, 고전 15장은 종말에 있을 진정한 내적 신정 정치(immanent theocracy)를 지시하는데, 이 내용에 대해 베크(Johann Tobias Beck, 1804-1878)와 몰트만이 주목한다. 배경식, "세상 끝과 예수의 오심: 종말의 새로운 이해(계 22:20)," 「한국조직신학논총」 3집 (1998, 5), 54 참조.

64 *The Way of Jesus Christ*, 153. 이런 점에서 묵시사상은 세계 부정적 마니교(manicheism)가 아니라 기독교 종말론의 일부라고 평가될 수 있다고 몰트만은 언급한다.
65 몰트만에 의하면, 기독교 종말론의 특징은 새 창조이다. *Jesus Christ for Today's World*, 140.
66 *The Way of Jesus Christ*, 154.
67 몰트만에 의하면, 메시아의 십자가 고난은 우주적이고 보편적인 성격을 갖는데, 왜냐하면 메시아의 부활이 종말에 있을 "죽은 자들의 부활"의 선취이듯, 십자가 고난도 보편적인 "죽은 자들의 부활" 이전의 묵시사상적 고난의 선취이기 때문이다. *Ibid.*, 155.
68 *Ibid.*, 153-154. 이에 대해서는 본서 제3장 2절 3항의 "희생자를 기억하고 순교자와 연대하는 선교 공동체"를 참조하라.

르며(nachfolge) 선교하는 제자는 종말론적 고난을 당하는데, 그는 "이리 가운데로 보낸 양"(마 10:16)으로서 메시아적 선교와 고난에 동참하는 것으로 이해된다.[69] 그러나 제자는 "이리"가 아니라 십자가에 달린 "하나님의 양"(요 1:29 등)에게 속하며, "하나님의 양"이 그러하듯 종말론적 고난을 통한 새 창조의 주체가 된다(마 10:39; 막 13장 참조).

성서는 역사의 완성으로서 궁극적인 새 창조의 미래를 말하며[70] 그 미래는 창조의 완성이기 때문에, 죄와 죽음, 불의와 폭력으로 물든 세계의 종말을 포함할 수밖에 없다고 몰트만은 주장한다.[71] 요한계시록 21장은 "보라, 내가 만물을 새롭게 하노라"는 선언 이전에 "처음 것들이 다 지나갔"다고 말하면서, 묵시사상적 파멸과 종말론적 새 창조를 동시에 바라본다.

묵시사상과 새 창조는 모두 기독교 종말론에 속하는데, 왜냐하면 새 창조만 바라보는 자는 고난과 눈물을 모르는 낙천주의자가 되고, 파국만 바라보는 자는 매일의 새로운 은총을 경시하는 염세주의자가 되기 때문이다. 그러나 기독교 역사신학은 모든 것이 언제나 더 잘 된다고 가르치지도 않지만 모든 것이 언제나 더 나빠진다고 가르치지도 않는데, 왜냐하면 구원과 함께 위험도 함께 자라기 때문이다.[72]

---

69 몰트만은 선교를 "공격적 점유"가 아닌 "하나님의 미래에 초대함"으로 파악한다. 몰트만, 『세계 속에 있는 하나님』, 334-342. 특히 336. 몰트만에 의하면, 기독교 계시는 세계 현실을 해명하는 것이 아니라 미래로부터 현재를 개방하는 것을 자신의 목적으로 가진다. *The Coming of God*, 86. 몰트만의 하나님 약속으로서의 계시에 대해서는 배경식, "『희망의 신학』과 우주적 종말," 「한국조직신학논총」 38집 (2014, 6), 105-106 참조.
70 *Jesus Christ for Today's World*, 140-141.
71 고린지(Timothy Gorringe, 1946-현재)에 의하면, 몰트만의 시대적이고 문화적인 배경은 상대적 안정성에서 시작해서 묵시사상에 지배당하는 현재 문화의 불안정성으로 확장하는 특징을 가진다. Timothy Gorringe, "Eschatology and Political Radicalism: The Example of Karl Barth and Jürgen Moltmann," *God will be All in All*, 92.
72 몰트만에 의하면, "위험이 있는 곳에 구원하는 것도 자란다"는 횔더린(Friedrich Hölderlin, 1770-1843)의 약속도 맞고, "구원하는 것이 가까울 때 위험도 자란다"는 블로흐(Ernst Bloch)의 묵시사상적 경고도 맞다. 이로써 종말 이전에 건설적 가능성과

2. 구원 사역에서 확인되는 새 창조의 메시아적 희망

메시아적 새 창조의 희망은 구원 사건에서 구체화되고 확인된다고 몰트만은 언급한다. 예수 그리스도의 부활은 종말론적인 구원 사건으로서의 새 창조를 약속하고 보증하며, 죄인이 믿음으로 인해 의인으로 인정되는 칭의의 구원 사건도 하나님의 의가 죄인을 의롭고 새롭게 한다는 점에서 새 창조의 성격을 분명히 보여준다. 이와 같이 부활과 칭의는 객관적 구원 사건이라는 공통점을 갖고 있기 때문에 하나로 묶어 이해될 수 있다.

이와 함께, 부활의 예수 그리스도는 우주적 그리스도론의 출발점이 된다는 내용이 여기에서 전개되는데, 현대의 생태학적 위기 가운데 각광받는 우주적 그리스도론은 몰트만에 의해서도 주목받는다. 마지막으로, 거듭남(重生)은 구원받은 그리스도인의 "시작하는 새 생명"을 나타내는데, 이것은 새 창조의 개인적인 성격과 함께 세계의 메시아적 지향성을 표현한다. 여기에서는 구원 사역으로서의 예수 그리스도의 부활과 죄인이 의인으로 인정되는 칭의, 그리고 부활 사건으로 시작되는 우주적 그리스도론, 아울러 그리스도인의 거듭남에서 나타나는 새 창조의 메시아적 희망이 고찰된다.

1) 부활(復活)과 칭의(稱義)에서 드러나는 구원의 새 창조

성서에 의하면, 모든 눈물이 사라지고 더 이상 죽음이 있지 않을 종말론적 새 창조 사건은 부활한 예수 그리스도에게서 이미 시작되었다.[73]

파괴적 가능성이 하나의 전체를 이룬다는 추론이 가능하다. *The Coming of God*, 201.

[73] *The Spirit of Life*, 138. 예수 그리스도의 부활은 새 창조 사건으로서 하나의 역사적 과정이 아니라 역사와 함께 진행하는 종말론적 과정의 출발이며, 이 종말론의 역사는 "죽은 자들의 부활"로 인한 죽음의 폐기를 그 목표로 한다고 몰트만은 강조한다. *Ibid.*, 179-180.

유대교의 묵시사상이 보편적 부활 사건으로서의 "죽은 자들의 부활"을 기다리는 데 반해, 기독교의 부활 신앙은 메시아적 새 창조 사건으로서의 예수 그리스도의 "죽은 자들로부터의 부활"을 믿고 고백한다. 구원받지 못한 세계에 대한 새 창조의 미래는 부활의 예수 그리스도에게서 현실화되었고, 이로써 죽음이 지배하는 현실 세계는 지나가는 세계로 심판받는데, 그리스도의 부활은 시작된 종말론적 새 창조를 계시하기 때문이라고 몰트만은 주장한다.[74]

초기 기독교의 증언은 예수 그리스도의 부활을 궁극적인 새 창조의 "첫 열매"로 인식하는데,[75] 여기에서 예수 그리스도의 "죽은 자들로부터의 부활"은 새 창조의 선수금으로 이해된다.[76] 예수 그리스도의 부활은 역사와 어떠한 유비(analogy)도 갖지 않으며, 오직 "무"에서 "유"가 생긴 태초창조의 사건이 여기에 비교될 수 있을 뿐이다(롬 4:17).[77] 부활한 예수 그리스도는 궁극적 새 창조의 증거이자 "첫 열매"이며,[78] 부활한 예수 그리스도 안에 있는 사람은 이미 "새로운 피조물"인데, 이것은 사도 바울

---

[74] *The Crucified God*, 176. 바울서신에 의하면, 예수 그리스도의 부활은 종말론적 새 창조의 시작이다. *Theology of Hope*, 216 참조.

[75] *The Spirit of Life*, 66. 성령에 의해 새 창조의 "첫 열매"로서의 예수 그리스도의 부활이 발생했기 때문에, 그 이후에 성령에 의한 종말론적인 새 창조 사건으로서의 거듭남, 죽은 자들의 부활, 영생 등도 발생할 것으로 기대된다고 몰트만은 강조한다. *Ibid.*, 67.

[76] *The Church in the Power of the Spirit*, 205. 몰트만에 의하면, 아직 온전히 성취되지 않은 죽음의 폐기와 만물의 새 창조는 예수 그리스도의 부활 가운데 보증되며 필연적인 것으로 기대되는데, 왜냐하면 예수 그리스도의 부활은 새 창조의 첫 번째 기적이기 때문이다. *God in Creation*, 92.

[77] *The Spirit of Life*, 194f.

[78] 부활 사건은 예수 그리스도에게 한정되는 개인적 차원만이 아니라 메시아적 새 창조가 시작됨을 알리는 공적 차원(롬 8:11)까지도 가진다고 몰트만은 주장한다. *The Church in the Power of the Spirit*, 98-99. 새 창조를 말하는 몰트만의 삼위일체론적 종말론의 구성 조건에 대해서는 이동영, "몰트만의 삼위일체론적 종말론과 그 구성을 위한 조건들," 「한국개혁신학」 42집 (2014), 146-187.

이 이사야 43장 18절과 유사하게 말한 바와 같이 예수 그리스도에게서 옛 것은 지나가고 모든 것이 새롭게(고후 5:17) 되기 때문이다.

몰트만에 의하면, 종말은 역사와 차원을 달리하는데, 이는 부활의 그리스도가 십자가의 예수에게서 발전될 수 없듯이, "궁극적 새로움"(*novum ultimum*)으로서 종말은 과거의 역사로부터 생성될 수 없기 때문이다.[79] 종말론적 새로움은 현재 기대되지 못하는 놀라운 것이며, 까닭 모를 경이로움을 일으켜 사람을 변화시키는 특징을 가진다. 그러나 종말론의 새로움에 유비가 아주 없는 것은 아닌데, 이 새로움이 그 무엇과도 비교될 수 없다면 그에 대해서는 그 무엇도 언급될 수 없을 것이기 때문이다.[80] 종말론적 새로움은 옛 것을 폐기하지 않고, 오히려 그것을 받아들이고 새 창조함으로써 과거와의 연속성을 유지한다.[81]

구원의 새 창조[82]는 태초창조와 정반대의 순서를 갖는데 창세기 1장과

---

[79] 이와 마찬가지로 신약성서의 새로움은 구약성서나 역사에서 도출될 수 없는데, 여기에서 열광주의적 신앙은 거부된다고 몰트만은 강조한다. *Theology of Hope*, 149-150. 메시아적 새로움에 대해서는 본서 제2장 4절 3항의 "메시아적 미래의 새로움을 약속하는 하나님"을 참조하라.

[80] 몰트만에 의하면, 이러한 원리는 역사 인식에서 유비와 새로움이 서로 연관되어 있는 것에서도 잘 나타난다. 역사적 새로움은 완전히 새로울 수는 없는데, 왜냐하면 약속이나 꿈 등이 언제나 이 새로움에 앞서기 때문이다. *The Crucified God*, 117-118. 신옥수 박사에 의하면, 몰트만 신학 방법론 가운데 하나로서의 유비는 상대적으로 그의 신학 후기에 강하게 나타나는데, 전기에는 변증법적 성향이 더 강하게 나타난다. 신옥수, "몰트만 신학 방법론의 구조와 특성," 「장신논단」 43집 (2011, 12), 120-121.

[81] *The Crucified God*, 87. 몰트만에 의하면, 십자가와 부활 현현을 통해 계시되는 메시아적 미래는 뒤로는 이스라엘 민족에 대한 하나님의 약속을 가리키고, 앞으로는 하나님의 신성이 드러날 종말을 가리킨다. *Ibid*., 200f.

[82] *God in Creation*, 208. 몰트만에 의하면, 구원(redemption)은 구약성서의 용어인 샬롬(*shalom*)으로 교체 가능한데, 왜냐하면 구원은 단지 영혼 구원, 세상으로부터의 개인 구원, 시련 속에서의 위로만이 아니라 종말론적 희망, 인간의 인간화, 인류의 사회화, 온 피조물과의 평화 등 총체적인 구원을 의미하기 때문이다. *Theology of Hope*, 329. 하나님은 자신의 창조적 의를 통해 참된 생명인 공동 평화로서의 샬롬을 세운다.

2장의 창조 기사에 의하면, 하늘과 땅이 먼저 나오고 인간은 안식일 전 마지막에 나온다. 이에 반해, 메시아적 새 창조에는 부활한 예수 그리스도가 제일 먼저 등장하고, 다음으로 "장자"인 그리스도의 모습을 닮은 그리스도인(롬 8:29), 마지막으로 "새 하늘과 새 땅"이 등장한다(벧후 3:13).[83]

다시 말해, 궁극적인 새 창조의 결과로서 부활한 예수 그리스도,[84] 다음으로 부활한 그리스도 안에서 믿음으로 새로워진 피조물(고후 5:17)로서의 그리스도인, 끝으로 종말에 구원받게 될 모든 피조물이 메시아적 역사에서 순차적으로 등장한다.[85]

몰트만에 의하면, 예수 그리스도의 부활 사건의 새로움은 버림 받고 죽임당한 나사렛 예수가 다른 모든 사람들보다 먼저 부활한 사실에 있는데, 이것은 이전의 부활 케리그마(kerygma)에서는 전혀 기대될 수 없는 것이었다.[86] 하나님이 권리를 박탈당한 나사렛 예수를 자신의 의 가운데 부활시켰다면, 하나님은 예수 그리스도를 통해 은혜의 법으로 의롭지 못

The Spirit of Life, 139-141. 신약성서에서 샬롬은 혼돈 상태에 질서를 가져다주는 것이나 단순한 혼돈 상태의 제거가 아니라, 새 창조의 종말론적 구원을 가리킨다. *The Church in the Power of the Spirit*, 291. 성서적으로 샬롬이 미래의 성격을 가진 것에 대해서는 울리히 두흐로・게르하르트 리드케,『샬롬』, 손규태・김윤옥 옮김 (서울: 한국신학연구소, 1989), 125f 참조. 이 문헌에 의하면, 샬롬은 단순히 존재한다 혹은 존재하지 않는다고 평가될 수 없으며, 오히려 미래에 기대되는 성격을 가진다. 미래적 샬롬은 하나님에게서 오며, 샬롬과 함께 정의와 창조도 온다.

83 몰트만에 의하면, 하나님의 의는 하나님의 백성에게는 물론, 땅에게도 샬롬을 가져온다. *The Way of Jesus Christ*, 119-121. 보컴에 의하면, 몰트만 종말론의 특징은 7가지로 정리 요약될 수 있으며, 그 가운데 하나인 진행적인 종말론(processive Eschatology)은 그리스도의 부활에서 시작해서 세계의 새 창조로 마쳐지는 과정을 가진다. Richard Bauckham, "Eschatology in *The Coming of God*," *God will be All in All*, 20-24.

84 예수 그리스도의 부활은 죽음의 세계를 종식시키는 새 창조의 메시아적 역사의 시작이라고 몰트만은 강조한다. *The Way of Jesus Christ*, 40.

85 *Jesus Christ for the Today's World*, 30-31.

86 *The Crucified God*, 175-176.

한 자를 의롭게 하고, 권리를 상실한 자에게 다시 권리를 허락한다는 것이 분명해진다.[87]

구약성서에서는 권리 없는 사람들의 권리가 세워지고 그들에게 구원이 허락되는 것이 하나님의 자비와 의의 총괄 개념인데, 이와 같이 약자들의 권리를 세우는 하나님의 의는 창조적인 성격을 가진다.[88]

이러한 배경에서 십자가 사건에서 계시된 예수 그리스도의 신적 인격만이 아니라, 부활 사건에서 계시된 종말론적 인격까지도 언급되어져야 하는데,[89] 예수 그리스도는 신론이나 그리스도론만이 아니라 신앙론 가운데 있는 칭의론의 영역에도 속하기 때문이라고 몰트만은 주장한다.

또한, 예수 그리스도는 "전적 타자"(totaliter aliter, 바르트)인 하나님의 대리자일 뿐만 아니라, 장차 올 모든 것을 변화시키는 하나님의 대리자이기도 한데, 왜냐하면 신약성서의 모든 문서들은 예수 그리스도가 의롭지 못한 자에게 자비의 의를, 불의한 자에게 용서의 법을 선포했다는 데에 일치점을 보이기 때문이다.[90] 이것은 예수 그리스도의 선포와 세례 요

---

87 이 구원과 치료는 예수 그리스도 안에 계시된 하나님의 의로 인해 가능하다고 몰트만은 언급한다. *The Spirit of Life*, 127-128. 몰트만에 의하면, 의인이 아닌 죄인만이 하나님을 인식하는데, 왜냐하면 하나님은 자신의 은혜의 권리를 죄인에게 계시하기 때문이다. *The Crucified God*, 27-28. 자비라는 의미의 여러 단어들 가운데 라훔(רחום)은 어머니의 자궁이라는 뜻으로 생명의 보금자리를 지시한다. 강사문, "구약의 하나님 야웨(Ⅲ)," 「장신논단」 29집 (2007, 9), 20. 하나님의 사랑에 대해서는 현요한, 『신학은 하나님 배우기: 신학, 영성, 실천의 재연합』(서울: 대한기독교서회, 2011), 381-431.
88 *The Spirit of Life*, 129. 궁극적 새 창조의 역사 가운데 하나님은 만물에 대한 자신의 의(義)를 얻고, 만물은 구원을 얻는다고 몰트만은 주장한다. *Theology of Hope*, 204-205.
89 *The Church in the Power of the Spirit*, 74. 이러한 몰트만의 주장은 부활을 십자가의 의미로 축소 해석하는 불트만(Rudolf Bultmann, 1884-1976)의 주장에 대립적이다. 몰트만에 의하면, 하나님의 의는 예수 그리스도의 십자가 사건만이 아니라 그의 부활 사건에도 작용하는데, 왜냐하면 하나님의 의는 죄 용서의 차원에만 머무르지 않고 새 생명의 차원으로까지 확장하기 때문이다. *Theology of Hope*, 205-206.
90 *The Way of Jesus Christ*, 337. 몰트만에 의하면, 하나님의 의는 정의를 만들어 내는 창

한의 선포의 가장 큰 차이점인데, 예수 그리스도 구원 역사의 목표는 요한에게 영향을 끼친 묵시사상적인 전면적 보복이 아니라,[91] 원수 관계를 극복하는 하나님의 의에 기초한 평화의 나라[92] 건설에 있다.

십자가에 달린 예수 그리스도 안에서 구원하는 하나님의 의가 선포된다고 몰트만은 주장한다.[93] 로마서 8장 31절과 32절에 의하면, 하나님은 자신의 아들을 내주어 죽음에 처하게 하는데 이로 인해 하나님 없는 자들은 하나님의 버림을 당하지 않게 된다. 이와 같이 칭의 사건은 죄인이 그리스도의 십자가 구속을 믿으며 자신의 죄를 고백하면서 의로운 하나님에게 의인으로 인정됨을 의미하며,[94] 여기에서는 칭의를 통해 죄인만이 아니라 하나님도 의를 획득하는 것으로 이해되어져야 하는데, 왜냐하면 오직 이러한 방향만이 칭의의 사유화를 지양(止揚)할 수 있기 때문이다.[95]

조적인 의지 보복 형벌로서의 법이 아니다. 구약성서에 나타난 의 사상에 대해서는 배재욱, "쿰란 공동체의 의(義) 사상 연구," 「신학사상」 129집 (2005, 여름), 93-96. 배재욱 박사에 의하면, 구약성서에 나타난 의는 개념적으로 관계적 개념, 법정적 개념, 계약적 개념으로 분류될 수 있다.

91 몰트만에 의하면, 예수 그리스도에 의해 선포된 하나님의 의는 악한 자에게 악한 것을, 선한 자에게 선한 것을 되돌려주는 복수하는 의가 아니라, 법을 세우며 의를 창조하는 의이다. *The Coming of God*, 250.

92 몰트만에 의하면, 메시아의 날은 구약성서의 "야웨의 날"처럼 평화가 시작되는 날이 될 것이다. 이스라엘의 하나님 야웨는 온 백성을 심판할 것이고 그들에게 정의를 선포할 것인데, 그 결과 백성이 칼을 삽으로, 창을 낫으로 만드는(사 2, 9, 11장; 미 4장) 거대한 평화의 나라가 만들어질 것이다. 메시아는 이스라엘을 하나님의 의로 세우고 끝없는 평화의 나라를 세울 것인데(사 9:6), 여기에서 의는 상벌의 의가 아닌 정의를 창조하고 구원하는 의(사 1:27)이다. *The Way of Jesus Christ*, 334-335.

93 *The Crucified God*, 242-243. 바울은 하나님의 구원의 의를 새 창조로 이해한다. *Theology of Hope*, 205.

94 몰트만에 의하면, 칭의의 신앙은 하나님의 의를 그 근거로 삼는다. *The Spirit of Life*, 127.

95 신학은 공적 신학이 되어야 하며 교회는 게토(ghetto)가 되지 말아야 한다. 몰트만에 의하면, 공적 신학으로서의 기독교신학은 본래 그것이 하나님 나라를 추구하기 때문에 그러한 특성을 가진다.『신학의 방법과 형식』, 32. 사적 교회론을 비판하는 바르트

몰트만에 의하면, 예수 그리스도는 십자가에서 불의한 자들을 향한 세계 심판을 대리하여 앞당겨 시행하고, 부활 사건을 통해 모든 사람을 위한 하나님의 의를 드러낸다.[96] 부활 사건은 최후 심판(The Last Judgment)이 아니라 영원한 생명을 향하기 때문에, 부활 신앙은 최후 심판에 대한 무서운 기다림이 아니라 하나님 나라의 기쁜 희망이다. 어떠한 경우든 최후 심판은 새 창조가 시작하는 순간으로 이해되어져야 하는데,[97] 이런 점에서 최후 심판은 종말이 아니고 시작을 의미한다. 종말에 예수 그리스도는 죽음이 아니라 생명을 위해서 재림의 주로 오는데, 이것이 최후 심판에 대한 메시아적 해석이다.[98]

몰트만에 의하면, 구원에 대한 메시아적 해석은 하나님의 의에 대한 묵시사상적 이원론을 거부하는데,[99] 왜냐하면 메시아 예수는 "불의한 자"에게 심판이 아니라 은혜로써 하나님 나라를 약속하는 반면,[100] "의로운

의 "공동체로서의 교회" 이해에 대해서는 박성권, "칼 바르트의 교회론," 211-213. 브룬너(Emil Brunner, 1889-1966)도 교회에 대한 사적 이해를 거부한다. 에밀 브룬너, 『교회를 오해하고 있는가?』, 박영범 옮김 (서울: 도서 출판 대서, 2013), 17 참조.

[96] *The Way of Jesus Christ*, 224-225.
[97] *Ibid.*, 338. 묵시사상적 세계 심판은 하나님의 정의 창조자 표상을 보응하는 심판자 표상으로 바꾸는데, 여기에서는 선과 악에 대한 이란(Iran)의 묵시사상적 이원론의 영향이 확인된다고 몰트만은 주장한다. *Ibid.*, 336.
[98] 김도훈 박사에 의하면, 몰트만은 최후 심판이 "이중적 결과"가 아니라 만물을 새롭게 하는 하나님의 의의 사건이라는 것을 자신의 만유화해에 대한 근거로 삼는다. 김도훈, "만유 구원론에 대한 비판적 고찰: 몰트만의 '만물의 회복'에 대한 이론을 중심으로," 『한국조직신학논총』 22집 (2008), 72. 최후 심판과 만유화해론의 관계에 대해서는 *Ibid.*, 77-87 참조.
[99] 몰트만에 의하면, 묵시사상은 여러 가지 내용으로 구성된 복합체이지만, 그 중심에는 하나님의 최종 승리에 대한 기다림이 있다. 또한, 예수 그리스도의 메시지는 형식적으로는 세례 요한의 메시지와 마찬가지로 하나님 나라의 가까움을 선포하기 때문에 묵시사상적이지만, 예수 그리스도는 사실상 율법적 묵시사상을 거부함으로써 이것과 거리를 둔다. *Jesus Christ for the Today's World*, 108.
[100] *The Source of Life*, 60. 몰트만에 의하면, 예수 그리스도는 이 땅의 "저주받은 사람들"

자"는 내버려 두기 때문이다. 그리스도인은 파라독스(paradox)라는 말 그대로 눈에 보이는 것(dox)과 반대로(para), 그리고 결과와 반대로 행동하는데,[101] 왜냐하면 그는 눈에 보이는 것보다 더 큰 것을 희망 가운데 바라보기 때문이다. 묵시사상이 말하는 "죽은 자들의 부활"은 의인과 죄인을 분리하기 위함이지만, 십자가에 달린 그리스도의 "죽은 자들로부터의 부활"은 이와는 다른 하나님의 의를 나타낸다.[102] 예수 그리스도에 의해 하나님의 의는 죄인을 의롭다고 인정하는, 의로움을 창조하는 의라고 이해되기 때문에, 종말론적인 부활의 희망은 모든 이들에게 하나의 기쁜 희망이 된다.

십자가와 부활 사건을 통해 죄인을 의롭다고 인정하는 하나님의 새로운 의(롬 1:17)는 인간학적으로 제한되지 않고 보편적으로 확장한다고 몰트만은 주장한다.[103] 십자가와 부활에 계시된 하나님의 의로 인해 하나님과 인류를 비롯한 모든 피조물과의 바른 관계가 맺어질 수 있다면, 그것은 새 창조를 말하는 보편적 종말론의 총체를 의미하게 된다. 십자가와 부활에 계시된 하나님의 의는 의롭지 못한 창조 세계가 종말에 변하여 새롭고 의롭게 되는 신적 근거이다.[104]

을 자신의 가족으로 영접하고, 지금 일어나는 하나님 나라와 새 창조의 미래를 그들 가운데 드러낸다. *The Way of Jesus Christ*, 148-149.

101 동일한 것이 동일한 것에 의해서 인식되는 원리만이 존재한다면, 하나님의 아들은 하늘에만 있어야 하겠으나 그는 성육신하여 지상으로 내려온다. 히포크라테스(Hippocrates of Kos, B.C. c. 460-c. 370)에 의하면, "반대되는 것은 반대되는 것에 의해 치료"된다. *The Crucified God*, 27f. 이것이 그리스도인 자체가 아니라 그리스도 안에 있는 그리스도인에 몰트만이 집중하는 이유이다.

102 *Ibid.*, 176f.

103 *Theology of Hope*, 204-205.

104 *The Crucified God*, 167. 동일한 칭의(稱義)의 창조론이지만, 몰트만에게 우주적인 새 창조가 주장됨에 반해, 바르트에게는 세계의 어두운 면이 여기에서 계시되는 것으로 이해된다. 바르트가 이러한 입장을 전개하는 까닭은, 악의 문제를 무시하면서 인간 신

2) 부활 사건으로 시작하는 새 창조의 우주적 그리스도론

몰트만에 의하면, 그리스도의 십자가와 부활에서 출발하는 기독교 구원론은 보편적이며,[105] 일부 신학자들이 주장하는 것처럼 교회에만 제한되지 않는다.[106] "복음주의 신학"을 대변하는 로잔 언약(Lausanne Covenant, 1974)에 의하면, "그리스도를 거부하는 자들"은 스스로 "구원의 기쁨을 거절"하며 자신들 스스로를 "하나님으로부터 영원히 분리된 자들로 저주"한다.[107] 이러한 주장에 대해 구원의 주체는 하나님이지 인간일 수 없다는 비판이 제기될 수 있는데, 왜냐하면 로잔 언약은 구원이 인간 의지에 의존한다는 무신론적 입장을 결론으로 갖게 되기 때문이다.

그러나 종말론적 부활이 성서의 기록대로 예수 그리스도에게서 시작되어 모든 인류와 피조물에게로 확대된다면, 하나님 나라에 대한 종말

뢰에 근간을 두는 인본주의적 낙관론을 거부하고 이를 비판하기 위해서이다. 18세기 낙관론과는 대조적인 "칭의로서의 창조"가 가진 네 가지 의미에 대해서는 바르트, 『교회 교의학』 III/1, 525-533 참조. 18세기 낙관론의 자기 신뢰와 그에 따른 외식(外飾)적인 모습에 대해 바르트는 다음과 같이 묘사한다. "(18세기의: 필자) 낙관론은 자기의 키를 자기 자로써 재려고 한다. 그렇기 때문에 낙관론은 긴 가발을 쓴다. (중략: 필자) 그러한 가발 아래서 낙관론은 대단히 편안하지는 않다. (이에 반해: 필자) 그리스도교적 낙관론은, 좌로나 우로나 더 높은 필연성에 순종하기 때문에, 그러한 가발을 필요로 하지 않는다." *Ibid.*, 527-528.

[105] 몰트만에 의하면, "복음"은 하나님이 예수 그리스도를 통해 보편적으로 계시한 구원을 화제로 삼는다. *The Church in the Power of the Spirit*, 218. 몰트만에 의하면, 기독교 종말론은 모든 세계의 화해를 포함해야 한다. *Theology of Hope*, 222-223.

[106] *The Coming of God*, 109.

[107] 해당 부분은 로잔 언약의 제3장 "Of the Uniqueness and Universality of Christ"의 다음 문장에서 유래한다. "Yet those who reject Christ repudiate the joy of salvation and condemn themselves to eternal separation from God." 로잔 언약에 대한 기본적인 연구로서는 조종남, 『로잔 운동의 역사와 신학』(서울: 선교횃불, 2013) 참조. 또한, 로잔 언약의 전도에 대한 정의를 중심으로 한 복음 전도에서의 성령의 역할에 대해서는 Choi, Jae-Sung, "Relationship of Evangelism to the Holy Spirit: Centering on the Lausanne Covenant's Evangelism Definition,"「신학과 선교」40집 (2012, 5), 157-181.

론적 희망은 배타적이거나 개별적이지 않고 포괄적이고 우주적인 성격을 가지게 된다.[108]

또한, 구원은 비단 그리스도인에게만 해당되는 게 아니라 타종교와 무종교의 모든 인류에게도 해당된다고 몰트만은 주장한다.[109] 역사적으로 또한 현실적으로 타종교와 그것의 문화 대부분은 기독교화 되지 않았으며, 앞으로도 이러한 사정은 크게 달라지지 않을 것이다. 그러나 구원은 메시아적으로 방향 지어졌기 때문에 기독교와 타종교들과의 대화는 의미가 있으며, 이 대화는 도래하는 구원의 나라를 위한 광범위한 신적 계획들 가운데 하나로 간주되어야 한다.[110]

메시아적 구원의 희망은 예수 그리스도의 "지옥 여행"을 통해서 죽음의 문턱도 넘는다고 몰트만은 주장한다.[111] 이 "지옥 여행"은 베드로전서

---

[108] *The Coming of God*, 110. 이러한 몰트만의 이해는 만유화해론으로 확장될 수 있는 문제점을 가진다.

[109] 비록 표현이 이렇게 되었지만, 필자가 보기에 몰트만이 말하는 타종교인들을 향한 구원 혹은 기독교와 타종교와의 대화는 일반적으로 이해되는 종교 간 다원주의적 대화와는 차이가 나며, 몰트만의 시도에는 기독교의 정체성 확인의 차원이 만유화해론의 차원보다 더 강하게 그리고 근본적으로 존재한다. *The Church in the Power of the Spirit*, 163 참조. 몰트만에 의하면, 교회와 이스라엘의 관계도 배타적이지 않는데, 왜냐하면 예수 그리스도는 예루살렘부터 땅 끝까지(행 1:8), 이스라엘로부터 모든 민족으로, 모든 민족으로부터 다시 이스라엘과 예루살렘(롬 11:26)에까지 이르는 구원의 길을 걷기 때문이다. *The Way of Jesus Christ*, 33. "야웨는 왕이다."는 구약성서의 선포는 이스라엘을 초월한 모든 민족의 구원을 향한다. *The Church in the Power of the Spirit*, 77. 그리스도의 교회는 열린 교회라고 몰트만은 주장한다. *Ibid.*, 1.

[110] 종교 혼합주의는 기독교의 미래적 소명을 보지 못한 잘못된 결과이다. 그러나 몰트만에 의하면, 다른 종교와 문화는 배척되거나 소멸되지 않고 대부분 카리스마적으로 성령의 능력 안으로 흡수되고 변화될 수 있다. *Ibid.*, 164.

[111] *The Coming of God*, 105-106. 그리스도의 "지옥 여행" 표상은 바르트와 알트하우스(Paul Althaus, 1888-1966), 판넨베르크(Wolfhart Pannenberg, 1928-2014)와 몰트만 모두에게서 주목을 받는다. 대표적으로 바르트는 이 표상에 대해 예수 그리스도의 "죽음과 무덤에서 외적으로 발생한 것에 대한 내적인 설명"이라고 주장한다. *Ibid.*, 252. 이 "신화적" 표상을 통해 그리스도에게는 죽은 자들도 구원할 수 있는 가능성이,

4장 6절, 즉 "이를 위하여 죽은 자들에게도 복음이 전파되었으니"라는 구절에서 유래하며, 이미 죽은 자들도 지옥에 내려간 그리스도와의 교제를 통해 잠들지 않고 구원의 가능성을 갖게 되는 것으로 이해되는데, 예수 그리스도가 그들에게 찾아 왔기 때문이다. 죽음으로 인해 분리된 자들이 신적 교제를 다시 발견하는데, 죽은 그리스도가 죽은 자의 형제가 되었기 때문이다.[112] 부활의 그리스도는 산 자와 죽은 자를 자신의 교제 범위 가운데 모은다.[113]

몰트만에 의하면, 부활 신앙은 살아 있는 자로 하여금 죽은 자와 영적으로 희망의 교제를 맺게 한다.[114] 이 영적 교제 가운데 죽음은 억압되지 않고 죽은 자도 망각되지 않는데, 교회의 교제는 언제나 살아 있는 자와 "죽어 있는 자"와의 사귐으로 이해되었다(눅 20:38; 롬 14:7-9).[115] 죽

죽은 자들에게는 산 자들처럼 살아날 수 있다는 메시아적 희망이 발생하는데, 왜냐하면 그리스도와 죽은 자와의 친교에는 죽음을 이긴 부활 사건이 존재하기 때문이다. *The Way of Jesus Christ*, 189-190.

[112] Ibid., 182. 이신건 박사에 의하면, "지옥 여행"이 갖는 신학적 의미는 다음 세 가지로 정리될 수 있다. 첫째, "지옥 여행"은 예수 그리스도의 가장 낮은 비하를 의미한다. 둘째, 그것은 지옥 권세를 깨뜨리는 예수 그리스도의 승리를 의미한다. 셋째, "지옥 여행"은 구원의 보편성을 지시한다. 이신건, "예수의 지옥행," 「신학과 선교」 34집 (2008), 6-10.

[113] 몰트만에 의하면, 현대 사회는 과거 세대나 미래 세대 모두에 대해 무관심하고, 현대인은 "모든 세대 간의 계약 파괴"를 경험한다. *The Source of Life*, 98 참조. 그러나 모든 인간은 세대들의 고리 속에 살고 있으며, 인간의 삶은 이 고리로 인해 획득된 것이다. *The Way of Jesus Christ*, 269f 참조. 그러나 아직 체결되지 않은 세대 계약도 있는데, 횡적으로는 사회 구성원 간 노동 시간과 생활 능력을 공정하게 분배하는 것이며, 종적으로는 세대 간 노동 시장과 생활 능력을 분배하는 것이다. *Jesus Christ for Today's World*, 26.

[114] *God in Creation*, 92.

[115] 신앙 공동체의 과제 중 하나는 여러 세대들 사이에 신뢰를 쌓는 일이라고 몰트만은 언급한다. *The Spirit of Life*, 237. 이에 대해서는 본서 제3장 2절 3항의 "희생자를 기억하고 순교자와 연대하는 선교 공동체"를 참조하라.

은 자들은 이미 숨이 끊어졌고 아직 부활하지 않았으나, 그들은 부활한 그리스도와의 친교 안에 있으며 하나님 나라의 미래를 향해 개방되어 있다.[116] 죽은 자들은 아직 영생을 얻지는 못했으나, 그리스도와의 친교 가운데 하나님에게서 분리되어 있지 않고, 구원의 미래를 기대할 수 있는 위치에 놓여 있다.

성서의 종말론적 구원은 교회의 범위를 넘어서는 하나님 나라의 열린 친교를 말한다고 몰트만은 주장한다. 종말론적 구원 공동체는 "보편적 구원"을 말하는 우주적 그리스도론에 기초하기 때문에,[117] 도래하는 우주적인 하나님 나라를 지향해야 하고[118] 모든 피조물을 위한 구원의 나라[119] 이어야 한다. 하나님 나라는 인간의 관심사일 뿐이라는 알트하우스(Paul Althaus, 1888-1966)의 주장은 부적절한데,[120] 왜냐하면 하나님 나라는 인간은 물론, 모든 사물까지 포함하기 때문이며, 종말에는 "모든 사물의 친교"로 표현될 하나님 나라의 메시아적 삶이 나타날 것이기 때문이다.[121]

---

116 *The Way of Jesus Christ*, 191.
117 몰트만에 의하면, 구원 공동체는 그 근거와 본질에 있어서 우주적인데, 우주적 차원의 구원 공동체 이해는 우주적 그리스도론에서 유래한다. 『그리스도가 계신 곳에 생명이 있습니다』, 146.
118 *The Church in the Power of the Spirit*, 133 참조. 여기에서 몰트만은 본회퍼(Dietrich Bonhoeffer, 1906-1945)의 다음의 말을 인용한다. "우리가 배타적으로 그리스도를 우리의 주로 고백하면 할수록, 그만큼 더 넓은 그리스도의 통치 영역이 우리에게 드러날 것이다."
119 하나님의 구원과 친교를 인간에게만 제한시키는 것은 협소한 인간학적 이해라고 몰트만은 주장한다. *Ibid.*, 72 참조.
120 *Theology of Hope*, 330. 그러나 알트하우스는 종말의 미래는 인간만이 아니라 우주에게도 열려 있음을 다음과 같이 말하기도 한다. "그러므로 인간의 소망은 동시에 자연계의 소망이기도 하다. 결국 기독교 종말론은 그 성격상 개인적이요, 보편적이며, 또한 우주적이라 할 수 있다. 인격의 성취와 인류 역사의 목표, 그리고 우주의 재생은 서로 밀접한 관계를 갖고 있는 것이다." 파울 알트하우스, "신학용어해설-종말론," 「기독교사상」 36호 (1960, 10), 45.
121 *God in Creation*, 5.

몰트만에 의하면, 만물을 포괄하는 보편적인 그리스도를 설명하는 우주적 그리스도론(cosmic Christology)[122]은 십자가 사건을 그 근거로 가지는데,[123] 우주적 차원의 부활 사건에 의해 십자가 사건도 이러한 차원을 가지게 된다.[124] 예수 그리스도는 자신의 십자가 죽음을 통해 유대인과 이방인을 하나님과 화해시키고(엡 2:16), 모든 인류와 만물을 하나님과 화해시킨다.

몰트만에 의하면, 에베소서와 골로새서에는 우주적 그리스도론의 공간적 측면이 강하게 드러나는데, 십자가에 세워진 평화는 하늘과 땅 모두를 포괄하기 때문에 그리스도 안에서 하늘의 영역과 땅의 영역이 결합될 것이라는 점이 여기에서 강조된다.[125] 에베소서와 골로새서의 우주적 그리스도론에 의하면, 종말에 사람과 만물은 물론 불순종한 천사들까지도 예수 그리스도를 통해 하나님과 화해되고 온전해진다. 만물의 화해

---

[122] 몰트만에 의하면, 우주적 그리스도론에 대한 현대 신학적 토의는 1961년 제3차 인도 뉴델리(New Delhi) 세계교회협의회 총회(WCC)에서 이뤄진 시틀러(Joseph Sittler, 1904-1987) 강연에서 시작한다. 시틀러는 골 1:15-20까지의 우주적 그리스도 찬양을 근거로 세계의 일치에 대해 강연하는데 그에 의하면, 예수 그리스도는 모든 사물의 기초이며 모든 사물은 예수 그리스도에게서 우주적 구원을 받을 수 있다. *The Way of Jesus Christ*, 276. 힐(Brennan R. Hill)에 의하면, "우주적 그리스도"라는 용어는 1894년 덴니(John Denney)에 의해 최초로 사용되었으며 이후 독일 신학자들이 이를 차용하였다. Brennan R. Hill, *Christian Faith and the Environment: Making Vital Connections* (New York: Obris Books, 1998), 119. 김도훈 박사에 의하면, 우주적 그리스도론은 몰트만에 의해 생태학적 그리스도론 혹은 "더 크신 그리스도"에 대한 이론의 차원으로 사용된다. 김도훈, "몰트만 그리스도론의 방법론적 특성," 226.

[123] *The Way of Jesus Christ*, 282-283.

[124] 몰트만에 의하면, 십자가에 달린 예수 그리스도는 존재의 마지막에 대한 기독교적 총괄 개념이다. *The Crucified God*, 217 참조.

[125] *God in Creation*, 171. 예수 그리스도는 만물을 하나님과 화해시키고(골 1:20) 영원한 생명에 대한 기다림으로 충만케 하기 위하여, 만물을 위한 죽음을 당한다. *The Coming of God*, 92-93. 최근의 골로새서 주석서로서 정용한, 『골로새서』(서울: 대한기독교서회, 2015) 참조.

는 에베소서 1장 10절과 골로새서 1장 20절에 나타나는데, 이 구절들은 우주적 그리스도 안에서 "하늘"과 "땅"이 결합될 보편적인 하나님 나라를 가리킨다.[126]

에베소서와 골로새서에 반해, 바울서신에는 우주적 그리스도에 대한 시간적 이해, 즉 메시아 예수의 죽음과 부활을 통해 이제는 거꾸로 갈 수 없는, 진행적인 새 창조의 종말 과정이 등장한다(고전 15장).[127] 여기에서는 종말에 우주적 그리스도에 의해 모든 시간이 새 창조적 영원(aeon) 속으로 되돌아와 변화될 것으로 기대된다.[128] 이 두 입장을 통해 우리는 우주적 그리스도가 창조의 시간과 공간[129]을 관통하는 새 창조의 근거이며 중심임을 확인할 수 있다.[130]

---

[126] *God in Creation*, 171 참조.

[127] *The Way of Jesus Christ*, 319. 몰트만에 의하면, 고전 15장은 "두 가지 결과"의 심판에 대해 언급하지 않는데, 여기에서 사도 바울은 아담-그리스도의 유형론을 다음과 같이 언급한다. "아담 안에서 모든 사람이 죽은 것 같이 그리스도 안에서 모든 사람이 삶을 얻으리라"(고전 15:22). 그러나 요한계시록은 신앙이 있는 자와 그렇지 못한 자 사이의 최후 심판과 그 "두 가지 결과"(20:11-15)를 분명히 기록하고 있는데 알트하우스에 의하면, 성서는 하나님 나라가 급격한 최후 심판을 통해 완성될 것임을 증언한다. 알트하우스, "신학용어해설-종말론," 44-45 참조.

[128] *The Coming of God*, 294-295. 또한, 우주적인 부활의 때에는 양적 시간으로서의 크로노스(chronos)가 더 이상 작용하지 않을 것(계 10:6)으로 기대된다. *Ibid*., 284. 김이석 박사에 의하면, 크로노스는 직선적이고 기계적인 시간이고 카이로스는 종말론적인 시간이다. 김이석, "종교적 시간으로서의 사건 연구: 존 카푸토의 일상주의," 「한국조직신학논총」 38집 (2014), 373.

[129] 몰트만에 의하면, 태초창조의 때에 공간은 하나님의 편재(ubiquity)가 거두어짐으로써 생성된다. *God in Creation*, 166. 루리아(Isaac Luria, 1534-1572)는 자신의 "침춤"(zimzum) 이론에서 창조 공간을 설명하는데, "침춤"은 집중이나 자신에로의 퇴각을 뜻한다. *The Trinity and the Kingdom*, 109-110.

[130] 몰트만에 의하면, 에베소서나 골로새서 그리고 고린도전서 이외의 신약성서 구절들도 보편적 화해 사건을 말하는데 예를 들어, 빌립보서 2장의 그리스도 찬가는 평화롭고 영광스러운 우주에 대한 비전으로 끝맺으며, 요한계시록의 "하나님의 보좌"에 대한 이야기도 종말에 있을 하나님의 통치와 인간 자유의 화해를 가리킨다. *The Coming of God*, 318-319.

몰트만에 의하면, 성서에 나타난 예수 그리스도의 우주적 구원은 너무나 오랫동안 신화적이고 사변적인인 것으로 잘못 평가되어졌으나,[131] 현대의 생태계 재난이 점점 더 위협적일수록 우주적 차원의 구원 이해는 더욱 큰 설득력을 갖게 된다. 또한, 우주적 그리스도론[132]의 현대적 재발견은 생태학적 그리스도론[133]으로 전환되어 나타날 수 있는데, 왜냐하면 우주적 그리스도론은 고난당하는 현대의 자연 세계에 대한 치료적 타당성을 갖기 때문이다.[134]

몰트만에 의하면, 모든 피조물에게 영원한 생명을 보증하고 약속하는 예수 그리스도의 우주적 부활 사건[135]은 생태학적 패러다임에서 보다 잘 이해될 수 있다.[136] 신약성서 또한 예수 그리스도의 부활에 대해 자연적

---

131 *The Way of Jesus Christ*, 194-195. 몰트만에 의하면, 대표적인 우주적 구원 사건으로서 메시아 예수에 의한 악령추방(exorcism)이 있지만, 이 또한 과거에 제대로 주목받지 못했다. 『신학의 방법과 형식』, 125-126. 성육신 사건도 신성과 인성이 결합한 우주적 차원의 구원 사건으로 이해될 수 있다. *God in Creation*, 170.
132 몰트만에 의하면, 그리스도론은 우주적 그리스도론에서 비로소 완성되는데, 왜냐하면 우주적 그리스도론이 빠진 상태로는 부활절 증인들의 체험이 온전히 파악되지 못하기 때문이다. *The Way of Jesus Christ*, 278-279.
133 생태학적 그리스도론에 대해서는 김대식, "예수 사건과 세계 긍정: 환경 위기 시대의 생태학적 그리스도론과 생태학적 시간관," 「기독교사회연구」 3집 (2005), 167-193 참조.
134 몰트만에 의하면, 고대의 우주적 그리스도론의 만유화해는 그리스도인들로 하여금 세계에 대한 불안과 마귀에 대한 공포로부터 해방하게 하였다. *Jesus Christ for Today's World*, 89. 이에 비해, 현대의 우주적 그리스도론은 생태학적 위기와 관련되는데, 이는 우주적 그리스도론이 자연을 파멸에서 지키고자 하는 목적을 가지고 있기 때문이다. *The Way of Jesus Christ*, 274-275.
135 *The Source of Life*, 94 참조. 몰트만에 의하면, 예수 그리스도의 부활, 즉 육체적 몸에서 영적인 몸으로 넘어간 사건은 역사적 의미는 물론 우주적 의미도 가지는데, 왜냐하면 부활절 사건 이후 부활은 종말에 있을 우주적 법칙이 되기 때문이다. *The Way of Jesus Christ*, 258.
136 몰트만에 의하면, 역사와 자연을 철저히 분리하는 인간중심적 사고는 현실을 온전히 파악하지 못하고 세계의 전체성을 파괴한다. 이러한 이원론을 넘어서, 역사와 자연을 전체로 파악하고 분리된 것을 통합시키는 새로운 패러다임들이 등장해야 하는

은유를 사용하는데,[137] 대표적인 예로 사도 바울은 부활에 대해 씨앗의 표상으로 다음과 같이 설명한다.

> 뿌리는 씨가 죽지 않으면 살아나지 못하겠고(고전 15:36).

또한, 고린도전서 15장 20-22절까지의 구절은 이렇게 말씀한다.

> 그러나 이제 그리스도께서 죽은 자 가운데서 다시 살아나사 잠자는 자들의 첫 열매가 되셨도다. 사망이 한 사람으로 말미암았으니 죽은 자들의 부활도 한 사람으로 말미암는도다. 아담 안에서 모든 사람이 죽은 것 같이 그리스도 안에서 모든 사람이 삶을 얻으리라(고전 15:20-22).

사도 바울의 아레오바고(Areopagus) 설교(행 17:16-34)도 부활한 예수 그리스도를 보편적이고 우주적 차원에서 설명한다고 몰트만은 강조한다.[138] 유대인이 아닌 이방인을 위한 이 바울의 설교는 창조[139]와 "죽은

데, 이것들 가운데 생태학적 패러다임이 유력하다. *Ibid.*, 279 참조. 노스코트(Michael S. Northcott, 1955-현재)에 의하면, 생태신학에는 인간중심적 생태신학, 생태중심적 생태신학 그리고 신중심적 생태신학, 이상 세 가지 유형이 있다. 그 가운데 몰트만이 대표하는 신중심적 생태신학은 하나님의 창조 사역을 통해 생태 문제를 해결하고자 한다. Michael S. Northcott, *The Environment and Christian Ethics* (New York: Cambridge University Press, 1996), 124-163. 노영상, "특집: 장로 교회의 평화 이해; 인간중심적 생태신학, 신중심적 생태신학, 생태중심적 생태신학의 통합으로서의 삼위일체론적 생태신학(Trinitarian Ecotheology)을 향하여," 「장로교회와 신학」 7호 (2010, 10), 94의 각주 2에서 재인용.

[137] *The Way of Jesus Christ*, 248.
[138] *Ibid.*, 281. 이 설교에서 사도 바울은 하나님의 보편성을 언급한다. 유상현, "바울의 아레오바고 설교," 「신학논단」 45집 (2006, 9), 58-59 참조.
[139] 몰트만에 의하면, 창조는 우주적 지평을 가지는데 이 지평은 태초창조와 종말의 새 창조 모두를 포괄한다. *God in Creation*, 54.

자들의 부활"과 관련된 보편주의적 성격을 보이는데, 여기에서 하나님은 "우리가 그를 힘입어 살며 기동하며 존재하"(행 17:28)는 창조자이며, 예수 그리스도는 온 인류의 "새 아담"이며 모든 창조 세계의 "장자"[140]이다.

몰트만에 의하면, 우주적 차원의 구원 이해는 사유의 다음 두 단계를 통해 가능하다.[141]

첫째, 부활 사건으로 인한 "주님"(kyrios) 칭호로 예수 그리스도의 우주적 통치가 가능해졌다는 것이다.[142] 주님이 우주적 구원을 원하지 않는다면, 그는 만물의 새 창조자가 아닐 것이지만, 신적 당위성(고전 15:28)을[143] 가진 주(主) 그리스도는 종말에 죽음을 비롯한 모든 한계를 제거하고 세계를 구원할 것이다.

둘째, 도태되고 착취당하는 자연의 구원이 없는 인간의 구원은 존재할 수 없다는 것이다.[144] 신체성(leiblichkeit)은 구원과 창조를 결합하는 연결

---

140 *The Way of Jesus Christ*, 278. 엡 1:10 이하에서 예수 그리스도의 우주적 주권은 그리스도 안에서의 만물의 통일로 표현된다. 다만, 골 1:16-17까지의 구절과 히 1:2에 가서야 비로소, 하나님이 예수 그리스도를 통하여 세계를 창조했다는 명백한 진술이 등장한다. 이 창조의 중재자는 눈으로 볼 수 없는 하나님의 형상(*imago Dei*), 모든 피조물들의 장자, 영광의 광채, 그의 본성의 현상이라고 몰트만은 주장한다. *The Trinity and the Kingdom*, 103.

141 *The Way of Jesus Christ*, 283.

142 주(kyrios) 칭호에 대해서는 심우진, "『개역개정판』과 『새 번역』의 '주(κύριος)' 번역," 「성경원문연구」 28호 (2011, 4), 146-169 참조. 이 연구에 의하면, "주" 용어의 가장 중요한 특징은 하나님을 위한 칭호이기도 하고 예수 그리스도를 위한 칭호이기도 하다는 데 있다.

143 몰트만에 의하면, 예수 그리스도만이 하나님에 의해 주(主)로 높임을 받았다면 그는 모든 것 위에서 모든 것을 다스릴 수밖에 없는데, 그렇지 않다면 그는 주님이 아닐 것이기 때문이다. 그러나 예수 그리스도는 산 자와 죽은 자의 주님이기(롬 14:9) 때문에, 죽음 자체가 멸망당할 때까지 자신의 통치 사역에서 벗어나 쉴 수 없고, 죽음이 더 이상 존재하지 않을 종말에 살리는 영으로써 모든 죽은 자를 다시 살릴 것이다. *The Trinity and the Kingdom*, 91-92.

144 몰트만에 의하면, 우주적 그리스도론은 예수 그리스도를 승리자만을 기억하는 "진화

고리인데,[145] 우리는 신음하는 모든 피조물들과 함께 "몸의 구원"을 기다리는 존재이다(롬 8:23).

부활한 그리스도로 말미암은 우주적 구원의 비전이 결여될 때 하나님은 세계의 창조자가 아닐 것이며,[146] 그리스도의 구원은 신체와 세계를 적대시하는 영지주의적 신화로 전락하게 될 것이라고 몰트만은 언급한다. 그러나 기독교는 초대 교회부터 지금까지 온 힘을 다해 영지주의에 저항하면서, 창조자 하나님이 약속하는 "육체의 부활"이 가리키는 우주적 구원에 대한 기다림을 포기하지 않았다.[147]

몰트만은 우주적 구원과 관련하여 그리스도의 창조 중재자의 직분을 다음과 같이 세 가지로 구분한다.[148]

첫째, 예수 그리스도는 태초창조(creatio originalis)의 근거이자, 계속적

의 원리"가 아니라, 인간에 의해 희생된 가장 연약한 피조물들 가운데 한 명으로 위치시킨다. *The Way of Jesus Christ*, 305–306. 이에 대해서는 본서 제3장 2절 1항의 "죄인들과 함께하는 메시아 예수"를 참조하라.

[145] 몰트만에 의하면, 부활의 "첫 열매"인 부활한 예수 그리스도와 그리스도인들과의 사귐은 몸의 구원을 지향한다. *The Trinity and the Kingdom*, 121. 그리스도인은 종말에 자신의 "낮은 몸"이 그리스도의 "영광의 몸"과 같이 될 것(빌 3:21)을 기다린다. *The Spirit of Life*, 278.

[146] 우주적 그리스도론을 내세우는 시틀러는 이분법적 사고에 대해 다음과 같은 말로 거부한다. 즉, "모든 것이 하나님에 대하여 요구되어지며 모든 것이 그리스도와 관계되어 있다." 또한, 구원론은 보다 더 큰 창조론의 범위에서 고찰될 때에야 비로소 의미 있게 될 것인데, 이로 인해 시틀러는 다음과 같은 자기 비판적인 결론을 추론한다. 즉, 아우구스티누스로부터 유래하는 자연과 은혜에 대한 서방 교회적인 이원론은, 골로새서의 찬양이 말하는 우주적 그리스도의 비전에 근거할 때 타당하지 않다는 것이다. 이로 인해, 시틀러는 자연과 은혜를 결합시키기 위해서 동방 정교회의 신학과 이레네우스(Irenaeus, 140–203)의 신학으로 돌아가야 할 것을 제안한다. *The Way of Jesus Christ*, 276–278.

[147] *The Spirit of Life*, 94. 기독교 성립을 위한 초대 교회의 영지주의에 대한 저항에 대해서는 조병하, "초대 교회(1–2세기) 이단 형성(의 역사)과 정통 확립에 대한 연구: 영지주의를 중심으로," 「성경과 신학」 72집 (2014), 291–323.

[148] *The Way of Jesus Christ*, 286–287.

창조(creatio continua)의 원동력이며, 종말에 있을 새 창조(creatio nova)의 주체라는 것이다.[149] 예수 그리스도가 태초창조의 근거로만 이해될 경우, 혼돈의 현실적인 창조 세계는 환상적인 방식으로 조화로운 인류의 본향이라고 이상화될 것이다.[150]

둘째, 계속적 창조의 원동력인 "진화자 그리스도"(Christus evolutor, 샤르댕[Pierre Teilhard De Chardin], 1881-1955)만 말해질 경우, 진화의 원리가 태초창조에 대한 구원의 의미를 가질 수는 있겠지만, 진화의 잘못된 발전과 이로 인한 희생자들은 희망 없이 남게 될 것이다.[151]

셋째, 새 창조의 그리스도만이 언급될 경우, 만물 안에 현존하는 창조주 하나님의 아름다운 흔적은 보이지 않게 된다. 이에 반해, 예수 그리스도는 태초창조와 계속적 창조 그리고 새 창조 모두와 관련을 가진다고 받아들여져야 한다.

---

[149] 몰트만에 의하면, 창조론은 태초창조, 역사적이고 계속적인 창조, 종말의 새 창조를 모두 포함하기 때문에, 창조의 의미는 종말론적인 관점하에서야 비로소 온전히 드러난다. *God in Creation*, 55 참조.

[150] 우주적 그리스도론은 예수 그리스도의 통치를 현존하는 "세계 조화"의 통치와 동일시할 수 없게 만든다고 몰트만은 주장한다. 왜냐하면 우주적 그리스도론은 부활의 예수 그리스도로 말미암은 화해 사건으로부터 출발하고, 이 화해는 창조 세계를 위협하는 카오스 상태를 전제하기 때문이다. *The Way of Jesus Christ*, 278. 여기에서도 우리는 몰트만이 "부정적인 것의 부정"으로서의 변증법을 계속 유지하면서 현실적 악의 문제에 대해 외면하지 않음을 알 수 있다.

[151] 진화의 잘못된 발전 개념과 함께 라너의 "자기 초월"의 개념도 몰트만에 의해 비판된다. 몰트만에 의하면, 라너(Karl Rahner, 1904-1984)는 "자기 초월"을 무한 존재를 향한 유한 존재의 자기 활동으로 이해한다. 이 "자기 초월"의 개념은 진화의 개념처럼 도태의 방법을 알지 못하는데, 왜냐하면 이 개념은 초월 과정 가운데 생긴 희생물에 대해 주의를 기울이지 못하기 때문이다. 여기에서는 나사렛 예수의 폭력적인 십자가 처형이 거의 아무런 의미도 가지지 못하며, 예수 그리스도 안에서 성취된 인간 존재만이 있을 뿐 파괴된 인간 존재는 없다. *Ibid.*, 299-301. 라너의 초월론적 인간 이해와 진화론적 세계 이해에 대해서는 칼 라너, "그리스도론과 진화론적 세계관," 「신학전망」 53호, (1981, 6), 109-117 참조.

3) 메시아적 세계를 지향하는 "시작하는 새 생명(거듭남)"

창조와 구원 사이의 관계 정립은 신학적으로 매우 중요한데, 왜냐하면 구원이 창조의 빛에서 이해되어야 하는가, 아니면 반대로 창조가 구원의 빛에서 이해되어야 하는가 하는 결정은 신학의 방향 전체를 좌우하기 때문이다.[152]

전자에 의하면, 창조는 처음에 완전하였지만 죄로 인해 더러워졌고 이를 해소하기 위한 구원 사건이 이후에 발생하는 것이다. 여기에서 은혜는 죄를 제거하기 위한 비상 대책이며, 종말은 원상태로의 회복을 의미한다.[153]

이에 반해 후자에 의하면, 하나님의 구원의 시작으로서의 창조는 종말에 하나님이 새 창조 세계 안에 보편적으로 거함으로써 그 목적을 달성하는데, 여기에서 부활 사건을 통해 "새 생명이 시작한다"(*incipit vita nova*)[154]는 창조 사건의 구원론적이고 종말론적인 이해[155]가 가능해진다. 종말에 있을 "죽은 자들의 부활"은 종말이 만물 회복이 아닌 새 창조라는 분명한

---

152 *The Coming of God*, 261f.
153 이러한 입장은 불트만에게서 거의 문자적으로 나타난다. "그러면 신의 의와 죄의 사유는 어떤 뜻을 가지고 있는가? (중략: 필자) 죄의 용서는 본래의 창조자-피조자 관계를 재건하는 일 (중략: 필자)"이다. 루돌프 불트만, 『학문과 실존』 1권, 허혁 옮김 (서울: 성광문화사, 1980), 35. 그러나 몰트만에 의하면, 구원은 죄로 물든 세계의 회복에 불과하지 않다. *The Way of Jesus Christ*, 281. 창조가 개방성을 가진다는 사실이 이에 대한 성서적 근거이다. *God in Creation*, 5.
154 몰트만에 의하면, 이 표현은 거듭남으로서의 신앙을 의미하는데, 예수 그리스도의 부활이 일으키는 첫 번째 작용은 개인의 신앙이며 마지막 작용은 만물의 새 창조이다. *The Coming of God*, xvi 참조. 십자가와 부활의 구원 사건 뒤에 생명은 지상적 차원이 아니라 "죽은 자로부터 살아난"(롬 4:17) 메시아적 생명의 차원에서 이해된다. *Theology of Hope*, 145.
155 몰트만에 의하면, 성서에는 창조 사역에 대한 구원론적인 입장과 구원 사건에 대한 종말론적인 입장이 모두 드러난다. *The Trinity and the Kingdom*, 99-100.

증거라고 몰트만은 강조한다.

베드로전서 1장 3절에 의하면, 예수 그리스도의 부활로부터 메시아적 사건으로서의 거듭남이 발생하며,[156] 이것은 그리스도인으로 하여금 죽음이 사라진 새 창조 세계를 지향하게 한다.[157] "다시 태어남" 혹은 거듭남을 종말론적 새 창조 사건으로 파악하는 것은 그리스도론적으로 기초하고 종말론적으로 지향되며 성령론적으로 전개되어 나타난 결과로,[158] 거듭남의 사건으로 인해 그리스도인에게 부활한 예수 그리스도의 현재화와 종말론적 미래의 현재화가 모두 일어난다고 몰트만은 주장한다.

동양의 우주론에서 유래하는 "다시 태어나다"라는 말은 세속 시간의 다시 태어남을 의미하지만, 유대교 묵시사상에 의해 "다시"는 내용상 "새로움"으로 바뀌는데,[159] 왜냐하면 성서에서 "다시 태어남"의 개념은 윤

---

[156] 거듭남 혹은 다시 태어남은 부활 신앙과 다름없다고 몰트만은 이해한다. *The Spirit of Life*, 146. 몰트만에 의하면, 부활 신앙은 죽은 나사렛 예수가 살아나 죽음에 이르는 삶으로 복귀함을 말하지 않는다. 사도 바울은 "이는 그리스도께서 죽은 자 가운데서 살아나셨으매, 다시 죽지 아니하시고 사망이 다시 그를 주장하지 못할 줄을 앎이로라"(롬 6:9)고 말하는데, 이것은 부활의 생명이 죽음 후에도 지속되는 영혼 불멸의 생명이 아니라, 새롭고 영원한 삶에 의해 죽음이 지양된 영원한 생명(고전 15:55)임을 가리킨다. 또한, "죽은 자들로부터의 부활"이라는 성서의 표현은 부활한 예수 그리스도에게서 발견된 새로움을 나사렛 예수의 지상적 차원이나 제자들의 신앙적 차원으로 환원시키지 않는데, 이것은 불트만의 실존론적 신학과 정반대의 입장이다. *The Crucified God*, 169-170.

[157] *The Spirit of Life*, 147. 몰트만은 창조를 하나의 "개방된 체계"로 이해하는데, 이것은 폰 바이체커(Carl Friedrich von Weizsäcker, 1912-2007)의 『자연의 역사』(*Die Geschichte der Natur*) 표상과 양자물리학의 해석에서 도출된 개연성의 법칙(Wahrscheinlichkeitsgesetze)에 의해서도 확인된다. 강태영, "몰트만의 하나님 활동모델에 관한 비판적 고찰," 「한국조직신학논총」 10집(서울: 한들 출판사, 2004), 83 참조.

[158] 부활 사건으로부터 시작해서 사멸할 인간의 거듭남을 거쳐 우주의 보편적인 새 창조의 과정까지 일련의 사건들은 모두 성령에 의해 연속적으로 진행된다고 몰트만은 주장한다. *The Spirit of Life*, 153.

[159] 몰트만에 의하면, "다시 태어남"은 종말에 사람의 아들(人子)이 세계에 올 때 우주가 새롭게 되는 것을 나타내는 묵시사상적 은유이다(마 19:28). *The Way of Jesus Christ*, 249.

회설적인 재생(再生)이 아니라[160] 요한복음 3장 3-5절까지의 말씀에 등장하는 거듭남을 의미하기 때문이라고 몰트만은 언급한다.

몰트만에 의하면, 거듭남의 메시아적이고 새 창조적인 성격을 종교개혁신학, 경건주의 그리고 부흥 운동의 사람들은 거의 주목하지 못하였다.[161] 왜냐하면 그들은 거듭남을 단지 영혼의 내적 체험으로만 파악하여, 고난당하는 창조 세계를 위한 종말론적 구원의 기다림으로 받아들이지 못했기 때문이다. 그러나 거듭남은 종말론적으로도 이해되어야 하는데,[162] 왜냐하면 그리스도인의 거듭남은 새 창조를 향한 그의 방향 정립을 의미하기 때문이다. 성령의 현재적 임재 가운데 궁극적 새 창조를 희망하며 사는 거듭난 그리스도인의 삶은 종말론적인 특징을 가진다.

몰트만에 의하면, 종말론적인 특성을 가진 새 창조의 거듭남은 율법주의가 아니라[163] 새로운 자발성과 함께하는데, 그리스도인은 이 자발성 안

거듭남 혹은 중생(딛 3:5)의 용어는 심판의 날에 메시아가 세상을 새롭게 한다는 단어(παλινγεννεσία)와 동일하다(마 19:28). 바르트, 『교회 교의학』 IV/4, 32 참조.

160 몰트만에 의하면, 윤회(輪回), 즉 "다시 태어나다"라는 말은 피타고라스 학파를 통해 들어온 동양의 우주론에서 유래하며, 인간과 관련된 "다시 태어남"은 윤회설에 속하는 표현이다. 그러나 탈무드(Talmud)의 유명한 해설자 토케이어(Marvin Tokayer, 1936-현재)에 의하면, 유대교는 윤회나 재생을 기대하지 않는다. 마빈 토케이어, 『처음부터 다시 시작하라』, 김영옥 옮김 (서울: 청아 출판사, 2006), 378. 성서가 말하는 생명의 유일회성은 윤회론을 무력화시킨다. *The Spirit of Life*, 145. 삶은 유일회적이며 되돌려질 수 있는 성격의 것이 결코 아니기 때문에, 이 세계 그 무엇도 반복되거나 돌이켜질 수 없다. 『그리스도가 계신 곳에 생명이 있습니다』, 104. 몰트만에 의하면, 메시아적 새 창조 세계는 죽어야 할 현재의 생명으로 다시 태어나는 것(윤회)과 전혀 관계가 없고, 영원한 하나님과 교제할 수 있는 메시아적 새 창조의 생명과 관련이 있다. *The Coming of God*, 110f.

161 *The Spirit of Life*, 145f.

162 *The Church in the Power of the Spirit*, 278-279. 몰트만에 의하면, 거듭남은 현재 일어나는 구원 사건인 동시에 종말에 일어날 새 창조의 선취적 사건이다. *The Coming of God*, 293-294 참조.

163 *The Church in the Power of the Spirit*, 280. 메시아 예수는 바리새인과 열심당원의 율

에서 자신을 성령에게 맡기는 자기 신뢰를 얻는다. 거듭남의 종말론적인 정향으로서의 새로운 자발성은, 어떠한 율법주의와도 조화되지 않지만 무정부주의나 무형식성과도 조화되지 않는다. 왜냐하면 거듭남은 세계 도피로서의 "몸으로부터의" 구원이 아니라, 전적으로 새로운 "몸의" 구원[164]에 주목하기 때문이다.

거듭남은 종말론적인 새 피조물로서의 그리스도인의 성령 체험 가운데 발생하는 새 창조 사건이라고 몰트만은 주장한다.[165] 거듭남은 죄 용서나 칭의 사건과 같이 과거의 극복이 아니라 새로운 미래를 지향하는 성격을 가지는데, 왜냐하면 거듭남의 이미지는 죄책감이나 최후 심판이 아니라 자연의 봄[166]과 "성령의 신선함"(힐데가르트 폰 빙엔[Hildegard von Bingen], 1098-1179)이라 할 수 있는 모든 푸른 식물과 나무[167]를 연상시키기 때문이다. 복음이 들려지며 믿음이 불러일으켜지는 곳에서 거듭난

법주의를 비판하고, "죄인들"과 율법 없는 자들을 의롭게 만드는 하나님의 은혜의 법을 선포하며 이를 성취한다. *The Crucified God*, 140.

164 하나님의 은혜는 인간의 죄와 비교될 수 없을 정도로 큰데, 이것은 하나님을 향한 희망이 가진 잉여 가치 때문이라고 몰트만은 주장한다. *The Spirit of Life*, 120.

165 *Ibid.*, 148. 그리고 *The Coming of God*, 91.

166 몰트만에 의하면, 구원의 나라는 모든 세계의 "종말론적 봄"이다. *The Spirit of Life*, 194f. 몰트만에게 있어서 거듭남은 비단 그리스도인의 신앙으로서의 중생의 의미만이 아니라, 종말에 있을 창조 세계의 다시 태어남의 의미로도 사용된다. 김도훈, "위르겐 몰트만의 생태신학," 『현대 생태신학자의 신학과 윤리』(서울: 대한기독교서회, 2006), 242. 거듭남에 대한 성서학적 의미, 특히 요한복음적인 의미에 대해서는 조태연, "거듭남(중생, 重生)의 뜻은 위로부터 남: 회심의 성서적 의미," 「대학과 선교」 18집 (2010), 199-224 참조.

167 힐데가르트(Hildegard von Bingen, 1098-1179)는 그리스도인의 성령 체험을 생육이라는 단어로 표현한다. 성령 체험에 대한 생육의 이미지는 성령에 대한 빛과 물의 은유가 결합하여 자연스럽게 생기는데, 생명은 다른 생명에 의해 출생하고 다른 생명을 생동하게 하기 때문에, 생육 혹은 생식력은 생동성의 총괄 개념이 된다고 몰트만은 주장한다. *The Spirit of Life*, 284f. 힐데가르트의 영성에 대해서는 정미현, "창조-중심적 영성: 빙엔의 힐데가르트를 중심으로," 「한국기독교신학논총」 15집 (1998, 9), 337-367.

그리스도인의 새 생명의 삶은 시작되고, 이로써 종말론적 새 창조는 선취된다.[168] 거듭남은 새 창조의 힘인 성령으로 인해 가능한데, 왜냐하면 성령은 부활의 능력이며 성령의 현재적 사역의 결과로서 거듭남이 나타나기 때문이다.[169]

3. "모든 것 안에 모든 것이 될" 만유의 주 하나님과 창조의 완성

몰트만에 의하면, 세계의 완성은 하나님이 새 창조 세계 안에 충만하게 거주하는 데 있다. 하나님이 세계 안에 안식하는 것과 세계가 하나님의 거주지가 되는 것이 창조의 완성이자 목적인데,[170] 이를 위해서는 하나님의 자기 제한으로부터의 해방이 선행되어야 한다. 왜냐하면 하나님은 창조 사역을 위해 자신을 제한시켰으나, 창조의 완성 때에는 자기 제한으로부터 벗어나야 하기 때문이다.

또한, 완성된 창조 세계는 영광의 나라가 될 것인데 이 종말의 나라에서 하늘과 땅은 영원(aeon)한 생명에 참여하는 하나님의 환경이 되지만, 피조물은 피조물의 정체성과 자격을 그대로 유지할 것이다. 여기에서는 하나님의 자기 제한으로부터의 해방, 그리고 창조의 목적으로서 "모든

---

[168] *The Church in the Power of the Spirit*, 279–280.
[169] 몰트만에 의하면, 거듭남의 순간은 하나님의 영원이 현재의 시간에 접촉하여 시간의 덧없음을 폐기하는 때이다. *The Source of Life*, 29.
[170] 예수 그리스도가 인격으로 온 성취된 하나님 나라(*autobasileia*, 오리게네스)라면, 종말에 완성될 하나님 나라는 하나님의 우주적 성육신화라고 몰트만은 주장한다. 여기에서 종말의 하나님 나라는 세계 안에 거함으로써 세계를 자신의 거처로 삼는 안식하는 하나님의 임재를 가리킨다. *Jesus Christ for Today's World*, 23–24 참조.

것 안에 모든 것이 될" 만유의 주 하나님[171]의 안식, 마지막으로 창조의 완성인 영광의 나라가 전개된다.

1) 하나님의 자기 제한으로부터의 해방

몰트만에 의하면, 세계가 창조됨으로써 하나님의 자기 제한과 세계를 향한 사랑에서 비롯된 하나님의 자기 소외(kenosis)로서의 고난이 발생한다.[172] 창조 사역은 "밖을 향한" 하나님의 행위[173]만이 아니라 "안을 향한" 하나님의 행위이기도 한데, 왜냐하면 창조 사역은 사랑에서 출발하는 하나님의 고난에 근거하기 때문이다. 다시 말해, 창조는 신적 겸손의 사역으로,[174] 하나님은 자신을 퇴각[175]시킴으로써 세계의 시간과 공간 그

---

[171] 종말에 만유 안에 만유가 되는 하나님을 말씀하는 고전 15:28도 하나님을 주님으로 고백한다. "만물을 그에게 복종하게 하실 때에는 아들 자신도 그 때에 만물을 자기에게 복종하게 하신 이에게 복종하게 되리니, 이는 하나님이 만유의 주로서 만유 안에 계시려 하심이라"(고전 15:28).

[172] *The Trinity and the Kingdom*, 59. 몰트만에 의하면, 하나님은 자신과 차원이 다른 세계를 자신의 사랑 가운데 창조하기 때문에, 세계는 하나님의 의지만이 아니라 하나님의 영원한 사랑에 상응한다. *Ibid.*, 112.

[173] 아우구스티누스 이후 기독교신학은 창조 사역을 "밖을 향한" 하나님의 행위라고 불렀다. 여기에서 하나님의 외부에 다른 무엇이 있을 수 있느냐라는 질문이 제기될 수 있지만, 창조에 선행하는 하나님의 자기 제한이 대답을 위한 한 가지 가능성으로서 존재한다고 몰트만은 주장한다. 어디에나 현존하는 하나님이 자기의 현존을 거두어들이고 자기를 제한함으로써 창조를 위한 "무"(無)가 생성된다. *God in Creation*, 86. 아우구스티누스 창조론에 대해서는 서원모, "성경 해석과 철학: 아우구스티누스의 창조론을 중심으로,"「중세철학」22집 (2016), 43–115 참조.

[174] *The Trinity and the Kingdom*, 99.

[175] 몰트만에 의하면, 하나님은 창조 사역에서 자기 자신으로부터 나오기 위해 자신을 퇴각시킨다. 전통적인 계약 신학은 이것을 창조를 위한 하나님의 삼위일체적 결의라고 표현하며, 이 결의를 하나님의 내재적 삼위일체의 계약으로 이해한다. *Ibid.*, 111. 창조는 아우구스티누스적 전통에 반하여, 아버지에게만 점유되지 않고 오히려 삼위일체 하나님

리고 자유를 창조한다.

하나님의 능력은 연약함 가운데 나타난다는 것이 하나님의 자기 비움으로서의 케노시스를 통해 분명해진다고 몰트만은 강조한다.[176] 교회 전통은 하나님의 자기 제한, 자기 소외, 자기 비하라고 하는 케노시스의 부정적 측면만을 보고 긍정적 측면은 보지 못하는데, "안"을 향한 하나님의 자기 제한은 "밖"을 향한 창조적 해체라는 것과 자기 비하 가운데 하나님의 위대함이 역설적으로 계시된다는 것이 여기에서 간과되었다.[177] 그러나 하나님은 자기 제한 가운데 가장 영광스럽고[178] 가장 창조적이다.

몰트만에 의하면, 하나님의 자기 제한에 대한 유대교의 카발라(*Kabbalah*)

전체에게 속하는 사역이라고 몰트만은 주장한다. *Ibid.*, 117. 창조는 아버지의 사랑의 결과이지만 삼위일체 하나님 전체의 사역으로서, 첫째, 태초창조는 아버지에 의한 어떠한 전제 없는 "무로부터의 창조"이며, 둘째, 역사적 창조 혹은 계속적 창조는 생명 에너지로서의 성령에 의한 구원의 창조이고, 셋째, 종말의 창조는 부활한 그리스도의 재림 이후에 발생할 죽음의 세력이 극복되는 영원의 새 창조이다. *God in Creation*, 90. 이러한 몰트만의 주장은 삼위일체 하나님의 창조로서의 태초창조, 계속적 창조, 새 창조를 말하는 것이다. Salai Hla Aung, *The Doctrine of Creation in the Theology of Barth, Moltmann and Pannenberg: Creation in Theological, Ecological and Philosophical-Scientific Perspective* (Regensburg: Roderer, 1998), 165-170 참조. 전통적으로 강조된 태초창조나 새 창조만이 아니라, 기독교 전통에서 상대적으로 덜 강조된 계속적 창조까지 언급하는 몰트만은 현대 과학이 말하는 진화에 대해서 비교적 개방적이다. 몰트만, "세계의 창조와 완성 안에서 나타나는 하나님의 비움," 존 폴킹혼 엮음, 『케노시스 창조 이론』, 박동식 옮김 (서울: 새물결플러스, 2015), 251-253 참조. 이에 대해서는 본서 제5장 1절 2항의 "자기 초월적 '진화의 원리'로서의 하나님의 영"을 참조하라.

[176] *The Trinity and the Kingdom*, 119. 이에 대해서는 본서 제3장 3절의 "고난 가운데 있는 하나님의 구원과 능력"을 참조하라.
[177] 몰트만에 의하면, 태초창조와 함께 시작하는 하나님의 케노시스는 성육신 사건에서 완성된 형태에 도달하는데, 왜냐하면 삼위일체 하나님은 성육신 사건을 통해 세계를 취하고 이를 자신의 무한한 생명의 일부로 삼음으로써, 유한한 세계와 가장 깊은 신적 관계를 맺기 때문이다. *The Trinity and the Kingdom*, 118 참조.
[178] 이것은 십자가 사건을 의미하는데, 메시아 예수의 영광과 힘은 동일하고 아름다운 것에 대한 사랑(필리아)이 아니라, 이질적이고 흉한 것에 대한 창조적인 사랑(아가페), 즉 죄인들에 대한 이타적인 사랑에 있다고 몰트만은 강조한다. *The Crucified God*, 28 참조.

이론은 기독교 창조론에 영향을 주었는데,[179] 이는 세 가지로 열거될 수 있다.

첫째, 하나님은 자기 현존을 거두어들임으로써 창조의 자리를 만드는데, 이 자리는 문자적으로 "하나님에게서 버림 받은 공간," 즉 "하나님의 공간"[180]이라는 점이다.

둘째, 하나님은 창조를 위한 전제 조건으로서 자기 퇴각(zimzum)을 하는데, 이는 빌립보서 2장이 증언하는 하나님의 자기 소외의 시작으로서,[181] 하나님은 창조를 위해 자신의 전능함을 버린다는 점이다.

셋째, 태초창조의 사역이 "하나님 밖"의 공간 안에서 일어났다면, 종말에 "하나님 밖"의 창조 세계는 "하나님 안에" 있게 될 것이라는 점이다. 새 창조의 역사는 하나님이 "모든 것 안에서 모든 것"의 주(主)가 되는 진리로 이해될 수 있는데(고전 15:28), 이것은 세계가 범신론(pantheism)적으로 하나님에 의해 폐기되는 것이 아니라[182] 오히려 만유재신론(panentheism)적으로 하나님 안에서 발견되어져야 함을 의미한다.

---

179 *God in Creation*, 87-89. 하나님의 쉐키나 표상은 자연을 창조 세계로 이해하기 위해서 중요하다. *Ibid.*, xiii. 몰트만에 의하면, 창조 사건에 나타난 하나님의 자기 구분과 현존 사이의 긴장 관계는 전통적으로 쉐키나 이론과 삼위일체론을 통해 설명되었다. *Ibid.*, 15.

180 카발라 이론이 이 "하나님의 공간"으로서의 "비워진 공간"을 "거룩한 장소"라고 부른다. 이에 대해서는 몰트만, "세계의 창조와 완성 안에서 나타나는 하나님의 비움," 『케노시스 창조 이론』, 248 참조.

181 빌 2장의 "그리스도 찬가"(Christ Hymn)에 의하면, 아들의 자기 희생은 신적인 소외, 종의 형태를 취함, 자기 비하로 나타난다고 몰트만은 주장한다. *The Trinity and the Kingdom*, 81 참조.

182 몰트만에 의하면, 단순한 범신론은 모든 것을 구분 없이 하나로 만드는 반면, 만유재신론은 구분하는 능력을 갖는다. 또한, 만유재신론은 하나님의 세계 내재를 그의 세계 초월과 결합하는 능력을 갖고 있지 못하지만, 삼위일체론은 이 능력을 갖고 있다. 영은 구분하면서 동시에 결합하는데, 하나님의 영은 세계와 함께하면서 그것을 넘어선다. *God in Creation*, 103 참조. 신옥수, "몰트만의 '우주적 성령' 이해," 244 참조.

창조 사역에서 "하나님의 공간"과 창조 공간은 전제되고 서로 구분되는데, 카발라 해석에 의하면, 창세기는 "하나님의 공간" 창조를 말하지는 않지만, 창조 사건이 창조자 하나님의 결의와 함께 이미 세워진 "하나님의 공간"에서 이뤄지는 것으로 설명한다.[183] 이에 반해, "하나님의 공간"은 카발라 해석이 주장하는 것처럼 창조 사역과 창조 공간에 앞서지만, 하나님은 "침춤," 즉 자기 퇴각을 통해 진공(vacuum)이 아니라 "그릇"(vessel)으로서의 "하나님의 공간"을 만든다는 점에서, 몰트만은 카발라 해석과는 다른 창조론을 내세운다.[184]

하나님이 자신의 현존을 수축시킴으로써 세계를 창조한다는 "침춤"(zimzum) 이론[185]은 루리아(Isaac Luria, 1534-1572)에 의해서 전개된다.[186] 루리아에 의하면, 하나님은 자신의 편재를 거둬들임으로써 공간을, 자신의 영원을 제한시킴으로써 시간을 창조한다. 하나님은 태초창조 이전에 자신을 창조자로 규정하는 행동을 하는데, 이 규정 가운데 영원에서 시간으로의 전이, 즉 창조의 원초적인 순간이 발생한다. 창조의 원초적인 순간은 하나님의 자기 제한과 자기 결정으로 발생하는데,[187] 창조의 원초

---

183 *The Coming of God*, 297과 156.

184 *Ibid*., 297f.

185 몰트만에 의하면, "침춤" 이론은 "무로부터의 창조"에서 변질된 자연철학적 사변과 범신론에 빠지지 않으면서 세계를 하나님 안에서 생각할 수 있게 하고, 하나님의 자기 제한과 인간의 자유를 상호 관계적으로 생각할 수 있게 하는 가능성을 우리에게 제시한다. *The Trinity and the Kingdom*, 110.

186 *The Crucified God*, 192. 루리아(Isaac Luria)는 원초적인 창조의 순간을 이해하기 위한 "침춤" 표상을 발전시키는데, 이후에 셸링(Friedrich Wilhelm Joseph Schelling, 1775-1854)은 이를 철학적으로 수용한다. 또한, "침춤"은 악의 문제와 관련된 신정론을 설명하는 데에도 유용하다. Hans Jonas, "The Concept of God after Auschwitz: A Jewish Voice," *The Journal of Religion* 67/1 (1987), 1-13. 김창주, "'창조'에 대한 신학과 과학의 대화," 「신학연구」 65집 (2014, 12), 24의 각주 24에서 재인용.

187 *The Coming of God*, 282.

적인 순간으로부터 시간을 위한 처음의 순간이 나온다.

여기에서 우리는 태초창조의 시작(창 1:1)과 "저녁이 되고 아침이 되니 이는 첫째 날"이라고 말하는(창 1:5) 시간의 시작을 성서적으로 구분할 수 있다고 몰트만은 주장한다.[188]

몰트만에 의하면, 원초적인 순간은 종말론적인 순간과 상응하는데, 궁극적이고 종말론적인 순간은 하나님이 스스로 자기 제한을 폐기하는 순간이다.[189] 종말에 하나님은 자기 제한을 폐기하고, 영광스럽게 변화된 세계 가운데 "모든 것 가운데서 모든 것"의 주(主)가 되기 위해서[190] 자신의 영광을 계시한다. 이로써 창조된 시간과 공간은 마감되고, 변화된 새 창조물로서의 "새 하늘과 새 땅"은 상대적인 영원(aeon) 가운데 영광스러워진다. 종말에 자기 제한을 폐기하는 하나님은 창조 세계를 영광의 나라 안으로 받아들이고, 시간은 종말론적 순간으로 넘어간다.[191]

2) 창조의 목적으로서의 하나님의 안식

틸리히(Paul Tillich, 1886-1965)에 의하면, 하나님의 본질은 영원히 창조적이기 때문에[192] 하나님은 영원히 자신을 창조한다고 말해져야 한다. 그런데

---

[188] 몰트만에 의하면, 땅 위의 시간은 돌이킬 수 없으며 반복될 수 없다는 의미에서 "시간적"이다. 이 시간은 허무의 지평도 가지지만 구원의 때에 영원한 시간과 접촉할 것이라는 종말론적 지평도 가지는데, 안식일이 이것을 잘 보여준다. Ibid., 282f.

[189] 쿠퍼(John W. Cooper, 1947-현재)에 의하면, 몰트만에게 창조의 완성은 "침춤"의 역전을 의미한다. 존 쿠퍼, 『철학자들의 신과 성서의 하나님: 신과 세계의 관계, 그 치열한 논쟁사』, 김재영 옮김 (서울: 새물결플러스, 2011), 417.

[190] 몰트만에 의하면, 시간은 창조자 하나님의 내주를 위하여 창조되었으며 세계가 하나님의 본향이 되지 않는 한 완성되지 않는 성격을 가진다. *The Coming of God*, 283.

[191] *The Way of Jesus Christ*, 327-330 참조.

[192] *Ibid.*, 84. 몰트만에 의하면, 여기에서 우리는 틸리히가 자신의 창조론에서 "제1원인"

하나님이 영원히 창조적이라면 과연 안식일(sabbath)은 어떻게 이해되어야 하는지가 의문인데, 왜냐하면 성서에서 안식일에 "휴식"하면서 세계를 기뻐하고 세계에 복을 주는 하나님은 여기에서 후퇴하기 때문이다.[193]

또한, 인간이 "창조의 왕관"이며 하늘과 땅은 인간을 위하여 창조되었다는 인간중심적 창조 이해도 비성서적인데, 성서에 의하면 "창조의 왕관"은 인간이 아니라 안식일이기 때문이라고 몰트만은 강조한다.[194]

물론, 인간은 하나님의 영광 가운데 마지막으로 창조된 최고의 피조물이지만, "창조의 왕관"은 인간이 아니라 안식일임이 분명한데,[195] 왜냐하면 하나님은 보기에 좋은 창조 세계[196]를 안식일과 함께 영광스럽게 하기

에 대한 고대 형이상학의 명제를 사용하는지 질문할 수 있다. 유장환 박사에 의하면, "존재 자체"로서의 틸리히의 하나님은 모든 사물의 "창조적인(creative) 근거"이다. 유장환, "폴 틸리히의 존재론적 신론의 의의," 「한국조직신학논총」 35집 (2013, 6), 442.

[193] *The Way of Jesus Christ*, 276-277. 성서의 하나님은 자신과 완전히 일치하는 현실 가운데 "안식하는" 존재라고 몰트만은 주장한다. *Theology of Hope*, 106 참조. 몰트만에 의하면, 창 1장에서 창조의 완성과 목적이 하나님의 "휴식"으로서의 안식일인 것처럼, 구원 사역의 마지막에는 영광의 나라 안에 있는 "영원한 안식일," 즉 "끝이 없는 잔치"(아타나시우스[Athanasius], 293-373)가 있다. *The Spirit of Life*, 298-299.

[194] *God in Creation*, 31. 몰트만에 의하면, 기독교가 유대교에서 분리됨으로써 부활의 축제일은 "일요일"(Sunday)로 이교화되었다. 이를 지양(止揚)하기 위해서 우리는 "주의 날"과 안식일을 다시 결합시켜야 하며, 안식일을 거룩하게 지키는 기독교적 형식을 찾아야 한다. *Ibid.*, 294-295.

[195] 안식일이 창조의 목적이자 "창조의 왕관"으로서 여겨지게 된 것은 불과 최근에 일어난 일인데, 이것은 바르트에게서 준비되었고 헤셸(Abraham Joshua Heschel, 1907-1972)에게서 강조되었으며, 이 둘의 영향을 받은 몰트만의 창조론에서야 비로소 명확하게 드러나게 된다. Christian Link, *Schöpfung: Schöpfungstheologie angesichts der Herausforderungen des 20. Jahrhunderts* (Gerd Mohn: Gütersloh, 1991), 385. 최성수, "한병철의 '피로사회' 이론에 대한 기독교신학적 고찰과 대응 방안 모색으로서 안식일 개념에 대한 연구," 「장신논단」 45집 4호 (2013, 12), 211의 각주 56에서 재인용.

[196] 바르트는 자신의 창조론에서 이 특징을 당시(1946년) 시대적 허무주의에 대항하여 강조한다. 바르트, 『교회 교의학』 III/1, 제9장 42절 1항 "선하신 행동으로서의 창조" 참조.

때문이다.[197] 성서에서 인간과 세계는 안식일을 위해 창조되었으며,[198] 모든 세계는 안식일에 하나님의 현존 안에 존재하는 복을[199] 누리게 된다. 안식일의 복은 하나님의 창조 사역이 아닌 "휴식"(rest)에서 오며, 하나님의 행동이 아닌 현존에서 기인한다.[200]

성서에서 창조의 방향성은 태초부터 정해져 있는데,[201] 왜냐하면 창조는 안식일을 목적으로 지향되어져 있기 때문이라고 몰트만은 주장한다. 창조에 대한 성서의 첫 번째 기록에 의하면, 시간은 안식일을 통해 리듬감 있게 질서 잡혀 있다.[202] 시간은 안식일의 리듬 가운데 자신을 소

---

[197] *God in Creation*, 187. 몰트만에 의하면, 안식일은 "창조의 왕관"일 뿐만 아니라 "역사의 왕관"이기도 한데, 왜냐하면 안식일의 샬롬을 통해 역사는 성화(聖化)되며 복을 받기 때문이다. *Ibid*., 139. 창세기의 첫 번째 창조 기사에 의하면, 하나님이 제일 먼저 거룩하게 한 것은 시간으로, 하나님은 일곱째 날에 안식하면서 이 날을 복되고 거룩하게 한다. *The Source of Life*, 45.

[198] *God in Creation*, 188. 이스라엘에서 안식일은 "창조의 축제"라고 일컬어지는데, 왜냐하면 세계는 이 축제를 위해 창조되었기 때문이다. *Ibid*., 83 참조. 또한 『그리스도가 계신 곳에 생명이 있습니다』, 159-160. 인간중심적 사고와 행위로 발생한 현대의 생태학적 위기 가운데 안식일에 대한 반성은 필연적인데, 우리는 안식일을 통해 자연과 인간을 하나님의 창조 작품으로 받아들일 수 있기 때문이라고 몰트만은 주장한다. *God in Creation*, 296.

[199] 몰트만에 의하면, 안식일의 복과 성화는 모든 세계에 우주적인 영향력을 끼친다는 점에서 다른 복과 차이를 보인다. *Ibid*., 282f.

[200] 유대인의 희망에 의하면, "안식일의 여왕"은 일곱째 날 이스라엘의 가정에 찾아와 영원한 하나님과 하나님의 쉐키나를 연합하게 한다. *The Source of Life*, 41.

[201] *God in Creation*, 5-6. 몰트만에 의하면, 창 1장에 등장하는 태초창조의 질서로 인해 역사의 목적과 완성은 종말론적 안식일에서 발견된다는 결론이 도출된다. *The Way of Jesus Christ*, 302. 몰트만 창조론이 창조의 목적을 내세움으로써 하나님의 안식과 종말론적 안식일을 강조함에 반해, 바르트 창조론은 창조의 목적을 말하면서 창조의 선함을 강조한다. 바르트는 창조 세계에 목적이 있기 때문에 선한 창조라고 주장한다. 바르트, 『교회 교의학』 III/1, 466.

[202] *The Coming of God*, 283-284. 바르트가 자신의 『교회 교의학』 첫 번째 책(1932년) 머리말에서 밝혔듯이, 창조론은 질서의 관점, 화해론은 율법의 관점, 구원론은 약속의 관점에서 서술되는 성격을 각각 가진다. 바르트, 『교회 교의학』 I/1, 13 참조.

생시키며,[203] 더 나아가 종말에 있을 새 창조의 메시아적 안식일을 지향하고 이를 준비한다. 시간은 종말에 있을 창조자 하나님의 궁극적 내주(*shekinah*)를 위하여 창조되었다.[204]

몰트만에 의하면, 창조를 완성하는 일곱째 날로서의 안식일은 하나님의 종말론적 쉐키나가 이뤄질 새 창조에 대한 약속이다.[205] 안식일은 종말론적 구원의 세계도 미리 보여주는데, 왜냐하면 세계가 "현존의 고향성"(Heimatlichkeit)[206]의 빛에서 기술된다면 종말론적 창조론으로서의 "안식일의 창조론"[207]이 전개될 수 있기 때문이다.

몰트만에 의하면, 안식일은 종말론적 새 창조를 표현하는 좋은 단어인데, 베크(Johann Tobias Beck, 1804-1878)는 상호침투(*perichoresis*)에 대한 삼

---

203 몰트만에 의하면, 궁극적 미래에 대한 기다림은 시간의 직선(直線)화가 아닌 리듬(rhythm)화를 초래한다. *The Coming of God*, 138.
204 창조의 시작과 완성을 구분하고, 기존의 하늘과 땅 그리고 "새 하늘과 새 땅"을 구분하는 기준은 창조 세계 안에 있는 하나님의 충만한 현존이다. *Ibid*., 265-266. 몰트만에 의하면, 종말론적 새 창조는 하나님이 변화된 세계에 충만히 거하고 새 창조 세계가 그의 거처가 되는 것을 의미한다. *Jesus Christ for Today's World*, 133-134 참조.
205 몰트만에 의하면, 안식일의 관점에서 창조는 처음부터 완성에 대한 약속을 그 자체 안에 가지고 있다. 새 창조는 첫 번째 창조를 전제로서 받아들이되, 태초창조에 대한 회복이 아니라 그에 대한 궁극적 완성을 지향한다. 희망의 차원을 가진 역사의 마지막은 시작보다 훨씬 큰데, 이것은 안식일이 하나님 보기에 "매우 좋은" 다른 창조물을 뛰어넘는, 미래에 있을 새 창조의 영광을 가리킨다는 점에서 분명해진다. *The Coming of God*, 263-264. 요한계시록에서 새 예루살렘은 파라다이스로서 에덴 동산을 그 안에 포함(22:1 이하)하지만, 회복된 파라다이스 이상의 장소이다. *Ibid*., 314.
206 몰트만에 의하면, 종말에 하나님이 새 창조 세계 안에 충만하게 거한다면, 이것은 하나님이 새 창조 세계를 자신의 고향으로 만든다는 것을 의미한다. *God in Creation*, 5 참조.
207 "창조의 축제"로서의 안식일은 태초창조로부터 새 창조에 이르기까지 모든 역사의 목적이라고 몰트만은 주장한다. *The Church in the Power of the Spirit*, 268-269. 잠 8장에 의하면, 창조는 놀이와 잔치의 성격을 갖는데, 왜냐하면 세계는 자유와 개연성 가운데 창조되었기 때문이다. *God in Creation*, 311. 하나님은 창조 행위를 통해 세계와 교제하는데, 이것이 세계가 존재하는 이유이다. 신옥수, "몰트만의 창조 이해에 나타난 '하나님의 케노시스'," 「한국조직신학논총」 27집 (2010, 9), 100.

위일체론적 사고를 통해 부활 이후의 새 창조 세계를 언급한다.[208] 베크에 의하면, 종말의 안식일에 삼위일체 하나님이 새 창조 세계에 내주함으로써 신적 속성과 우주적 속성 사이에 우주적 삼투가 발생하며,[209] 이로 인한 상대적 영원(aeon)을 통해 하나님의 절대적 영원과 피조의 시간 사이에도 삼투가 발생한다.

또한, 우리는 안식일과 관련하여 육체의 영성에도 주목할 필요가 있는데, 왜냐하면 안식일은 각종 규칙과 굴레로부터 육체를 해방시키기 때문이라고 몰트만은 강조한다.[210] 노동 시간에는 모든 힘이 집중되기 때문에 노동 후에는 휴식이 필요한데, 안식일 계명은 육체의 해방으로서 휴식의 영성을 지시한다.

> 엿새 동안은 힘써 네 모든 일을 행할 것이나, 일곱째 날은 네 하나님 여호와의 안식일인즉, 너나 네 아들이나 네 딸이나 네 남종이나 네 여종이나 네 가축이나 네 문안에 머무는 객이라도 아무 일도 하지 말라(출 20:9-10).[211]

---

208 *The Coming of God*, 277-278. 하나님의 영과 세계 사이의 침투 이론은 철학적으로 헤겔적이다. Salai Hla Aung, *The Doctrine of Creation in the Theology of Barth, Moltmann and Pannenberg*, 102-103. 몰트만이 말하는 세계에 대한 하나님의 침투적 임재에 대해서는 Graham Buxton, *The Trinity, Creation and Pastoral Ministry: Imaging the Perichoretic God* (Nottingham: Paternoster, 2005), 238f. 몰트만에게 페리코레시스(perichoresis)는 만유재신론적 하나님 이해를 위한 핵심 개념이다.

209 *The Source of Life*, 46-47.

210 *Ibid.*, 82. 이에 대해서는 본서 제5장 1절 4항의 "이원론적 세계관을 거부하는 통전적인 원리로서의 생명의 영"을 참조하라.

211 몰트만에 의하면, 이 구절은 해방의 차원을 가진 안식일의 특징을 잘 드러내는데, 왜냐하면 자유의 날로서 안식일 없는 해방은 존재하지 않기 때문이다. *The Spirit of Life*, 277. 구약성서의 안식일은 태초창조 이후에 하나님이 "안식하는" 날인 동시에 출애굽의 해방이 회상되는 날이다. 『그리스도가 계신 곳에 생명이 있습니다』, 20f. 이와 함께 생각되어져야 할 것이 있는데, 그것은 예전에는 안식일의 전제, 즉 "엿새 동안은 힘써 네 모든 일을 행할 것이나"(출 20:9)가 노동의 명령이었지만, 오늘날 이 명령은 모든

안식일에 대한 메시아 예수의 명제는 "안식일이 사람을 위하여 있는 것이요, 사람이 안식일을 위하여 있는 것이 아니니 이러므로 인자는 안식일에도 주인"(막 2:27-28)이라는 말씀으로 요약된다고 몰트만은 강조한다.[212] 메시아 예수가 이 명제를 통해 제의적인 것과 세속적인 것, 안식일과 평일 사이의 분리를 폐지하는 것은 모든 삶이 메시아적 축제성을 갖게 하기 위해서이다.[213] 나사렛 예수의 사명이 메시아적인 것이라면 그 사명과 함께 메시아적 안식일이 시작되기 때문에,[214] 제의적인 안식일만이 아니라 모든 날이 궁극적인 축제의 날이 된다.[215]

몰트만에 의하면, 매주 반복되는 안식일은 노동 시간을 중단할 뿐만 아니라 안식년과 희년 그리고 메시아적 시대를 가리킨다.[216] 레위기 25장

이들에게 필요한 "노동의 권리"를 뒷받침해 주는 것으로 전환되어 이해되어야 한다는 것이다. 실업률이 심각한 사회에서 닷새 이상 동안 일할 수 있는 것은 일종의 행운이라고 몰트만은 언급한다. *The Source of Life*, 82 참조.

212 *The Church in the Power of the Spirit*, 270.
213 평일에 이뤄지는 노동은 긴장과 부담의 연속이므로 축제적 긴장 완화가 요구되며, 이것은 흔히 "휴식을 취하라"는 말로 표현된다. 일부 그리스도인들도 주일 예배 안에서 영적 긴장 완화와 종교적 면제를 추구하지만, 평일과 축제일의 차이를 평일을 위하여 극복하는 이러한 방식은 메시아적이라고 일컬어질 수 없는데, 그것은 다만 슬픈 일이기 때문이라고 몰트만은 언급한다. *Ibid.*, 272.
214 눅 4:18 이하에 의하면, 메시아 예수의 하나님 나라를 향한 공적 활동은 메시아적 안식일이 선포됨으로써 시작되는데, 이로써 사 61:1-3의 희년과 메시아적 시대에 대한 약속은 메시아 예수를 통해서 성취된다. *God in Creation*, 290, 6. 몰트만에 의하면, 하나님 나라에 대한 예수 그리스도의 선포가 메시아적 안식일의 기능을 발휘하게 한다면, 이것은 자유의 시대가 메시아 예수로부터 시작됨을 의미한다. 레 25장의 희년 해석은 공생애 시기의 메시아 예수의 말씀과 사역 모두에게서 발견된다. *The Way of Jesus Christ*, 119f. 메시아 예수의 희년 해석과 그에 따른 사역은 생태학적 위기가 계속되는 현대에 보편타당성을 얻는다. *Ibid*, 122 참조.
215 몰트만에 의하면, 메시아적 축제는 피안의 엑스타시(ecstasy)가 아니라 세계의 질적 변화를 의미한다. *The Church in the Power of the Spirit*, 261f.
216 *God in Creation*, 6.

이하에 의하면, 안식일은 추수의 때에 이스라엘 민족에게 이방신 대신에 등장하는데, 안식일과 안식년의 계명을 지키는 자에게는 메시아적 시대, 즉 풍요로운 추수와 평화로운 삶이 약속된다. 이에 반해, 안식년의 계명을 어기는 자에게는 땅이 황폐하게 되어 땅을 버릴 수밖에 없을 것이 선언되는데[217] 역대하 36장 19-21절까지의 말씀에 의하면, 이스라엘은 안식년의 계명을 지키지 않아서 바빌론 포로 생활을 겪는다.[218]

메시아적 시대(Messianic age)는 "끝이 없는 안식일"이며,[219] 이것은 온 이스라엘이 안식일을 지킬 때에야 비로소 메시아가 올 것임을 뜻한다고 몰트만은 주장한다. 이스라엘이 전체적으로 안식일을 준수한다면 그 때가 바로 메시아적 시대이며, 반대로 메시아적 시대는 안식일이 지켜짐으로써 선취되는 것으로 이해된다.[220] 안식일이 지켜질 때마다 메시아는 "안

---

217 *The Way of Jesus Christ*, 309.
218 몰트만에 의하면, 이것은 바벨론 포로기에 대한 성서의 생태학적인 해석으로서, 여기에서 하나님은 자기의 땅을 구원하기 위해 자기의 백성을 전쟁에서 패배시키고 포로로 잡혀가게 하는 것으로 받아들여진다. 하나님은 자신의 백성에게 50년 동안 팔레스틴 땅을 경작하지 않고 놔두게 하는데, 그런 뒤에야 비로소 땅은 회복되고 하나님의 백성은 다시 돌아온다. 『그리스도가 계신 곳에 생명이 있습니다』, 158-159. 바빌론(Barbylon), 인도 갠지스(Ganges)강, 북아프리카(North Africa), 멕시코(Mexico)의 거대 문명들이 모두 몰락하게 된 원인은, 이 문명인들이 모두 그들의 땅을 착취하여 땅의 생산성을 심각하게 파괴시켰기 때문이다. *The Way of Jesus Christ*, 310. 김진혁 박사에 의하면, 몰트만의 안식 이론은 생태학적 위기에 대한 대응이라는 측면에서 이해될 수 있다. Jin-Hyok Kim, "The Sabbath — the Messianic Feast of Creation: Some Reflections on Jürgen Moltmann's Ecological Doctrine of the Sabbath" 「신학논단」 70집 (2012, 12), 301 참조.
219 *The Way of Jesus Christ*, 27. 안식일은 역사 가운데 일어나는 메시아적 간주곡, 메시아적 성례전과 같다고 몰트만은 언급한다. 메시아가 현실 세계에 다시 오게 하기 위하여, 안식일은 세계에 일상 가운데 있는 구원의 비전을 가져다준다.
220 로젠츠바이크(Franz Rosenzweig, 1886-1929)는 메시아적 구원의 순간을 안식일에 상응하여 표현하는데, 왜냐하면 유대교적으로 메시아와 안식일은 서로 결합되어 있기 때문이다. 메시아는 온 이스라엘이 안식일을 지킬 때에야 비로소 자신의 백성에게로

식일의 여왕"과 함께 자신의 백성 가운데 있을 것인데, 이와 같이 안식일은 자신을 넘어 희년[221]과 메시아적 시대의 축제일을 가리킨다.

3) 창조의 완성인 영광의 나라

몰트만에 의하면, 종말에 있을 하나님의 구원은 세계에 대한 하나님의 통치와 주권의 온전한 실현으로 나타난다.[222] 이것은 하나님이 새 창조 세계에 내주하는 영광의 나라를 가리키는데, 종말에 있을 부활한 그리스도의 재림(parousia) 이후에는 시간적 창조가 영원의 창조로,[223] 공간적 창조가 편재의 창조로 전이될 것이다.[224]

먼저, 하나님이 영광의 나라에서 자신의 영원한 현존을 통해 죽음을 영원히 폐기한다면(사 25:8), 시간은 새 창조의 영원에 의해서 지양되어

오고, 메시아가 오면 종말론적인 안식일은 시작되는 것으로 이해된다. *The Coming of God*, 35.

[221] 몰트만에 의하면, 희년(the year of jubilee)은 다음과 같은 세 가지의 차원을 가진다. 첫째는 신학적 차원으로, 희년에 하나님은 안식하면서 우리 가운데 거한다. 둘째는 인간학적 차원으로, 희년에 나타난 하나님의 의는 하나님의 백성 안에 있는 지배자와 피지배자 사이의 분열을 치료한다. 셋째는 생태학적 차원으로, 땅은 희년에 노동의 대상에서 제외되며 이로써 식물과 동물도 자신들의 권리를 회복한다. 『그리스도가 계신 곳에 생명이 있습니다』, 22-23.

[222] *God in Creation*, 281. 몰트만에 의하면, 하나님은 통치하는 데에서 자신의 영광을 얻기 때문에, 하나님의 온전한 통치가 이뤄지는 종말은 영광의 나라라고 칭해진다. *The Church in the Power of the Spirit*, 32 참조.

[223] 몰트만에 의하면, 영광의 나라에도 역사와 가능성이 있을 것이다. 왜냐하면 개방적 체계로서의 영광의 나라에는 역사의 마지막 대신에 마지막과 함께 시작하는 영원(aeon)한 역사의 시작이 있을 것이기 때문이다. *God in Creation*, 213-214.

[224] 창조의 완성으로서의 새 창조는 시간의 삶에서 영원(aeon)의 삶으로의 전이를 의미한다고 몰트만은 주장한다. *The Coming of God*, 265. 이 전이의 전제는 부활한 그리스도의 재림으로, 재림의 순간은 기존의 모든 세계에 종말로서의 새 창조를 가져온다.

시간적 허무성 자체가 사라지게 된다. 여기에서 새 창조의 영원은 하나님의 절대적 영원이 아니라 피조물의 상대적 영원[225]을 가리킨다.

다음으로, 태초창조의 공간이 하나님의 자기 제한을 통해 편재가 거두들여짐으로써 생성됨에 반해, 영원한 영광의 나라에는 하나님의 자기 제한이 폐기됨으로써 하나님의 편재가 다시 가능해지게 된다.[226] 공간의 종말을 묘사하는 요한계시록 20장 11절에 의하면, 영광의 나라에서 하나님의 위엄스럽고 밝은 얼굴은 환히 드러나고, 이로써 기존의 하늘과 땅은 하나님의 보좌 앞에서 사라진다.[227] 또한, 삼위일체 하나님은 종말에 있을 "새 하늘과 새 땅"을 가리키는 영광의 나라에서 자신의 안식처를 발견한다.[228]

몰트만에 의하면, 종말에 하나님이 안식할 도시로서의 "새 예루살렘"[229]은 우주적 성전이며 파라다이스인데, 여기에는 생명수와 생명나무(계 22:1-2)로 묘사되는 영원한 생명이 존재한다(계 21:6 참조). 하나님의 현존이 "새 예루살렘" 안에 충만하게 거함으로써 영원한 생명을 얻은 모

---

225 앞서도 몇 차례 언급된 바 있지만, 몰트만은 상대적 영원을 설명하기 위해 고대 교회의 에온(aeon) 개념을 사용하는데, 에온은 하나님의 절대적 영원이 아니라 하나님의 영원에 연계된 피조물의 상대적 영원을 의미한다. 몰트만에 의하면, 상대적 영원으로서의 에온과 시간 사이의 본질적인 차이는 시간이 돌이켜질 수 없는 반면, 에온은 돌이켜질 수 있다는 데 있다. 영원한 영광의 나라에서 직선형의 시간은 원형의 에온으로 전이될 것인데, 여기에서 영원은 삶의 끝없는 연장이 아니라 삶의 깊고 강렬한 차원을 의미한다. *God in Creation*, 184 참조. 에온의 또 다른 의미로 질서를 전제하지 않은 세상이 있다. 현우식, "구원에 대한 과학신학적 해석," 「한국조직신학논총」 42집 (2015. 9), 243의 각주 8.

226 *The Coming of God*, 296.
227 *God in Creation*, 156.
228 *Ibid*., 295.
229 몰트만에 의하면, "새 예루살렘"은 자신의 모델로서 성전을 가진 지상의 예루살렘을, 반면교사로서 로마 제국 안에 있는 로마 도시의 코드로서 "바벨로니아"(Babylonia)를 가진다. *The Coming of God*, 311.

든 피조물은 이곳에서 "하나님의 얼굴"을 볼 수 있다.[230] 하나님의 영광이 만유를 비추는 가운데, 하나님의 "보좌"는 더 이상 하늘이 아닌 하늘과 땅을 결합하는 이 도시 안에 있게 된다. 요한계시록 21장과 22장의 "새 예루살렘"의 비전은 에스겔 37장부터 48장까지의 말씀에서 유래하지만,[231] 묵시사상적 표상과 고대 그리스의 폴리스(polis) 전통도 수용한다.

"새 예루살렘"과 하나님의 새로운 백성에게 가장 중요한 것은 하나님의 내주, 즉 하나님의 우주적 쉐키나[232]로서 이 내주는 거룩과 영광이라는 두 가지 속성을 가진다고 몰트만은 강조한다. 먼저, 하나님과 하나님에게 속한 모든 것은 거룩하기 때문에 거룩한 하나님의 도시에서 거룩하지 않은 것은 모두 제거된다. 또한, 영광은 빛나는 하나님의 광채에서 유래하는데,[233] 투명한 광채는 모든 것 안에 스며들지만 모든 것을 파괴하지 않고 성취하는 하나님의 삼투에 대한 표징이다.

이러한 내주의 속성으로서의 거룩과 영광은 미학적인 종말론과 함께[234]

---

[230] 몰트만에 의하면, 더 이상 계시와 전통을 통해 중재되지 않고 직접적으로 하나님과 하나님의 영광을 보는 종말론적인 하나님 체험이 여기에서 기대된다. 왜냐하면 하나님의 직접적이고 영원한 종말의 현존 가운데 하나님에 대한 기다림이 지양되기 때문이다. *The Spirit of Life*, 58. 영광의 나라에는 "더 이상 복사될 수 없고" 더 이상 복사될 필요도 없는 하나님의 존재가 온전히 나타나기 때문에, 구약성서의 형상금지 명령이 비로소 여기에서 성취되는 것으로 받아들여진다. *God in Creation*, 64. 새 성전에 대해 관심을 갖는 에스겔의 비전과는 대조적으로, 요한계시록의 비전에는 어떠한 성전도 등장하지 않는다. 요한계시록에 등장하는 하나님의 도시로서의 "새 예루살렘"은 하나님의 특별한 "집"인데, 여기에는 하나님의 직접적 현존이 충만하기 때문에 종교와 제의를 주관하는 성전이 더 이상 필요하지 않다. *The Coming of God*, 315.

[231] *Ibid.*, 313. 몰트만에 의하면, 하나님의 궁극적 내주에 대한 유대교적 희망은 "새 하늘과 새 땅"에 대한 기독교적 희망의 기초로서, 겔 37:27도 계 21:3에 다시 등장한다. *Ibid.*, 305.

[232] *Ibid.*, 317-318.

[233] *Ibid.*, 336.

[234] 몰트만에 의하면, 창조는 단순히 하나님의 의지나 자기 실현만이 아니라 하나님의 충

세계의 종말론적 창조 목적을 나타낸다. 창조의 완성은 오직 삼위일체론과 종말론적으로만 이해될 수 있는데,²³⁵ 종말론적으로 만물은 영광의 나라로 불려 모아지게 될 것이라고 몰트만은 언급한다.²³⁶ 이것은 창조된 그 어떤 것도 하나님에게 망각되지 않음을 가리키는데, 하나님에게 상실되는 것이 아무 것도 없이²³⁷ 종말에 만물은 빠짐없이 피조물의 정체성을 유지한 채,²³⁸ 하나님에 의해 새롭게 창조될 것이다. 그리고 하나님은

만을 전달하기 위해서 제작된 예술의 성격을 가진 것으로 이해될 수도 있다. *Ibid.*, 338-339. 개혁교회의 정통주의 교의학에 의하면, 창조의 최종 목적은 하나님의 영광이며 "하나님을 영광스럽게 하며 그를 영원히 누리는 것"이 인간의 가장 차원 높은 창조 목적이다. 인간이 하나님을 영광스럽게 한다는 것은 하나님의 현존과 자신의 현존을 모두 기뻐하고, 이 기쁨을 감사와 찬양과 즐거움으로 표현하는 것이므로, 하나님을 영광스럽게 하는 일에서 모든 도덕적 목적과 경제적 유용성은 제외된다. 하나님의 영화는 아이가 자신을 잊고 즐겁게 노는 놀이의 측면을 가진다. *Ibid.*, 323. 몰트만의 놀이의 신학에 대해서는, Jürgen Moltmann, *Die ersten Freigelassenen der Schöpfung: Versuche über die Freude an der Freiheit und das Wohlgefallen am Spiel* (6. Aufl.; München: Christian Kaiser Verlag, 1981) 참조. 몰트만의 "놀이의 신학"에 의하면, 하나님은 "자유로운 창조자"이며, 세계 창조는 형이상학적 필연성으로 설명되지 않는 특징을 가진다. 손호현, "몰트만의 놀이의 신학," 「신학사상」 137집 (2007, 여름), 129-159. 특히 140-141. 또한 임걸 박사에 의하면, 하나님은 영적인 예술가이다. "하나님이 안식일을 만들어 곧 일정한 자연의 시간을 구별하여, 사람과 동물이 거룩한 한 날에 쉬게 한다든지, (중략: 필자) 하나님은 아름답고 새로운 영적인 관계를 만든, 그리고 지금도 그 영적인 관계를 만들고 있는 영적인 예술가이다." 임걸, "예술가로서 목사: 교회 문화 갱신을 위한 목회자 정체성," 「한국기독교신학논총」 31집 (2004, 1), 335-365. 인용문은 344.

235 *Jesus Christ for Today's World*, 140f. 창조의 완성이자 삼위일체론적 역사의 마지막으로서의 영광의 나라에 대해서는 본서 제4장 3절 2항의 "삼위일체론적 왕국론과 영광의 나라에서 계시될 삼위일체의 통일성"을 참조하라.
236 전통적으로 세계의 종말론적인 미래는 "영광의 나라"로 표현된다. *God in Creation*, 5.
237 이에 대해서는 본서 제5장 1절 3항의 "피조물을 잃어버리지 않는 전능한 부활의 영"을 참조하라.
238 몰트만에 의하면, 영광의 나라에서도 세계는 하나님이 되지 않으며 피조물로서의 자격을 분명히 유지한다. *God in Creation*, 183-184. 영광의 나라에서도 새 창조 세계는 예수 그리스도를 영원히 의지한다.

창조의 완성인 새 창조 세계로서의 영광의 나라[239]에서 만유의 주(主)로서 "모든 것 가운데 모든 것"이 될 것이다(고전 15:28).[240]

---

239 몰트만에 의하면, 아버지의 창조의 나라는 종말에 있을 영광의 현실적인 약속으로서 궁극적인 미(美)에 대한 암호와 표시로 가득하고, 아들의 나라는 영광의 역사적인 약속으로서 형제자매의 관계인 사랑과 희망으로 가득하며, 성령의 나라는 역사와 죽음의 제약을 받기는 하지만 그리스도의 부활의 빛 가운데 영광의 나라가 이미 시작하였음을 지시한다. 창조의 완성은 영광의 나라에서 아버지가 성령 가운데 아들을 통하여 영화롭게 되는 데에 있다. *The Trinity and the Kingdom*, 125–126 참조. 영광의 나라는 아버지의 창조의 완성이며, 아들의 해방과 우주적 실현이고, 성령 임재의 종말론적이고 보편적인 성취라고 받아들여진다. *Ibid.*, 212.

240 *Theology of Hope*, 224 참조.

제 7 장

결론

1. 요약

생태계의 위기가 심각한 상황 가운데 전개된 몰트만의 생명신학에 대해서 우리는 다음과 같이 요약할 수 있다.

서론에서 연구 동기와 연구 목적, 선행 연구사와 최근 연구 동향, 연구 범위와 연구 방법이 제시됐다.

그 다음으로, 우리는 제2장에서 구원의 새 생명 세계를 약속하는 하나님에 대해서 고찰하였다.

첫째, 하나님이 약속하는 세계와 "옛 세계," 즉 현실 세계와의 관계가 확인되었다. 궁극적인 세계가 미래에 있을 것으로 약속되었으므로 현실 세계는 무가치하다는 오해도 생길 수 있지만, 몰트만은 성서의 약속된 세계 이해는 그리스도인으로 하여금 현재적 삶을 긍정하게 하고 메시아적인 미래를 향한 적극적인 자세를 갖게 하는 동시에, 부조리한 현실에 대한 비판적인 자세도 갖게 한다고 주장한다.

세계에 신실한 하나님이 메시아적인 세계를 약속한다는 말씀은 그리스도인으로 하여금 허무주의적이며 절망적인 세계관을 극복하게 하며 또한, 세계의 질적 변화를 말하는 성서의 종말론적인 구원 역사는 구원을 피안적인 영혼 구원으로만 협소하게 이해하는 태도에 반기를 들게 한다. 이러한 성서적 구원 신앙을 소유한 교회는 각종 부조리와 악으로 물든 세계에 대해 성화(聖化)의 과제를 가진다. 교회는 하나님 나라를 대표하지만 그 전부는 아닌데(pars pro toto), 이러한 입장은 자신을 유일하고 전체적인 구원 공동체로 여기는 로마 가톨릭교회의 이해와 차이를 보이는 것이다.

둘째, 성서에 등장하는 약속의 하나님 이해가 전개되는데, 먼저 구약성서에서 하나님은 이집트의 노예였던 히브리인들에게 찾아와 "젖과 꿀"의 가나안을 약속하며, 약속을 믿고 따르는 자신의 백성에게 노예 생활로부터의 해방과 가나안에 대한 약속 성취를 선사한다. 또한, 하나님은 절망적인 포로기의 이스라엘에게 예언자들을 통해 종말에 있을 구원의 메시아와 메시아적 시대로서의 "새 출애굽," "새 하늘과 새 땅"을 계시의 말씀으로 약속한다.

셋째, 신약성서에서도 하나님은 약속의 계시를 나타내는데, 예수 그리스도의 구원 역사가 약속의 계시로 받아들여진다. 약속의 하나님은 예수 그리스도를 통해 구체적으로 계시되는데, 먼저 구약성서의 약속된 메시아로서의 예수 그리스도는 구약성서의 약속을 성취하며, 십자가 사건을 통해 구약성서에서 약속된 메시아적 구원의 진리가 무엇인지 밝힌다.

그러나 더 큰 하나님의 현실을 지시하는 약속은 성취로 인해 사라지지 않으며, 예수 그리스도도 율법의 마지막(롬 10:4)이지만 약속의 마지막인 것은 아니다. 아울러, 부활을 통해 죽음이 사라진 종말론적인 생명 세계가 예수 그리스도로부터 시작되었다는 것과, 그리스도의 부활 사건은 종말에 있을 "죽은 자들의 부활"의 "첫 열매"로서 이를 선취한다는 것이 제시된다.

넷째, 하나님의 존재 규정은 한 신학의 방향 전체를 결정짓는 중요 주제인데, 몰트만에게 있어서 하나님의 존재 규정은 미래 지향성이다. 이것은 하나님의 이름인 야웨(YHWH)에게서도 분명히 드러나는데 (출 3:14), 이 이름은 미래를 자신의 존재 규정으로 가지는 하나님을 가리키기 때문이다. 몰트만에게 있어서 하나님은 약속된 메시아적 미래에서 현재로 돌입하면서 역사에 궁극적인 새로움을 가져오는 구원자이다.

또한 몰트만에 의하면, 구원의 미래는 현실 세계와 차원을 달리하는 궁극적인 새로움을 그 특징으로 가지는데, 이것은 일방적이고 직선적인 진보주의의 미래가 아니라, 오시는 하나님으로 인해 생기는 전적으로 새로운 구원의 미래이며 억압된 자들을 해방하는 자유의 미래이다. 하나님의 약속과 도래로 인해 가능해지는 종말론적인 미래는 시간의 초월성이자 원천이며 통일성이라는 점에서 다른 시간에 대해 독립적 우위를 가지며, 이러한 구원의 미래로 인해 현실은 개방성과 새로움을 획득하는데, 이로써 궁극적인 새 창조 세계가 기대된다.

제3장에서는 몰트만이 하나님과 세계와의 관계를 설명하면서 "공감의 하나님"을 내세운다는 것이 제시되었다.

첫째, 고대 그리스 철학은 변하지 않는 것이 영원하고 신적인 것이라고 생각했던 반면, 성서는 하나님을 "공감의 하나님"(*Deus sympatheticus*)으로 제시한다. 창조자 하나님은 자기 구분적인 사랑을 통해 초월성을 확보하면서, 고난당하는 세계에 정열(*pathos*)로 함께하며 세계를 구원한다. 하나님의 정열은 십자가 사건에서 가장 분명하게 계시되는데, 십자가 사건에서 아버지는 자기 구분 가운데 성령을 통해 아들의 고난 사건에 동참하며 이로써 세계를 구원한다. 자기 구분적인 사랑 가운데 죽임 당하는 아들로 인해 고난받는 하나님의 개념은 세계의 고난에 공감하고 세계를 구원하는 하나님 이해를 가능하게 한다.

둘째, 하나님의 고난 가능성은 창조주 하나님과 고난당하는 피조물 사이의 연대를 목표로 가지는데, 먼저 이 연대는 "죄인들"과 함께하며 그들의 형제가 되는 거룩한 하나님의 아들 예수 그리스도에게서 나타난다. 예수 그리스도는 공생애 가운데 "죄인들"의 형제가 되지만, "타자를 위한 존재"로서 모든 죄인들을 십자가 사건을 통해 구원한다.

또한, "새 하늘과 새 땅"을 기대하며 신음하는 피조물과 함께하면서 그들의 탄식을 듣는 성령에게서도 연대가 나타난다. 하나님의 구원의 시초에는 언제나 피조물의 탄식이 있는데, 이집트에서 고난당하는 이스라엘의 아우성(출 3:7), 십자가에서 버림받은 그리스도의 외침(막 15:34) 등이 그러하다. 고난받는 세계의 신음과 탄식은 종말론적 전조로도 이해될 수 있다.

다음으로, 고난은 신앙 공동체 역사에서 구체적으로 순교의 형태로 나타났기 때문에, 공동체는 순교자들을 기억하며 그들과 연대해야 함이 제시된다. 현실에서 죽음은 가장 강력한 고난이기 때문에, 선교 공동체이자 고난당하는 세계와 연대하는 하나님의 백성으로서의 교회는 마땅히 희생자들을 기억하고 그들과 연대해야 한다.

셋째, 몰트만은 하나님의 강함과 구원이 역설적으로 그의 고난 가운데 현실화된다고 강조한다. 물론, 하나님의 능력은 그의 전능 가운데에서도 나타나지만 결정적으로는 고난 가운데 나타나는데, 이것은 구원이 "고난받는 하나님의 종"으로서의 예수 그리스도를 통해 이뤄진 사실을 통해서도 쉽게 확인된다.

또한, 몰트만은 단일신론적 유신론과 저항적 무신론의 하나님의 진리에 대한 왜곡과 공격에 대해서 적절하게 대응하고 교정할 수 있는 유일한 길은, 십자가에서 고난당하는 삼위일체 하나님에 대한 신앙뿐이라고 주장한다. 고난 가운데 창조 사역과 구원 사역을 이루는 삼위일체 하나님만이 고난당하는 세계에 위로와 대답이 되며, 거짓된 종교와 우상을 파괴하는 능력이 된다.

제4장에서 우리는 미래를 계시하고 세계를 치유하는 하나님의 삼위일체에 대해서 고찰하였다.

첫째, 하나님의 삼위일체는 예수 그리스도의 십자가 사건에서 결정적으로 계시된다고 몰트만은 주장한다. 왜냐하면 아들의 십자가 사건에서 아들에 대한 아버지의 자기 구분적인 사랑과 성령의 임재가 분명히 나타나기 때문이다. 삼위일체는 이성에 의한 하나님 존재 증명이 아니라 예수 그리스도의 십자가를 통해 계시되는데, 성서에 기록된 그리스도의 구원 이야기(narrative)는 삼위일체의 유일하고 충분한 역사적인 근거이다. 또한, 하나님이 십자가 사건에서 지배가 아닌 친교와 사랑으로 삼위일체를 계시한다고 할 때, 지배체제적인 신 이해는 지양되고 신학적 자유론으로서의 삼위일체론적 하나님 이해가 전개된다.

둘째, 이미 초대 교회 시기에 등장하였으며 몰트만이 다시 주목하는 순환의 삼위일체론은, 신적 본질로서의 영원한 사랑과 친교를 잘 드러낸다. 일종의 사회적 해석으로서의 순환의 삼위일체론은 삼위일체의 근원과 통일성이 주권이 아니라 친교에 있다고 주장한다. 이 삼위일체론은 순환(*perichoresis*)의 개념을 통해, 성부와 성자와 성령이 친교와 침투 가운데 서로 구분되는 동시에 통합되는 삼위일체 하나님의 비밀을 잘 나타낸다.

아울러, 순환론적 해석을 통해 성령 출현(*filioque*)의 문제가 전통적인 해석과는 달리 접근되기 때문에, 이 해석은 삼위일체론의 문제에 대한 새로운 해결책이 될 수 있다. 성서의 하나님 이해에 의하면, 아버지와 아들 그리고 성령은 하나의 모델에 따라 고정적으로 활동하는 게 아니라 순환적으로 활동한다. 다시 말해, 우리는 성서에서 삼위일체 하나님의 '아버지-성령-아들'의 순서와 '아버지-아들-성령'의 순서 그리고 '성령-아들-아버지'의 순서를 모두 발견한다.

그러므로 우리는 하나의 고정된 삼위일체 모형이 아니라 교차하고 순환하는 모형에 따라, 아버지와 아들과 성령의 삼위일체적 공동 활동이 존재하고 이뤄짐을 인정해야 하며, 그러할 때에 상이한 삼위일체론으로 인한 동방 교회와 서방 교회의 오래된 분열도 새로운 국면을 가지게 될 것으로 기대할 수 있다.

셋째, 하나님의 삼위일체는 역사를 가지는데, 몰트만은 이를 가리켜 하나님의 삼위일체론적 역사라고 부른다. 계시로서의 하나님의 삼위일체론적 역사는 메시아적 현실을 드러내는데, 여기에서 삼위일체 하나님은 역사적인 동시에 종말론적인 존재이며, 궁극적인 구원의 미래는 삼위일체론적 역사의 마지막에 나타날 것으로 이해된다.

또한, 요아킴(Joachim de Fiore, 1132-1202)에 의해 제기된 삼위일체 하나님 나라는 몰트만에 의해 수정되어 이해되는데, 양태론적이며 연대기적으로만 이해된 요아킴 이해와는 달리, 몰트만에게 하나님 나라는 매 순간 현존하고 전이됨으로써 존재하는 삼위일체론적인 것으로서, 또한 삼위일체의 통일성은 영원의 나라에서 드러날 것으로서 받아들여진다.

다음으로, 초대 교회부터 지금까지 삼위일체 하나님의 "삶의 자리"는 세례 예배 공동체의 세례와 송영임이 설명된다. 우리는 구원 체험을 감사와 찬양 그리고 기쁨으로 표현하지 않고서는 온전히 경험할 수 없지만, 우리가 삼위일체 하나님을 인식한다는 것은 감사와 경이 그리고 예배를 통해 하나님의 신적 삶의 충만함에 참여하는 것임을 의미한다고 몰트만은 강조한다.

제5장에서는 생명의 영으로 계신 하나님이 진술되었다.

첫째, 하나님의 영, 즉 루아흐 야웨는 생명의 근원이자 생명력으로서 세계에 초월하는 동시에 내재한다. 다시 말해, 세계에 대한 창조적인 근원이 하나님의 영(ruach)의 초월적인 면이라면, 살아 있는 피조물의 생명력은 하나님의 영의 내재적인 면이라고 말해질 수 있다. 하나님은 거룩한 생명력으로서 자신의 영 가운데 세계를 창조하고 유지하며 세계에 내재한다.

또한, 몰트만은 진화의 개념을 "계속적 창조"에 속하는 것으로 이해하면서, 생명 세계가 자기 초월적인 "진화의 원리"로서의 하나님의 영에 의해 조직, 분화, 발전하는 것으로 받아들인다. 하나님의 영은 새로운 가능성들을 창조하며 유기체들의 새로운 계획들을 포함한다는 점에서 "진화의 원리"이다.

아울러, 자신의 소유물로서의 생명 세계 그 어느 것도 상실하지 않고 구원하며, 종말에 부활의 능력으로 모든 것을 회복시키고 구원하는 전능한 하나님 이해가 진술된다. 이와 함께, 통전적인 원리로서의 생명의 영 이해는 영혼과 육체를 이원론적으로 분리하는 영 중심적인 인간 이해와 세계와 분리된 신비주의적인 영성 이해를 거부하면서, 그에 대한 대안으로 기능한다는 것도 제시된다.

둘째, 거룩한 생명의 영이자 자유와 친교의 영으로서의 하나님의 영은 피조물을 속박하는 모든 것으로부터 해방시키면서 피조물과 교제하는 것으로 받아들여진다. 하나님의 영은 존재론적으로 피조물의 거룩한 생명의 원천이자 생명력으로서 존재하는 동시에, 세계 내적으로 폐쇄적인 세계에 해방과 친교를 허락하는 자유의 영으로서 존재한다.

교제의 영으로서 하나님의 영은 세계를 창조함으로써 세계와 자유로운 친교를 시작하는데, 이 자유롭고 열린 친교는 종말에 있을 하나님 나라까지 중단되지 않고 이어진다. 하나님의 영은 만유재신론적인 개념으로서의 "넓은 공간" 그리고 물질론적 무신론의 주장과는 대립적인, 성서에서 유래하는 "개방적인 하늘"로 표현된다.

특히, 하나님 체험을 통해 영은 가능성을 위한 공간으로서 이해되는데, "넓은 공간"이라는 것은 생명 세계를 사방으로 둘러싸는, 가능성을 위한 공간으로서의 하나님의 영이 가진 신비스러운 친밀함을 표시한다. 또한, 하나님의 영으로서의 성령은 그리스도인 각자에게 다양한 은사를 부여하면서, "질식시키는" 폐쇄적 교권 제도가 아니라 자원적인 봉사 공동체로서의 교회를 세운다는 점이 몰트만에 의해 주장된다.

이와 함께, 하나님의 영을 통해서 하나님과 세계와의 친교가 우주적인 성격을 갖게 되며, 자유와 친교의 영으로 인해 인간과 세계 사이의 교제도 가능해진다는 것도 언급된다.

제6장에서는 메시아적 창조 공동체를 향한 새 창조의 하나님이 기술되었다.

첫째, 기독교 종말론의 새 창조는 현실 세계를 전제로 하며, 세계 파괴가 아니라 세계 변화를 지시한다. 왜냐하면 종말론적인 미래에서 역사로 도래하는 하나님이 "새 하나님"이 아니라, 창조 세계에 신실한 하나님이기 때문이다. 그러나 여기에서도 "해산의 고통"과 같이 긍정적이고 생산적인 묵시사상적 고난은 새 창조의 과정에 포함되는 것으로 이해된다. 새 창조 사건은 태초창조를 파괴하지 않고 완성한다는 점에서 구원론적이고 메시아적인 성격을 가진다.

둘째, 묵시사상적 고난이 새 창조 이전에 예정되어 있음에도 불구하고 종말론적인 새 창조는 이미 시작하였다고 성서는 기록하는데, 메시아적 새 창조의 희망은 과거와 현재의 구원 사건에서 구체화되어 나타난다.

먼저, 예수 그리스도의 부활은 새 창조의 "첫 열매"로서 종말론적인 새 창조를 약속하고 보증한다. 그리스도의 부활 가운데 죽음의 폐기와

"새 하늘과 새 땅"으로서의 새 창조 세계는 약속되고 보증된다. 또한, 죄인이 믿음으로 인해 의인으로 인정되는 칭의 사건도 하나님의 의가 죄인을 의롭게 한다는 점에서 새 창조성을 분명히 드러낸다. 이와 함께, 부활의 예수 그리스도는 우주적 그리스도론의 출발점이 된다는 점도 여기에서 등장하는데, 현대의 생태학적 위기 가운데 각광받는 우주적 그리스도론은 몰트만에 의해서도 주목받는다. 다음으로, 거듭남(重生)은 구원받은 그리스도인의 "시작하는 새 생명"을 나타내는데, 새 창조의 개인적인 성격과 세계의 메시아적 지향성을 나타내는 것으로 받아들여진다.

셋째, 세계의 완성은 하나님이 새 창조 세계 안에 충만하게 거주하는 데 있다고 몰트만은 강조한다. 그리스도의 재림 이후에 "모든 것 안에 모든 것이 될" 만유의 주(主) 하나님(고전 15:28)의 안식이 창조의 완성이자 목적인데, 이를 위해서는 하나님의 자기 제한으로부터의 해방이 선행되어져야 한다. 하나님은 창조를 위해 스스로를 제한시켜 피조물들에게 필요한 시간과 공간 그리고 자유를 창조하였으나, 새 창조의 때에 하나님은 이러한 자기 제한으로부터 해방될 것으로 기대된다.

또한, 시간 속의 안식일이 본향 없는 하나님의 쉐키나(*shekinah*)임에 반해, 종말론적 쉐키나는 세계 속에 있는 완성된 하나님의 "영원한 안식일"일 것이라고 받아들여진다. 그리고 영원한 하나님이 변화된 새 창조 세계 안에 나타난다면, 그의 영원은 시간 안에, 그의 편재는 공간 안에 나타나게 되며, 이로 인해 종말에 시간적 창조는 영원한 창조로, 공간적 창조는 편재적 창조로 변형될 것이다.

종말의 새 창조는 그 안에 있는 하나님의 새로운 현존을 통해 규정될 것인데, 종말에 하나님은 창조 세계에 대칭하여 있는 것이 아니라, 그 안에 거하며 그 안에서 자신의 안식을 발견할 것이다. 이로써 완성된 새 창조 세계는 영광의 나라이므로, 이 나라에서 "새 하늘과 새 땅"은 영원한 생명에 참여하는 하나님의 환경이 되지만, 피조물은 피조물의 정체성과 자격을 그대로 유지할 것으로 기대된다.

마지막으로 7장의 결론 부분은 전체의 내용을 요약하고, 그에 대한 평가를 제시함으로써 전체를 완결하였다.

2. 평가

우리는 **몰트만 신학의 공헌들**을 다음과 같이 정리할 수 있다.

첫째, 몰트만 신학은 하나님의 초월성이 점차 도외시되는 현대 신학 사조 가운데 강림의 미래 개념으로 그것을 견지했다는 장점을 가진다. 몰트만에게 있어서 하나님의 초월성은 강림의 미래(*adventus*)에서 발견되어지는데, 과거적 미래(*futurum*)로서의 미래 이해를 가지는 진보주의에서는 모든 시간이 지날수록 낡아지는 데 반해, 메마르지 않는 시간의 원천이자 초월성으로서의 강림절적 미래는 종말론적 새로움을 초래한다. 강림의 미래 개념이 세계 내재적이지 않고 세계 초월적이라는 점에서, 세계와 구분되는 초월적인 하나님, 즉 미래에서 "오시는 하나님" 이해가 가능해진다.

바르트(Karl Barth, 1886-1968)로 대표되는 20세기 전반의 변증법적 신학이 19세기의 자유주의 신학에 반대하여, 하나님의 주권과 통치를 내세우면서 하나님의 초월성을 강조했지만, 21세기의 신학 사조는 대체로 하나님의 내재성에 다시 몰입하는 경향을 나타낸다. 바르트가 자유주의 신학자들과 결별하게 된 까닭이 그들의 무기력하고 타락한 윤리 때문이었는데, 이것은 그들의 하나님 이해와 결코 무관하지 않음이 감안될 때 하나님의 초월성이 갖는 의미는 상당하다 할 것이며, 이로써 초월적인 하나님 이해는 몰트만의 중요한 신학적 공헌이라 생각된다.

세계에서 이뤄지는 모든 일이 세계 내재적인 하나님이 허락한 것이라고 정당화되면서 악용될 가능성은 충분히 존재하며 실제로 비극적 역사에서 그러했지만, 악에 대항한다는 측면에서도 초월적 하나님 이해는 결코 간과될 수 없는 중요 사안이다.

둘째, 강림절적 미래를 통해 초월적인 하나님을 강조하는 몰트만은 다른 현대 신학자들보다 더욱 개혁적인 성향을 보인다. 현상 유지와 자신의 기득권 유지를 위해 안간힘을 쓰는 이들과는 달리, 몰트만은 초월적인 하나님 이해를 통해 죄로 물든 인류가 공의로운 하나님의 미래를 향해 개방되고 변혁되어야 한다고 역설한다.

몰트만과 동시대인인 판넨베르크(Wolfhart Pannenberg, 1928-2014)가 하나님을 이성적으로 증명하고자 할 뿐 초월적인 하나님과 그 나라를 향한 개혁에 대해서 침묵함에 반해,[1] 몰트만은 세계가 초월적인 하나님의 미래를 향해 개방되어야 함을 지속적으로 강조한다. 우리가 "개혁된 교회는 항상 개혁되어야 한다"는 종교개혁의 표어를 떠올린다면, 이러한 몰트만의 개혁 성향이 얼마나 중요하고 타당한지 쉽게 인정할 수 있다.

다른 저술들에서도 경우가 마찬가지이지만, 특히 그의 『오시는 하나님』은 세계 기득권 세력의 대표라 할 수 있는 서방 국가들의 과오들을 원색적으로 지적한다. 여기에서 몰트만은 "아프리카 파괴," 남미를 향한 제1세계의 착취, 세계 무역 불균형으로 인한 제3세계의 경제적 파괴, 인종 청소, 생태학적 위기, 사회와 국가 간의 소득 불균형 등을 고발한다. 이러한 세계적이고 사회적인 문제 앞에서 몰트만은 약속된 하나님 나라를 향한 인류의 과감한 변혁을 요구한다.

---

1   김균진, 『현대 신학 사상』, 545 참조.

셋째, 초월적인 하나님 이해와 종말론적인 새로움을 초래하는 강림절적인 미래 개념은 세계의 개혁만이 아니라 신앙 공동체의 성화도 촉구한다. 몰트만은 나치 투쟁의 선봉에 섰던 본회퍼(Dietrich Bonhoeffer, 1906-1945)에게서 깊은 영향을 받았는데, 특히 그의 제자도 신학에 큰 영감을 받았다. 본회퍼의 제자도 신학(*Nachfolge*, 1937)은 현대 성화(聖化) 신학의 대표라고도 평가받는데, 몰트만 또한 교회의 과제로 성화를 내세운다.

하나님의 백성은 "오시는 하나님"의 종말론적인 역사 앞에서 하나님 나라의 도래를 위해 거룩한 삶을 살아야 한다고 몰트만은 강조한다. 성화에 대한 몰트만의 강조는 법적이고 윤리적인 물의를 일으키는 일부 교회와 그리스도인들에게 시사하는 바가 크다.

몰트만은 현실 세계를 중요하게 여기면서 역사 가운데 이뤄지는 하나님의 통치와 세계의 변혁을 강조하는데, "하나님 나라의 전위대"로서의 신앙 공동체의 성화도 함께 주장한다. 몰트만은 지식적 차원의 신앙에 머무르지 않고 예수 그리스도의 뒤를 따르는 성화까지도 주장하는데, 이로써 신앙 공동체는 약속된 종말론적인 미래를 앞당기며 메시아적인 삶을 사는 충실한 그리스도인의 역할을 하게 된다고 받아들여진다.

넷째, 몰트만 삼위일체론은 형이상학적 사변에서 출발한 "한 분 하나님"의 실체나 주체 개념이 아니라, 성서에 기록된 예수 그리스도의 십자가 사건에서 시작한다는 장점을 가진다.[2] 삼위일체론은 철학이나 형이상학에서 출발한 것이 아니라 성서에 함축된 내용이 발전되었다는 점에서, 몰트만 삼위일체론은 본연의 삼위일체론에 가깝다고 평가받을 수 있다. 바른 삼위일체의 교리는 성서에 기초할 때에만 성립 가능하며, 특

---

2   곽미숙, 『삼위일체론 전통과 실천적 삶』, 160f.

히 예수 그리스도의 십자가 사건에 기초할 때에 가능한데, 십자가 사건에 정초한 몰트만 삼위일체론은 삼위일체의 신비에 대한 타당하고 새로운 해석을 잘 보여준다.

하나님의 비밀이자 계시로서의 삼위일체는 십자가 사건에서 가장 잘 드러나는데, 몰트만은 예수 그리스도에게 집중된 바르트의 계시 이해를 더 집중하여, 예수 그리스도의 십자가 사건에 초점을 맞춘 계시 이해를 발전시킨다. 이로써 하나님의 비밀인 동시에 계시인 삼위일체에 대한 새로운 해석이 가능해진다.

다섯째, 예수 그리스도의 십자가 사건에 기초한 몰트만 삼위일체론은 "고난당하는 하나님" 이해를 가능하게 함으로써, "무감정의 하나님"(*Deus apatheticus*)이 아니라 "공감의 하나님"(*Deus sympatheticus*)이 드러나게 된다. 몰트만의 공감의 하나님 이해는 저항적 무신론에 대한 대안으로서 제시될 수 있는데, 저항적 무신론자들은 세계의 온갖 아픔과 눈물에 대해서 공감하지 못하는 하나님과 그러한 하나님이 지은 세계에 대해 분노하지만, 우리는 공감의 하나님 이해를 통해 이들의 생각에 수정을 가할 수 있게 된다.

여섯째, 자기 구분적인 사랑 가운데 아들의 십자가 고난에 참여하는 아버지 하나님 이해는 "하나님 죽음의 신학"의 문제에 대해서도 해결책으로 제시될 수 있다. 헤겔(Georg Wilhelm Friedrich Hegel, 1770-1831)과 니체(Friedrich Nietzsche, 1844-1900)에게서 비롯하는 이 신학은 십자가 사건을 자신의 근거로 삼지만, 자기 구분적인 사랑 가운데 아들의 고난에 동참하는 몰트만의 삼위일체 하나님 이해로 말미암아 비판받는다.

일곱째, 영혼만이 아니라 물질의 차원까지 강조하는 몰트만 구원론은 구원에 대한 통전적인(holistic) 이해를 제시한다. 성서에서 하나님은 영적인 하나님만이 아니라 물질적인 하나님이기도 한데, "젖과 꿀이 흐르는"

가나안을 약속한 하나님(출 3:8 등)은 이집트의 노예 생활을 하던 이스라엘 백성에게, 계약과 정착을 통해 하나님의 백성이 되는 영적인 복과 물질적인 복을 함께 선사한다.

또한, 성서에 기록된 예수 그리스도의 역사에서 믿음 가운데 구원을 얻은 자들이 예외 없이 모두 영적인 죄 용서와 함께 육적인 치료까지 경험한 사실도 성서의 통전적인 구원 이해를 뒷받침한다. 또한, 세계 도피적이고 영혼 중심의 영성이 아닌 세계 내적이고 생동감 있는 영성을 주장하는 몰트만 신학은 생명 문화가 점점 결핍되는 현대적 상황에서 치료의 역할자이기를 자처하는데, 생명 문화가 "질식 상태"에 놓인 현대 세계에서 몰트만의 통전적인 구원 이해와 영성 이해는 세계를 향한 치료 기능을 감당한다.

여덟째, 거룩한 생명력이며 부활의 능력으로서 파악되는 몰트만의 하나님의 영 이해는 종말에 하나님이 피조물을 잃어버리지 않고 모두 찾는다는 희망을 제시한다. 시간이 흐르면서 세계는 모든 것을 상실하기 마련이고, 인간도 늙으면서 젊은 시절의 꿈을 상실하기 쉽다. 그러나 부활의 능력으로서의 하나님의 영이 종말에 어느 것 하나 잃지 않고 자신의 소유물을 온전히 회복시킨다는 몰트만의 사고는, 그리스도인으로 하여금 끝까지 희망을 붙들고 살도록 촉구하는 장점을 가진다.

퀴블러-로스(Elizabeth Kübler-Ross, 1926-2004)는 세계 가운데에서 상실은 불가피하다고 주장하지만, 몰트만은 창조주 하나님에게 그 어떤 것도 상실될 것이 없다고 강조하는데, 왜냐하면 하나님은 자신의 소유물 그 어떤 것 하나도 잃어버리지 않을 것이기 때문이다. 그러나 이러한 상실되지 않음이 우리에게 공포가 되지 않을 것은, 종말에 우리의 연약함이나 죄가 존재하지 않기 때문이 아니라, 우리가 믿는 하나님이 사랑과 은혜의 주님이기 때문이다.

아홉째, 20세기 후반부터 범세계적인 재앙으로 다가오는 생태학적 위기(ecological crisis) 가운데 "안식일의 창조론"을 제기하는 몰트만 창조론은 시의적절하다고 평가된다. 몰트만이 스스로 인정하듯 창조 세계, 즉 자연이 파괴되면 될수록 안식일, 안식년, 희년의 메시아적 해석에 기초한 창조론은 타당성을 획득하는데, 이것은 전통적 창조론과는 다른 20세기 후반의 창조론의 독특한 특징이면서 몰트만의 공헌이라고 평가될 수 있다.

이러한 공헌들에 비해 **몰트만 신학의 제한점**으로는 다음과 같은 것들이 제시될 수 있다.

첫째, 몰트만은 미래에 대해 다소 "순진하게" 낙관적인 입장을 취하는 문제점을 가진다. 몰트만에 의하면, 복음은 현실에 대해 저항의 방법으로 하나님의 새로움을 드러내며 기독교 종말론은 고난을 포함하지만, 역사의 종말은 세계 폐기가 아니라 하나님의 새 창조이다. 이와 같이 고난이 현실 속에서 체험된다 하더라도 낙관적인 미래가 확신될 때에, 고난의 현실은 쉽게 무시되고 방치되며 악용될 수가 있다.

니버(Reinhold Niebuhr, 1892-1971)가 주창한 "기독교 현실주의"가 근거 없는 주장이라고 비판하면서, 몰트만은 믿음으로 인한 은혜의 낙관론을 주장한다. 그러나 우리는 니버의 주장이 꼭 근거 없는 것이라고 볼 수 없는 현실에 살고 있음을 잘 안다. 우리가 죄에 대한 비관주의를 고집할 필요는 없겠지만, 악(惡)의 문제가 도외시될 정도로 세계악은 가벼운 문제가 아니다. 우리는 사랑과 공의의 하나님을 믿지만 현실적인 악의 문제에 대해서도 결코 외면할 수 없는데, 이러한 사실은 20세기의 각종 비극적 재난 역사에 명백히 드러났고 21세기의 생태학적 위기와 우리의 현재적 삶 가운데에서도 여전히 드러나고 있다.

둘째, 모든 사람이 최후 심판이 아니라 메시아적 구원 사건에 참가하기 위해서, 종말에 있을 "죽은 자들의 부활"에 참여할 것이라는 몰트만 종말론은 만유화해론(universalism)으로 기운다. 세계 폐기를 주장하는 묵시사상적인 이해와는 달리, 피조물에 대해 신실한 하나님의 이미지를 끝까지 견지하는 몰트만 종말론은 어떠한 생명도 파멸되지 않고 종말에 구원될 것이라는 희망의 이론으로 이해된다.

몰트만의 종말론적 구원 이해는 바르트의 경우처럼 만유화해론적이다. 물론, 바르트와 마찬가지로 몰트만도 명시적이고 일관적이며 지속적으로 만유화해론을 주장하지는 않았다. 그는 무엇보다 하나님의 메시아적 미래에 대한 개방으로서의 선교를 강조하였고, 순교자에 대한 신앙 공동체의 기억과 순교자에 기초한 신앙 공동체도 역설하였다. 그는 일반적 의미에서의 "다원주의적인" 대화가 아니라 기독교 신앙 정체성 확립을 위한 종교 간의 대화를 주장하였다.

그럼에도 불구하고, 몰트만이 최후 심판의 "이중적 결과"에 대해 부정적이고 수정주의적인 입장을 취하기 때문에 만유화해론적 구원 이해를 갖고 있다고 주장될 수도 있는데, 몰트만은 자신의 책 『하나님의 이름은 정의이다』에서 만유화해와 최후 심판에 대한 두 가지 이미지가 성서에서 타협되지 않은 채 병렬되어 등장한다고 언급하는 수준에서 이 쟁점에 대해 마무리를 짓는다.

셋째, 몰트만은 자신의 삼위일체론을 순환(perichoresis)의 개념으로 전개하고자 하였으나, 몰트만 삼위일체론은 서구 신학자들에게는 삼신론적 경향이 있다고 비판받으며,[3] 비서구 신학자들에게도 서방 교회의 일신론

---

3   *Ibid.*, 165-166.

적인 경향이 여전히 남아 있다고 비판받는다.[4] 물론, 삼위일체의 교리는 인류가 온전히 설명할 수 없는 하나님의 신비에 속하지만, 몰트만 삼위일체론은 상반된 평가를 받는다는 점에서 주목할 만하다.

그런데 우리는 우선적으로 비서구 신학자들의 비판, 즉 삼위일체 하나님의 일치성이 성부의 "우선적 위치"로 확보된다는 몰트만의 주장이 그가 추구한 하나님의 교제 개념과 충돌한다는 데에 주의해야 한다. 왜냐하면 몰트만의 사회적 삼위일체론의 핵심 개념으로서의 순환 개념은 교제와 친교를 최우선으로 하기 때문이다.

이러한 배경하에서 몰트만 삼위일체론은 순환론적 해석을 통해 삼위일체 하나님의 교제와 친교를 내세우고자 하였으나, 여전히 서구 신학자의 일신론적 경향에서 벗어나지 못했다고 평가받을 수밖에 없다. 서구 신학자들은 몰트만 삼위일체론의 일신론적 경향은 도외시하고 그의 순환론적 해석에 대해서만 비판하지만, 우리는 몰트만 삼위일체론에 친교 개념이 온전히 실현되지 못했다고 판단할 수 있다.

넷째, 몰트만이 비판하는 일신론은 반드시 비성서적이거나 무익하다고 생각될 수는 없다. 성서에서 하나님은 "한 분"으로 등장한다. 물론, 그리스도인들이 고백하는 하나님은 삼위일체의 하나님이지만, 이 삼위일체의 하나님은 사랑으로 "하나"가 된 존재이다. 또한, 일신론이 역사적으로 서구 사회의 좋지 못한 병폐들을 야기했다는 몰트만의 주장은 일부만 타당할 뿐, 전부 그러한 것은 아니다. 성서적으로나 실제적으로나 기독교의 일신론적 삼위일체 하나님 신앙은 적절하다고 생각된다.

이와 함께, 하나님과 우상 사이에서 결단하지 못하던 많은 하나님의 백성의 상황(특히, 왕상 18장)이 21세기의 한국 사회는 물론, 교회 내에서

---

4   김균진, 『현대 신학 사상』, 554-555.

조차 여전히 유효하기 때문에, 하나님 "한 분"을 자신의 주님으로 섬기고자 하는 신앙적 결단은 적절할뿐만 아니라 필수적이기까지 하다. 또한, 경제를 최고로 여기는 자본주의의 세계적 흐름 가운데 하나님과 맘몬(Mammon) 사이에서 결단하라는 예수 그리스도의 촉구(마 6:24)는 일신론적 삼위일체 사고의 타당성을 대변하는 것으로 받아들여질 수 있다.

다섯째, "오시는 하나님" 개념과 "영으로 내재하는 하나님" 개념 사이의 관계가 몰트만에게 있어서 깨끗하게 정리되지 않는다는 문제점이 있다. 영으로 세계에 함께하는 하나님 이해는 미래에서 오시는 하나님 이해와 충돌을 일으킨다.

사실, 성서도 이 문제에 대한 명쾌한 답변을 제시하지 않는데, 왜냐하면 성서는 종말론적인 미래에서 오시는 하나님과 세계에 현존하는 하나님을 모두 이야기하며 이 둘 사이의 중재나 답변을 명확하게 제시하지 않기 때문이다. 이러한 성서적 배경 때문인지는 몰라도, 몰트만은 이 두 개념을 따로 설명하기는 하지만 두 개념 사이의 관계는 명쾌하게 정리하지 못한다.

여섯째, 하나님의 영이 "진화의 원리"라고 이해하는 몰트만의 주장은 무리이다. 몰트만은 하나님이 생명의 영으로 모든 사물에 침투한다고 주장하면서, 그 원리로서 진화를 제시한다. 몰트만 성령론은 현대 자연과학의 "진화의 원리"를 "계속적 창조"로 제시하고 과학과 신학의 대화를 모색한다는 점에서, 긍정적인 평가를 일부 받을 수 있다. 그럼에도 불구하고, 진화를 하나님의 영의 활동으로 해석하는 몰트만의 입장에는 자칫 검증받지 못한 과학의 원리를 신학에 무작정 적용하고, 과학에 신학의 "세례를 주는" 오류에 빠질 위험이 내재해 있다.

일곱째, 영국과 미국의 많은 몰트만 비판가들은 몰트만의 글이 신화론적이며, 이것은 그가 성서학계의 역사 비평학을 제대로 수용하지 않았기 때문이라고 비평한다.[5] 이에 대해서 신약학자이며 몰트만 연구가인 보컴(Richard Bauckham, 1946-현재)은 몰트만이 초기에는 성서 내용과 현실적인 상황 사이에서 변증적으로 책을 저술한 반면, 후기에는 전통적인 신학 주제들에 더 큰 관심을 가지기 때문이라고 해석한다. 성서에 등장하는 모든 하나님 이야기는 유비론적일 수밖에 없는데[6], 몰트만은 후기로 갈수록 이를 무시하는 것처럼 보인다.

여덟째, 앞서 본론에서도 지적된 바 있지만, 몰트만 교회론이 신약성서의 교회론 가운데 바울의 카리스마적 교회론에 지나치게 집중하고, 상대적으로 목회서신의 직무중심적 교회론에는 소홀하다는 비판이 제기될 수 있다. 신약성서에는 카리스마적 교회론과 함께 제도 교회적 교회론도 등장한다. 또한, 구약성서에도 하나님의 영을 받아 자유롭게 활동한 예언자들과 함께, 성전에서 활동한 제도적 성직자로서의 제사장들도 등장한다. 이러한 신앙 공동체의 다양한 구조와 제도를 무시하고, 은사 중심적 교회론만을 선호하는 몰트만의 입장은 편향적인 이해라고 생각된다.

성서가 말씀하는 대로 "새 예루살렘"에는 성전도 제사장도 없을 것이다. 왜냐하면 요한계시록이 기록한 바와 같이 "새 예루살렘"의 성도들은 하나님을 대면해서 볼 수 있을 것이기 때문이다. 그러나 종말 이전의 현실적인 교회에는 교직 제도와 성직자가 필요하다. 몰트만은 열광주의와 무정부주의적인 상태를 반대하면서도, 교회 제도에 대해서만 부정적

---

5 보컴, 『몰트만의 신학』, 49-50. 앞서 우리는 이와 관련된 힉(John H. Hick, 1922-2012)의 비판과 밀리오리(Daniel L. Migliore, 1935-현재)의 논찬에 대해 확인한 바 있다. 이에 대해서는 본서 제1장 1절의 "연구 동기와 연구 목적"의 각주 26을 참조하라.
6 필리오케(*filioque*) 논쟁에서도 하나님에 대한 유비론적 성서 구절 해석이 문제라고 김균진 박사는 언급한다. 김균진, 『현대 신학 사상』, 556-557.

인 입장을 취하는데, 이것은 논리적이지 않다. 물론, 그의 주장이 전통적인 유럽 교회, 즉 교구 중심의 제도 교회에 대한 비판의 차원에서 이뤄진 것이지만, 이 점이 감안된다 하더라도 성서적이고 논리적인 측면에서 그의 편향된 교회론은 비판받을 수 있다.

아홉째, 분명 예수 그리스도에게 하나님 나라는 종교적인 개념이었고, 그 외의 다른 것이 아니었음에도 불구하고 몰트만은 이를 간과한다. 몰트만은 조직신학의 과제를 교리에 대한 해석이나 윤리학에 제한시키지 않고, 도래하는 하나님 나라를 위한 세계가 되도록 사회를 촉구하는 데까지 나아간다.[7]

실제로, 몰트만 신학은 신앙 공동체에 적용되는 것도 있지만, 상당 부분은 시민 사회 단체(NGO: Non Governmental Organization)에까지 적용될 수 있다. 몰트만이 하나님 나라의 공적 신학을 추구한다는 점에서 이러한 결과는 당연하다 할 수 있지만, 교회에서 적용될 수 있는 부분이 몰트만 신학에서 약화된다는 것 또한 당연한 결과라 할 수 있다.

열째, 몰트만의 생명신학에는 탁월한 사고들과 통찰들이 가득하지만, 구체적이고 현실적인 대안을 제시하는 데에는 부족함이 보인다. 예를 들어, 생태학적 위기 상황에서 이뤄진 안식일에 대한 몰트만의 주장은 현대 어느 신학자들의 주장보다 양적으로나 질적으로 탁월함에도 불구하고, 안식일 실천에 대한 구체적인 제안은 거의 존재하지 않는다. 현대 사회에서 유대교의 가르침처럼 하루 동안 모든 이들이 모든 일을 하지 않는다는 것은 불가능한데, 몰트만 신학은 "통찰 수준"에 머무르기 때문에 "기독교 안식일"에 대한 구체적인 실천 방안으로까지 나아가지 못한다는 한계를 가진다.

---

7   보컴, 『몰트만의 신학』, 21.

몰트만 신학은 성서에 기초하면서 동시에 현대의 여러 가지 현실적 문제점들에 대해서 무관심하지 않고, 적극적으로 대답하려는 변증의 성격을 강하게 가진다. 구체적으로 제시되는 대안이 다소 부족하다 할지라도, 전체적인 면에서 몰트만 신학의 실천적이고 개혁적이며 변증적인 성격은 확실하다.

현대의 각종 문제들을 외면하지 않고 적극적으로 의견을 개진한 몰트만 신학은 20세기 후반부터 지금까지 가장 강력한 영향력을 보이고 있으며, 종말론과 그리스도론 그리고 삼위일체론과 구원론 등의 신학 분야에 새로운 장(場)을 열었다. 이런 점에서 우리가 몰트만 신학에 대해 다시 집중하고 연구해야 할 충분한 필요성을 가지고 있다고 봐야 하는데, 특히 몰트만의 생명신학은 지금도 우리를 "기다리고" 있다.

몰트만의 생명신학

The Life-Theology of Jürgen Moltmann

2017년 12월 29일 초판 발행

지 은 이 | 박성권

편   집 | 정희연, 곽진수
디 자 인 | 김스안
펴 낸 곳 | 사)기독교문서선교회
등   록 | 제16-25호(1980. 1. 18)
주   소 | 서울시 서초구 방배로 68
전   화 | 02) 586-8761~3(본사) 031) 942-8761(영업부)
팩   스 | 02) 523-0131(본사) 031) 942-8763(영업부)
홈페이지 | www.clcbook.com
이 메 일 | clckor@gmail.com
온 라 인 | 기업은행 073-000308-04-020, 국민은행 043-01-0379-646
            예금주: 사)기독교문서선교회

ISBN 978-89-341-1743-8 (93230)

* 낙장 · 파본은 교환해 드립니다.

이 도서의 국립중앙도서관 출판시 도서목록(CIP)은 서지정보유통지원시스템 홈페이지(http://seoji.nl.go.kr)와
국가자료공동목록시스템(http://www.nl.go.kr/kolisnet)에서 이용하실 수 있습니다.
(CIP제어번호: CIP2017030981)